KB043387

노무현 평전

지울 수 없는 얼굴, 꿈을 남기고 간 대통령

노무현 평전

지울 수 없는 얼굴, 꿈을 남기고 간 대통령

김 삼 웅

두레

세월이 가도 잊히지 않는 인물이 있고 사거死去와 함께 묻혀버리는 인물이 있다. 노무현 대통령이 우리 곁을 떠난 지 어언 15년이 되었다. 세월이 가도 국민의 가슴속에 남아 있고 그의 업적은 역사의 평가를 받는다. 전직 대통령 평가에서 가장 윗자리를 차지할 만큼, '국민이 벗으로 대할 수 있었던' 첫 대통령이었다.

구어체 현장 언어로 소통하고 술수를 부릴 줄 몰랐으며 순박하면서도 품격이 있었던 대통령, 위선이나 가식, 권위주의와는 거리가 멀었던 권력자, 소탈한 성격에 신분이 바뀌고 지위가 변해도 평민의식을 가졌던 지도자, 이슬 머금은 댓잎처럼 항상 파랬던 인물이다.

수구세력은 처음부터 그의 등장을 싫어했다. 자신들의 기득권 울타리를 해칠지 모른다는 위기감 때문이었다. 술수와 거래가 통하지 않으니 불안하고 그의 강고한 혁신과 소신을 두려워했다.

변호사가 되고 국회의원을 거쳐 대통령이 됐으면 '특수계급'에 편입해야 했다. 그런데 그는 그러지 않았다. 그래서 기득권층의 저주와 비난과 공격을 한 몸에 받았다.

재벌에 특혜를 내주지 않으니 '경포대(경제를 포기한 대통령)'라 비아냥거리고, 퇴임 후에는 먼지 털기식을 넘어 세균 찾기식 검찰 수사를 벌였다. 족벌언론은 이에 맞장구쳤다. 취모멱자吹毛覓疵(머리카락을 불어가며 흉터 찾기)라는 고사성어까지 등장했다.

지나고 보니, 견주어 보니, 그는 무척 근기根氣 있고 기국器局이 큰 지도자였다. 지역주의의 벽을 깨고자 험지를 찾아 출마하고, 집권해서는 야당('국민의 힘'의 전신인 '한나라당')에 대연정을 제안했다. 자신이 가진 권력을 스스로 쪼개고 나누겠다는 것은, 용렬한 권력자는 엄두도 내지 못하는 파격이었다.

자신에 대한 보복이나 명예의 실추보다 '진보의 실패'로 엮으려는 수구세력의 속셈을 꿰고는 몸을 던졌다. 봉하마을에서 농사지으며 평범하게 여생을 보내고자 했으나 저들은 그것마저 불안해했다. 전국 각지에서 몰려든 방문객들에게 만면에 미소를 띤 채 쓰고 있던 밀짚모자를 벗어 답례하는 모습에 저들은 견디기 어려운 외포감을 느꼈으리라.

'몰이사냥'(《프랑크푸르트 알게마이너 차이퉁》)의 주범은 온갖 추악한 범죄에도 사면되고, 그 하수인들은 또 다른 칼잡이가 되어 설치고, 나랏일은 다시 온통 잿빛 숫자만 늘어나고, 또 새로운 '인디언 기우제'가 벌어지는 단세포 '자유'의 범람시대가 되었다.

10여 년 전에 썼던 『노무현 평전』을 부분적으로 손질하여 다시 내놓는 것은 우렁우렁 가슴으로 파고드는 '순결한 이상주의자'의 꿈과 애환, 좌절 그리고 '의로움이 더 이상 욕되어서는 안 되겠다'라는 생각 때문이다.

　　　　　　　　　　　　　　　　　　　　　　김삼웅

'사육신'을 쓴 추강의 붓을 빌려
'노무현'을 쓰는 까닭

나는 노무현 전 대통령 탄생 65주년(9월 1일)을 기해 이 평전을 쓰기 시작하면서 만감이 교차했다. 그런데 마침 책이 3주기(5월 23일) 즈음에 출간된다 하니 더욱 감회가 새롭다.

성삼문을 비롯한 고명지신顧命之臣들이 수양대군의 왕위찬탈로 쫓겨난 단종을 복위시키려다 변절자의 밀고로 모두 붙잡혀서 능지처사의 참변을 당했다. 찢긴 시신이 새남터 저잣거리에 며칠째 방치되었을 때 매월당 김시습이 홀로 이들의 시신을 수습하여 노량진에 묻고 작은 돌로 묘표를 대신했다. 이로써 사육신의 묘소가 남게 되었다.

세조가 영월에 귀양 간 단종을 죽이려고 금부도사를 내려보냈다. 청령포에 도착하여 단종 앞에 엎드린 금부도사 왕방연이 참담하여 차마 사약을 올리지 못하자 시종이 그 일을 대신했다. 비명에

간 단종의 시신은 후환이 두려워 아무도 거두지 않았으나 나중에 호장 엄흥도가 거두어 염하였다. 이로써 영월 장릉莊陵이 남게 되었다.

죽림거사竹林居士를 자처한 남효온南孝溫은 호가 추강秋江으로 스승 김종직이 존경하여 함부로 이름을 부르지 않고 반드시 '우리 추강'이라 할 만큼, 인물이 영욕을 초탈하고 지향이 고상하여 세속의 이해에 얽매이지 않았다. 추강은 수양대군의 왕위찬탈에 항거하다 처절하게 죽임을 당한 사육신의 사적이 인멸되고 왜곡되는 것을 안타까워하면서 그들의 전기를 바르게 써서 후대에 남기고자 했다. 제자들과 주변에서 장차 큰 화를 당할까 두려워 극구 만류했지만, 선비가 죽는 것이 두려워 충신들의 명예를 소멸시킬 수 없다 하고 『육신전六臣傳』을 지어 세상에 내놓았다. 이로써 『육신전』이 남게 되었다.

추강은 이로 인해 갑자사화(1504) 때 부관참시를 당했다. 『육신전』은 불태워지고 읽는 사람도 화를 입었다. 추강의 이 전기가 아니었다면 사육신의 충절은 크게 왜곡되었거나 잊혔을지 모른다. 추강은 부관참시를 당한 지 278년이 지난 1782년(정조 6년)에 이조판서에 추증되고, 세상 사람들은 원호, 이맹전, 김시습, 조려, 성담수와 함께 '생육신'으로 우러렀다.

매월당과 추강은 수양대군이 권력을 찬탈하고 전임 국왕을 비롯하여 충신들을 처참하게 살육하는 것을 지켜보면서 세상에 나갈 뜻을 버리고 산천을 떠돌며 시문을 짓고 초연하게 살았다. 세상에서는 이들을 어떤 권력자들보다 높이 여긴다.

　매월당은 중국 후한 말 동탁董卓의 발호에 빗대어 수양의 폭정을 비판하는 글을 남겼다. 동탁은 한 황실을 안정시킨다는 명분으로 어린 소제를 폐위시키고 헌제를 옹립한 후 끝내 폐위된 소제를 죽였다. 수양의 행위가 이를 꼭 닮았다.

> 개에게 뼈다귀를 주지 마라
> 개들은 떼로 모여 어지러이 다투어선
> 자기 무리와 어긋날 뿐만 아니라
> 종당에는 제 주인과도 어그러지리라
> 주周 왕실 높인다며 정벌을 일삼고
> 한실漢室을 안정시킨다면서 어린 황제 죽이다니
> 명분을 엄하게 해서
> 근왕하여 예 갖춤만 못하여라

　노무현 전 대통령의 평전을 준비하면서 수양대군, 동탁, 단종, 매월당, 추강, 엄흥도 등이 떠오른 이유를 알 수 없다. 추강의 『육신전』 때문일 터이지만, 더 깊은 '역사의 맥'이 작용한 것인지도 모르겠다.

　역사가 변하고 시대가 바뀌어서 『노무현 평전』을 썼대서 부관참시를 당할 시대는 아니다. 또 이미 노 전 대통령의 자서전을 비롯하여 여러 관련 저서와 연구논집이 간행되었다. 그럼에도 다시 평전을 시작한 데는 나름의 까닭이 있다. 여전히 그를 죽음으로 몰아간 세력들은 고인을 욕되게 하는 언행을 멈추지 않고, 고인이 필생으로 추구했던 '반칙과 특권이 용납되지 않는 사회'는 '용납'을 넘어 '부추기는' 사회로 급전되는 현실 때문이다.

그리고 판사도 되고 국회의원도 되어 '신분 상승'을 이룬 그가, 무엇 때문에 기득권층에 편입되는 것을 거부한 채 '노동자의 벗'이 되고 '서민의 대변자'가 되었는가, 다시는 그와 같은 정치인을 볼 수 없을 것인가, 이런 질문에 대한 답을 찾기 위해서다.

『송건호 평전』 말미에도 썼지만 중국 혁명의 선각자 량치차오梁啓超의 정신 때문이기도 하다. "인간이 세상에 태어나면 각자 그 책임이 있다. 대장부가 책임을 안다는 것은 인간 구실의 시작이며, 책임을 진다는 것은 인간 구실의 마지막이다." 방관자를 꾸짖으며 던진 일갈이다.

나는 그의 죽음과 죽임을 지켜봐온 당대인으로서, 현대사 연구가와 기록자로서 남효온의 정신으로 노무현 전 대통령의 삶과 죽음 그리고 죽임의 모든 것을 기록하고 평하고자 한다.

노무현은 대통령까지 지냈지만 끝까지 '변방인'이었다. 그의 집권기간에도 이 나라의 권력은 수구세력의 수중에 있었다. 그의 언행은 끊임없이 조롱당하고 정책은 배척되었다. 자신을 뽑아준 정당의 일부까지 합세한 수구세력은 그를 탄핵하기에 이르렀고, 그는 퇴임 1년여 만에 자신을 버릴 수밖에 없는 지경으로 내몰렸다. 그의 죽음과 죽임은 단순히 현대사의 일과성 사건이 아니다. 진보개혁을 거부하고 압살하려는 수구세력의 총체적인 힘이 작동한 구조적인 참변이었다.

무엇보다 인간 노무현과 노무현 정신의 본질을 찾는 작업이 중요하다. 그가 속한 당이 군사독재세력과 야합하여 3당 합당을 이루자 그는 이를 단호히 거부하고 가시밭길을 마다하지 않았다. 또 그는 필생의 염원인 지역주의 극복을 위해 손에 들어온 밥그릇을 내던지고 새로 밥을 짓고자 고행을 자처했다. 바른길을 위해서라면 도무지 '계산'할 줄 모르는 '바보'였던 그는 "현실적이냐 비현실적이냐가 문제가 아니라 그것이 정도냐 사도냐가 문제"라는 백범의 명제를 실천한 흔치 않은 정치인이었다.

그런 노무현인들 어찌 허물이 없고 실책이 없었겠는가. 실책임을 자인한 대연정 제안, 섣부른 한미 FTA 추진, 이라크 파병, 비정규직·양극화·집값 폭등에 대한 정책적 대안 미흡, 설화舌禍의 빌미 제공 등 크고 작은 과오도 적지 않았다.

하지만 그는 실천적 민주주의를 뿌리내리고 원칙과 정의를 지켜내려는 혁신정책을 꾸준히 실행하고, 해묵은 권위주의와의 결별을 몸소 실천했으며, 공정선거의 틀을 만들어 정치판을 정화했다. 무엇보다 힘없고 가난한 사람들에게 "원칙을 지키고 정직하게 살면 성공할 수 있다"라는 모범을 보였고, 가난한 청소년들에게 희망과 꿈을 안겨주었다. 그는 타락한 정치권력과 탐욕스러운 재벌권력, 그리고 사특한 언론권력의 담합과 세습적 지배로 찌든 한국 사회에 살면서 절망만 키워가는 다수의 민초들에게 희망의 마중물이 되어주었다.

하지만 수구기득세력에게는 이것이 크게 못마땅했고 그를 멸살의 대상으로 삼게 만들었다. 친일과 숭미崇美 그리고 독재정권과의 결탁을 통해 구축해온 특권과 부를 대대손손 세습하면서 살고자 하는 이들에게 노무현의 '특권 없는 사회'는 도저히 용납할 수 없는 도발이었다. 그것도 대통령이 된 사람이 그런 소리를 하는 데는 피가 거꾸로 치솟았을 것이다.

국권을 일제에 팔아넘긴 대가로 작위와 은사금을 받아 특권을 유지하고, 주권을 독재자에게 넘긴 대가로 감투와 특혜를 받아 부귀를 누려온 자들이었다. 어떻게 형성한 특권인데, '학벌도 변변찮은 촌놈'이 나타나 자기들만의 수백 년 아성을 허물려 하니 도저히 용납할 수 없었을 것이다. 링컨의 '노예해방'에 분개한 아메리카 기득세력이 끝내 그를 죽였듯이, 이 땅의 특권층은 기득권의 아성을 허물려 하거나 선동하는 자는 누구를 막론하고 '빨갱이'로 매도하거나 죽음으로 몰아갔다.

저들에게 (김대중과 함께) 노무현이 '저지른' 결정적인 잘못이 하나 더 있다. 남북화해협력 추진이다. 정상회담을 통한 평화체제 구축, 개성공단 가동을 비롯한 경제협력 증진은, 미군정과 분단을 베개 삼아 친일반민족행위를 면피한 데 이어 대북 안보와 반공 이데올로기를 전가의 보도로 삼아 특권과 부를 누리고 불려온 자들에게 남북화해와 평화통일은 곧 칼자루를 빼앗기는 것이어서 용납할 수 없는 행위이다. 게다가 노무현이 귀향한 봉하마을은 민주진보의

'성지'가 되어 '순례'의 발걸음이 그치지 않았으니 저들에게는 가히 공포의 대상이었다.

1947년 6월 3일, 영국 총리 클레멘트 애틀리가 파키스탄과 인도의 분리를 발표하고 국민회의와 이슬람동맹이 이에 동의했다. 그러자 통일국가 수립에 전력해온 간디는 이를 '정신적 비극'이라 부르면서 9월 1일부터 칼라카타에서 이슬람과 힌두교의 화해를 위해 단식에 들어갔다. 해가 바뀌어 1948년 1월 20일, 뉴델리에서 간디를 노리는 폭탄 테러가 발생하고, 1월 30일 힌두교 광신자에 의해 간디는 뉴델리에서 암살되었다. 분열주의자들은 어디서나 통일주의자들을 배척하고 죽이기까지 한다.

이 세상의 갖은 암살 수법 가운데 가장 은밀한 완전범죄는 '자살로 몰아가는 살해'이다. 형법상 범인을 지목할 수 없으므로 실정법을 피할 수 있으며, 지지자들로부터 저항과 분노의 대상을 삼제芟除시킬 수 있기 때문이다. 그러나 실정법을 피한다고 하여 역사의 법정과 하늘의 심판을 면할 수 있는 것은 아니다. 현실에서 3심제가 있듯이 자연계에는 실정법의 심판, 역사의 심판 그리고 하늘의 심판이 3중으로 그물을 치고 있어 누구도 처벌을 면치 못한다. 용케 현실의 벌을 피해 가더라도 끝내 '천벌'을 받는다.

평전을 통해 그의 파란 많은 생애, 필생을 두고 추구했던 가치와 이상을 찾고자 했다. 고통의 세월, 고뇌의 심연을 둔한 붓으로 다 그려내기에는 벅찼으나 최선을 다했다. ≪오마이뉴스≫ 연재 당시에는 돈 몇 푼에 영혼을 파는 '직업 알바'들의 헐뜯음도 없지 않았지만 깨어 있는 시민들의 응원에 더욱 용기를 얻었다. 아낌없는 격려에 감사드리면서 가차 없는 질정을 바란다.

2012년 5월, 그의 3주기를 앞두고
두물머리에서 김삼웅

차례

개정판 서문 · 5

여는 글: '사육신'을 쓴 추강의 붓을 빌려 '노무현'을 쓰는 까닭 · 8

프롤로그: "속으로 격렬한 진실 때문에" '역사의 사람'이 된 노무현 · 21

타락한 세력의 두려움과 사회모순구조가 부른 참극 21 / 운명運命과 운명殞命 사이,
태산보다 무거운 죽음 26 / 마지막까지 자유인이 되지 못한 '위대한 패배자' 34

1. 출생과 가족 그리고 청년 시절

'비현실주의자' 아버지와 여걸 풍모의 어머니 41 / '돌콩'의 저항의식과 중학생 '백지
동맹' 47 / '노천재'가 상고로 간 까닭 57 / 고시 공부와 막노동을 오가며 방황한 청
춘 62 / 곱사춤에 실어 보낸 시절의 아픔 68 / 연애와 고시 공부 사이에서 72 / 결
혼 그리고 큰형의 죽음 76 / 대통령 당선보다 기뻤던 사법고시 합격 80

2. 부림 사건과 '거리의 변호사'

법복을 벗고 변호사로 85 / 잘나가는, 그저 그런 변호사 88 / 삶을 바꾼 결정적인
사건 93 / 얼떨결에 맡은 부림 사건 변론 95 / 피할 수 없는 운명 98 / 야만의 시대
와 '거리의 변호사' 104 / 독재정권의 철벽을 깨뜨리기 위해 던진 달걀 '노변' 107 /
변호사 업무를 접은 '아스팔트 위의 전사' 111 / 6월항쟁과 '사람 사는 세상' 117 /
1987년 대선의 악몽 121

3. 3당 야합을 거부한 '청문회 스타'

'노변'이 정치판으로 간 까닭 125 / 대의에 따른 도전정신의 승리 129 / 국회의원의 진면목을 보여준 '청문회 스타' 133 / 국회의원직을 내던진 '노동자의 벗' 141 / 노동자를 위한 투쟁 147 / '이로운 길'보다 '옳은 길'을 택한 바보 153 / ≪조선일보≫ 와 전쟁 160 / '야합'이 승리한 제14대 총선과 대선 168

4. 아름다운 패배가 키운 '차세대 지도자'

새로운 정치 실험 '지방자치실무연구소' 179 / 계속되는 도전과 낙선 183 / 10년 만의 국회 입성 191 / 고생을 사서 하는 '바보' 202 / 시대의 위선을 조롱하는 바보정신 210 / '노사모', 한국 정치의 지형을 바꾸다 214 / 장관 노무현, 그리고 대권 수업 221 / 책으로 담아낸 생각과 마음 그리고 꿈 227 / 정의가 성공하는 역사 236 / '신뢰의 위기'가 만들어낸 '노무현 바람' 244

5. 감동과 반전의 '대선 드라마'

드라마보다 극적인 드라마를 쓰다! 247 / 왜 노무현인가? 249 / '지사적 풍모'를 지닌 정치인 252 / ≪조선일보≫ 인터뷰를 거부하다! 257 / 한국 정치의 새로운 희망을 불어넣다! 260 / 험난한 대선 후보의 길 그리고 당선 266 / 절망의 끝에서 희망을 길어 올리는 '전령'들 269 / "그러면 아내를 버리란 말입니까?" 277 / 뿌리 깊은 사대주의 그리고 '반미주의' 논란 282 / 수구세력의 '차떼기'를 이긴 민초들의 '돼지 저금통' 290

6. '바람'으로 탄생한 최초의 '시민' 대통령

'노무현 시대'의 개막 그러나 험난한 여정의 시작 301 / 값진 승리만큼 무거운 책무 303 / 참여정부의 서민 대통령 307 / 개혁의 신호탄 311 / 대북송금 특검과 이라크 파병이라는 뜨거운 감자 315 / 취임 첫날부터 '가시 돋친 꽃다발'을 보낸 수구세력 323 / '열린우리당' 창당 막전 막후 328 / '재신임'이라는 승부수를 던지다 332 / 대통령의 정제되지 않은 언어, 그리고 왜곡 338 / 정상회담을 통한 첫 외교 활동 341 / 탄핵 사유 없는 탄핵소추 344 / '의회 쿠데타'에 맞선 시민의 촛불 352 / 대통령을 복귀시킨 시민의 힘 355

7. 때를 못 만난 '선각자' 노무현의 정치실험

대통령직을 걸고 결행한 혁신정치 361 / 4대 개혁입법 좌절과 지리멸렬한 여당 362 / '신행정수도 건설'에 담긴 균형발전 의지 365 / '대연정' 제안 367 / 평화·자주 외교 그리고 경제 체질 개선 377 / 과거사 청산에 담긴 국민을 섬기는 마음 384 / 모든 권위적인 것들과의 결별 386 / 수구세력의 끝없는 '노무현 죽이기' 388 / 섣부른 한미 FTA 추진과 국정의 혼란 392 / 군사분계선을 걸어 넘어 이룬 10·4 남북정상선언 396 / 최악의 경제 환경을 이겨내고 잡은 '두 마리 토끼' 399

8. 대통령의 귀향

고향으로 내려간 첫 퇴임 대통령 407 / 도연명의 '귀거래사'와 노무현의 귀향 409 / 농군의 꿈 412 / "대통령님, 보고 싶어요!" 414 / '노무현 죽이기'에 나선 의심암귀들의 독수 416 / 미래의 민주주의 구상을 위한 '진보주의 연구' 420 / '취모멱자'의 보복에 나선 수구반동세력 424

9. "이제는 이 노무현을 버리십시오"

노무현, 마지막 인터뷰 439 / 수구세력의 '마녀사냥' 그리고 연옥 같은 나날 443 /
'노무현의 실패'를 '진보의 실패'라 욕보이지 마라 451 / "운명이다" 456 / 바다로
일렁인 애도의 노랑 물결 "아! 바보 노무현" 460

닫는 글: "의로움이 더 이상 욕되어선 안 되리라!" · 469
주(註) · 481

"속으로 격렬한 진실 때문에"
'역사의 사람'이 된 노무현

타락한 세력의 두려움과 사회모순구조가 부른 참극

세상의 모든 철학, 종교, 문학, 사상, 예술, 정치, 경제 등의 가치는 궁극적으로 '사람답게 사는 세상'에 있을 터이다. 사람이 주인인 세상에서 '사람답게' 살고자 하는 것은 모두의 꿈이고 이상이다. 인류의 문명화 과정은 바로 이 가치의 구현을 위한 줄기찬 진보이자 투쟁의 역사였다.

그러나 인간의 존엄을 지키고, 불리하더라도 불의와 타협하지 않고 원칙과 소신을 지키고자 하는 사람들에게 현실의 벽은 늘 너무 높고 비정했다. 야만적이기까지 했다. 영악하게 처신하여 현실적인 성공을 거둔 이들은 이런 사람들을 바보로 치부하고 비웃지만, 민중과 역사는 그들을 절대 놓치지 않는다.

모름지기 선진국, 아니 명실상부한 민주국가가 되려면 '반칙과 특권이 용납되지 않는' 사회가 되어야 한다. 무엇보다 법 앞에 만인이 평등해지고 특히 정치권력, 사법권력, 언론권력, 재벌권력 같은 권력집단의 탈법성이 사라져야 한다.

명색이 민주공화제 국가에서 사람다운 세상을 만들고 사람답게 살고자 한 전직 대통령이 평화적 정권교체로 후임자에게 권력을 넘겨주고, 귀향 1년여 만에 후임 권력의 야만적인 정치보복에 의해 생을 마감했다면, 그런 사회를 민주국가라고 말하기는 어려울 것이다. 이는 평화적 정권교체의 본질인 민주공화제를 파괴하는 일이기도 하다.

더욱이 노무현이 대통령 재임 시 권력기관의 독립성과 중립성을 찾아주기 위해 고삐와 재갈을 모두 풀어주었던 검찰권력, 세무권력, 언론권력이 합작하여 그의 정적의 사주를 받아 그를 죽음으로 내몬 것이라니! 서양 중세에 왕권과 교황권이 합작하여 자행한 마녀사냥의 복사판이다.

노무현 전 대통령 서거 며칠 뒤 한 신문의 여론조사에 따르면 국민의 59%가 "노 전 대통령이 정치보복을 당했다"라고 했고, 이 비극의 가장 큰 책임은 검찰(56.3%), 언론(49.1%)에 있다고 했다. 이명박 대통령이 노 전 대통령 서거와 관련해 유족과 국민에게 사과해야 한다는 여론이 56%에 이르렀다.[1] 이는 공권력과 언론권력이 합작하여 전직 대통령을 죽음으로 몰아갔다고 여기는 민심을 여실히 보여준다. 야만사회, 전제국가에서나 있을 법한 일이 21세기 대한

민국에서 버젓이 일어난 것이다.

이승만 정권에서 벌어진 김구 암살과 조봉암 사법살인 그리고 4·19 시민·학생 학살, 박정희 정권에서 벌어진 장준하 의문사, 김대중 납치살해 미수, 인혁당 사건 조작으로 무고한 시민들 처형, 전두환 정권에서 벌어진 광주학살과 박종철·이한열 살해, 노태우 정권에서 벌어진 학생·노동자들의 분신·투신 등에 이르기까지 숱한 독립지사와 민주화 운동가들이 참변을 당했다. 이명박 정권에 와서는 급기야 역대 대통령 가운데 가장 높은 국민의 지지를 얻어 당선되었던(2007년 압승했다는 이명박의 득표도 2002년 노무현의 득표보다 50만 표가 적었다) 전임 대통령이 비참한 죽음으로 내몰린 참사는 우리 사회가 얼마나 위선적이고 반문명적이고 야만적인지를 말해준다. 이는 민주공화정의 심각한 위기이기도 하다.

한국 근현대사에서 특출한 민족의 지도자 대부분이 탐욕스럽고 타락한 보수권력에 의해 타살되거나 비운의 생을 접었다. 최제우, 전봉준, 여운형, 김구, 조봉암, 장준하, 김대중(미수), 노무현이 그들이다. 이들의 죽음에는 사건에 따라 사주자와 하수인이 없지도 않았지만, 본질적인 문제는 한국 사회의 '구조'에 있었다. 조선왕조의 인조반정 이래 지배권을 형성해온 노론 계열의 보수세력은 자신들의 기득권을 놓치지 않으려고, 그 도전자들과 저항세력을 수단과 방법 가리지 않고 철저하게 억누르고 제거해왔다. 한국 사회의 복합적이고 중층적인 모순 '구조'가 이들을 죽음으로 내몬 것이다.

한 심리학자가 '악인'들이 노무현 전 대통령을 죽음으로 몰아간 과정을 묘사한 대목에 이르러서는 모골이 송연해진다.

노무현이 활짝 웃는 그 순간부터, 노무현이 행복한 표정을 지은 그 순간부터 그리고 그 모습을 보기 위한 순례행진이 시작된 그 순간부터 그의 부활을 막기 위한 공격은 시작되었다.

노무현의 부활을 막을 수 있는 유일한 방법은 그를 파렴치범으로 모는 것이었다. 그것만이 그 어떤 공격을 받고도 불사조처럼 되살아나는 노무현을 영원히 끝장낼 수 있었으며, 도무지 희망을 포기할 줄 모르는 민중의 끈질긴 생명력을 시들게 할 수 있었다. 만일 그것이 성공한다면 "권력을 쥐면 누구나 부패한다," "이 세상에 믿을 사람은 아무도 없다," "정치란 어차피 그런 것이니 속 편하게 관심을 꺼라"라고 외칠 수 있게 될 것이다. 그러면 국민은 어쩔 수 없이 '사람 사는 세상'에 대한 꿈을 영영 접은 채 각자의 이익만을 탐욕스럽게 좇을 테니, 기득권 세력은 대대손손 부귀영화를 누리게 될 것이었다.

'먼지 하나까지 샅샅이 훑고 털어라! 비리사건이 아니어도 좋다. 단지 비리사건으로 몰아갈 수만 있으면 된다. 반격할 틈을 주지 말고 압박해라! 그는 주변 사람들에 대한 애정과 책임감이 남다르다. 그가 사랑하는 이들을 괴롭히면 거짓 자백이라도 할지 모른다. 망신을 줘서 창피하게 하라! 그는 명예를 목숨처럼 소중히 여기는 사람이다. 여론몰이로 파렴치범이라는 낙인만 찍을 수 있다면…' 어떤 결과가 나올지 누가 알겠는가.

봉하마을의 노무현 저택을 아방궁이라고 왜곡함으로써 포문을 연 보수세력은 2008년 6월경부터는 본격적인 공격을 퍼부었다. 그들은 노무현이 무단으로 국가기록물을 가져갔다면서 그를 도둑놈처럼 묘사했고, 오랜 후원자인 박연차 태광실업 회장, 강금원 창신섬유 회장 등에 대한 대대적인 세무조사와 검찰조사에 착수했다.[2]

견디기 어려운 아픔이었을 것이다. 코카서스 바위에 묶여 사나운 독수리에게 생간을 뜯기는 프로메테우스와 같은 아픔을 여러 날 겪었다. 영육의 아픔보다 이제까지 지켜온 삶의 가치가 송두리째 무너지는 것 같아 더욱 견디기 어려웠을 것이다.

5·18 광주학살을 자행하여 권력을 탈취한 자들, IMF 외환위기를 불러온 자들, 대통령 선거에서 수천억 원의 불법자금을 거래한 자들이 여전히 건재한 나라에서 '원칙과 상식이 통하는 사회'를 만들고자 했던 전임 대통령이 '원칙과 상식이 실종된 방식'에 의해 갖은 핍박과 수모를 당하게 되자 벼랑에 몸을 던지고 말았다. 면면한 한국 현대사의 모순구조가 다시 작동된 것이다.

노무현 전 대통령에게 가해진 정치보복의 양상은 야만의 극치였다. 그 본질 역시 어디까지나 한국 사회의 복합적이고 중층적인 모순구조에 있었다. 김대중과 노무현에 이은 또 다른 민주진보정권의 탄생은, 잃어버릴 것이 많은 저들로서는 생각만 해도 끔찍한 악몽일 터였다. 하루 수백, 수천 명씩 퇴임 대통령을 만나보려고 몰려드는 '봉하마을 현상'은 저들에게는 두려움을 넘어 공포이지 않았을까. 자신들의 기득권 유지에 치명적인 현상이라고 느꼈을 것이다. 여기에는 '잃어버린 10년'에 대한 깊은 상실감과 원한도 작용했을 것이다. 저들은 2008년 여름의 '촛불항쟁'의 진원지를 엉뚱하게 봉하마을로 지목하던 터였다.

운명運命과 운명殞命 사이, 태산보다 무거운 죽음

2008년 5월 22일 밤, 이승에서의 마지막 밤을 맞은 노무현은 만감이 엇갈렸을 터이다. 가족과 동지들을 향한 미안함, 국민을 향한 안타까움, 못다 나눈 사랑에 대한 미련……. 마지막으로 남긴 유서에 "아무도 원망하지 마라" 했으니 자신 역시 원망이나 분노 따위는 버렸을 것이다. 그날 밤, 그는 "참혹한 운명의 화살을 맞은" 햄릿의 심정이었을까?

사느냐 죽느냐, 이것이 문제로다!
참혹한 운명의 화살을 맞고 마음속으로 참아야 하느냐.
아니면 노도처럼 밀려오는 고난에 맞서 싸워 물리쳐야 하느냐.
어느 쪽이 더 고귀한 일일까?
남은 것이 오로지 잠자는 일뿐이라면 죽는다는 것은 잠드는 것
잠들면서 시름을 잊을 수 있다면,
잠들면서 인간의 오만 숙명적인 고통을 잊을 수 있다면

이것이야말로 우리가 진심으로 바라는 최상의 것이로다.

죽는 것은 잠드는 것…… 아마도 꿈을 꾸겠지.

아, 그것이 괴롭다.[3]

조선 인조 5년(1627), 후금後金이 침입한 정묘호란으로 나라가 온
통 쑥대밭이 되었다. 뒷날 북벌이 추진될 때 최효일崔孝—은 기개
높은 선비였다. 그는 북벌군이 진공할 때 현지에서 봉기하고자 청
국의 수도 선양瀋陽으로 잠입하는 일에 자원했다. 최효일은 출발하
기 전날 밤에 시 한 수를 읊었다.

萬古爲長夜 만고에 기나긴 밤인데

何時日月明 어느 때에나 해와 달이 밝을 것인가

男兒一掬淚 남아가 한번 눈물을 훔친 뜻은

不獨爲金行 금일의 행차를 위함만은 아닐세[4]

그날 밤 노무현의 심사心事가 이렇지 않았을까. 긴 밤을 뜬눈으
로 지새우면서 최후의 눈물을 훔치며, 짧은 그러나 깊은 의미가 담
긴 유서를 쓰지 않았을까. 아니면 대통령 후보 경선의 밤과 대선
개표 날 저녁에도 태연하게 잠을 잤다는 걸로 봐서 그날 밤도 그냥
푹 잤을지 모른다. 아니면 죽음의 공포와 삶의 허망함이 중첩되어
한동안 망설였을지 모른다. 그리고 '운명'을 다시 생각했을 것이다.
그에게 '운명'은 자신이 살아온 모든 것의 집합이었다.

너무 슬퍼하지 마라.

삶과 죽음이 모두 자연의 한 조각 아니겠는가?

미안해하지 마라.

누구도 원망하지 마라.

운명이다.

삼한갑족의 후예로서 형제들의 모든 재산을 털어 신흥무관학교를 세우는 등 생애를 조국 독립에 바친 우당 이회영이 평생의 지기이며 열렬한 독립운동가인 보재 이상설의 비보를 듣고 "운運이여, 명命이여" 하며 긴 밤을 지새웠듯이, 그날 밤 노무현도 자신에게 닥친 운명 앞에 이러지 않았을까.

그는 운명을 '체념諦念'하고 있었다. '도리를 깨닫는 마음'의 체념 말이다. 그에게 운명은 '자연의 한 조각'으로 표현되는 생과 사의 그네뛰기 방식을 넘어선다. 항상 정직한 그러나 힘겨운 길, 원칙과 소신의 가시밭길을 택했던 그에게 생명보다 더 소중한 것은 명예이고 자존이었다. 명예와 자존은 노무현이 지키고자 했던 최후의 보루였을 것이다. 이것을 운명이라 여겼고 마침내 체념의 길로 들어섰다.

단재 신채호는 중국 망명지에서 거의 혼자 힘으로 ≪천고天鼓≫라는 잡지를 발행했다. ≪천고≫ 제3집에는 「강우규 선생을 애도하며」라는 글이 실렸다. 강우규 지사가 새로 부임해 오는 조선 총독 사이토 마코토齊藤實를 죽이기 위해 폭탄을 던졌으나 실패한 사건의 전말을 대략 기록하고, 신채호는 인간의 '죽음'과 관련하여 다음과 같이 기술했다.

고종명考終命이란 말은 목숨을 버리는 것을 애석하게 여기는 자가 만든 것이니 동아東亞에 영원히 화를 입힌 것이다. 의를 위하여 죽는 것은 칼로 죽어도 되고 형을 받고 옥사하여도 된다. 어찌 목숨 버리는 것을 생각하여 신음하고 그 혼백이 씨가 되고 7척의 나무를 배회케 하여 차마 버리지 못하면서 정명正明하다고 할 수 있겠는가?

우리나라는 옛날부터 쾌히 죽는 것을 영광으로 여겼다. 구차히 살아서 모욕당하면서 화랑의 의용義勇, 충결한 조의를 그만두어서는 안 된다. 그런데 고려 말엽 주자학이 처음 들어오면서부터 명철보신明哲保身의 교훈이 새겨져서 어려움에 임하는 자는 구차히 모면하는 것을 옳은 생각으로 여기고 죽는 것은 성현의 도리가 아니고 도학道學의 질서를 거짓으로 만든다고 생각해 전력을 다해 처자를 보존하는 것을 좋은 방법으로 여겨서 '고종명' 3자가 구비되어 그것을 품계를 정하여 권장하였던 것이다.[5]

1849년 12월 22일, 러시아 작가 도스토옙스키는 사형선고를 받고 형장에 섰다. 마치 예수처럼 두 사람의 사형수와 함께 두 눈이 가려진 채 사형대에 묶였다. 그러나 형틀이 십자가는 아니었다. 사형수에게는 최후의 5분을 주었다.

5분 뒤에는 형장의 이슬로 사라질 위기였다. "이 세상에서 숨 쉴 수 있는 시간은 5분뿐이다. 그중 2분은 동지들과 작별하는 데, 2분은 삶을 되돌아보는 데, 나머지 1분은 이 세상을 마지막으로 한 번보는 데 쓰고 싶다." 기적적으로 목숨을 구한 도스토옙스키는 뒷날장편소설『백치白痴』에서 자신의 절박했던 순간의 경험을 이렇게남겼다.

레지스탕스 작가 슈테판 츠바이크는 "도스토옙스키와 그의 운명 사이에 일어난 끊임없는 투쟁은, 일종의 애정 깊은 적대관계 그것이었다. 운명은 도스토옙스키에게 주어진 모든 갈등을 더욱 첨예화시켰다. 더욱이 두드러진 대립상들을 서로 찢어버리기 위해고통스럽게 잡아 뜯었다. 운명은 그를 사랑하기 때문에 그에게 아픔을 주었다. 그리고 그 역시, 운명이 그를 강하게 움켜쥐고 있었기에 자신의 운명을 사랑했다"[6]라고 썼다.

누구라도 운명의 굴레에서 벗어나긴 어렵지만 노무현은 '운명'의 사람이었다. 도스토옙스키가 빈민구제원에서 태어나 세상을 대면한 첫 순간부터 벌써 그가 있을 자리는 정해져 있었듯이, 노무현의 자리도 크게 다르지 않았다. 멸시받는 사람들 틈 사이에서, 인생의 밑바닥에서 태어나 가난의 고통을 겪으며 그러나 의롭게 성장하고 마침내 정상에 올랐다. 그래서 '반칙과 특권이 용납되지 않는' 사회를 만들기 위해서는 '반칙과 특권'을 누려온 자들과 적대할수밖에 없었다.

노무현은 가끔 수구세력의 간담을 서늘하게 하는 발언을 던졌다. "우리 아이들에게 결코 불의와 타협하지 않아도 성공할 수 있다는 하나의 증거를 남기고 싶다." 그들에게는 얼마나 무서운 비수인가, 얼마나 섬뜩한 말인가.

도스토옙스키의 '운명의 5분'으로부터 160년이 흐른 2009년 5월 23일 오전 6시 14~17분경(추정), 노무현은 김해시 봉화산 부엉이바위 아찔한 절벽 위에 섰다. 절벽 위에 선 그의 시간은 도스토옙스키의 5분이었을까, 아니면 더 짧거나 길었을까. 그 시간 동안 무슨 생각을 했을까. 일을 이 지경까지 몰아낸 저들의 의도를 떠올리며 비감해했을까. 새벽녘에 컴퓨터 자판을 눌러 쓴 유서를 다시 생각했을까.

죽음보다 더한 굴욕을 견디면서 '발분지서撥憤之書'라는 『사기史記』를 쓴 사마천은 생과 사를 자연의 순환법칙으로 이해하면서 '태산'과 '홍모(기러기 털)'에 빗대어 죽음의 무게를 달았다.

> 人固有一死　사람은 누구나 한 번 죽지만
> 或重或泰山　때로 어떤 죽음은 태산보다 무겁고
> 或輕於鴻毛　때로 어떤 죽음은 홍모보다 가볍다

사마천은 『사기』 「열전列傳」에 숱한 인물들의 평전을 남겼다. 그리고 얻은 결론의 하나로 사람에 따라 생과 죽음의 의미가 '태산'과 '홍모'로 나뉘게 된다는 것이었다.

예로부터 역사적 인물들은 생사의 갈림길에 섰을 때 이를 자신만의 방식으로 받아들였다. 유방에게 패한 항우는 "하늘이 자신을 버렸다"라며 죽음을 받아들였고, 궁형의 치욕을 당한 사마천은 살아서 원을 이루는 쪽을 택했다. 초나라 절세의 시인이자 정치가로 〈이소離騷〉를 남긴 굴원屈原은 소인배들의 참소를 견디다 못해 멱라수泪羅水에 몸을 던졌다. 녹두장군 전봉준은 무능하고 부패한 수구세력이 추악한 권력을 지키고자 외세(일제)를 끌어들여 그들과 합작해 만든 재판에서 사형선고를 받고 즉흥시 〈운명殞命〉을 지어 "운이 다하니 영웅도 어쩔 수 없구나"라고 한탄했다.

> 時來天地皆同力　때를 만나선 천하가 다 힘을 모으더니
> 運去英雄不自謀　운이 다하니 영웅도 어쩔 수 없구나
> 愛民正義我無失　백성을 사랑하고 정의를 위한 길이 무슨 허물이랴
> 爲國丹心誰有知　나라 위한 일편단심 그 누가 알리

　법정 스님은 〈살 때와 죽을 때〉에서 "꽃은 질 때도 아름다워야 한다"라고 노래했다. 사람은 가는 뒷모습도 아름다워야 한다는 뜻이다.

> 살 때는 삶에 철저해 그 전부를 살아야 하고,
> 죽을 때는 죽음에 철저해 그 전부가 죽어야 한다.
> 삶에 철저할 때는 털끝만치도 죽음을 생각할 필요가 없다.
> 또한 일단 죽게 되면 조금도 삶에 미련을 두어서는 안 된다.
> 사는 것은 내 자신의 일이고

죽음 또한 내 자신의 일이니

살 때는 철저히 살고

죽을 때 또한 철저히 죽을 수 있어야 한다.

꽃은 필 때도 아름다워야 하지만,

질 때도 아름다워야 한다.

모란처럼 뚝뚝 무너져 내릴 수 있는 게

얼마나 산뜻한 낙화인가.

새잎이 파랗게 돋아나도록 질 줄 모르고 매달려 있는 꽃은

필 때만큼 아름답지가 않다.

생과 사를 물을 것 없이

그때그때의 자기 삶에 최선을 다하는 것

이것이 인생의 생사관이다.[7]

태고보우太古普愚 선사는 세상 여행을 끝내면서 제자들에게 남긴 〈사세송辭世頌〉에서 인생을 "봄날 꿈속"이라고 하여 그 허망함을 노래했다.

人生命若水泡空 인생은 물거품마냥 허망하여

八十餘年春夢中 여든 넘은 삶도 봄날 꿈속이로다

臨終如今放皮岱　임종에 가죽 자루 벗어던지려니

一輪紅日下西峰　한 바퀴 붉은 해가 서산을 넘네

노무현이 부엉이바위 벼랑 끝에 선 새벽에는 해가 아니라 달이 서산을 넘고 있었을까. 원효는 『금강삼매경론金剛三昧經論』에서 죽음을 "멸이 곧 생이 되고 생이 곧 적멸"이라고 했다. 원효에 따르면, 노무현의 멸은 곧 생이라 할 터이다. 정녕 노무현은 죽어서 살고자 했던 것일까?

> 이 뜻이 생生이라 한 것은 진眞을 융融하여 속을 만든 것이니 적멸의 법이 연緣으로조차 생기生起한 때문이요, 멸이 아니라 한 것은 그 적멸이 생의 연유緣由이니 적멸이 아니므로 적멸의 뜻을 구하여도 얻을 수 없으니 그러므로 적멸의 연으로조차 생한 것이다. 적멸이 곧 생이라 한 것은 생하지 아니한 생이요, 생의 뜻이 곧 멸이라 한 것은 멸하지 아니한 멸이다. 멸하지 아니한 멸이므로 멸이 곧 생이 되고 생하지 아니한 생이므로 생이 곧 적멸이다.

마지막까지 자유인이 되지 못한 '위대한 패배자'

노무현의 생애와 글, 연설문을 치밀하게 분석한 심리학자 김태형에 따르면 노무현은 "마음의 상처를 극복하기 위해 치열하게 싸워온 인간 승리의 표본이며, 심리적으로 매우 건강한 인물"[8]이다. 죽음을 '마지막 승부수'라고 한 보수언론의 주장이 얼마나 엉터리인지를 보여준다. 노무현은 보수언론이 주장한 바대로 과녁을 돌리기 위해 '마지막 승부수'로 몸을 던진 것이 아니었다.

> 한동안 신문을 비롯한 각종 매체들은 노무현의 죽음을 '마지막 승부수'라고 주장하는 기사들을 버젓이 내보냈다. 그것을 보며 나는 인간 노무현을 이런 식으로 왜곡하는 분석이 앞으로도 계속 쏟아져 나올 것이라는 예감에 몸서리를 쳤다. "안 된다. 그런 엉터리 심리분석은 노무현을 두 번 죽이는 행위가 아닌가. 막아야 한다."[9]

노무현을 죽음으로 내몬 수구세력의 만행은 쉽게 아물기 어려운 한국 현대사의 상처가 될 것이다. 그의 죽음이 남긴 피맺힌 유산은 향후 한국 정치사의 작용과 반작용, 역학과 동력의 거대한 용암으로 분출되기에 충분하다.

서거 당시 500만 명의 추모 물결과 서거 주기마다 모여든 거대한 인파, 평소 생가와 묘소를 찾는 민중의 그치지 않는 발걸음은 현재와 미래 한국 정치사의 동력이 되고 변수로 작용할 것이다.

역사는 쓰레기 집하장이 아니다. 위대함과 사악함, 친민親民과 역민逆民을 정확하게 분별하고 원통한 죽음과 억울한 죽음은 반드시 가려낸다. 그 힘이 역사의 운행을 바꾸기도 한다. 예전에는 힘으로 억누르고 조작하고 은폐하는 게 가능했다. 그러나 지금은 그런 것들이 완벽하게 가능하지 못한 세상이다.

예로부터 원통하고 억울한 죽음에는 반드시 거대한 역사의 응징이 따랐다. 일제의 명성황후 암살 직후에는 의병 봉기가 잇따랐고, 고종황제 독살 직후에는 3·1 혁명의 거대한 저항의 물결이 일었으며, 순종의 서거 직후에는 6·10 만세운동이 전국을 뒤덮었다. 김구를 암살하고 조봉암을 죽인 이승만 정권은 비극적 최후를 맞았고, 숱한 민주인사를 죽이고 민주시민을 핍박한 유신정권은 심복의 총탄에 쓰러졌다. 12·12 반란과 5·18 광주학살로 정권을 탈취한 신군부 주범들은 국회 청문회의 심판대에 서고 법의 심판을 받았다. 역사는 결코 의인의 죽음을 헛되이 하지 않고, 악인의 만행을 방관하지 않는다.

누군들 죽지 않으랴. 노무현은 생과 사의 갈림길에서 저들에 의해 "이미 비루해진" 삶 대신 최소한의 존엄을 지키고자 죽음을 택했다. 오랑캐로부터 나라의 독립을 지키고자 했던 송나라의 의인 문천상文天祥은 적군에 잡혀 형장으로 끌려가면서 〈정기가正氣歌〉를 남겼다. 그가 지은 또 다른 시 〈영정양零丁洋을 지나면서〉의 한 구절이다. 벼랑에 선 노무현의 심경이 이러했을까.

人生自古誰無死　예로부터 그 누가 죽지 않을 수 있는가
取丹心照汗靑史　다만 이 붉은 심장 남겨 역사에 비추리라

노무현은 정치인이면서도 비정치적인 사람이었다. 그러기에 국

민은 그를 좋아했다. 백색독재, 군사독재의 '정치'에 진절머리를 겪어온 국민은, 권위주의적이지 않고 소탈하고 정직한 노무현을 좋아했다. 그래서 헌정 수립 이래 최다 득표를 하게 되고, 재임 중에 이런저런 구설도 많고 실책도 적지 않았으나 퇴임하던 날 곧바로 고향으로 내려가 손녀를 자전거에 태우고 마실 가는 그를 좋아했다. 그의 소탈한 모습을 사람들은 좋아했다.

그의 돌연한 죽음이라는 비보를 접하고 "지키지 못해 미안하다"라는 통한이 침묵하던 사람들을 움직이고, 겪어보고 비교해보니 그립고 안타까워 '노무현 신드롬'으로 나타나기에 이르렀다.

만해 한용운이 3·1 혁명으로 옥고를 치르고 나와 '철창 철학'이라는 제목의 강연에서 "개성 송악산에 흐르는 물은 선죽교의 피를 못 씻고, 남강南江에 흐르는 물이 촉석루의 먼지는 씻어가도 의암義岩에 서린 논개論介의 이름은 못 씻어간다"라고 했듯이, 봉화산 부엉이바위 벼랑에 뿌려진 노무현의 피는 자연의 풍우에는 씻길지 몰라도 이 땅의 보통 사람들 가슴에서는 영원히 씻기지 않을 것이다.

천성이 감성적이고 신념과 의리를 소중하게 여긴 노무현은 자신의 어려움보다는 주변 사람들이 자기 때문에 받을 고통을 더 못 견뎌 했다. "나로 말미암아 여러 사람이 받은 고통이 너무 크다. 앞으로 받을 고통도 헤아릴 수가 없다. 여생도 남에게 짐이 될 일밖에 없다"라는 유언을 남길 만큼 괴로워했다.『노무현, 마지막 인터뷰』를 정리한 오연호도 책에서 "인간 노무현은 자신이 받는 고통보다,

자신에 의해 받게 될 여러 사람의 고통을 참을 수 없어 했다. 그런 점에서 그는 마지막까지 자유인이 되지 못했다. 정치인이었다. 마지막까지 승부사였다"[10]라고 썼다.

백범과 링컨 그리고 노무현. 백범과 링컨은 노무현이 가장 존경하는 인물로, 세 사람은 생김새부터가 '촌놈 티가 풀풀 나는' 인상이다.

독일의 저명한 언론인 볼프 슈나이더는 『위대한 패배자』에서 "패자는 새로운 권력자들보다 문화·도덕적으로 더 우월하다는 확신"을 갖게 된다고 했다. 그리고 "승리자로 가득한 세상보다 나쁜 것은 없다. 그나마 삶을 참을 만하게 만드는 것은 패배자들"[11]이라는 말로 책을 끝맺는다.

우리 역사는 수많은 '위대한 패배자'를 낳았다. 그들의 위대함은 승자들을 덮고도 남아서 두고두고 민중의 흠모를 받는다. 근현대사만 둘러봐도 전봉준, 최제우, 안중근, 이회영, 김구, 여운형, 조봉암, 장준하 등 손가락으로 다 헤아릴 수도 없다. 이들은 일제와 이승만과 박정희 등으로부터 살해당한 대표적인 인물들이다. 세월이 흐른 오늘날 과연 누가 승자이고 누가 패자일까? 역사는 이들을 어떻게 평가할까?

대통령까지 지낸 노무현이 '패배자'일까 싶겠지만 그는 정치적 소수파로서 우리 사회의 뒤틀린 권력구조 안에서 정치 보복성 '토끼몰이'에 갇혀 죽을 수밖에 없었다는 점에서 패자다. 내외적으로 그렇게 죽은 '위대한 패배자'가 적지 않았다. 링컨, 트로츠키, 간디,

체 게바라, 전봉준, 김구…….

'위대한 패배자'들이 그렇듯이 노무현은 패함으로써 국민의 마음을 얻었다. 그의 죽음은 공의公義를 지키고자 하는 의지의 표현이었기에 그는 최후까지 의연함을 잃지 않았다. "아직 인생을 정리하기에는 너무 이르고, 아직 하고 싶은 일이 많이 남아 있었다"[12]라고 한 바대로, 아직 할 일이 남아 있었고 하고 싶은 일도 밀려 있었다. 그러나 그는 사나운 사냥개들의 미친 몰이 앞에서 "책을 읽을 수도 글을 쓸 수도 없을" 만큼 참담해했고, 살아서 "더 이상 할 수 있는 일이 아무것도 없다"라고 한탄했다.

그는 서거하기 얼마 전에 쓰기 시작한 자서전에서 "이제 나는 인생에서 세속의 성공과 실패를 넘어서는 무엇, 분별을 넘어서는 깨달음이라도 구하고 싶다. 그보다 마음을 닦아서 이 마음의 고통을 극복해 나아가야 할 처지다. 그러나 그동안 배운 것이 없다. 지금 할 수 있는 일이 실패 이야기를 쓰는 것이 맞는 것 같다"[13]라고 썼다.

2009년 5월 20일경 자서전 『성공과 좌절』을 정리할 때까지, 그는 서재에 '우공이산愚公移山'을 표구하여 붙여놓고 성공과 영광의 기억이 아니라 실패와 좌절의 기억을 토해내고자 했다. 그리고 미래의 꿈을 그리고자 했다. 주변 사람들이 터무니없다고 했으나 그는 아들이 있고 손자가 있다는 말로 사람들의 성급함을 나무라며 뜻을 굽히지 않았다. 노무현이 서재에 하필 '우공이산'을 걸은 뜻을 헤아려야 한다. 그러나 저들은 이마저도 허용하지 않았다. 안중근이 뤼순 감옥에서 사형선고를 받고 『동양평화론』을 집필하려 했을 때 일제는 그마저도 허용하지 않았듯이 말이다.

마침내 검찰은 그에게 '피의자' 딱지를 붙였고, 5년 내내 헐뜯었던 족벌신문들은 때를 놓치지 않고 연일 온 지면을 털어 법(피의사실 공표 금지)을 어겨가면서까지 '피의사실'을 소설로 썼다. 기회주의 방송들은 헬기까지 동원하여 봉하마을에서 서초동 검찰청까지 그의 일거수일투족을 생중계하기에 이르렀다. 전에 없던 일이었다.

과연 노무현은 패배자인가? 저들은 이렇게 해서 노무현을 이겼는가? 정치인들과 언론들은 그의 죽음을 두고 정파나 이해타산에 따라 갑론을박이지만 결국 진실은 역사가 말해주고 민의가 가려줄 것이다.

1
출생과 가족 그리고 청년 시절

'비현실주의자' 아버지와 여걸 풍모의 어머니

노무현을 탐구하고 묘사하는 코드는 다양하다. 정치인, 대통령, 정치학자, 사상가, 인간 그리고 바보. 그중 먼저, '인간 노무현' 곧 '자연인 노무현'은 어떤 사람일까?

노무현의 가문은 직계로는 딱히 내세울 만하거나 높은 벼슬을 한 선대도 없었으나 종증조부 노응규盧應奎(1861~1907)가 구한말 의병장으로 활약한 것이 눈에 띈다. 경남 함양 태생으로 본관은 광주光州, 자는 성오聖五, 호는 신암愼菴인 노응규는 허전許傳(1797~1886, 국왕에게 시강한 유학의 거두로 예문관제학, 이조판서 등을 지냈으며, 「삼정책三政策」을 올려 사회모순을 바로잡으려 한 경세가이기도 했다)의 문하에서 수학했으며, 위정척사론의 태두인 최익현에게서도 사사했다.

1895년에 을미사변(명성황후 살해 사건)에 이어 단발령이 내려진 데 분노한 유림이 대거 거병하자 노응규도 이에 호응하여 1896년에 함양에서 의병을 일으켰다. 노응규의 의병은 진주성을 단숨에 함락하고 진주 인근 세력을 합세시켜 진주의병진(총대장 노응규)을 구성했다. 진주의병진은 부산 방면으로 진공하여 김해까지 장악하는 등 기세를 떨쳤으나 일본군의 선제 공세와 동지의 배반으로 진주성을 잃고 결국 해산되었다.

이때 가족이 피살되고 가산이 몰수되는 불행을 당한 노응규는 호남지방으로 피신했다. 그러던 중 1897년에 대한제국 선포 직후 상소를 올려 사면을 받았다. 이후 을미사변에 항거해 의병을 일으킨 유학자들이 중용되는 가운데 노응규도 동궁시종관 등의 직책을 맡아 고종을 지근에서 보필했다. 그러나 러일전쟁 이후 강성해진 일제가 을사늑약 체결 등 국권 피탈을 가시화하자 노응규는 벼슬을 내던지고 1906년 전북 정읍에서 거병한 스승 최익현의 의병에 합류했다. 그러나 최익현의 의병은 순창에서 일본군에게 패하여 와해했다.

이때 몸을 피한 노응규는 그해 충북에서 일단의 의병 지도자들과 함께 다시 의병을 조직하여 몇 차례 일본군을 타격했다. 그렇게 한성 진군을 꾀하던 중에 밀정의 밀고로 체포되어 수감되었다. 그런데 그는 일제가 주는 밥은 먹을 수 없다며 단식하다가 옥중에서 굶어 죽었다고 한다. 이러한 공로로 노응규에게는 1977년에 국민훈장 독립장이 추서되었다.[1]

일세를 풍미한 의병장 노응규의 보국충절保國忠節의 기개에서 그 종증손자 노무현의 결기가 느껴진다.

노무현은 1946년 8월 6일 경남 김해시 진영읍 본산리에서 소농인 아버지 노판석盧判石과 어머니 이순례李順禮 사이에서 3남 2녀 중 막내로 태어났다. 선대는 10대조부터 진영읍 본산리 여러 곳에서 농사를 짓고 살았는데, 노무현이 태어날 무렵부터 봉하마을에 정착했다. 농사가 업이라지만 생계도 꾸리기 어려운 소농이었다.

노건평(노무현의 둘째 형)에 따르면, 한학을 익힌 아버지 노판석은 아이들 교육에는 관심이 많았으나 경제적으로는 무능한 가장이었고, 집안 살림은 실질적으로 어머니가 도맡아 꾸려야 했다. 어머니 눈에 비친 아버지는 항상 남의 입장만 생각하다 정작 자신은 챙기지 못하는 '비현실주의자'였다. 사정이 그러하다 보니 어머니는 더욱 이를 악물고 살림을 챙겨야 했고, 90세를 넘겨 장수했지만 말 못 할 고생을 했다.[2]

그런데 노무현에 따르면, 경제적으로 무능했다던 아버지도 한때 큰 재산을 일군 사업가였다. "아버지는 물려받은 재산이 없었다. 일제강점기에 일본 도쿄와 오사카, 중국 상하이 등지를 오가며 타이어 매매업을 해서 적잖은 재산을 모았다. 일본어와 중국어에 능통하셨다. 중국 대륙 곳곳으로 전쟁의 포연이 확산되던 1942년, 가족들이 어머니가 돌아가셨다고 거짓 전보를 쳐서 아버지를 귀국하게 만들었다고 한다. 그런데 그때는 어머니 친척 되는 사람한테 사기를 당해 재산을 다 날려버린 뒤였다."[3]

노무현은 아버지를 정의롭고 자애로운 인상으로 기억하고 있었다. "아버지는 말이 별로 없는 분이었다. 여간해서는 남에게 싫은 소리를 하거나 폐를 끼친 일이 없으셨다. 그러나 정의감이 있고 어떤 점에서는 고집이 센 분이었다. 일본인 마름을 했던 동네 유지와 이웃 사람들 사이에 땅 소유권 분쟁이 일어났을 때 약자인 이웃을 도와주다가 여러 번 폭행을 당했다. 아버지는 일본에서 사업을 할 때 기독교 신앙을 얻어 교회에 열심히 다녔다고 한다. 그래서인지 어린 나를 읍내 교회에 나가게 하셨다. 교회에서 늦게 돌아오는 날에는, 지금은 공단이 들어서 있는 공동묘지 너머 먼 곳까지 나와 기다리다가 내 손을 잡고 함께 집으로 걸어오시곤 했다. 천자문도 가르쳐주셨다. 여섯 살 때 내가 천자문을 뗐다고 너무 좋아하셨던 것이 어렴풋이 기억난다."[4]

노무현의 아버지는 선량한 농사꾼으로, 약자에게는 따뜻하고 너그러운 성품을 갖고 있었다. 그래서 손해를 보는 때가 많았고, 아내로부터 질책을 당하기 일쑤였다.

노무현이 어릴 때, 봉하마을에서는 일본인 지주 밑에서 마름을 살던 친일파들이 해방이 되자 지주가 되어 떵떵거리며 세도를 부리고 다녔다. 그들은 툭하면 마을 사람들, 특히 가난하고 힘없는 소작인들을 괴롭히고 그들의 땅을 빼앗으려고 송사를 벌였다. 그들이 부당하다는 것은 온 마을이 다 아는 일임에도 사람들은 친일파들이 무서워 분쟁에 끼어들려 하지 않았다. 그런데 친일파들의 협박과 회유를 무룹쓰고 소작인들을 편드는 한 사람이 있었는데, 그가 바로 노무현의 아버지였다. 당시 노무현의 아버지는 자작농이었으므로 소작인들과는 아무런 관련이 없었다. 그럼에도 그는 토지분배 송사에 참여해 소작인들을 위해 증언을 해주었고, 그 덕에 약자인 소작인들이 이기곤 했다. 그 일로 노무현의 아버지는 친일파의 자식들이나 동네 불량배들한테 폭행을 당하기도 했다.[5]

노무현은 어머니는 여걸의 풍모가 있는 사람으로 "누나들이나 형들한테는 엄격했지만 막내(노무현)한테는 한없이 자애로웠다"라고 회상했다. "어머니는 총명하고 기가 센 분이었다. 매사에 자기주장이 뚜렷하셨다. 가난에 한이 맺혀 있었고 돈이 없어 수모를 당하는 것을 몹시 분하게 여기셨다. 아들들이 출세해서 집안을 일으켜주기를 바랐다. 누님들과도 그랬지만 특히 형님들과 기 싸움하는 경우가 자주 있었다. 하지만 마흔 넘어 얻는 막내한테는 아무것도 요구하지 않으셨다. 출세에 대한 기대는 주로 두 형님에게 걸었다. 어린 나한테는 오직 사랑만 주셨다. 그래서인지 나는 변호사가 된 후에도 집에 오면 어머니 무릎을 베고 눕곤 했다."[6]

노무현의 외가는 역시 평범한 농가로, 같은 마을에 사는 성산 이씨 집안이었다. 외할아버지는 한의원을 운영하고 한센병 환자들까지 치료하는 등 널리 선행을 베풀어 마을에서 칭송이 자자했다. 원래 고향은 경남 창원군 진전면(현재는 마산시에 편입)이었으나 1960년대 중후반쯤 진영으로 이사했다. 딸 다섯 자매 중 맏이인 노무현의 어머니는 신식 교육은 받지 못했으나 한문 실력은 정식으로 공부한 사람보다 뛰어났으며, 다재다능하고 생활력이 강했다. 노무현의 강한 성정은 어머니를 닮은 것이라고 하는데, 여섯 살 때 천자문을 떼어 총기를 보여준 것도 어머니의 영향이었다.

노무현이 태어난 진영 봉하마을 들판에 솟아 있는 봉화산(해발 140m) 정상에 오르면 사방 30리(약 12km)를 내려다볼 수 있다. 봉화산은 옛적부터 왜구의 침략이 있을 때면 '밀양—청도—중앙 봉수로'에 이르는 봉홧불을 밝혔던 곳이다. 노무현은 어릴 적에 "크면 이 산의 봉화지기가 되겠다"라는 말을 자주 했다고 한다.

봉하마을은 농토가 척박하여 5년 농사를 지어 3년 소출이 있으면 다행이라 할 정도로 빈촌이었다. 여기에 수해와 한해가 거듭되어 "까마귀가 와도 먹을 것이 없어 울고 간다"라는 말이 나돌 정도였다. 노무현의 집도 다르지 않았다.

노무현은 어머니가 마흔다섯에 낳았다. 만산晩産으로, 요즘 말로 '늦둥이'다. "진영 읍내에서 남산병원 원장이 직접 와서 집게로 끄집어냈고, 그 바람에 머리와 어깨에는 집게 자국이 남게 되었다"[7]라고 할 만큼 대단히 난산이었다. 얼마나 가난했던지 아기를 낳고도 먹을 것이 없어서 이웃 사람이 가져다준 쌀로 밥을 지었다고 한다.

노무현이 태어나 성장한 시기는 이른바 해방공간이다. 1945년 해방이 되었으나 국토는 남북으로 갈려 각기 미국과 소련의 군정이 실시되었다. 신탁통치를 둘러싼 갈등으로 정국은 혼란스럽고

민생은 일제강점기 때보다 나아진 게 별로 없었다. 우여곡절 끝에 남한에서는 1948년 8월에, 북한에서는 그해 9월에 각각 단독정부가 수립되었으나 1950년에는 한민족 최대의 비극인 6·25 전쟁이 터졌다. 그리하여 남북 분단은 돌이킬 수 없는 일이 되고 말았다.

노무현은 그 시대 여느 농촌의 아이들처럼 산으로 들로 뛰어다니며 유년기를 보냈다. 소년 노무현은 봉화산과 자왕골을 오르내리며 소박한 꿈을 키웠다. 이 두 곳은 어린 시절의 추억이 가득한 곳이었다. "봉화산과 자왕골은 빼놓을 수 없는 무대다. 그곳에서 칡을 캐고 진달래도 따고 바위를 타기도 했다. 풀 먹이러 소를 끌고 나오는 곳도 항상 그 골짜기였다. 아이들은 소를 골짜기에 몰아넣고 모두 발가벗고 놀았다. 골짜기의 맑은 물에서 목욕도 하고 물장구도 쳤다. 물놀이가 시들해지면 산사태가 난 곳에서 미끄럼을 타기도 했다."[8]

노무현의 집은 가난해서 소를 키우지 못했다. 그래서 소를 키우는 아이들이 그렇게 부러울 수가 없었다. 그러나 막내로서 집안의 사랑을 독차지하고 자란 덕분인지 학교에 들어가기 전까지는 집안의 가난을 느끼지는 못했다고 한다.[9]

'돌콩'의 저항의식과 중학생 '백지동맹'

노무현은 어린 시절에 가난하게 자란 데다가 고등학교만 나온 탓에 심한 콤플렉스를 갖게 되었다고 지적하는 사람들이 있다. 이들은 심지어 그의 죽음까지도 이와 연관시키려 든다. 그러나 심리학자의 분석은 이들의 주장과 사뭇 다르다.

그는 비록 가난한 집에 태어났으나 초등학교에 들어가기 전까지는 '궁핍을 느끼지 못했다'. 심리학적으로는 이 점이 매우 중요하다. 왜냐하면 자아에 치명적인 상처가 생길 수 있는 위험한 시기는 대체로 초등학교에 입학하기 전이기 때문이다. 어린 시절에 상처를 받게 되면 왜곡되거나 허약한 자아를 갖게 된다. 만일 이런(행복했던 기억이 있는) 상태에서 초등학교에 들어가 불우한 경험을 하게 되면 그야말로 열등감을 느낄 수밖에 없는 환경에 부대끼게 되더라도 비교적 잘 견뎌낼 수 있다. 비유하자면 어린 시절의 행복한 경험이 이후의 병에 대한 내성이나 면역력으로 작용하는 것이다.[10]

노무현의 어린 시절은 무척 행복했다. 60여 년 전 이 나라의 농어촌 지역 대부분이 그렇듯이 봉화마을도 아이들의 좋은 놀이터가 되었다. "봄이면 밀을 꺾어 밀사리를 해 먹었다. 보리 싹이 나면 보리피리를, 버드나무에 물이 오르면 버들피리를 만들어 불었다. 보리깜부기를 뽑아 얼굴에 새까맣게 바르고 보리밭에 숨어 있다가 지나가는 여학생을 놀래주는 장난도 많이 쳤다."[11]

1953년, 노무현은 김해시 진영읍 태창초등학교에 입학했다. 집에서 학교까지는 거리가 10리(4km)나 되었기에 아침 일찍부터 길을 나서야 했다. 해방공간의 혼란이나 6·25 전쟁의 참혹함을 느끼고 체험하기에는 아직 어린 나이였다. 전쟁이 끝났다고는 하지만 전란의 폐해는 이 땅의 어디라도 다르지 않았다. 입에 풀칠하기도 어려운 시절이었다. 비교적 맑고 밝게 자라던 노무현도 학교에 들어가면서부터는 '가난'을 피부로 느끼게 되고 마음의 상처를 입게 된다.

이곳에도 빈부 차이는 있어서 읍내 아이들과 시골 동네 아이들은 옷차림과 학용품이 달랐다. 선생님들은 아무래도 부모가 학교를 자주 찾아 인사하는 읍내 아이들에 더 관심을 가졌다.

초등학교 6학년 때 노무현은 교내 붓글씨 대회에서 2등을 했다. 그러나 시상식 날 그는 그 상을 반납했다. 대회가 열리던 날, 처음 약속된 규정과 달리 새로 한 장을 고쳐 써낸 학생에게 1등이 돌아갔기 때문이다. 그런 저항의 대가로 돌아온 것은 지도 선생님에게 맞은 따귀 한 대, 그리고 담임선생님의 차가운 눈초리였다. "상황이 한참 전개된 뒤에 뭔가 자신이 옳았다고 주장하는 것은 어리석은 일"이라는 것이 당시 그가 깨달은 교훈이다.[12]

노무현은 마을에서 다소 유난스러운 아이로 자랐다. 자신보다 나이가 더 많은 아이들과 어울리고, 이웃 마을 아이들과 싸울 때는 여러모로 불리한 여건에서도 상대측을 설득하여 언변으로 분위기를 바꾸기도 했다. 둘째 형(노건평)까지도 동생의 언변에 혀를 내두를 정도였다. "초등학교 때 전교 회장에 입후보해서도 후보로 나온 아이들을 말솜씨로 눌렀지요. 연단에 올라가 연설을 시작하니까 분위기가 확 달라지데요. 그때는 참 얼마나 작았는지……. '작은 고추가 맵십니더' 하면서 아이들을 웃기는데 동생이 참 당차게 느껴지더라고요. 1988년 국회의원에 처음 당선돼 국회에서 대정부 질문하는 것을 직접 가서 본 적이 있었어요. 그때도 '아, 무현이 참 말 잘하네……' 하는 감탄이 절로 나옵니다."[13]

노무현에게는 초등학교 때 두 가지 별명이 있었다. 하나는 키가 작다고 해서 '돌콩'이었고, 다른 하나는 공부를 잘한다고 해서 '노천재'였다. 태어날 때부터 난산이었던 데다가 산모가 제대로 먹지 못해 영양실조로 키가 자라지 않고 병약했으나 공부도 잘하고 야무져서 '돌콩'이라고 불렀다. 체구는 왜소했지만 당차기가 하늘을 찔렀던 동학혁명의 지도자 전봉준을 당대인들이 '녹두장군'이라 부른 것도 비슷한 경우다. 어린 노무현은 워낙 깡이 세서 아무도 섣불리 대하지 못했다고 한다.

노무현은 초등학교 6년 동안 전교 수위의 우수한 성적을 놓치지 않았다. 평상시 공부를 별로 하지 않고도 늘 우수한 성적을 받는 것으로 보아 머리가 명석했던 것 같다. 그러나 가난 때문에 자주 비애를 느끼는 일을 겪게 되고, 반장을 하면서는 어수룩한 여학생을 꼬여 새 필통과 자신의 낡은 필통을 바꾸었다가 친구들한테 크게 망신을 당하기도 했다. 노무현은 이를 두고 "공인(?)으로서의 도덕성에 관한 첫 심판을 경험한 셈이었다. 이후 이 사건은 내 마음속에 두고두고 남아 내 자신의 인간성에 대한 회의로 남아 있었다"[14]라고 회상했다.

노무현이 뒷날 비판적인 법조인, 거리의 변호사, 반독재 정치인이 된 것은 어릴 적의 불평등과 차별, 사회의 구조적 모순에 대한 저항심에서 비롯되었다. 그는 어릴 적부터 가난뱅이 시골 출신들의 중심이 되곤 했으나 속이 풀리지는 않았다고 했다. "읍내 아이들의 부모는 종종 선생님을 찾아와 인사도 하고 얘기를 나눴지만, 나를 비롯한 시골 아이들은 만날 기성회비를 제때 못 냈다는 이유로 벌을 서고 창피를 당해야 했다. 그 때문에 고학년으로 차츰 올라가면서 아이들은 비교적 잘 사는 읍내 출신과 가난뱅이 시골 출신으로 은근히 패가 갈리기도 했다. 그럴 때면 나는 항상 시골 출신들의 중심이 되곤 했지만, 그렇다고 속이 풀리지는 않았다."[15]

심리학자 김태형은 구김살 없는 어린 시절을 보낸 사람은 기본적으로 열등감이 심할 수 없다고 진단하며 노무현을 다음과 같이 분석한다. "열등감은 자기 혐오감, 자기 모멸감과 결합될 때에만 비로소 병적인 힘으로 작용한다. 그렇지만 어린 시절 부모의 사랑을 많이 받은 아이, 부모에게서 지지와 격려를 많이 받는 아이는 자기 혐오감을 갖기가 정말 힘들다. 따라서 부모 형제들에게서 사랑을 듬뿍 받아 구김살 없는 시절을 보낸 어린 노무현은 기본적으로 열등감이 심할 수가 없는 인물이다. 그가 초등학교 시절을 회상하며 '가난과 열등감' '반항적 태도'에도 불구하고 '자존심과 우월감도 그에 못지않게 강했다'라고 한 것은 바로 이 때문이다."[16]

노무현의 집안은 비록 가난했으나 화목했다. 위의 형제들과는 터울이 크게 지는 막내라서 부모님은 물론이고 누나들과 형들의 사랑을 한 몸에 받으면서 자랐다. 더구나 두 형은 든든한 보호자가 되어주었다.

그런데 노무현에게는 두고두고 잊지 못할 선생님이 한 사람 있었다. 그 선생님 덕분에 열등감을 극복할 수 있었다고 한다.

초등학교 졸업반 담임 신종성 선생님을 잊지 못한다. 새내기 교사였던 그분은 내게 깊은 관심과 사랑을 주셨다. 휴일이나 방학 때 남몰래 따로 불러 공부를 하게 했다. 집이 멀다고 따로 자취방에 재우면서 밥을 차려주었다. 나는 4학년 때 반장을 하지 않겠다며 울고불고 난리를 친 적이 있었다. 졸업반이 되어서도 여전히 주눅이 들어 있었다. 신종성 선생님은 그런 나를 어르고 달래서 전교 회장 선거에 나가게 하셨다. 자의 반 타의 반 선거에 나갔는데 회장으로 뽑혔다. 연설을 잘했다고 다들 칭찬했는데, 큰형님이 특별히 지도해준 덕분이 아니었나 싶다. 그 뒤로는 자신감을 가지고 남들 앞에 나설 수 있게 되었다. 선생님의 도움으로 열등감을 극복할 수 있었던 것이다.[17]

노무현은 가난과 왜소한 체구 때문에 열등감을 갖게 되고, 선생님들의 차별과 편애 때문에 저항심을 갖게 되었다. 읍내 출신 아이들은 옷차림이나 먹는 것부터가 달라서 키도 크고 귀티가 흘렀다. 그런 아이들을 편애한 나머지 부당한 결정을 내리는 선생님들에 대한 반감은 어린 노무현의 저항심을 키워주었다. 그런 가운데 촌놈 노무현을 진심으로 보살핀 신종성 선생님의 사랑이 어린 노무현에게 자신감과 자존감을 심어주었다.

노무현은 어려서부터 자주 위경련을 앓았는데, 그 때문에도 키가 잘 자라지 않았다. 공부하다가 업혀서 병원에 간 적도 있고, 여러 날 동안 식사를 못 할 만큼 증상이 심한 적도 있었다. 한창 자랄 나이의 위경련은 성장을 더디게 만들었다. 위경련은 나중에 고시 준비를 할 때나 법조인 시절에도 가끔 발병하여 괴롭히다가 정계에 입문한 뒤에 사라졌다.

노무현은 1959년에 대창초등학교를 졸업하고 진영중학교에 진학했다. 그러나 가난은 중학교 입학부터 노무현에게 시련과 상처를 안겼다. 당시 큰형이 어렵게 대학을 졸업했으나 놀고 있어서 더욱 어려운 형편인지라 막내의 중학교 입학금 낼 돈이 없었다. 급기야 어머니는 학교에 찾아가 '외상 입학'을 시켜달라고 통사정을 해야 했다.

> 어머니가 학교에 찾아가 여름 복숭아 농사를 지어 입학금을 낼 테니 우선 입학시켜달라고 애원했지만 거절당했다. 면담을 했던 교감 선생님은 농사나 배우라고 했다. 어머니를 향해 큰아들 대학 나와도 백수건달인데 뭐 하러 공부시키느냐는 말까지 했다. 자존심이 상해서 원서를 찢어버리고 나왔다. 뒤에서 비수 같은 한마디가 날아왔다. "저런 놈 공부시켜 봐야 깡패밖에 안 된다."[18]

노무현은 이 일로 중학교에 입학하지 못할 뻔했다. 다행히 다음 날 노무현의 큰형이 학교에 다시 찾아가서 "비교육적 언사를 문제 삼겠다며 거세게 항의해서"[19] 입학 허가를 받아내고 중학교에 들어 갈 수 있었다.

이 일은 노무현의 어린 가슴에 깊은 상처를 남겼다. 가난한 살림에 부모님이 연세가 많아 농사일도 쉽지 않은데, 중학교에 가는 것이 죄스러워 마음이 편치 않았다. 그런 노무현에게 큰형은 자랑이고 우상이었다. 마을에서 유일한 대학생(부산대 법대)이었고, 외모도 훤칠하고 노래도 잘 불렀다. 방학을 맞아 큰형의 대학생 친구들이 찾아와 시국토론을 벌일 때면 노무현은 무슨 뜻인지는 몰라도 곁에서 귀를 쫑긋 세우고 이야기를 관심 있게 듣곤 했다.

그런데 어린 노무현의 보호자이자 우상이던 큰형이 결혼과 함께 허무하게 허물어지고 말았다. "부산 범어사에서 고시 공부를 하다가 혼인을 하고 나서 공부를 중단하고 한동안 방황하면서 술을 마셔대자 가족 모두가 큰 실망을 해서 집안이 온통 초상집 분위기였다."[20]

그때 노무현에게 큰형이 처음으로 '못난 사람'으로 보였다. "대학을 다니다 말고 고시 공부를 하러 절에 들어갔던 큰형님은, 초등학교 여 선생인 형수를 만나 연애 끝에 결혼을 했다. 형님 생각에는 형수가 직장이 있으니 고시 공부 뒷바라지를 해줄 거라는 계산도 있었을 것 같다. 그러나 결과는 정반대로 나타나, 형님은 결혼 후 고시 공부를 중단했다. 형수의 구박과 괄시 때문에 공부를 더 계속할 수 없었기 때문이다. 그 이후 형님이 돌아가실 때까지 형님과 형수 사이는 끊임없이 불행했다. 내 눈에는 형수님이 형님을 일방적으로 구박하고 괴롭히는 것으로만 보였다. 나는 형님을 '못난 사람'이라고 생각했다."[21]

노무현의 큰형(노영현)은 이렇게 고시 공부를 하다가 그만두고 말았다. 설상가상으로 큰형의 뒷바라지를 하느라 그나마 가족의 생계 수단이었던 과수원까지 팔아야 했다. 장남에게 큰 기대를 걸었던 부모님은 크게 실망하게 되고, 둘째 형도 학업을 포기하기에 이르렀다.

노무현이 중학교에 들어갈 무렵에는, '사사오입개헌(1954)'이라는 전대미문의 폭거를 통해 (초대 대통령에 한해) 연임제한을 철폐하여 집권을 연장한 이승만의 3선 임기가 끝나가고 종신 대통령을 획책하는 4선을 앞두고 있었다. 이에 야당 의원들이 농성을 하며 저항하자 무술경찰을 동원하여 지하실에 감금한 채 자유당 단독으로 새 국가보안법을 처리하고, 가톨릭계 야당지 《경향신문》을 폐간시키는 등 폭정을 일삼았다. 정권 말기의 도착적 현상이 곳곳에서 나타나고 있었다.

권력이 타락하면 모리배들이 줄을 선다. 정·부통령 선거를 앞둔 1960년 2월, 이승만 대통령의 생일을 기해 전국의 모든 학교가 대통령을 찬양하는 글짓기 행사를 열었다. 진영중학교도 예외가 아니었다. 노무현은 이것이 영 못마땅했다. 큰형과 그 친구들의 시국 토론을 곁에서 귀동냥하면서 이승만 대통령의 잘못을 익히 들었기 때문이다. 그래서 친구들을 선동해서 이른바 '백지동맹 사건'을 벌였다.

나는 이것이 부당한 일이니 백지를 내자고 급우들을 선동했다. 그렇지 않아도 글을 쓰기 싫은 터에 잘됐다면서 모두들 백지를 냈다. 나는 택(턱)도 없다는 뜻으로 '우리 이승만 택통령'이라 쓰고 이름을 적어서 냈다. 감독하러 들어온 여선생님이 울음을 터뜨렸다. 괘씸죄에 걸려 교무실에서 종일 벌을 섰다. 그런데 그날 민주당의 대통령 후보였던 조병옥 박사가 미국에서 돌아가셨다는 뉴스가 신문에 났다. 선생님이 신문을 보면서 말했다. "역시 이승만 대통령은 운을 타고난 사람이고 하늘이 내신 분이야."

더 반감이 생겨서 반성문을 쓰지 않고 집으로 도망쳤다. 큰형님이 꾸지람을 했다. 잘못했다고 생각하면 반성문을 쓸 일이고 잘못이 없다고 생각하면 끝까지 버텨야지, 사내놈이 왜 도망을 치느냐는 것이다. 다시 학교에 갔다. 그러나 반성문은 끝까지 쓰지 않고 경위서만 냈다. 다행히 사건은 유야무야되었다. 교감선생님이 나를 보고 "조 그만 놈이 우월감이 굉장하다"라고 했는데, 그게 무슨 말인지 그땐 몰랐다.[22]

이처럼 노무현의 저항정신, 비판정신은 일찍이 중학생 때부터 싹을 보였다. '떡잎'부터 천생 저항의 사람이었다. 모르긴 해도 열서너 살 어린 중학생의 반권력 정치선동은 노무현이 전무후무하지 않을까 싶다. 노무현은 그의 말대로 어릴 때 상당히 반항적이었고 한편으로는 열등감이 심했으며, 가슴에 한과 적개심을 감추고 있기도 했고, 그러면서도 오히려 쉽게 좌절하기도 했다. 이는 고시에 합격하기 전까지 계속되었다. "고시 합격을 통해 그리 심하지 않았던 열등감과 결별했고 반항 밑에 숨어 있던 분노 감정도 상당 부분 해소했다. 나아가 끊임없는 '좌절'의 고리를 끊어낼 수 있는 단초를 마련했다."[23]

마침내 4·19 혁명이 일어났다. 이승만이 대통령 자리에서 쫓겨났다는 소식이 들렸다. 노무현은 어린 마음에도 승리의 쾌재를 불렀다. 시골의 중학교에도 4·19 혁명에 관한 갖가지 뉴스가 전해졌다. 대도시에서는 고등학생들이 동맹휴학을 한다며 학교에 나오지 못하게 했다. 시골 마을에도 4·19 혁명의 변화는 나타났다. 보도연맹사건으로 억울하게 죽은 사람들의 유족이 나서서 집단학살당한 시신을 파내어 큰 봉분을 만들고 합동 위령제를 지냈다.[24]

'노천재'가 상고로 간 까닭

노무현은 중학교 2학년 때 부산에 가서 시험을 쳐 부일장학생에 선발되었다. 진영중학교에서는 처음 있는 큰 경사였다. 부일장학회는 부산일보사 사장 김지태가 집안 사정이 어려운 학생들을 위해 마련한 장학회다. 노무현은 중학생 때에 이어 고등학생 때도 장

학금을 받았다. 그런 인연으로 노무현은 김지태를 평생 존경했다
고 했다.

시험을 잘 봐서 부일장학생으로 뽑혔다. 당시에는 장학회가 별로
없었다. 나는 부일장학회를 운영한 부산일보사 사장 김지태 선생을
평생 존경했다. 그는 무려 25년 동안 부산상고 동창회장을 맡아 모
교 발전과 인재양성에 헌신했다. 나는 중학생 때 부일장학금을 받았
고 부산상고에서도 동창회 장학금을 받았다. 둘 모두 김지태 선생이
만든 장학회였으니 그분이 내 인생에 디딤돌을 놓아준 은인이었던
것이다.[25]

그런데 김지태는 5·16 군사쿠데타 이후에 모든 것을 잃었고, 부
일장학재단은 박정희 대통령과 육영수 여사의 이름을 딴 정수장학
재단이 되었다. "거사자금을 대주지 않았다고 군사쿠데타 세력이
보복을 한 것이다. 해외에서 들어오는 사람을 반지 밀수 혐의를 씌
워 구속한 다음 협박해서 재산을 다 빼앗았다."[26]

노무현이 부일장학생 선발 시험을 보기 위해 부산에 갔을 때
5·16 쿠데타가 일어났다. 부산 시내에도 여기저기 탱크가 서 있
고, 총을 든 군인들이 돌아다녔다. 노무현은 어린 나이에도 나라가
크게 잘못되어가고 있다고 생각했다. 쿠데타의 여진은 봉하마을에
도 어김없이 밀려왔다. 4·19 혁명 당시 보도연맹사건으로 억울하
게 죽은 사람들의 유해를 모아 만들었던 합동 봉분이 파헤쳐졌다.

한국의 전통적 가치로는 묘를 파헤친다는 것은 도저히 용납할 수 없는 패륜 행위였다. 노무현에게 5·16과 박정희 대통령에 대한 기억은 이런 끔찍한 장면으로 남아 있었다.[27]

부일장학생으로 선발되어 학업을 계속할 수 있었던 노무현은 3학년이 되면서 다시 고민에 빠졌다. 집안 형편이 조금도 나아지지 않아 고등학교 진학이 어려웠기 때문이다. 그래서 고등학교 진학을 포기하고 5급 공무원(지금의 9급) 시험을 볼 요량으로 책을 사서 공부하기 시작했다.

그런데 이를 알게 된 큰형이 노발대발하며 부산상고 시험을 보게 했다. 이 학교는 공립인 데다 부일장학금도 받을 수 있을 것이라 했다. 둘째 형 건평은 부산상고 진학이 동생의 뜻은 아니었으나 어쩔 수 없는 일이었다고 했다. 그 당시 부산상고는 상당한 명문이었다. "상고 중 전국 제일이라는 소리를 들었고, 상고생이 취직이 잘될 때여서 크게 낙심할 일은 아니었습니다."[28]

노무현은 1963년에 부산상고에 장학생으로 입학했다. 이렇게 하여 그는 훗날 목포상고 출신인 김대중 대통령에 이어 상고 출신으로 대통령 자리에 오르게 된다. 이것도 '운명'이라면 운명일까. '부산상고'는 노무현에게 어려운 가정 형편에 그나마 고등학교 교육을 받을 수 있는 기회였다. 그러나 또 한편으로는 학벌주의 질곡에 빠진 한국 사회에서 '상고 출신'이라는 꼬리표를 붙게 한 결과가 되기도 했다.

조선 말기에 '개성학교'라는 이름으로 학교 문을 연 부산상고는 일제강점기에는 항일지사를 많이 배출하는 등 역사가 깊은 학교였다. 그렇게 인연을 맺은 부산상고는 노무현의 삶에서 '결정적 존재'가 되었다. "내가 무슨 일을 하든 언제나 그 이름이 함께 있었다. 고시에 합격했을 때, 국회의원이 되었을 때, 그리고 대통령이 되었을 때도 언제나 '부산상고가 최종 학력'이라는 수식어가 따라다녔다. 그것은 또한 내 정치 인생의 가장 중요한 밑천이기도 했다."[29]

노무현이 김구나 링컨을 특히 좋아하고 존경한 이유 중에는 변변치 못한 학벌에도 뜻이 크고 사상이 올바르며 끝내 위대한 일을 해냈다는 점이 있었을 것이다. 그런데 김구와 링컨의 학벌은 따지지 않고 존경한다는 사람들이 김대중이나 노무현의 학력은 문제삼고 더러는 폄훼하기까지 한다. 자칭 '정론지'라는 《조선일보》는 노무현 대통령 재임 시 그의 고졸 학력을 비하하는 만평(신경무)을 그려댔고, 전여옥은 한나라당('국민의 힘'의 전신) 대변인 시절 (노무현 대통령을 빗대어) "다음 대통령은 대학 나온 사람이 해야 한다"라는 학력 차별 막말까지 서슴지 않았다.

우리나라에서 학벌은 군벌, 재벌, 문벌, 족벌과 함께 사회를 움직이는 거대한 메커니즘이 되었다. 최근에는 족벌신문의 권력화로 족벌과 재벌이 학벌과 더불어 사회를 지배하는 3대 권력체가 되고 있다.

노무현은 평생 우리 사회에 만연한 학벌주의 굴레에서 헤어나지 못했다. 문벌 짱짱하고 학벌 좋은 자들, 이른바 '주류'들은 '기껏 상고' 출신의 변방 '촌놈'이 자기들보다 잘나 보이고 승승장구하는 데 대해 심사가 뒤틀린 나머지 학벌을 가지고 그를 깎아내리기에 바빴다. 학벌은 한국 사회의 신판 신분제, 곧 한국형 카스트제도를 작동시키는 기제가 되고 있다. "학벌은 이 사회의 신분제다. 평생 꼬리표처럼 따라다니는 남아 있는 유일한 호패"[30]라 하겠다. 이런 학벌주의에 가장 시달린 사람이 바로 노무현이었다.

노무현은 부산상고 시절을 어렵게 보냈다. 학비는 장학금으로 그럭저럭 해결되었다. 그러나 부산에서 숙식하는 비용은 여전히 어려운 문제였다. 고향의 두 형님은 실업자이고, 늙은 부모님이 산기슭에 고구마를 심거나 취로사업에 나가 번 푼돈으로 생계를 꾸려나가는 곤궁한 살림인지라 막내아들의 생활비를 댈 형편이 되지 못했다.

동급생들도 대부분 가난한 시골 출신이었다. 노무현은 가난에 대한 불만, 미래에 대한 불안으로 자신감을 잃었다. 친구들과 어울려 술·담배를 하면서 학교에 가지 않는 날도 있었다. 성적이 좋을 리가 없었다. 2학년 때는 성적이 중간 수준으로 떨어졌다. 그러다가 이래서는 안 되겠다는 각오를 하고 사법고시에 도전할 생각을 하면서 틈틈이 『고시계』 등 법률 관련 책을 읽었다. 그러나 당장 지낼 방도, 빈속을 채울 음식도 구하기 어려운 실정이었다.

노무현은 그야말로 젊은 날을 눈물로 견뎌야 했다. "모든 것이 힘들었다. 3년 내내 한 푼이라도 싼 곳을 찾아 하숙, 자취, 가정교사, 빈 공장 숙직실을 전전했다. 부산 영주동 작은 누님 집에서 비비고 산 날도 많았다. 젊어서 고생은 사서도 한다지만, 지나고 보면 예쁜 추억으로 채색되기도 한다지만, 그때는 너무 서럽고 괴로워 수없이 눈물을 쏟았다. 공부에 집중할 수가 없었다. 졸업을 앞두고 있던 초겨울 어느 날 아무 데도 갈 곳이 없었다. 학교 교실에서 두 밤을 혼자 지냈다. 밤새껏 이를 악물고 떨면서 추위를 견뎠다. 다음 날 이가 아파 밥을 한 숟갈도 먹지 못했다."[31]

노무현은 그래도 좌절하지 않고 곤경을 딛고 일어섰다. 둘째 형도 노무현이 "부산상고에 진학한 후에는 공부에만 전념하지 못했을 것"이라고 했다. 친구 집을 전전하며 지낼 때도 있고, 교실 바닥에서 잘 때도 있었기 때문이다. 그래도 2학년 한때를 빼고 성적은 늘 상위권을 유지했는데, 이는 어려운 상황에서도 최선을 다하는 성격 때문이었다.[32]

고시 공부와 막노동을 오가며 방황한 청춘

1966년 2월, 노무현은 부산상고를 졸업했다. 졸업하면 고향으로 가서 부모님을 모시고 살 생각이었다. 그래서 농협 직원 채용시험에 응시했다. 신입사원이 출신지에서 근무한다는 농협에 취직하면 고향에서 나이 든 부모님을 모실 수 있었기 때문이다.

내심 합격을 기대했으나 결과는 낙방이었다. 실망이 이만저만이 아니었다. 두세 명밖에 뽑지 않아 경쟁은 치열했지만, 노무현보다 학교 성적이 좋지 않은 친구들이 합격한 것을 알고 노무현은 더욱 애석해했다.

졸업 때가 되자 학교에서 직장을 알선해주었다. 노무현은 동기생 세 명과 함께 삼해공업사라는 어망회사에 취업했다. 생애 처음으로 취업한 회사는 공장 청소를 비롯하여 온갖 잡일을 시키고 첫 월급으로 2,700원을 주었다. 노무현이 사장을 찾아가 항의하니 4,000원으로 올려주겠다고 했다. 그러나 하숙비도 안 되는 월급을 받으며 이렇게 살 수는 없다고 판단한 노무현은 회사를 그만두었다.

노무현은 한 달 반 일한 급여로 6,000원을 받았다. 이 돈으로 평소 갖고 싶었던 기타와 고시 관련 헌책 몇 권을 샀다. 남은 돈은 친구들과 어울려 술을 마셨다. 고향에는 빈손으로 돌아갔다.

고향 집의 실정은 조금도 바뀌지 않은 채 엉망이었다. 큰형은 여전히 실직 상태였고, 그나마 취직했던 둘째 형도 얼마 뒤에 직장을 그만두었다. 늙은 부모가 고구마순을 팔아 겨우 생계를 유지했다. 부모님을 대할 면목이 없었다.

노무현은 사법고시를 준비하기로 하고, 둘째 형은 5급 세무공무원 시험을 보기로 했다. 그래서 형제는 마을 건너 산기슭에 손수 작은 토담집을 지었다. 아버지는 이 집에 '마옥당磨玉堂(구슬을 가는 집)'이라는 현판을 지어주었다.

형제는 이 집에서 본격적으로 공부를 시작했다. 함께 공부하던 둘째 형은 동생이 공부하는 모습을 보고 '동생은 되겠다'라고 생각했다고 한다. "형님 공부하던 스타일과는 딴판이었으니까. (…) 공부하는 데 필요한 환경과 도구들을 잘 정비했어요. 과학적으로 하더라고요. 톱밥과 널빤지를 구해와 방의 사방 벽을 둘러쳤어요. 그렇게 하고 나니 밖이 아무리 시끄러워도 절간 같았습니다. 지금 생각해도 완벽한 방음장치였습니다."[33] 노무현은 나무로 독서대도 만들어 특허를 내기도 했다. 누워서도 책장을 넘기며 공부할 수 있는 독서대였다.

공부방은 마련되었으나 고시 공부에 필요한 책을 살 돈은커녕 생계조차 막막했다. 당시에는 대학 2학년을 수료해야만 사법고시 응시 자격을 주었다. 노무현처럼 고졸 출신들은 '사법 및 행정요원 예비시험'이라는 것을 거쳐야 했다. 이는 일종의 '예비고사'였다. 노무현에게는 고시를 보기도 전에 넘어야 할 산이 하나 더 있었던 셈이다.

당장 하루의 생계가 막막한 가운데 상업학교를 졸업하면 취직해서 부모님을 편히 모시겠다고 장담했다가 고시 공부를 한답시고 빈둥거리는 꼴에 부모님이 실망하는 모습을 지켜보면서 공부가 제대로 될 리 없었다. 노무현은 방황하지 않을 수 없었다. 그러다가 고민 끝에 울산으로 가기로 했다. 당시 울산은 박정희 정권이 경제 개발 5개년 계획을 시작하면서 많은 공장이 들어서고 있었다. 울산에 가면 돈을 벌 수 있다는 소문이 떠돌면서 이미 울산으로 떠난 마을 청년들도 꽤 있었다.

노무현은 무작정 울산으로 갔다. 급한 대로 공사 현장에서 막노동으로 돈을 벌었다. 공치는 날이 많아서 밥값을 대기도 어려웠다.

배가 고파 남의 과수원에서 배를 훔치기도 하고 닭서리를 하기도 했다. 그러던 어느 날 공사장에서 다쳐 그나마 막노동도 하기 어렵게 되었다. 노무현은 뒷날 "이때 밀린 외상 밥값을 떼어먹고 도망쳤다"라고 고백했다.

한국비료 공사가 한창이었는데 친구와 난 거기서 막노동을 시작했다. 일당 180원, 함바와 콘크리트 바닥에 가마니를 깔고 그 위에 자리를 만들어 잠을 잤다. 하루 세 끼를 얻어먹는데 105원, 그 밥값을 제하면 겨우 75원이 남았다. 그나마 일자리가 없어 하루 일하면 이틀은 공쳐야 했다. 그때 울산에는 서생 배 밭이 있었는데, 거기서 배 도둑질도 해 먹고 닭서리도 해 먹었다. 돈도 못 벌면서 그렇게 어울려 다니기만 한 것 같다.

그러다 하루는 공사장에서 큰 못에 발을 찔려 더 이상 품도 팔 수 없게 돼버렸다. 다시 고향으로 돌아가자니 밥값이 2,000원 이상이나 밀려 있었다. 도망을 가는 수밖에 없었다. 일하러 간다고 거짓말을 하곤 식당 주인 몰래 울산역으로 내달렸다. 그때 울산역 플랫폼에서 얼마나 뒤꼭지가 당기고 또한 서럽던지…….[34]

노무현의 방황과 일탈은 계속되었다. 고향으로 돌아와서는 둘째 형과 마을 뒷산에 과수원을 만든다고 밤중에 김해 농업시험장에 들어가 감나무 묘목을 훔쳐다 심기도 했다. 뒷날 이렇게 심은 감나무가 잘 자라서 가정 살림에 도움을 주었다. 그런데 정작 감나무 묘목 도둑질이 노무현의 '운명'을 새로운 방향으로 이끈 계기가 되었다.

묘목을 싼 신문지 덕분에 노무현은 다시 공부를 시작하게 되었다. 그 신문에 '사법 및 행정요원 예비시험' 공고가 실려 있었는데, 이 공고가 노무현의 눈에 확 들어왔다. 노무현은 "부랴부랴 다시 공부를 시작해서 그해 11월 부산에서 시험을 봤"[35]고, 예비시험에 합격했다. 첫 예비시험에서 합격하고 몇 해 뒤에는 사법고시까지 합격했으니 묘목 도둑질이 '운명'을 바꿔놓은 셈이었다.

해방 후 단신으로 월남한 리영희도 대학 진학이 어려운 처지에 우연히 한 신문에서 '전액 국비'라는 국립해양대학생 모집 공고를 보게 되어 해양대학생이 되고, 6·25 전쟁 중 피난길에 들른 대구교육구청에서 '유엔군 연락장교단' 모집 공고문을 보게 되어 통역장교가 되었다. 이때 닦은 영어 실력으로 리영희는 제대 후 통신사 외신부 기자가 되었다. 우연이 운명이 된 셈이니, 이는 노무현과 리영희가 다르지 않았다.

노무현은 예비시험 결과를 기다리는 동안 다시 울산으로 가서 막노동판을 찾았다. 다행히 이번에는 일거리가 많았다. 일당도 올라서 220원을 받았는데 야간작업을 하면 280원까지 받을 수 있었다. 그러나 마땅한 숙소를 찾기가 어려워 밥값을 떼먹고 도망쳤던 그 식당을 다시 찾아갔다. 용서를 빌고 돈을 벌어 갚아줄 요량이었다. 뜻밖에도 주인은 흔쾌히 받아주었다. 이를 통해 세상에는 마음씨 좋은 사람도 많다는 것을 느꼈다.

그런데 노무현은 얼마 뒤 다시 사고를 당해 크게 다쳤다. 시련의 연속이었다. "옛날 떼먹은 밥값도 다 갚고 4,000원 가까이 돈을 모았을 즈음 나는 또다시 사고를 당하고 말았다. 작업 중 큰 목재에 얼굴을 얻어맞아 이빨이 부러지고 입술이 찢어져 병원에 입원하는 신세가 되고 말았다."[36]

병원에서 입술을 꿰매고 정신을 차렸을 때 친구가 사고의 아픔과 고통을 잊을 만한 소식을 전해주었다. "친구 원창희가 그날 신문을 보여주었다. 원창희는 사고 소식을 듣고 가장 빨리 달려와 입원비 보증을 선 친구였다. 예비시험 합격자 명단에 내 이름이 올라 있었던 것이다."[37]

막노동판을 전전하다가 다쳐 입원한 병실에서 접한 예비시험 합격 소식은 절망스러운 처지에 빠져 있던 노무현에게 큰 용기와 위안을 주었다. 나아가 사법고시에도 합격할 수 있다는 자신감도 심어주었다.

그런데 운명의 장난이었을까. 얼마 뒤에 예비시험 합격이 아무 쓸모가 없게 되었다. 사법고시에서 학력 제한이 철폐되었기 때문이다. 각고의 노력이 헛수고가 된 셈이었다. 그렇다고 후회하지는 않았다.

예비시험 합격의 기쁨도 잠시, 노무현은 고민에 빠져 잠도 제대로 자지 못했다. 감당하기 어려운 입원비 때문이었다. 사고로 부러진 이빨 두 개를 갈아 낄 엄두도 내지 못했다. 그런데 며칠 뒤 친구들이 찾아와 병원비를 산재로 처리할 수 있다고 알려주었다. 노무현은 그때까지도 산업재해보상제도에 대해 전혀 몰랐다. 한 친구가 허리에 구리 가루를 바르고 엑스레이를 찍으면 뼈에 금이 간 것처럼 진단이 나오고, 그러면 상당한 산재보상금을 받을 수 있다고 '요령'을 일러주었지만 차마 그럴 수는 없었다. 입원비만 내지 않아도 다행이다 싶었다.

노무현은 뒷날 부산에서 변호사 개업을 하고 나서 산업재해 전문 변호사가 되었는데, 그것도 '운명'이었을까. 또 그의 예비시험 합격은 나중에 쓸모없게 되고 말았지만, 노무현의 집안에 행운을 가져다주었다. 막내의 합격은 두 형들에게 크나큰 자극제가 되어 큰형은 1967년에, 둘째 형은 1968년에 각각 5급 공무원시험에 합격했다. 쥐구멍에도 볕이 든 것이다. 유행가 가사처럼 '쨍하고 해 뜰 날'이 온 것이다.

곱사춤에 실어 보낸 시절의 아픔

고교 시절부터 노무현과 단짝 친구이자 '평생 노무현을 보살펴준' 부산상고 동기생 원창희는 노무현이 고등학교 시절 장기자랑으로 좌중을 압도했다고 회고했다. "노무현은 체구는 작았으나 아주 총명하고 매사에 자신감이 넘치는 명랑한 소년이었다. 소풍을 가서 반 대항 장기자랑이 벌어지면 개사한 노래로 우리를 즐겁게 했고, 가히 일품의 장기였던 뱀 장수 흉내와 곱사춤으로 좌중을 압도했다. 그는 이처럼 신명이 있는 소년이었지만 취업과 진학 등 장래에 대한 걱정과 고민도 많았다."[38]

나중에 노무현은 공사판에서 일하던 시절에도 쉬는 날이면 친구들과 어울려 술을 마시고 흥이 오르면 곱사춤을 추었다.

노무현은 뒷날 국회의원이 되어서도 술자리 흥을 돋우기 위해 곱사춤을 추곤 했다. 곽병찬(당시 ≪한겨레≫ 편집인)은 술자리에서 곱사춤을 추는 노무현 '의원'을 보고 기절초풍하는 줄 알았다고 했다. "3당 합당 뒤끝이라 정치 얘기에 모두들 넌더리가 났지. 허리띠 풀고 열심히들 마셨는데도 표정들이 그리 밝아지지 않았어. 그때 노의원이 자리에서 일어나더라고. 양복저고리 벗어던지고, 와이셔츠 속으로 바가지를 밀어 넣더구먼. 그러더니 오른손엔 숟가락을, 왼손엔 다른 바가지를 들고 구성진 각설이타령을 뽑으면서 곱사춤을 추더라고. 기절초풍하는 줄 알았어. 순식간에 그 자리가 꼭 70년대 말, 80년대 초 대학가 분위기가 되어버린 듯했지. 흥이 오르자 노의원은 바가지를 가슴 쪽으로 밀어넣고 계속 춤을 추대. 영락없는 병신춤이었지."[39]

곽병찬은 그가 춤추는 걸 보며 이런 생각을 했다고 한다. "문득 탈춤 속 말뚝이나 홍동지洪同知를 떠올렸던 기억이 있어. 때론 해학으로, 재치로 혹은 억센 힘으로 양반사회를 풍자하는 거 같더라고. 억압에 맞서고 갈등을 풀어가는 그 말뚝이 말이야. 이 기억은 오랫동안 그를 판단하는 잣대가 되었어. 노동자, 농민 등 소외계층과 아픔을 마음으로 느끼고 일체감을 이룰 수 있는 인물이라는 생각이 든거야."[40]

노무현의 곱사춤에는 다양한 소도구가 사용되었다. 나무젓가락, 밥공기, 바가지, 방석 심지어 담배까지 마구잡이로 집어 들었다. 그것을 지켜보던 사람들의 입에선 구성진 가락이 흘러나와 돌고 돌았다. 김이택(당시 《한겨레》 수석편집국장)은 노무현을 "곱사춤이 어울리는 유일한 정치인"이라고 했다. "하루는 그가 술상을 물렸다. 등줄기에 방석을 밀어 넣고 양쪽 콧구멍엔 담배를 끼웠다. 허리를 구부정하게 하더니 어깨를 들썩이며 몸을 흐느적거렸다. 곱사춤이 어울리는 유일한 정치인. 17년 전 민주당 대변인 노무현은 그렇게 소탈한 모습으로 다가왔다."[41]

노무현은 왜 하필이면 뱀장수 흉내를 내고 곱사춤을 추었을까? 탈춤의 하나인 곱사춤은 양반계급의 위선에 대한 풍자, 민중의 애환, 사회모순에 대한 비판정신과 지배계급에 대한 저항정신을 담고 있다. 어린 시절부터 가난과 핍박과 소외를 절감해온 노무현은 곱사춤을 통해 가슴에 쌓인 울분을 풀고자 했을까? '곱사등이(민중)'의 비애와 한을 잊지 않고자 하는 그만의 다짐이요, 그 한을 풀어주고자 하는 살풀이였을까? 자신의 고독한 영혼을 곱사춤 춤사위에 실어 위로한 것일까? 그 역시 국회의원이 되고 대통령이 되어서도 '곱사등이'와 동병상련의 비주류, 변방이었다. 이월란 시인이 〈곱사등이춤〉에서 노래한 대로 그는 "거친 땅 낭하에서 실낱같은 꿈의 테두리를 놓아 행려의 몸짓으로 꽃고비 맥 놀듯 엉기덩기 춤을 추"었다.

내가 춤을 추네

가슴 휘어 꺾인 가휘 한 그루 등에 지고

갈마의 사슬 지으려 춤을 추네

구릉 사이 엇박자로 디딘 설움

누구의 넋이었던가 무슨 조화였던가

안을 수 없는 사랑마저 등에 업고

환절의 손끝마다 새겨진 비련의 지문

버거운 인연이라 망연히 실어 날리우고

흰소리같은 생언어 목젖 내려 삼키며

사지육신 농간 부리듯 오늘도 춤을 추네

곱사등이춤을 추네

이제 막 탯줄이 잘린 고통의 신생아들이

호흡의 문을 열고 울음 우는 고빗사위

걸머진 죄를 하역하는 이단의 얼굴로

불구의 등골 지고

바람의 핵을 쫓는 무희가 되었다네

날보고 손가락질 하네 돌아서 웃네

못난 등짐 속에서도 기억의 섶은 둥지를 틀고

무애撫愛의 고치솜 꿈틀꿈틀 토해내며

채롱에 흔들리던 어린 영혼 등에 업고

빈 몸 누일 봉분 마저 등에 지고

육봉 가득 꽃씨 실어

사막을 지르는 단봉악대가 되었다네
운두 낮은 노을 아래 뒤뚱뒤뚱 발간 꽃물이 들면
거친 땅 낭하에서 실낱같은 꿈의 테두리를 놓아
행려의 몸짓으로
꽃고비 맥 놀듯
엉기덩기 춤을 추네[42]

연애와 고시 공부 사이에서

1968년 3월, 노무현은 고시를 준비하다가 소집영장을 받고 육
군에 입대했다. 창원 예비사단에서 신병 훈련을 받고 1군사령부를
거쳐 전방부대에 배치되었다. 입대할 때는 틈을 내어 공부할 작정
이었으나 당시 군대생활 환경에서는 어림없는 일이었다. 결국 34
개월여의 군 복무기간 동안 영어 단어 하나 암기하지 못한 채 1971
년 1월 21일 강원도 인제 12사단에서 육군 상병으로 만기 제대했
다. 당시 베트남에 파병되었다가 복귀한 사병들이 죄 병장을 달고
온 바람에 부대 내에 병장 정원이 다 차서 병장 진급을 못 하고 상
병으로 제대했다.

그동안 가정 형편은 사뭇 나아졌다. 두 형이 세무공무원으로 취
직해서 월급을 탄 덕분이었다. 고시 공부를 하기에 그런대로 괜찮
은 환경이 되었다. 노무현은 제대한 그해 4월부터 새로운 각오로

다시 고시 준비에 들어갔다. 예전에 지은 '마옥당'을 수리하고 들어앉아 법전과 씨름을 시작했다.

그런데 책을 펴놓고 있으면 한 마을 처녀의 얼굴이 아른거려 도무지 글이 눈에 들어오지 않았다. 노무현이 제대하고 귀향해 있는 동안 마음을 빼앗긴 사람은 권양숙이었다. 노무현보다 한 살 어렸다. 권양숙은 마산에서 살다가 초등학교 5학년 때 봉하마을로 이사를 왔다. 홀어머니가 딸 셋과 아들을 홀로 키웠는데, 권양숙은 그중 둘째 딸이었다.

권양숙은 부산에서 혜화여중과 계성여상을 졸업하고 회사에 다녔다. 그러다가 할아버지 병간호를 하기 위해 다시 봉하마을로 돌아왔다. 노무현은 입대하기 전부터 권양숙과 잘 아는 사이였다. 그러나 권양숙의 콧대가 워낙 높아 말도 제대로 한 번 붙여보지 못했다고 한다.[43]

모든 일에 집념이 강한 노무현은 쉽게 포기하지 않았다. 군에서 제대한 뒤에는 이전과 달리 권양숙에게 열정적으로 접근했다. 특히 책을 빌려주고 돌려받는다는 핑계로 자주 만났다. 관심 분야는 서로 달랐다. 노무현은 법률책을, 권양숙은 톨스토이와 도스토옙스키의 소설을 주로 읽었다.

둘 사이의 거리는 자연스럽게 가까워졌다. 그러던 어느 날, 노무현은 마침내 프러포즈를 했다. 권양숙이 이를 받아들여 두 사람은 연인이 되었다. 노무현은 "맨입으로 연애를 한 이때가 인생에서 가장 순수하게 행복한 시기였다"라고 말했다.

2년 동안 커피 한 잔 값 들이는 일 없이 맨입으로 연애를 했다. 밤이 이슥하도록 화포천 둑길을 함께 걸었다. 밤하늘이 쏟아질 듯 은하수가 흐르는 여름날, 벼 이삭에 매달린 이슬에 달빛이 떨어지면 들판 가득 은구슬을 뿌린 것 같았다. 우리는 그사이 논길을 따라 걷곤 했다. 아내는 그때 톨스토이와 도스토옙스키에 푹 빠져 있었다. 『안나 카레니나』, 『카라마조프가의 형제들』 같은 두꺼운 소설을 끼고 살았다. 동네에 둘이 사귄다는 소문이 났다. 우리 둘 말고는 처녀 총각이 별로 없었기 때문에 소문이 나지 않을 도리도 없었다. 돌아보면 내 인생에서 가장 순수하게 행복한 시간이 아니었던가 싶다."[44]

노무현은 이 시기에 마냥 행복했던 것만도 아니었다. 어렵사리 정인의 마음을 얻기는 했으나 고시 공부에 대한 압박감으로 연애의 달콤함은 때론 고통이기도 했다. "1차 시험 직전에야 겨우 처녀의 마음을 함락시키고는 안도했는데, 이제 그녀가 결혼 적령을 넘었다는 사실과 고시와 연애는 양립할 수 없다는 중론 사이에서 그녀와 나는 고민의 연쇄반응을 일으켰고, 또 이틀이 멀다 하고 만나지 않고는 배길 수 없는 애정의 열도에 비례하여 공부를 위한 시간에의 집착이 강하여 심리적 갈등이 심했기 때문"[45]이다. 노무현은 9월이 되어서야 장유암이라는 절에 들어가 고시 공부에 매진할 수 있었다.

노무현은 연애와 고시 준비를 동시에 진행했다. 둘 다 포기할 수 없는 일생일대의 '과업'이었다. 연애 때문에 고시 공부에 지장이 없지 않았지만, 처음으로 마음에 담은 사람을 놓칠 순 없는 일이었다. 울산에서 병원에 입원했을 때 잠시 간호사를 짝사랑한 적이 있었다. 그러나 그때는 짝사랑으로 끝났기에 권양숙이 그의 첫사랑이었다.

순조로울 것 같았던 두 사람의 결혼은 양가의 심한 반대에 부딪혔다. 노무현의 가족은 고시에 합격하면 문벌 좋은 집안 규수한테 장가들 수 있는데 굳이 시골 처녀와 서둘러 결혼할 이유가 없다고 반대했다. 특히 어머니는 처녀 아버지의 전력 때문에 아들이 고시에 합격해도 판사가 되지 못할까봐 걱정했다. 처녀의 아버지가 좌익활동 혐의로 옥고를 치른 일이 있었는데, 당시에는 연좌제가 버젓이 살아 있던 시절이었기 때문이다. 어머니의 소망은 막내아들이 판사가 되는 것이었다.

이와 달리 권양숙의 어머니는 상고밖에 나오지 못한 시골뜨기가 고시 공부를 한답시고 책을 붙들고 있는 게 가당찮아 보였다. 비록 남편의 전력으로 인해 파란을 겪었으나 자신들은 시골의 농투성이와는 다르다고 생각했다.

이렇게 양가의 반대는 팽팽했다. 그런데도 두 사람이 결혼할 수 있었던 것은 둘째 형 노건평의 설득 덕분이었다. 노건평은 동생의 고집을 도저히 꺾을 수 없다는 걸 알았다. 그러니 동생이 아니라 어머님과 형님을 설득할 수밖에 없었다. 그 이유는 다음과 같다.

내가 그렇게 마음먹은 데는 몇 가지 이유가 있었어요. 첫째, 동생

장모 되실 분이 어렵게 인생을 살았지만 기품이 있고 엄격했기 때문입니다. 그 집안사람들 인물들이 모두 반듯반듯했습니다. 그런 집안의 딸이라면 아무 걱정 없다, 그렇게 생각했습니다. 가족들이 끝까지 반대할 경우 무슨 일이 생길지 저도 장담할 수 없었습니다. 그 점도 생각하지 않을 수 없었어요. 어느 날인가, 내가 동생을 조용히 불러 물었습니다. 처가 문제 때문에 시험에 떨어지면 어떻게 하나, 이렇게 물었던 거죠. 판·검사, 변호사 못 해도 내가 노력해서 다른 일 하면 된다고 하더군요. 동생의 고집을 꺾을 수 없다는 것을 그때 확신했지요. 동생을 설득하기보다 어머님과 형님을 설득하는 일에 매달렸습니다.[46]

결혼 그리고 큰형의 죽음

노무현의 정치활동에 두고두고 무거운 족쇄가 된 '장인의 전력'이란 무엇일까? 노무현이 평의원일 때에는 이 전력이 크게 문제가 되지 않았다. 그러나 대통령 후보가 되어 선거를 치를 때, 심지어 대통령이 된 이후에도 보수세력은 그에게 붉은 색깔을 칠하는 데 이성을 잃을 만큼 집착했다.

노무현은 권양숙과 결혼하기 전까지 장인 될 사람의 전력을 자세히 몰랐다. 누구도 그 일에 대해서 말해주지 않았기 때문이다. 혼담이 무르익으면서 이 문제가 드러났다. 노무현은 이에 대해 다음과 같이 말했다. "(장인이) 예전에 면사무소 서기를 했다는 것과 친구분들이 많았다는 것, 해방 이후에 좌익운동에 가담했다는 것 정도로 알고 있었다. 좌익운동을 조금 하다가 돌아가신 정도로만 알고 있었는데, 선거운동을 하는 과정에서 사람들이 자세히 가르쳐 주어서 6·25 당시 인민군이 내려올 때 책임자였다는 사실도 알게 됐다."[47]

그러나 ≪월간중앙≫(2002년 5월호)의 취재(「노무현 장인의 부역 활동의 진실」)에 따르면 「당시 정황 베일 속 마을 주민 일부 '억울함' 증언」이라는 기사 제목에서 보듯 사실관계가 확실하게 밝혀진 것은 거의 없었다. 그 기사의 내용은 다음과 같다.

> 노무현의 장인 권오석은 1922년 경남 창원군 진전면 출신으로 진전초등학교에 이어 밀양농업학교 3년을 중퇴하고 1943년 지방공무원 시험에 합격, 마산시 진동면사무소 서기로 근무했다.
>
> 1944년부터는 고향 진전면사무소에 근무하게 됐는데 일종의 좌천이라 할 수 있다. 진전면에서 만난 주민 K 씨는 권 씨가 "불법 공출에 맞서 주민 편을 들다 좌천됐다고 들었다"고 증언했다. 권 씨는 1945년 12월경 불의의 사고로 시력을 잃어 1946년 봄에는 완전 실명, 그해 6월경 면사무소 서기직을 그만둔다. 권 씨가 무슨 혐의를 받고 복역했는지, 몇 년 형을 살았는지 가족들도 모르고 있었다.
>
> 최근 공개된 유일한 자료는 1973년 대검찰청이 발간한 『좌익사건실록』에 나타난 권 씨의 혐의 내용이다. 이 자료는 1949년 6월 남

로당에 가입, 1950년 1월 창원군당 선전부장의 중책을 맡은 것으로 돼 있다. 문체로 봐서 검찰의 공소장에 의존해 작성되었을 가능성이 크다.

권 씨의 활동 사실은 인민군이 마을을 점령했던 1950년 8~9월에 집중돼 있다. 그해 8월 20일 창원군 진전면에 '반동조사위원회'를 설치하고 부위원장을 맡은 것으로 돼 있다. 9월 5일에는 고성군 회화면에서 "양민 변○○ 외 9인을 학살하는 현장 부근에서 학살을 용이하게 감시했다"고 기록했다. 권 씨는 국가보안법 위반혐의 등으로 부산지검 마산지청에 기소됐으나 검찰의 구형량, 재판부의 판결 내용은 자료의 멸실로 알 수 없는 상태다.

노무현의 처남 권기문(48) 씨는 "아버지가 6·25 당시 어떤 일을 했는지는 어머니를 포함한 가족 모두 일절 아는 바 없다"고 말했다. 노무현의 장모 박 모 씨는 "남편이 앞을 못 보는 맹인인 점을 이용, 다른 사람들이 죄를 모두 뒤집어씌운 것 아니냐"는 '심적 의문'을 제기하고 있을 뿐 남편의 활동과 관련한 당시의 정황에 대해서는 잘 모르는 것으로 알려졌다. 그러나 마을 주민 K 씨가 부친으로부터 들은 얘기는 다소 다르다. 면서기를 알려준 것이 '혐의를 받을 만한 사실의 전부'라는 것이 K 씨의 증언이다. '별것 아닌' 사건이 확대된 데는 6·25 당시 동네 유력한 가문 사이에 형성됐던 원한관계가 작용했다는 것이 K 씨 시각이다. 물론 이 같은 증언의 진위를 확인할 방법은 아직 없다.[48]

권오석은 1971년에 49세로 옥중에서 사망했다. 그는 긴 세월 옥고를 치르고 감옥에서 사망했지만, 검찰의 구형량도 재판부의 판결문도 남아 있지 않다. 따라서 그가 무슨 죄를 지었는지 '진실'은 미궁 상태로 있다. 주민들의 증언대로 마을의 원한관계로 엉뚱한 죄를 뒤집어썼을지도 모른다. 또 그가 앞을 못 보는 시각장애인이어서 눈 뜬 사람들이 죄를 뒤집어씌웠을지도 모른다. 인민군이 왜 하필이면 앞을 못 보는 사람을 골라 '반동조사위원회'의 부위원장 자리를 맡겼을까? 의문은 한두 가지가 아니다.

문제는 이를 두고 노무현의 정치활동 기간 내내 '붉은 딱지 붙이기'가 그치지 않았다는 사실이다. 아버지의 얼굴도 못 보고 자란 권양숙은 결혼 과정에서부터 이후 남편이 정치인의 길을 걷는 내내 이념 공세로 인해 수모를 겪은 적이 한두 번이 아니었다. 오죽했으면 남편 노무현이 2002년 대선 과정에서 상대 후보 측으로부터 아내의 집안에 대한 색깔 공세를 받고 "제 장인은 좌익활동을 하다가 돌아가셨습니다. 제가 결혼하기 훨씬 전에 돌아가셨는데, 저는 이 사실을 알고 제 아내와 결혼했습니다. 그리고 아이들 잘 키우고 지금까지 서로 사랑하면서 잘 살고 있습니다. 뭐가 잘못됐습니까? 이런 아내를 제가 버려야 합니까?"라고 울부짖었을까.

노무현은 1973년 초 권양숙과 결혼하고 다시 고시 공부를 시작했다. 5월에는 아들 건호가 태어났다. '속도위반'을 한 셈이다.

이 무렵 큰형님이 교통사고로 사망하는 불행이 닥쳤다. 노무현에게는 정신적 지주였고 아버지 같은 형님이었다. 하늘이 무너지는 슬픔을 당한 노무현은 고시 공부가 전혀 눈에 들어오지 않았다. "그렇게 나를 아껴주시며 자신의 못다 한 소망을 나에게 걸어 꿈을 키워주시던 큰형님이 5월 14일 교통사고로 저세상으로 떠나버리셨다. 한 줌 재로 화해버린 형님의 유해를 고향에 묻고 절로 올라올 때는 길도 세대로 보이지 않았고 이때부터 전혀 공부도 되지 않았다. 단지 타성에 의하여 책장을 넘기고 있는 동안에도 마음은 삶과 죽음에 대한 밑도 끝도 없는 생각들과 고시와 출세에 대한 회의로 가득 차 있을 뿐이었다."[49]

노무현은 야생초와 같은 끈질긴 생명력과 야생마와 같은 꺾이지 않는 도전정신을 지니고 있었다. 형님의 못다 이룬 꿈과 자신의 꿈을 이루기 위해 고시 공부를 포기할 수 없었다. 머리에 수건을 동여매고 끙끙거렸으나 정신은 갈수록 혼란스럽기만 하고 몸은 점점 야위었다.

사법고시 15회 시험까지 남은 기간은 40여 일. 차츰 초조해지기 시작하고 마침내 책을 읽기만 하면 가슴이 울렁거리며 답답해지는 알 수 없는 병에 걸리고 말았다. 하는 수 없이 시험을 한 달 앞두고 보따리를 싸 들고 집으로 내려갔다.[50]

대통령 당선보다 기뻤던 사법고시 합격

온갖 번뇌에 시달리는 정신으로 공부하는 데 능률이 오를 리 없었다. 이를 이겨내기 전에는 사법시험의 고비를 넘기기란 쉽지 않았다. 노무현은 결국 두 번의 시험에서 잇달아 실패하고 말았다.

그렇게 노무현은 2년의 힘든 시기를 보내고 나서야 마음의 안정을 되찾을 수 있었다. 마옥당에서 공부하느라 점심은 아내가 들판을 건너 가져다주었다. 차츰 건강도 좋아지자 합격할 수 있다는 자신감도 생겼다. 이때 작은형의 뒷바라지가 없었다면 힘들었다. "아버님은 뇌출혈이 와서 건강이 좋지 않으셨다. 귀도 어둡고 눈도 어둡고 걸음도 바르지 못하셨다. 연로하신 부모님을 모시는 것부터 내 책값과 용돈, 건호 우윳값까지 어느 것 하나 빼놓지 않고 모두 다 작은형님이 보살펴주었다. 큰형님이 돌아가신 후에는 달리 기댈 언덕이 없었다."[51]

노무현은 1975년 실시된 제17회 사법고시에서 당당히 합격했다. 더러 없는 일은 아니지만 이른바 명문 법대 출신들도 추풍낙엽으로 나가떨어지는 사법고시에 상고 출신이 합격하는 것은 기적에 가까운 일이었다. 이때 합격한 사람 중 고졸 출신은 노무현이 유일했다. 큰형의 갑작스러운 죽음 이후 찾아온 고비도 누구보다 집념이 강한 노무현의 열정을 꺾지는 못했다.

그는 "대통령에 당선되었을 때도 그때만 못 했다"라고 할 정도로 그 합격의 기쁨과 감격은 어디 비할 데가 없었다고 했다.

내가 사법고시에 합격한 것은 벌레가 사람이 된 것만큼이나 큰 사건이었다. 돼지를 잡고 풍물을 치면서, 일주일이 넘도록 마을 잔치를 벌였다. 하지만 그것만으로는 기쁨을 다 표현할 수 없었다. 마음 같아서는 진영 읍내 큰길에 가서 지나가는 사람 아무나 붙잡고 자랑하고 싶었다. 수십 년 동안 수많은 사람들이 내게 물었다. 어떻게 혼자 공부해 고시에 합격할 수 있었느냐고. 나도 모르겠다. 그러나 어쨌든 해냈다. 그때를 생각하면 지금도 가슴이 뛴다. 나도 아내도, 그 순간만큼 큰 성취감이나 행복을 느낀 적은 없었던 것 같다. 대통령이 되었을 때도 그때만은 못 했다.[52]

노무현은 1975년 9월에 사법연수원 제7기 연수생으로 입소했다. 노무현에게 사법연수원은 딴 세상이었다. 다들 출신 고교나 대학을 중심으로 끼리끼리 뭉쳤다. 연수원 동기생 가운데 아는 사람 하나 없는 노무현은 여전히 국외자였다. 그 안에도 '신분'이 작용하고 있어서 밥 먹는 것조차 같은 '신분'끼리만 어울렸다. 수업 듣는 것 말고는 어디에도 '상고 출신 촌놈' 노무현이 낄 자리는 없었다. 이런 처지를 안 동료들 몇이 그를 불러 함께 밥을 먹었다. 이들과는 사회에 나와서도 오랫동안 가까이 지내는 사이가 되었다.

노무현은 틀에 갇혀 보이는 판사보다 비교적 자유롭게 보이는 변호사를 선호했다. 어머니와 형은 펄쩍 뛰면서 반대하고 나섰다. 판·검사를 가장 높은 벼슬로 여기던 시절이었기에 당연한 일이기도 했다. 노무현은 어머니와 형을 이길 수 없기에 고집을 꺾었다. 장인의 전력 때문에 판사 발령을 받지 못할까 초조해하는 어머니와 아내의 오해와 원망을 풀어주기 위해서라도 자신의 뜻을 굽힐 수밖에 없었다. 다행히 장인 문제는 판사 발령에 걸림돌이 되지 않았다.

노무현은 1977년 8월에 사법연수원을 수료하고, 9월에 대전지방법원 판사로 부임했다.

사법고시에 합격하고 몇 달 뒤에 노무현은 딸을 얻는 겹경사를 맞는다. 그러나 사법연수원 연수를 받던 중 천붕지괴天崩地壞의 슬픔을 겪어야 했다. 아버지가 돌아가셨다. 막내아들의 고시 합격에 그리도 기뻐하셨던 아버지였다. 노무현은 아버지를 이렇게 회상했다. "시류에 밝지도 않았고 술수를 부릴 줄도 몰랐던 아버지는 해방된 나라의 가난한 백성으로 정직하게 살다 가셨다. 마지막 가시는 길에 자랑과 기쁨을 드린 것 같아서 마음이 조금은 가벼웠다."[53]

왕조 시대의 과거 급제나 대한민국 사회의 고등고시 합격은 '평민' 출신이 출세할 수 있는 거의 유일한 길이었다. 그래서 그 숱한 젊은이들이 '청운의 꿈'을 좇아 과거시험에, 고시에 목을 맸다. 고시 합격은 노무현이 내내 짓눌린 불안감에서 어느 정도 벗어날 수 있게 해주었다. 또 발목을 잡던 반항심이나 열등감 같은 부정적인 감정들을 일소해주는 역할을 하기도 했다. "그렇다고 세상살이에 대한 노무현의 불안감이 한순간에 사라질 수 있는 것은 아니었다. 그것은 청년기까지 그를 지배해온, 그야말로 가문의 저주와도 같은 집요한 심리적 상처였기 때문이다."[54]

2
부림 사건과 '거리의 변호사'

법복을 벗고 변호사로

판사의 하루는 매일 똑같았다. "아침마다 서기가 책상 왼쪽 모서리에 기록을 올려두면 나는 그것을 검토하고 메모해 오른쪽 모서리로 옮겨놓"[1]는 '단조로운' 생활이었다. 이런 생활은 노무현의 자유분방한 성미에 맞지 않았다.

노무현은 어머니와 형님의 간절한 소망을 이뤄주고 아내의 '상처'를 씻어주기 위해 판사가 되었으나 그것이 자신의 길이라고 생각하지 않았다.

판사 초임 시절에는 그도 다른 판사들처럼 평범한 '판사의 길'을 걸었다. "선배 판사들을 따라다니면서 변호사들한테 밥이며 술 접대를 받았다. 선배들이 접대를 잘 하지 않는 변호사를 두고 짠돌이라고 욕하는 것을 듣고 그런 변호사들을 골탕 먹일 못된 궁리를 하기도 했다."[2] 이는 우리나라 법조계의 오래된 '관행'이었고, 알 만한 사람은 다 알지만 아무도 말하지 않는 사실이었다. 법원 직원의 청탁 때문에 판결의 내용이 영향을 받은 적도 없었다고는 할 수 없다고도 토로했다.[3] 노무현도 초임 판사 시절에는 이런 오래된 '관행'들을 따랐다.

노무현이 판사로 재임하던 1977년은 유신 말기로, 사법부는 유신체제의 '보조기관' 역할에 충실한 때였다. 체제에 순응하여 양심을 속이면서 출세하고 호의호식하는 '유신법관'이 대부분이었다.

노무현의 고민은 날이 갈수록 커졌다. 판사직에 회의하는 날이 많아졌다. "당시에는 특별한 자각도 없었고, 변호사들이 밥이나 술을 사주면 얻어먹으면서 어영부영 지낸 판사라는 생각이 든 데다 무엇보다 스스로 뭔가를 찾아서 할 수 있는 것이 없었다."[4]

고민을 거듭하던 끝에 결국 1년도 채우지 못하고 판사직을 그만두기로 했다. 노무현은 고뇌에 찬 결단을 내렸으나 어머니한테는 '훈계'를 들어야 했다.

어머니는 어린 시절부터 남달리 저항의식이 강했던 막내아들에게 모난 돌이 정 맞는다며 적당히 살라고 타일렀다. 노무현은 "갈대처럼 살라"라는 어머니 말씀을 싫어했다. "갈대는 바람이 동쪽에서 불면 서쪽으로 눕는다. 서쪽에서 불면 동쪽으로 눕는다. 이승만 대통령에 관한 작문을 거부해 소동이 벌어졌을 때도 들었던 이 말이 지독히도 싫었다."[5] 그러나 그러면서도 출세하고 싶은 욕망은 강했다. 지긋지긋한 가난과 설움에서 벗어나고 싶었기 때문이다.

현실의 부조리와 모순에 눈 딱 감고 그대로 눌러앉아 있었으면 '영감님'으로 대접받으며 잘 먹고 잘살았을 것이다. 법관은 헌법에서 "헌법과 법률에 의하여 그 양심에 따라 독립하여 심판한다"(헌법 제103조)라고 명시하고 있지만, 법관들에게 헌법이나 법률의 해석 그리고 양심은 '녹피왈자'鹿皮曰字(사슴가죽에 쓴 '가로 왈' 자)로 사건이나 상황에 따라 수시로 '날 일' 자도 되고 '가로 왈' 자도 되었다.

한국처럼 수백 년 동안 수구세력이 권력을 장악해온 사회에서 비판과 저항은 곧 이단으로 치부되고 퇴출당하거나 고난을 받게 된다. 특히 기득권 세력에 대한 비판과 저항은 용납되지 않았다. 왕조 시대에는 반역자로, 일제강점기에는 불령선인으로, 해방 이후에는 용공좌경분자로 몰리기 일쑤였다. 그래서 너도나도 '계란으로 바위 치기' 식의 행위는 사라지고, '정 맞는 모난 돌'이 아닌 둥글둥글한 몽돌이 되고자 하고, 바람 부는 대로 물결치는 대로 흔들리는 갈대로 살아가는 것이 현명한 처세훈이 되었다.

사육신이나 생육신이 되는 것보다 정인지나 신숙주가 되고, 신채호나 박은식이 되는 것보다 최남선이나 이광수가 되고, 김구나 이회영이 되는 것보다 이승만이나 정일권이 되는 것이 현명한 처세가 되고, 장준하나 김준엽의 길보다 박정희나 백선엽의 길이 돋보이고, 전태일의 길보다 이건희의 길이 광영으로 여겨졌다. 이것이 나아가야 할 '지표'처럼 인식되었다.

노무현도 처음에는 크게 다르지 않았다. 고시에 합격하고 판사에 임용되어 법관 생활에 익숙해지자 세상은 다르게 보였다. "돈 걱정을 크게 하지 않아도 되었으며, 알아보고 굽실거리는 사람도 많았다. 살맛이 났다."[6] 출세해서 가난하고 힘없는 사람들을 도와주겠다던 다짐도 어느새 희미해졌다.

판사 시절 노무현은 '생계형 범죄'에는 비교적 관대했다. 스스로 "닭서리를 하다 잡혀온 젊은이나 소액의 '촌지'를 받았다가 기소된 하급 공무원들에게는 무죄나 집행유예를 주려고 애썼다"[7]라고 말했다. 그 이유는 기소된 사연들을 하나하나 꼼꼼히 들여다보고 검토하면 도무지 남의 일 같지 않았기 때문이었다.

그러나 판사복은 노무현에게 어울리지 않는 옷이었다. 결국 노무현은 판사를 그만두고, "찾아서 할 수 있는 일을 해보자는 생각"[8]으로 변호사 사무실을 열었다. 1978년 5월이었다.

잘나가는, 그저 그런 변호사

법관, 변호사, 의사, 국회의원을 꿈꾸는 청년 엘리트들은 대부분 자신이 꿈을 이루면 힘없고 가난한 사람들 편이 되겠다는 뜻을 세운다. 그러나 권력과 돈의 단맛에 빠지면 얼마 안 가서 처음 품은 뜻을 잃고 만다.

〈승무〉를 쓴 시인 조지훈은 『지조론』에서 권력에 영합한 선비가 구정물을 뒤집어쓰지 않은 예를 본 적이 없다고 했다.

우리는 일찍이 어떤 선비도 변절하여 권력에 영합해서 들어갔다가 더러운 물을 뒤집어쓰지 않고 깨끗이 물러난 예를 역사상에서 보지 못했다. 연산주燕山主의 황음荒淫에 어떤 고관의 부인이 궁중에 불리어 갈 때 온몸을 명주로 동여매고 들어가면서, 만일 욕을 보면 살아서 돌아오지 않겠다고 해놓고 밀실에 들어가서는 그 황홀한 장치와 향기에 취하여 제 손으로 그 명주를 풀고 눕더라는 야담이 있다. 어떤 강간도 나중에는 화간이 된다는 이치와 같지 않은가.[9]

노무현의 심층에서는 출세 욕구와 함께 기득권 세력의 횡포에 대한 토우인으로서의 저항의식이라는 '무의식적 소망'이 부딪쳤다. 심리학자 김태형은 '무의식적 소망'은 '의식적 목표'와의 관계에 따라 서로 다른 결과를 낳는다고 분석한다. "만일 무의식적 소망이 건강하게 승화되어 의식적 목표에 통합되면 개인의 심리적 에너지는 크게 증폭되어 하나의 방향으로 나아간다. 반면에 무의식적 소망이 의식적 목표와 뒤엉켜버리거나 정면으로 충돌하면 개인의 심리적 에너지는 이리저리 요동치면서 마음을 흔들게 만든다."[10]

노무현은 '무의식적 소망'에 따라 판사직을 버리고 변호사의 길로 나섰다. 변호사 역시 하기 나름으로, 판사보다 훨씬 유리한 위치에서 부와 권력을 누릴 수도 있는 반면에 사회 정의의 사도로서 약자의 대변인이 되기도 한다.

일제강점기에는 안병찬과 허헌 같은 조선인 변호사들이 일제의 폭압체제에서 독립운동가와 노동자, 소작인 등을 대변했다. 해방 뒤에는 김병로와 이병린 등 소수의 민주주의 신념이 투철한 변호사들이 독재에 맞섰다. 유신시대에는 이돈명, 조준희, 조영래, 황인철, 유현석, 홍성우, 강신옥, 박재승, 박원순 등이 민주인사들과 학생, 노동자들의 변론을 맡아 국민의 존경을 받았다. 이들이 선택한 길은 하나같이 평탄한 길이 아닌 험난한 가시밭길이었다.

노무현이 변호사 개업을 하고 나서 곧바로 반독재민주전선에 나선 것은 아니었다. 1978년 5월에 부산에서 변호사 사무실을 연 노무현은 주로 조세사건을 처리하면서 '잘나가는' 세무 및 회계 전문 변호사가 되었다.

사람이 언제 누구를 만나느냐에 따라 '운명'이 크게 갈린다. 남강 이승훈은 무역업 등으로 국내 굴지의 부호가 되고서도 어느 날 도산 안창호의 '교육진흥론' 강연을 듣고 난 뒤에야 개인의 영달보다는 민족을 구해야겠다고 굳게 결심하고, 비밀결사 신민회에 가담하고 민족교육기관인 오산학교를 세웠다. 또 안악 사건安岳 事件(1910년 11월에 안명근이 서간도에 무관학교를 설립하기 위한 자금을 모집하다가 황해도 신천 지방에서 관련 인사 160명과 함께 검거된 사건)과 105인 사건에 연루되어 고초를 겪었는가 하면 민족대표 33인에 이름을 올리고 3·1 혁명을 주도하는 등 민족의 교육과 독립에 신명을 바치는 삶을 살았다.

베드로는 갈릴리 호수에서 고기를 잡는 평범한 어부였다. 어느 날 예수의 말씀을 듣고 깨달은 바 있어 지난날을 회개하고 참삶을 살게 되었다. 그날 베드로가 예수를 만나지 않았다면 그는 그저 평범한 어부로 생을 마쳤을 것이고, 예수가 베드로를 만나지 않았다면 기독교는 세계적인 종교로 널리 포교되기 어려웠을 것이다.

　노무현도 1981년에 부림 사건의 변호를 맡으면서 인생의 전환을 맞게 된다. 1982년에 평생의 지우知友가 되는 문재인 변호사와 한솥밥을 먹게 되면서 판사 접대와 같은 바람직하지 못한 관행과 결별하고, 즐기던 취미생활마저 끊으면서 도덕적·사상적으로 무장하기 시작했다. 사회의식과 역사의식에 조금씩 눈을 뜨고 점차 시국 문제에 관심을 두게 되었다.

　그러나 아직은 초임 변호사로서 그 영역에서만 활동했다. 그러면서 차츰 법조계의 나쁜 관행을 보게 된다. 그가 밝힌 법조계의 나쁜 관행은 어떤 것들이었을까.

　　‘교제’라는 이름으로 판사와 검사들에게 술을 사야 했다. 법정에서는 검사와 판사에게 무조건 슬슬 기어야 했다. 법원과 검찰 직원, 경찰관, 교도관 들이 구속된 피의자를 변호사에게 알선해주고 커미션을 챙겼다. 전문 브로커들은 커미션 액수를 가지고 여러 변호사를 만나 흥정을 하기도 했다. 기업의 고문변호사를 맡을 때도 법무팀 직원에게 리베이트를 주어야 했다.[11]

　진실과 정의를 추구하고 공정해야 하는 법조인 세계의 관행은 정의롭지도 공정하지도 못한 구석이 많았다. 그는 이런 관행들이 나쁘다고 생각하고 법률가로서 자존심도 상했으나 적당한 선에서 관행과 타협하며 지냈다.[12]

그러나 시간이 지나자 심층의 '무의식적 소망'이 꿈틀거리면서 관행에도 맞서는 등 조금씩 별난 변호사가 되어갔다. "시간이 지나면서 '교제'를 그만두었다. 법정에서 피고인을 윽박지르는 검사와 맞고함을 지르며 싸우기도 했다. 판사가 소송절차를 어기면 곧바로 반박하고 싸웠다."[13] 물론 큰 틀에서 보면 여전히 그저 그런 변호사에 불과했지만.

그저 그런 변호사 시절에 노무현은 정신적으로 "수십 년 동안 고통을 준" 사건이 벌어진다.

마침 사무실에 돈이 떨어진 때여서 수임료 60만 원에 사건 하나를 맡았다. 그런데 다음 날 의뢰인이 찾아와 당사자끼리 합의했으니 수임계약을 해지하겠다며 수임료를 돌려달라고 했다. 노무현은 계약서를 보여주며 이미 접견을 했기 때문에 수임료를 돌려줄 수 없다고 맞섰다. 두 사람 사이에 실랑이가 오갔고, 의뢰인은 끝내 수임료를 돌려받지 못한 채 발길을 돌려야 했다. 의뢰인이었던 그 아주머니는 돌아서며 노무현에게 이렇게 말했다. "변호사는 본래 그렇게 해서 먹고삽니까?" 화살이 되어 가슴에 꽂힌 이 한마디가 두고두고 귀에 남아 그에게 고통을 주었다. 그는 용서를 구하고 싶었으나 그럴 기회를 얻지 못했다고 한다.[14]

이 정도 일은 변호사 사회에서는 흔한 일이고, 보기에 따라서 '하찮은' 사건에 속할 수도 있다. 그런 일에 두고두고 고통을 느끼고 후회하는 여린 심성의 노무현에게 운명의 여신은 또 다른 방향으로 손짓하고 있었다.

삶을 바꾼 결정적인 사건

1979년 10월, 박정희의 폭정은 종말을 향해 치달았다. 유신쿠데타로 종신집권체제를 구축한 박정희는 1978년 12월 27일 체육관 선거를 통해 다섯 번째 대통령에 취임했다. 그해 치러진 제10대 총선에서는 신민당이 공화당(31.7%)보다 높은 득표율(32.8%)을 기록함으로써 민심의 이반 현상을 보여주었다.

호랑이 등에 탄 독재자는 스스로 내려오지 못하고 결국 비극적인 종말을 맞는다. 박정희도 예외가 아니었다.

1979년 8월 9일 YH무역 여성 노동자 170여 명이 생존권 보장 등을 요구하며 신민당사에서 농성을 시작했다. 정부가 심야에 경찰 수천 명을 투입해 노동자들을 강제로 해산시키는 과정에서 100여 명의 사상자(1명 사망)가 발생하고, 야당 의원과 당직자들도 심하게 폭행당했다. 10월 4일에는 여당 의원들이 김영삼 신민당 총재를 제명하면서 정국은 파국으로 치달았다.

10월 16일에 부산 지역에서 타오른 학생들의 민주화 시위는 이틀 뒤에는 마산 지역으로 번졌다. 걷잡을 수 없는 불길은 20일까지 타올랐다. 부마민주항쟁이었다. 이에 정부는 10월 18일 부산 지역에 계엄령을, 10월 20일 마산 지역에 위수령을 선포하고 공수부대를 투입해 시위대를 폭압적으로 진압했다.

부마민주항쟁은 노무현의 생애에 거대한 전환의 풍랑이 되었다. 당시 부산의 법조계는 박정희 군사독재정권의 인권 유린에 대부분 침묵했다.

부마민주항쟁에 앞서 1978년 4월 17일에 부산대 학생들은 반민주적 탄압 중지, 긴급조치 해제, 노동자·농민 권익투쟁 방해 및 인권침해 중지, 언론탄압 중지 등을 요구하는 「자율화 민주투쟁 선언서」를 배포했는데 주동자들이 구속되었다. 이어 벌어진 부마민주항쟁 과정에서는 학생과 시민 1,500여 명이 연행되었다. 군법회의에 회부된 87명(학생 37명, 시민 50명) 가운데 20명이 실형을 선고받고, 651명이 즉결심판에 회부되었다.

노무현은 부마민주항쟁 과정에서 시민과 학생들이 영장도 없이 체포되고 고문을 당하는 현실을 지켜보며 한없는 분노와 무력감과 함께 부끄러움을 느끼며 내면의 소리를 진지하게 듣게 되었다.

김광일·이흥록 등 부산에서 활동하던 동료 변호사들이 험한 고초를 겪었다는 소문이 들려도 크게 관심을 갖지 않았다. 내 문제라고 생각하지 않았던 것이다. 내 운명을 바꾸었던 '그 사건'을 만나고 나서야, 나는 판사로 변호사로 사는 동안 애써 억눌러왔던 내면의 소리를 진지하게 듣게 되었다.

내 삶이 부끄럽게 느껴졌다. 최선을 다해 살았다고 자부했지만 꼭 그런 것은 아니라는 생각이 들었다. 당당한 삶이라고는 더더욱 말할 수 없었다. 출세해서 좋은 일 하겠다고 혼자 다짐했던 기억이 되살아났다. 그래서 삶에 대해서, 인간에 대해서, 사회와 역사에 대해서 좀 더 진지하게 공부하고 생각하기 시작했다. 나는 갓 세상에 발을

내디딘 청년처럼 설레는 마음으로 나에게 다가온 새로운 삶을 받아
들였다.[15]

얼떨결에 맡은 부림 사건 변론

　1979년 10월 26일, 박정희가 자신의 심복인 김재규의 총탄에 쓰
러져 유신정권이 막을 내렸다. 그러나 박정희가 총애했던 하나회
우두머리 전두환이 군부세력을 등에 업고 12·12에 이어 5·17 쿠
데타를 일으켜 권력을 찬탈했다. 무수한 광주시민을 참살하고 5공
정권을 수립한 전두환 신군부 일당은 유신정권보다 더한 폭정을
자행했다.
　민주시민들은 피로 세운 5공 정권을 용납하지 않았다. 언제나
그랬듯이 학생들이 먼저 반독재투쟁의 선봉에 섰다. 파시즘을 연
상케 하는 공포정치 속에서도 학생들의 반독재투쟁은 곳곳에서 들
불처럼 타올랐다. 광주민주화운동 1주년인 1981년 5월과 6월에는
서울 지역 대학뿐만 아니라 전남대, 충남대, 부산대 등 전국에서
대학생들의 시위가 이어졌다. 특히 5월 12일에 성균관대생들은 처
음으로 '5월 광주항쟁을 기억하자'라는 플래카드를 걸고, 종로4가
와 동대문경찰서까지 진출하면서 경찰과 충돌해 상당수가 다치고
10여 명이 구속되었다. 이들은 14일부터 29일까지를 광주항쟁 희
생자 위령제 기간으로 선포하고 격렬한 투쟁을 벌였다.

그해 9월 중순, 이른바 부림 사건釜林事件(부산의 학림 사건)이 터졌다. 이 사건은 신군부 정권의 공안당국이 사회과학 독서모임을 하던 부산 지역의 학생, 교사, 회사원, 지식인 등 20여 명을 불법 연행하고 기소한 사건이다. 이 사건은 당시 부산지검 공안검사 최병국이 지휘했는데, 영장 없이 체포·구금된 이들은 대공분실에서 길게는 두 달여 동안 살인적인 구타와 고문을 받으며 공산주의자로 둔갑했다. 당시 이 사건은 국가보안법이 정권의 안보 도구로 쓰이는 실상을 적나라하게 드러낸 대표적인 사례로 지목되었다. 이 사건은 원래 김광일 변호사가 변론을 맡기로 되어 있었다. 그러나 김광일 변호사 대신 노무현이 변론에 나서게 되었다.[16]

사실 노무현은 이즈음까지도 시국에 특별한 관심을 두지 않았다. 유신쿠데타 당시에는 새로 산 유신헌법 책을 외우면서 "모멸감을 느낀" 정도의 그저 평범한 고시생이었다. "절에 들어가 공부하고 있는 와중에 10월 유신이 났다. (…) 유신이 되었으니까 헌법을 새로 사야 했다. 10월 유신은 내게 헌법 책을 새로 사야 한다는 것, 공부를 새로 해야 한다는 걸 의미했다. 또 (억지 이론으로 가득 찬) 그 책을 읽고 공부를 하면서 모멸감을 느낄 수밖에 없었다."[17] 이처럼 고시생 노무현에게 유신쿠데타는 '헌법 책을 새로 사야 한다는 것' 정도로 인식되었다.

그는 전두환 정권 초기까지도 '그저 그런' 평범한 변호사였다. 얼떨결에 변론을 맡게 된 부림 사건은 그의 삶을, 아니 운명을 송두리째 바꾸어놓았다.

부림 사건에서 '부림'의 '림' 자는 돌림자의 연원이 있다. 이 사건에 앞서 1980년 12월에 '무림 사건'이 있었고, 그 원조는 1967년 7월에 있었던 '동백림 사건'이다.

무림 사건은 「반파쇼학우투쟁선언」이라는 유인물을 뿌리고 '전두환 타도' 등의 구호를 외치며 시위를 벌인 서울대생 100여 명을 연행하여 무자비하게 고문해서 반국가단체 조직 사건으로 조작하려 한 사건이다. 민주화운동의 상징이었던 김근태를 고문했던 악명 높은 고문기술자 이근안도 이 수사에 고문기술자로 참여했는데, 그 공로로 1계급 특진이라는 포상을 받았다. 이때 공안당국은 반국가단체 조직도까지 그려놓고도 아무런 증거를 찾지 못하자 조작 공작을 중도에 접을 수밖에 없었다. 그래서 사건 전체가 안개 숲에 싸여 종잡을 수 없다는 의미로 '무림霧林'이라고 불렀다.

노무현은 부림 사건 당시에는 아무것도 모른 채 변호를 맡았다. 부산 지역에서 인권운동을 하는 변호사가 두 사람뿐인데, 그중 한 사람인 김광일 변호사마저 이 사건에 휘말릴 위기에 놓여 그저 바쁜 손을 도울 수밖에 없었다. 노무현의 말을 직접 들어보자.

공안당국은 반국가단체를 만들어 정부 전복을 획책했다는 혐의로 이호철·장상훈·송병관·김재규·노재열·이상복·고호석·송세경·설동일 등 부산 지역 지식인과 교사, 대학생 22명을 구속했다. 그런데 이들이 실제로 한 일은 사회과학책을 읽고 독서모임을 하면서 자기들끼리 정부를 비판한 것이 전부였다. 구속자는 대부분 1979년 이흥록 변호사가 만들었던 부산양서조합 회원들이었다. 개업식 축하 모임, 돌잔치, 송년회를 한 것이 범죄 사실로 둔갑했고, 계엄법과 국가보안법, 집시법 위반 혐의가 적용되었다. 나는 어쩌다 보니 이 사건에 손대게 되었다. 당시 부산에서 지속적으로 인권운동을 한 변호사는 이흥록·김광일 두 분밖에 없었다. 그런데 검사가 김광일 변호사까지도 사건에 엮어 넣겠다고 협박하는 바람에 변호를 맡을 수기 없었다. 손이 모자란다는 하소연을 듣고만 있을 수 없어서, 아무것도 모르는 내가 변호를 맡게 된 것이다.[18]

피할 수 없는 운명

신군부 쿠데타 정권이 들어서지 않았다면 노무현은 평범한 변호사로 적당히 삶을 즐기며 평탄하게 살았을 것이다. 부림 사건 변호를 맡을 때까지만 해도 사건의 내용과 성격도 몰랐고, "시국에 대한 최소한의 인식"조차 없었기 때문이다. '운명'이었다. 조세 전문 변호사가 인권변호사의 가시밭길로 들어섰으니 말이다.

그를 전혀 알지 못하는 새로운 '운명'의 길로 이끈 것은 무엇일까? 정혜신 정신건강의학과 의사는 "(아무것도 모르면서) 그럼에도 선뜻 변론에 나선 것은 무엇이든 두려워하지 않고 피하지 않겠다는 생각 때문"[19]이라고 분석한다.

노무현은 부림 사건을 맡으면서 그전까지 보지 못했던, 아니 감히 상상도 할 수 없었던 세상을 목격했다. 영장도 없이 체포된 이들이 수십 일 동안 불법으로 감금되는가 하면, 그것도 모자라 몽둥이찜질과 물고문 같은 무자비한 폭력을 당했다. 망가질 대로 망가진 이들의 처참한 상태를 보고 노무현은 분노가 치밀었다. 담당 변호사인 자신까지도 공안기관의 첩자가 아닌지 의심의 눈길로 바라보는 그들의 상처받은 영혼 앞에서 가슴이 미어졌다. 심지어 이들의 가족들은 갑자기 잡혀간 자식들이 어디에 있는지, 살았는지 죽었는지조차 알 수 없는 답답한 심정에 실성한 사람처럼 부산 시내를 헤매고 다녔다.

이런 참상을 지켜보면서 노무현은 잠재되었던 분노가 폭발했다. 당시 그는 "사실과 법리를 따지기도 전에 걷잡을 수도 없이 분노가 치밀어 올랐고 피가 거꾸로 솟는 것 같았다"[20]라고 한다. 노무현은 기꺼이 그 '불길'에 뛰어들었다. 권력기관의 불법행위를 폭로하자 법정은 분위기는 험악해졌고, 검사의 협박도 이어졌다. 이는 노무현의 오기를 부채질했고, 노무현은 법정에서 검사와 싸움도 마다하지 않았다. 심지어 살해 협박까지 받고도 눈 하나 깜짝하지 않았다.

법정에서 냉정한 자세를 유지하면서 변론을 하기가 어려웠다. 불법 구금과 고문으로 당사자와 가족들이 겪어야 했던 처참한 고통을 거론하면서 공안기관의 불법행위를 폭로하고 비판했다. 방청석은 울음바다가 되었고, 검사뿐 아니라 판사도 표정이 일그러졌다. 법정 분위기가 험악했다. 다음 날 보자고 해서 검사를 만났더니, 세상이 어떻게 돌아가는지 모르느냐고 나를 힐난하면서 협박했다. '부산에서 변호사 한두 명 죽었다고 그게 뭐 대단한 일이 될 줄 아시오?' 나는 오기가 나서 법정에서 검사와 삿대질을 해가며 싸웠다.[21]

　권력의 주구가 되어 부림 사건을 조작하고 지휘하며 변호인을 협박까지 했던 그 부장검사는 얼마 뒤 국회의원 배지를 달았다. 권세만을 좇는 이들의 모습에서 해방 이후 권세를 누린 친일파들의 모습이 겹치는 건 왜일까.

　의열단을 창설한 약산 김원봉은 해방된 나라에서 생각지도 못한 치욕스러운 일을 겪었다. 해방 이후 단죄되기는커녕 오히려 화려하게 부활한 악질 친일 경찰 노덕술에게 끌려가 온갖 모욕과 고문을 당했던 것이다. 어찌나 분하고 억울했는지 김원봉은 사흘간 통곡에 통곡을 거듭했다. 그 무렵 임시정부 주석 백범 김구는 엉뚱하게 장덕수 암살 사건 배후 관련자로 지목되어 미군정청 법정에서 온갖 모욕을 당했다. 독립운동가 죽산 조봉암은 1958년 이승만에 의해 간첩죄로 몰려 총독부 판사 출신으로 대법원 판사가 된 이들로부터 사형선고를 받고 형장의 이슬로 사라졌다. 독립지사들을 고문하고 사형을 선고했던 자들이 좀비처럼 살아나 미군정에 이어 이승만과 박정희 정권에서도 변함없이 영달을 누리고 권세를 휘둘렀다.

　노무현은 권력의 주구가 국회의원이 되는 모습을 보고 이렇게 개탄했다. "이 나라의 옳은 길을 걸었던 많은 사람들은 모두 패배자로 기록되어 있다. 이 역사를 다시 쓰지 않고서 한국에 무슨 미래가 있겠는가?"[22] 그 이후 노무현은 부산 지역에서 인권변호사와 재야단체 간부, 노동법률 상담가 등으로 활동하며 민주화운동을 펼쳤다.

1987년경에는 노무현에게 '아스팔트 변호사'라는 별명이 붙기도 했다. "어떤 경우에는 바닥에 드러누워 항의를 하는 것도 불사했기 때문"[23]이었다.

노무현은 부림 사건 변론 과정에서 비로소 현실의 참상을 인식하게 되면서 삶의 방향이 180도 달라졌다. 피의자인 젊은 학생들의 이야기를 통해 오히려 독점자본에 의한 노동착취와 빈부격차의 모순구조를 알게 되었다. 사회의식에 눈을 뜨게 된 것이다. 노무현은 학생들의 이야기에 귀를 기울이면서 사회에 진 빚을 갚아야겠다고 생각하게 되었다.

그는 학생들이 붙잡혀온 이유가 되었던 '불온서적'들을 읽기 시작했다. 그러면서 "이기적인 사상의 껍질이 균열되기 시작"했다. 그 뒤부터 '운동'이 자신의 직업이 되었다. 30대 중반의 잘나가는 조세 전문 변호사가 20대 청년들한테서 이런 영향을 받았다는 사실을 누가 믿을 수 있을까. 노무현은 잘못된 것을 바로잡는 상식적인 일에서는 그 정도로 유연성이 있는 사람이었다.[24]

노무현은 시국 사건 변론을 맡으면서 운동권 청년들을 자주 만났다. 이들은 좋은 대학에 들어가고 학교 성적도 우수해서 학교를 졸업하면 좋은 직장에서 일할 수 있는 인재들이었다. 그러나 또 부모님을 걱정시키면서 사회악과 독재와 싸우다가 구속된 청년들이었다. 이들과 자주 만나고 이들의 이야기를 들으면서 노무현은 그들을 존경하게 되고 그 정의감과 용기에 감동했다. 그래서 노무현도 기꺼이 '직업' 변호사의 안락한 길을 버리고 약자들의 편에 서서 헌신하기로 했다.

이후 노무현은 대학생들과 노동자들의 무료 변론을 도맡다시피 했다. 노동자들의 현실에 눈을 뜨자 해야 할 일들이 보였다. "멀었던 눈이 한번 떠지자, 비로소 힘없고 가난한 사람이 당하는 핍박과 설움이 또렷이 보였다. 그들의 아픔이 내 가슴에도 전해져 왔다. 어린 시절 가난 때문에 겪어야 했던 고통과 그에 대한 울분이 되살아났다. 무엇인가 더 해야 한다는 생각이 들었다."[25]

노무현은 변호사 활동을 하면서 1981년부터 ≪부산일보≫에 생활법률상담을 연재하여 좋은 반응을 얻었다. 이 연재를 통해 전문적인 공부는 물론 글쓰기 훈련도 하게 되었다.

그러던 1982년 3월 18일, 노무현을 시국 사건에 더욱 깊숙이 개입하게 한 큰 사건이 일어났다. 부산 미문화원 방화 사건이다.

부산 고신대 학생들이 광주항쟁 유혈진압과 독재정권을 비호한 것에 대한 미국의 책임을 물어 부산 미문화원에 들어가 불을 질렀다. 이날 학생들은 미국을 "민주화·사회개혁·통일을 실질적으로 거부하는 파쇼 군사정권을 지원하여 민족분단을 고정화"시킨 제국주의 세력으로 규정하고 "미국 세력의 완전한 배제를 위한 반미투쟁을 끊임없이 전개하자"라는 내용의 전단을 살포했다.

경찰은 이 사건과 관련해 문부식과 김은숙 등 11명을 검거했다. 또 광주항쟁 관련자로 수배 중이던 김현장은 가톨릭 원주교육원에 서 이들에게 의식화 교육을 했다는 혐의로 체포되었다. 게다가 원 주교구 교육원장인 최기식 신부를 국가보안법 위반과 범인은닉 등 의 혐의로 구속했다. 이 사건은 1980년대 반미투쟁과 광주·대구 등 잇따른 미문화원 방화 사건이나 점거농성의 선도적 투쟁이 되 었다.

전두환 정권은 이 사건을 반미 반체제 용공 사건으로 몰아가고 '땡전 뉴스'와 족벌신문들은 학생들을 테러범으로 몰아세우며 거세 게 비난했다.

노무현은 이들의 변호인단으로 참여하면서 처음으로 서울의 인 권변호사들과 함께하게 되었다. 이돈명, 유현석, 홍성우, 황인철, 조영래 등 그 이름만으로도 쟁쟁한 변호사들이었다. 법원에는 신 부와 수녀는 물론 많은 가톨릭교회 신도들이 모여 찬송가를 부르 고 기도했다.[26]

노무현은 이것이 인연이 되어 나중에 '정법회正法會'를 만드는 일 에 참여했다. 정법회의 정식 명칭은 '정의실현 법조인회'로, 1986 년 5월 19일에 정식 발족했다. 박정희 정권 이래 주로 인권변론을 담당해온 변호사들이 처음으로 조직화한 단체였다. 정법회에는 이 돈명, 한승헌, 홍성우, 황인철, 조영래, 강신옥, 고영구, 유현석, 하경철, 박원순 등 그동안 반독재 인권 옹호에 헌신해온 민주진영의 변호사 30여 명이 참여했다. 이후 젊은 변호사들을 중심으로 만들어진 '청년변호사회(청변)'와 통합해 1988년 5월에 '민주사회를 위한 변호사 모임(민변)'이 출범하게 된다.

노무현도 정법회에 참여하여 학생과 노동자, 민주인사들 변론에 크게 기여했다. 1987년에 집시법 위반으로 자신이 구속되었을 때도 정법회의 도움을 받았다. 정법회 회원 중 구속된 것은 이돈명, 이상수 변호사에 이은 세 번째였다.

야만의 시대와 '거리의 변호사'

미문화원 방화 사건 주역의 한 사람인 김은숙은 뒷날 「감옥 독방, 먼지와 두꺼비와 사람」이라는 글에서 당시 그 사건 변호인단의 수난을 다음과 같이 술회했다.

> 법정에서 재판이 진행되는 동안, 그리고 훗날까지 우리와 함께 고투를 해주신 변호인단의 변호사님들의 수고와 노고는 또 어찌 말을 다 하겠는가. 대구의 고등법원 앞에서는 재판 끝나고 법정을 나서시던 변호사님들께서 돌팔매질을 당하셨다는 말을 전해 듣고, 참으로 가슴이 아팠다. 최기식 신부님 역시 우리를 보호해주신 대가로 감방에서 수인으로 지내셨고, 함세웅 신부님을 비롯한 여러분께서도 많이 애를 태우셨다.[27]

이처럼 돌팔매를 맞고, 수구언론으로부터 심한 모욕을 당하면서도 노무현을 비롯한 변호인단은 미문화원 방화 사건 피의자들을 끝까지 변론했다. 노무현은 정법회에 이어 민변에 참여하면서 독재정권 시대 우리 사회에서 가장 양심적인 법조인들을 만나게 되고, 이를 계기로 종교계와 민주 진영의 인사들과도 연대하게 되었다. 이렇게 새로운 '재야인사' 노무현이 탄생했다.

불의한 집단과 싸우기 위해서는 그들에게 흠 잡히는 일이 없어야 한다. 수구세력은 남의 황소를 잡아먹어도 그냥 묻히지만, 민주 인사들은 달걀 한 개를 얻어먹어도 저들의 도마 위에 오른다. 노무현은 우선 신변 정리부터 하고, 그동안 누리던 것들도 그만두었다.

무료 변론은 돈 좀 덜 벌면 그만이었지만 독재정권에 맞서 싸우는 것은 차원이 달랐다. 언제 어디로 끌려가 무슨 죄목을 뒤집어쓰고 쇠고랑을 찰지 모르는 위험한 일이었다. 조그만 농장이나 별장 하나 정도는 가지고, 자식들 외국 유학이라도 보내서, 공부를 다 못 한 우리 부부의 한을 풀어보자고 했던 꿈을 접어야 했다. 이렇게 양심과 욕망 사이를 오락가락하면서 나는 차근차근 주변을 정리했다. 요정과 룸살롱 같은 고급 술집에는 발길을 끊었다. 일본까지 가서 교육을 받을 정도로 열성이었던 요트 타기도 그만두었다.[28]

이 가운데 특히 '요트' 문제는 노무현이 반독재 전선의 열혈 변호사가 되어 정치운동에 나서자 조선일보사가 발행하는 《주간조선≫이 공격의 타깃으로 삼은 메뉴다. 노무현은 ≪주간조선≫의 허위보도에 대해 소송을 제기하여 결국 승소했으나 이를 기화로 ≪조선일보≫의 본격적인 '노무현 죽이기'가 시작되었다.

내가 한동안 빠져 있었던 2인승 요트는, 사람들이 흔히 생각하는 것과 달리 크게 돈이 드는 스포츠가 아니었다. 집이 광안리 해수욕장 근처여서 부대비용도 별로 들지 않았다. 돈이 있다고 해서 아무나 할 수 있는 운동인 것도 아니었다. 거센 파도와 바닷바람을 맞으면서, 모래알 씹히는 불어 터진 라면을 먹어가면서 하는, 거친 남자의 운동이었다. 그러나 시간이 많이 드는 것은 곧 돈이 많이 드는 것이나 한가지여서 그만둘 수밖에 없었다. 승용차를 두고 버스로 출근하면서 고급 일식집 대신 시장통 국밥을 먹었다. 돈을 아끼기 위해서이기도 했지만, 민주화운동을 하는 사람으로서 민중의 고통에 동참하는 삶의 방식을 따라야 한다고 믿었기 때문이다. 그때 우리 사무실 사람들과 부산의 동지들은 다들 그렇게 살았다.[29]

쉽지 않은 결단이었다. 기득권을 포기하는 것은 말처럼 쉬운 일이 아니다. 자기희생뿐만 아니라 가족과 주변의 희생도 따르기 때문이다. 그러나 노무현은 그 모든 것을 감내하기로 결심하고 마침내 자신의 정체성을 새롭게 정립하게 되었다.

억울하게 당하는 이들에 대한 뜨거운 애정과 연민은 노무현의 무의식에 깊이 자리하고 있던 핵심적인 욕구였다. 바르고 정직했기에 평생을 당하며 살았던 아버지와 큰형에 대한 동정심과 그들을 돕고 싶다는 노무현의 강렬한 욕구는 진보운동을 접하면서 억압받고 착취당하는 민중에 대한 연대의식과 그들을 위해 신명을 바치겠다는 사명감으로 승화되었다. 노무현은 진보사상을 학습했고 가난하고 힘없는 민중을 변호하는 과정에서 그것을 자신의 것으로 체화했다. 비록 부림 사건이 하나의 계기가 되기는 했으나 노무현은 태생적으로 진보운동을 할 수밖에 없는 사람이었다. 자신을 사랑하고 사람을 사랑하며 세상을 뜨겁게 사랑하는 그가 어찌 민중의 고통을 외면할 수 있었겠는가?[30]

독재정권의 철벽을 깨뜨리기 위해 던진 달걀 '노변'

전두환 정권의 폭정은 시간이 갈수록 도를 더해갔다. 이런 상황에서 노무현은 시민단체 활동과 법정의 변론만으로는 부족하다고 여겼다. 행동이 절실하게 요구되는 시대였고, 그도 행동하고 싶어 했다. 그렇게 법정에서뿐만 아니라 거리에서도 몸으로 부딪쳤다. "나중에는 부산민주시민협의회 상임위원이 되어 직접 행동에 나섰다. 경찰이 집회를 원천봉쇄하면 몸으로 부딪치면서 항의했고 길바닥에 드러누운 적도 있다. 그런 와중에도 변론할 사건이 엄청나게 밀려들었고, 나는 어느 것도 거절하지 않았다."[31]

노무현이 '거리의 변호사'가 되면서부터 은행과 기업의 고문변호사 일은 대부분 끊어졌다. 계약기간이 남아 있는 일도 권력기관의 눈치를 보는 이들이 일방적으로 해약을 통고했다. 어쩔 수 없는 일이었고, 예상하지 못한 바도 아니었다. '돈 되는 일'이 죄 끊어진 대신 억울한 시민들의 민형사 사건 의뢰는 더욱 밀려들었다. '조세 전문 변호사'라는 소문이 퍼지면서 조세 관련 송사와 노동자들의 산업재해 사건 의뢰도 많이 들어왔다. 이렇게 번 돈은 민주화운동에 쓰였다. 돈 잘 버는 변호사 시절에는 느끼지 못했던 희열과 보람을 느꼈다.

세상사가 그렇듯이 나쁜 일이 있으면 좋은 일도 있게 마련이다. 노무현은 인권변호사로 활동하면서 송기인 신부를 비롯하여 부산 지역의 명망 높은 종교계 인사들과 교우하게 되고, 이들의 지원과 사랑을 받았다. 노무현 부부는 송기인 신부의 인도로 성당에 가서 세례(세례명은 노무현은 유스토, 권양숙은 아델라)도 받았다.

노무현은 천주교에 입문하여 세례를 받았으나 독실한 신자는 아니었다. "교리 공부도 게을리한 데다 성당에 잘 나가지도 않는 엉터리 신자가 되고 말았다. 오랫동안 고민해보았지만 내게는 종교적 심성이 없는 것 같았다"[32]라고 고백하기도 했다. 이 시기에 노무현을 천주교로 이끌고 그와 민주화운동을 함께했으며, 참여정부에서 진실·화해를 위한 과거사정리위원회 위원장으로 활동한 송기인 신부는 민주화운동 당시 '노변(노무현 변호사)'을 "(독재정권의) 철벽을 깨뜨리고자 던진 달걀"이라고 묘사했다.

12·12 반란이 역사를 거꾸로 돌렸다. 철갑으로 막 눈 뜨는 봄기운을 덮어버렸다. 그 철벽을 깨뜨리고자 던진 달걀이 노변이었다. 우리는 노무현 변호사를 늘 '노변'이라고 불렀다. 1982년 3월, 나는 '부산 미문화원 방화 사건' 변호인단과 함께 노변을 처음 만났다. 월요일마다 재판이 열렸는데 재판이 끝나고 저녁 식사를 함께하며 친해졌다. 1985년 '부산민주시민협의회', 1987년 '민주헌법쟁취국민운동부산본부' 시절을 거치는 동안 노변은 늘 뜻을 함께했던 동지였다. 당시 부산대, 동아대 교수들은 학생들이 시국 사건으로 잡혀가면 가장 먼저 내게 연락을 해왔다. 그때마다 김광일·이흥록·문재인·노무현 등 변호사 가운데 한 명에게 도움을 청했다. 그럴 때마다 노변은 늘 간단히 "알겠습니다" 하며 거절 한 번 하지 않았다. 6월항쟁이 한창일 때는 최루탄 가스 뿌연 아스팔트 바닥에서 함께 어깨를 걸고 앉은 일도 잦았다. 어느 시점까지 인생을 즐기는, 돈 잘 버는 변호사였던 그는 민주화운동, 인권운동에 뛰어드는 순간 그 누구보다 열심이었다.[33]

노무현이 거리의 변호사로 '전신'하는 데는 문재인의 존재가 크게 작용했다. 문재인이 나이는 조금 아래지만 생각이나 행동거지는 존경할 만한 사람이었다. 노무현과 문재인의 관계는 "벗할 수 없다면 참다운 스승이 아니고 스승으로 삼을 수 없다면 좋은 벗이 될 수 없다"라는 한 중국 사상가 이탁오李卓吾의 말 그대로였다. 노무현은 스스로 문재인에게 부끄러운 모습을 보이기 싫어 그간의 나쁜 관행을 정리하게 되었다고 한다.

문재인 변호사와 손을 잡았다. 원래 모르는 사이였지만 1982년
만나자마자 바로 의기투합했다. 그는 유신반대 시위로 구속되어 경
찰서 유치장에서 사법고시 합격 소식을 들은 사람이다. 그래서 사법
연수원을 우수한 성적으로 졸업하고서도 판사 임용이 되지 않았다.
정직하고 유능하고 훌륭한 사람이다. 나는 그 당시 세속적 기준으로
잘나가는 변호사였다. 사건도 많고 승소율도 높았으며 돈도 꽤 잘
벌었다. 법조계의 나쁜 관행과도 적당하게 타협하고 있었다. 그런데
문재인 변호사와 동업을 시작하면서 그런 것들을 다 정리하기로 약
속했다. 그에게 부끄러운 모습을 보이기 싫었다. 인권변호사로서 독
재정권에 약점을 잡히지 않으려면 나부터 깨끗해야 한다는 생각도
했다.[34]

노무현과 문재인이 만난 것은 그야말로 우연이었다. 두 사람은
전혀 인연이 없는 사이였다. 학생운동 전력 때문에 판사가 되지 못
한 문재인 변호사, 승률 90퍼센트 이상의 조세 전문 '잘나가는' 변
호사 노무현은 어떻게 만났을까? 문재인은 두 사람의 만남을 '필요
에 의한 동업'이었다고 말한다.

1980년대 초반은 변호사 업계에 동업자 제도 자체가 거의 없었
다. '노변'과 나는 실제 변호사 업무가 많아서, 필요에 의해 동업을

시작한 것이다. 그와 나는 전혀 인연이 없었다. 나는 서울에서 학생운동을 한 경희대 출신이다. 판사 임관이 될 줄 알았던 나는 학생운동 전력 때문에 임용이 거부됐고, '노변'의 경우 동업하기로 했던 사람이 판사로 임용돼 우연히 동업자 관계로 만난 것이다.[35]

당시 소송서류는 대부분 사무장이 작성했는데, 노무현은 이런 관례를 깨고 자기 이름으로 제출되는 소장은 자신이 직접 작성했다. 문재인은 노무현이 승소율이 높은 이유를 이런 성실성과 일에 대한 책임감 때문이었다고 말한다.[36]

변호사 업무를 접은 '아스팔트 위의 전사'

인간은 역사의 산물일 수밖에 없다. 역사는 인물을 낳고 인물은 역사를 움직인다. 인물과 역사의 순환논리이다. 전두환 정권의 폭압 아래에서 학생들은 저항의 물꼬를 트고 재야인사들도 행동에 나섰다.

1983년 5월 18일, 김영삼은 광주민주화운동 3주년을 맞아 민주화를 위한 단식투쟁을 벌였다. 미국에 망명해 있던 김대중이 이를 지지하는 선언을 하면서 양 김은 다시 손을 잡았다. 그해 9월 30일에는 1970년대 학생운동 출신의 청년 대표들이 민주화운동청년연합(민청련)을 창립했다. 의장에 선출된 김근태는 선출되자마자 그날 경찰에 연행되었다. 12월에는 해직교수협의회가 행동에 나섰다. 이듬해 봄에는 서울대와 연세대 등에서 학원민주화추진위원회가 속속 결성되고, 5월에는 상도동과 동교동의 두 세력이 민주화추진협의회(민추협)를 결성하고 투쟁 전열을 가다듬었다.

이 무렵 노무현은 공해 문제에 관심이 많았다. 노동자들의 산업재해 송사를 맡으면서 갖게 된 관심사였다. 1984년에 공해문제연구소(대표 손덕만 신부)가 발족되고, 노무현은 이사를 맡았다. 이후 공해와 환경 문제는 노무현의 평생 화두가 되었다. 이런 관심은 대통령 퇴임 뒤 봉하마을에서 생태농업과 하천 습지 복원, 숲 가꾸기 등 '살기 좋은 마을 만들기' 운동으로 이어졌다.

노무현이 본격적으로 재야의 민주화운동에 뛰어든 것은 1985년에 '부산의 양심'으로 불리는 송기인 신부를 중심으로 부산민주시민협의회(부민협)가 출범하면서부터다. 발기인으로 송기인·손덕만 신부, 최성묵·박광선 목사, 노무현·문재인·김광일·이흥록 변호사, 김정한·윤정규 작가, 김희로 시인 등이 참여했다. 부민협은 이후 서울의 민주화운동 세력과 연계하면서 부산 지역의 민주화운동을 주도했다. 노무현은 부민협 상임위원으로 활동하면서 부산에 노동법률상담소를 설립하여 노동자들의 권익을 대변하고 탄압받는 노동운동가들을 변론했다. 그러다 보니 본업인 변호사 업무는 뒷전으로 밀렸다.

노무현의 변호사 사무소는 노동법률상담소와 공해문제연구소를 비롯하여 각급 노동운동단체의 간판이 걸려 마치 운동단체의 합동

사무소처럼 되었다. 운영기금이 없는 운동단체들이 하나둘씩 무료로 입주하면서 나타난 현상이었다. 노무현은 사무실 절반을 이 단체들에 내주었다. 그러다가 점차 주객이 전도되어 변호사 업무보다 운동이 본업이 되었다.[37]

1980년대 중반의 한국 사회는 반독재투쟁의 격랑에 휩싸였다. 면면히 저항의 역사를 써온 민중의 분노를 언제까지나 폭력으로 억누를 수는 없었다. 1985년 2월, 그동안 미국에서 망명 생활을 하던 김대중이 급거 귀국했다. 김대중이 김영삼과 손을 잡고 1월에 창당한 신한민주당(신민당)을 지원하기 위해서였다. 창당한 지 채 한 달도 되지 않은 시점인 2월 12일에 실시된 제12대 총선에서 신민당은 득표율 29.3%로 67석을 차지하면서 민주한국당을 제치고 제1야당으로 부상하는 이변을 연출했다.

총선에서 승리한 신민당이 이듬해 2월에 민추협 및 시민사회와 연대하여 '대통령 직선제 개헌 천만인 서명운동'을 펼치면서 전두환 정권과 야권은 '마주 보고 달리는 기차'의 형국이 되었다.

야당의 직선제 개헌 서명운동이 추진되면서 학생과 재야인사, 노동자들도 격렬한 반독재투쟁에 나섰다. 이런 가운데 1986년 4월에 서울대생 김세진과 이재호가 전방입소 거부시위 도중에 분신자살하는 일이 벌어지자 대학가는 다시 반독재투쟁의 거대한 분화구가 되었다.

10월에는 전국 26개 대학생 2천여 명이 건국대에 모여 집회를 벌인 뒤 경찰의 진압에 밀려 학내 건물로 대피하면서 나흘간 철야

농성을 벌였다. 이에 정부는 대대적인 진압작전을 개시했다. 126개 중대 1만 8천여 명의 경찰 병력과 30대의 소방차 그리고 헬기까지 동원하여 최루탄을 난사하며 시위대를 몰아쳤다. 이 작전으로 연행한 학생 1,525명 가운데 무려 1,295명을 구속함으로써 세계 학생운동사에 남을 기록을 세웠다.

정국은 일촉즉발의 위기감에 휩싸였다. 전두환 정권이 학생들의 평화적인 농성을 무자비하게 진압하는 등 최후의 발악을 하는 가운데 운명의 1987년이 밝아왔다. 1월 14일에 서울대생 박종철군 고문치사 사건이 터진 데 이어 6월 9일에는 연세대생 이한열이 시위 도중 최루탄에 맞아 숨지는 일이 벌어졌다. 그러자 마침내 임계점에 이른 민중의 분노가 폭발하면서 6월항쟁이 전개되었다.

노무현은 1986년 9월부터 사건 수임을 전면 중단하고 민주화운동에 전념했다. 직업 변호사에서 시국 전담 변호사로, 다시 반독재 민주인사로서 아스팔트 위의 전사가 되었다.

노무현은 1987년 2월 7일 부산 중구 남포동 부산극장 앞에서 열린 고故 박종철 부산추도회에 참가했다. 추도회 연설 도중에 집시법 위반 등의 혐의로 경찰에 연행되어 범일동 대공분실에 구금되었다가 3일 만에 석방되고 불구속으로 입건됐다.

2월 19일에 노무현은 담당 검사 정현태와 마주 앉았다. 노무현은 조금도 거리낌 없는 여유와 당당함을 보여주었다. 검사의 심문 내용의 일부를 들어보자.

검사: 묻는 대로 답하겠는가.

노무현: 인적사항만 말하고, 사실관계는 말하지 않겠다.

검사: 피의자는 1986년 8월 10일 오후 7시 부산 중부교회 인근에서 학생 50명을 선동해 "폭력경찰 물러가라"는 등의 구호를 선창하는 등의 가두시위를 전개한 사실이 있는가.

노무현: 알 필요가 없다.

검사: 1985년 김광일·문재인 변호사와 함께 300만 원을 갹출해 당감성당 안의 부민협 사무실을 부산진구 범천 1등 845호 송호진 씨 소유의 건물로 이전토록 자금을 지원한 사실이 있는가.

노무현: 그런 것도 문제가 되는가.

검사: 부민협은 민통련 산하 단체로서 민통련과 이념을 같이하고 있다는데 사실인가.

노무현: 부민협의 운동이념을 알 뿐, 민통련의 이념은 정확하게 알지 못하고 산하단체라고 하는 표현은 정확하지 않다.

검사: 1987년 2·7 박종철 추모집회를 위해, 1월 10일과 2월 3일 부민협 사무실에서 2회에 걸쳐 부민협 등 재야단체와 신민당이 회합을 가져 박종철 추도행사를 2월 7일 오후 2시 대각사에서 열기로 하고, 행사가 저지될 경우 집회와 시위도 불사한다는 등의 결의를 했는가.

노무현: 질문도 정확하지 않고 대답 또한 하고 싶지 않다.

검사: 박종철 추모행사에 쓰이는 유인물과 플래카드, 어깨띠 등

을 제작하는 등 필요한 경비로 피의자가 50만 원을 제공했
는가.

노무현: 알 필요 없다. 하지만 뭐라고 할까, 귀신같네.

검사: 추도회의 사회는 부산 EYC(Ecumenical Youth Council, 기독청년협의
회—편집자) 총무 최병철이 맡고, 개회선언은 부민협 사무국
장 김재규가 했고, 피의자의 추도사를 소개한 것도 김재규
인가.

노무현: 한 가지가 틀렸다. 그러나 말하지 않겠다.

검사: 당일 행사의 추도사를 위해 미리 추도사를 준비했는가.

노무현: 미리 준비했다면 좀 더 잘했을 것이다.

검사: 박종철 군 사건의 성격, 부산이 박종철의 고향이라는 사정,
부산시민의 기질 및 부산시민이 갖고 있는 정치적 경험을
비춰볼 때 박종철 추도회를 제지하지 않으면 인천사태 등
과 같이 극도의 혼란 사태가 생기지 않고, 피의자가 말하는
평화적인 추도회만으로 끝날 것으로 자신하는가.

노무현: 자신할 수 있다. 그런 불안은 이런 추도회를 평화적인 추
도회로 끝날 수 없도록 원인을 제공한 자들의 불안일 뿐이
다. 민주적인 제 권리가 보장된 곳에서는 추도회가 폭력사
태로 발전하는 일은 있을 수 없다.

검사: 법조인의 견지에서 볼 때 피의자의 행동이 너무 정치적이
거나 지나치다고 느껴지진 않았나.

노무현: 나는 개인적으로 정치적 보상을 바라지 않는다. 그러나

시민으로서 정치적 권리는 보장돼야 하고, 그 행사는 시민의 의무다. 그리고 지금 상황은 법조인이라면 법률적 방법으로 대응해서는 스스로의 권리는 물론 시민의 권리조차 옹호할방법이 없는 실정이다.

검사: 현재의 심경은.

노무현: 이번 일은 아름다운 추억이 될 것이다.[38]

6월항쟁과 '사람 사는 세상'

1987년 6월 민주항쟁은 서울을 비롯하여 전국으로 확산했다. 6월항쟁은 1919년 3·1 혁명(1,542회의 집회에 연인원 202만 명 참가)에 이은 최대의 거사로, 6월 10일 '박종철군 고문살인 조작·은폐 규탄 및 호헌철폐 국민대회' 날에 18개 도시에서 일제히 궐기하고, 26일 '국민평화대행진'에는 전국 37개 지역에서 100만여 명이 참가했다.

노무현도 연일 시위에 나섰고, 부산의 시위를 주도한 부민협을 이끌면서 반독재투쟁의 중심에 섰다. 노무현은 당시 "국민들의 폭발적인 지지 속에 우리는 신명이 나서 뛰어다녔다. 운동권 내부의 갈등은 모두 정리되고 모두들 하나같이 똘똘 뭉쳤다. 오직 하나, 이 땅에서 독재를 몰아내고 '새 세상'을 만들고자 최루탄 사이를 헤집고"[39] 다녔다고 했다.

수십만의 성난 부산시민들은 경찰 방어선을 뚫고 도로를 꽉 메우며 행진했다. 노무현도 이 행진은 그 누구도 막지 못할 것이라 감격해하며 행진 대열에 함께했다. 그때였다. 거리 행진을 하던 학생들이 〈어머니〉라는 노래를 불렀고, 이 노래는 노무현의 가슴을 울렸다. "그 노래는 마치 들불처럼 앞뒤로 옆으로 번져갔다. 나는 노래를 부르며 힘차게 걸어가는 청년들의 모습을 바라보며 그만 나도 모르게 눈물을 쏟아버렸다."[40]

6월항쟁 중에 학생들이 즐겨 부른 민중가요 〈어머니〉의 노랫말 가운데 '사람 사는 세상'이라는 표현이 있다. 노무현은 이 '사람 사는 세상'을 자신의 정치 신념과 비전으로 삼았다. 그렇게 6월항쟁은 그의 생애에서 '고딕체'가 되었다. 훗날 2002년 대통령선거를 한 달여 앞두고 대통령 후보로서 문화예술인을 만난 자리에서 부른 노래도 이 〈어머니〉이다. 노래의 가사는 다음과 같다.

사람 사는 세상이 돌아와 / 너와 내가 부둥켜안을 때 / 모순덩어리 억압과 착취 / 저 붉은 태양에 녹아버리고 / 사람 사는 세상이 돌아와 / 너와 나의 어깨동무 자유로울 때 / 우리의 다리 저절로 덩실 / 해방의 거리로 달려가누나 / 아아 우리의 승리 / 죽어간 동지의 뜨거운 눈물 / 아아 이글거리는 눈빛으로 / 두려움없이 싸워나가리 / 어머님 해맑은 웃음의 그날 위해[41]

노무현이 부산 지역 민주화운동의 지도자가 되기까지는 고난과 고통, 가시밭길의 연속이었다. 1987년 6월에는 부산 6·10 대회와 관련해 경찰에 끌려가고, 9월 노동자 대투쟁 기간에는 '노동쟁의조정법상 제3자 개입금지 위반' 혐의로 부산구치소에 수감되었다가 한 달여 만에 풀려나기도 했으며, 11월에는 거제 대우조선 노사분규와 관련해 변호사 업무 정지 처분을 받기도 했다.

전두환이 군사독재정권을 유지하기 위해 대통령 직선제 논의를 중단하고 현행 헌법을 유지한다는 4·13 호헌조치를 선언하고, 5월 18일에 천주교 정의구현 전국사제단이 박종철군 고문치사 사건이 조작·축소되었다고 밝히자 국민의 분노는 폭발했다.

6월항쟁이라는 국민적 저항에 가로막힌 전두환 정권은 노태우의 6·29 선언으로 위기를 모면하려 들었다. 어디까지나 발등의 불을 끄고 보자는 전략적 유화책이었다. 노무현은 6월 29일 서울에서 열리는 국민운동본부 대표자 회의에 참석하러 가다가 기차 안에서 6·29 선언 소식을 들었다.

노무현은 회의를 마치고 저녁에 다시 부산으로 내려와 청년들과 식사를 하면서 차후의 대책을 논의했다. 노무현은 그 자리에서 "독재정권이 물러나게 되었으니 이제 변호사 일이나 열심히 하겠다"라고 말했다가 학생들로부터 "뭐가 끝났느냐"라며 혹독한 질책을 받았다. 뒷날 노무현은 "당시 우리 국민은 너무 순진했다. '호헌 철폐! 독재 타도!'를 외쳤으면서도 중간 목표인 '호헌 철폐!'만 믿고 '독재 타도!'라는 최종 목표를 너무 쉽게 잊어버린 것 같다"[42]라며 안타까워했다.

6월항쟁은 그동안 독재정권에 짓눌렸던 노동자들의 권리투쟁이 새로운 양상으로 전개되는 계기가 되었다. 악덕 기업주들은 군부 권력과 유착하여 노동자들을 착취하고 부당해고를 일삼고, 어용노조를 만들어 노동조합을 무력화했다. 그런 과정에서 수많은 노동자가 쫓겨나고 희생되었다. 이 무렵 노무현은 어느 때보다 바쁜 나날을 보내야 했다.

> 노동법률상담소에 노조 설립 방법을 문의하는 전화가 쇄도했다. 그런 상황에서 거제도 대우조선 노동자들이 거리 시위를 하던 중 이석규 씨가 최루탄에 맞아 숨지는 비극적인 사건이 일어났다. 온 나라의 시선이 거제도로 쏠렸다. 나는 노조 결성 방법과 회사 측의 방해에 대한 대응 방법·효과적인 조합 운영법을 자문해주는 데 힘썼다. 그런데 대우조선 노동자들이 사체부검 입회를 간절히 요청해왔다. 차마 거절할 수 없어서 현장에 가게 되었다. 서울에서 이상수 변호사가 와 있었다. 그는 오랫동안 노동사건 변론을 했던 순박하고 뚝심 있는 변호사였다. 연민과 동정심이 많아서 고생하는 노동운동가들을 외면하지 못했다.[43]

1987년 7~8월, 민주화 분위기를 타고 그동안 억눌렸던 노동자들의 요구가 터져 나오면서 '노동자 대투쟁'이 전국을 휩쓸었다.

1987년 대선의 악몽

당시 노무현은 부산 지역 노동자들로부터 전폭적인 신뢰를 얻고 있었다. 1987년 대우조선 노동자 이석규가 시위 중에 경찰이 쏜 최루탄에 숨졌는데, 동료들이 노무현에게 사체 부검 입회를 요청했다. 노무현은 이에 앞서 6월 18일 부산에서 시위 도중에 최루탄을 피하다 떨어져 사망한 청년 이태훈의 사체 부검에도 입회한 바 있었다. 그는 이석규의 사체 부검 입회에 이어 유족 보상 문제 등의 중재에도 나섰다. 그런데 그 일로 '제3자 개입 금지'와 '장례식 방해 혐의'로 이상수 변호사와 함께 구속되었다. "거제에서 붙잡혀 구속된 이상수 변호사는 통영에서 두 달이나 고생을 했다. 나는 일이 있어서 부산으로 돌아왔다가 붙잡혔는데, 부산 변호사들이 대거 참여해 힘을 쓴 덕분인지 구속적부심을 통해 23일 만에 풀려났다."[44]

유신이나 5공 시절에도 민형사 사건이 아닌 시국 사건으로 변호사가 구속당한 일은 흔치 않았다. 변호사로서 구속된 적이 있는 사람은 이병린과 강신옥 등 몇 사람에 불과했다. 노무현은 변호사 업무까지 정지당했고, 1988년 2월에는 벌금 100만 원을 선고받아 항소했으나 기각되었다.

노무현은 훗날 평생을 민주화운동에 바치거나 오랜 시간 감옥에 갇혀 있었던 사람들에 비해 자신은 감옥살이를 턱없이 짧게 했는데, 이런 경력으로 국회의원이 된 것은 행운이라고 몸을 낮췄다.

내가 국회의원이 된 것은 행운이었다. 금배지를 달기 위해 수십 년을 고생하여 가산까지 탕진하는 경우도 많은 데 비해 난 참 운이 좋았던 것 같다. 때로는 격려의 박수를 받아가며 큰 명예도 얻었다. 어떤 이는 그게 다 인권운동을 열심히 한 데 대한 보답이라고도 했다. 그러나 운동과 정치를 단지 '보답'이라는 차원에서만 생각하면 난 참 미안해진다. 70년대부터 또는 그 이전부터 시작해 지금까지도 재야에서 활동하고 계신 분들이 많기 때문이다. 숱한 시간들을 감옥에서 보내고 직장도 가지지 못한 채 오로지 이 땅의 민주화를 위해 말로 다 하지 못한 고생을 해오신 분들에 비하면 내가 겪은 고생쯤은 고생도 아닌 것이다. 운동을 본격적으로 시작한 지 불과 3년밖에 안 된 시점에서 '영입'이란 이름으로 보상을 받았던 것은 역시 행운이라고 할 수밖에 없다. 그것도 감옥을 갔다 온 시간이 불과 23일밖에 안 되는 나에게……[45]

노무현은 이렇게 겸손한 사람이다. 자신의 투쟁을 부풀려 말하는 사람들은 그만두고라도 투쟁 근처에도 가보지 않은 자들이 무슨 대단한 투사였던 양 행세하는 판에 그는 오히려 '불과 23일의 감옥살이'를 면구스러워했다.

노무현에게 변호사 자격 정지는 새로운 전환점이었다. 자격 정지 이전에 이미 사건 수임을 중단하고 있었으므로 업무가 중지되었어도 먹고 사는 문제와는 큰 관련이 없었다. 다만 민주화 열기를 타고 노동운동이 활발해지면서 변호해야 할 노동자들은 늘어나는 데 노동 사건을 변론할 수 없게 된 것이 문제였다. 노동 사건을 변론할 수 없게 되자 그의 앞에는 노동조합 산파 역할이라는 새로운 길이 열렸다.

　이제 상담이나 서면 작성밖에 해줄 것이 없었다. '운동 전문 변호사'가 현장이나 법정에 가지 못하고 사무실에서 문서만 만지고 있자니 견디기가 쉽지 않았다. 물론 상담과 서면 작성도 무척 보람 있는 일이었다. 노동자들에게 노조 설립신고 절차를 교육하고 설립신고서와 규약, 의사록 등 서류 작성을 도와주었다. 6·10 민주항쟁 직후 부산과 경남 일대에서 결성된 노동조합 대부분이 우리 노동상담소의 지원을 받았다. 수백 개의 새로운 노동조합 탄생을 도운 산파 역할을 한 것이다.[46]

　전화위복이었다. '운동 전문 변호사'를 현장이나 법정에 가지 못하게 손발이 묶이자 부산과 경남 지역의 노동조합들이 봇물 터지듯 탄생했다.

　노태우의 6·29 선언 이후 정세는 급변하여 개헌정국으로 치달았다. 신민당이 체제 내의 개헌 방향으로 노선을 수정하면서 혁명적 열기로 5공 타도에 나섰던 학생, 재야인사, 노동세력 등도 차츰 온건노선으로 선회했다. 직선제 개헌이 이루어지고, 양 김의 분열은 재야민주세력의 분열로 이어졌다. 후보단일화 운동이 전개되었으나 끝내 실패하자 6월항쟁을 주도했던 사람들 사이에는 분열과 대립의 골이 깊어졌다.

이에 노무현은 절망과 무력감을 느꼈다. 야권에서 김영삼, 김대중, 그리고 백기완이 각각 출마하면 정권교체는 불가능하다고 생각했다. 그러나 그는 달리 할 수 있는 일이 없었다. 부산은 김영삼 후보의 독무대여서 선거운동을 할 필요도 없는 상황이었다. 그렇다고 방관할 수만은 없어서 개인 비용을 들여서 공정선거 감시활동을 벌였다. 이 과정에서 선거 날 감시활동을 하던 청년들이 깡패들에게 맞아 다치는 일도 있었다. 이들의 치료비도 주지 못해 낙담해하던 그에게 선거 결과는 이보다 더 오랫동안 깊은 상처로 남았다. "극심한 우울감과 패배감에 젖은 채 맞은 1987년 대선은, 결국 좌절감과 환멸의 깊은 상처를 남긴 채 노태우 후보의 승리로 끝났다. 그뿐 아니라 민주주의를 갈망했던 많은 시민들이 큰 상처를 받았고, 이 상처는 끔찍한 악몽으로 남아 오랫동안 나를 괴롭혔다."[47]

3
3당 야합을 거부한 '청문회 스타'

'노변'이 정치판으로 간 까닭

서구 근대 지식인의 상징으로 불리는 프랑스 문인 장 폴 사르트르는 『지식인의 변명』에서 "지식인이 우리 시대의 모든 갈등에 참여하지 않으면 안 된다. 지식인은 숙명적으로 억압당하는 자의 편에 설 수밖에 없다"라고 선언했다. 20세기 저항정신의 상징인 체 게바라에 이어 21세기 게릴라의 새로운 전설로 불리는 멕시코 사파티스타 민족해방군 지도자 마르코스는 『마르코스와 안토니오 할아버지』에서 "투쟁은 둥근 원圓과 같다. 어느 곳에서나 시작할 수 있다. 그러나 결코 끝나지 않는다"라면서 총을 들었다.

시인 이시영은 〈비밀〉이라는 시에서 "가슴에 상처를 안고 사는 사람은 아름답다. 그대 내면이 아픔으로 꽉 차서 바람이 불어오는 쪽을 향하여 선 사람이여!"라고 노래했다. 시인의 노래처럼 노무현은 '내면이 아픔으로 꽉 찬' 사람이었다. 그 아픔이 억울한 사람들과 약자들의 편에 서게 만들었고, 그들의 벗이 되게 했다. '사람 사는 세상'을 위한 일이라면 투쟁은 어느 곳에서나 시작할 수 있고, 지식인으로서 '법과 원칙이 통하는' 세상을 만들기 위해서는 '억압당하는 자의 편'에 설 수밖에 없다. 이것은 '아픔으로 꽉 찬 사람' 노무현의 '운명'이었다.

6월항쟁에도 불구하고 야권은 양 김의 분열 등으로 군부독재세력을 몰아내지 못했다. 그런데 1988년 4월 26일의 제13대 총선을 앞두고 진영을 정비하면서 야권은 다시 한번 격돌하게 되었다. 16년 만에 소선거구제가 부활한 가운데 299석(지역구 224석, 전국구 75석)을 놓고 여야는 물론 야당끼리도 사활이 걸린 이전투구泥田鬪狗를 벌였다. 야권은 김영삼의 통일민주당, 김대중의 평화민주당, 김종필의 신민주공화당 외에도 재야인사들의 한겨레민주당과 민중의당으로 각각 분열되어서, 재집권에 성공한 민주정의당과 맞붙게 되었다.

야권이 난립하면서 김대중과 김영삼은 경쟁적으로 유능한 재야인사 영입에 나섰다. 기성 정치인만으로는 유권자들의 지지를 받기 어렵다고 판단했기 때문이다. 대선에서 패배한 양 김이 제1야당 자리를 놓고 다시 경쟁하게 된 판에 재야 명망가를 어느 쪽에서 더 많이 영입하느냐에 따라 대세가 결정되는 형국이었다.

노무현은 김영삼의 제안을 받았다. 1987년 대선 때 노무현은 김영삼을 지지하지도 않았다. 오히려 김영삼 후보의 독무대가 된 부산에서 공정선거감시운동 부산본부장을 맡아서 김영삼을 '불편'하게 했으면 했지 '동지' 관계는 아니었기에 의외였다. 그럼에도 김영삼이 노무현을 영입하려 한 것은 지역의 민심 때문이었다.

몇 해 동안 노동자들을 대변하고 부산 지역 민주화운동을 이끌면서 보인 노무현의 열정과 개혁성이 시민들의 높은 평가를 받고 있었다. 김영삼은 이것을 놓치지 않았다. 그러나 아내 권양숙은 노무현의 정계 입문을 한사코 반대했다. 남편이 정치를 하게 되면 가족과 주변 사람들에게 여러 가지 불편을 주게 될 것이라는 생각 때문이었다. "아내가 머리를 싸매고 반대했다. 돌이켜 보면 아내가 나보다 현명했다. 아내는 정치를 몰랐지만, 남편이 정치를 하면 가족과 주변 사람들에게 무슨 일이 벌어질 것인지 직관으로 알았다."[1]

노무현의 생각은 달랐다. 물론 처음 정치를 시작할 때는 "'우리 사회의 민주화'라는 일반적인 인식이나 의지"도 있었다. 그러나 산업화의 주역이면서도 저임금과 신분의 불안전, 각종 공해와 산업재해에 시달리는 노동자들의 권익을 위해서 원내에 진출하는 것이 이들에게 도움이 될 것으로 판단했다. 노무현은 아내의 반대에도 뜻을 굽히지 않았다. 더구나 정권이 변호사 자격까지 정지시킨 상황이라서 변호사로서 노동자들을 도울 수도 없는 처지였다. "좀 더 구체적으로는 노동자들에 대한 지원활동을 자유롭게 할 수 있는 신분을 취득하려던 목적도 있었다. 변호사로서 변론활동을 통해 지원을 하다가 그것을 못 하게 되었으니 국회의원 신분이 되면 그게 좀 쉬워질 것으로 생각했던 것이다."[2]

노무현은 여느 정치 지망생들처럼 '국가와 민족'을 위해서 또는 '가문의 영광'을 위해서 국회의원이 되고자 하지 않았다. 그는 판사 직을 집어던질 때, 돈 잘 버는 조세 전문 변호사를 그만둘 때, 이미 세속적인 명예와 돈, 출세 따위와는 선을 긋고 있었다. 열악한 환경 속에서 자신들의 권리도 주장하지 못한 채 허덕이는 노동자들을 돕기 위해 국회의원이라는 '신분'이 필요했다.

노무현은 정치를 한다면 김영삼보다 김대중과 함께하고 싶은 생각도 없지 않았다. 그의 진보적인 정책 노선과 살아온 삶의 궤적이 자신과 많이 닮았기 때문이다. 민주화운동을 함께한 동지들과 정치 참여에 대해 진지하고 치열하게 고민했다. "처음에는 반대하는 사람이 많았는데 나중에는 대선 패배로 인한 6월항쟁의 좌절을 적극적인 정치 참여로 극복해야 한다"[3]라는 데 의견이 모아졌다.

현실적인 정치 지형은 노무현의 바람을 가로막았다. 그는 김영삼 총재의 영입 제안을 받아들였다. 이유는 명료했다. "더 진보적인 김대중 총재의 정책 노선에 관심이 있다고 해도 부산에서 국회의원이 되려면 통일민주당을 선택할 수밖에 없었다."[4]

그러나 지역구는 깃발을 꽂으면 당선이 되는 지역이 아니라 아무 연고도 없는 부산 동구로 결정했다. 그 이유도 노무현은 "상대가 모두들 기피하던 전두환 정권의 실세 허삼수 씨였기에 거기에는 지원자가 없었다. 이왕이면 센 상대와 대결하고 싶기도 했고,

그가 전두환 대통령의 왼팔로 통한 5공화국 독재의 상징적 인물이었기 때문에 민주화운동 세력을 대표해서 이기고 싶었다"[5]라며 단순하고도 명확하게 설명했다.

노무현은 정치에 입문한 뒤에도 손쉬운 길을 선택한 적이 없다. 새로운 도전을 마다하지 않았다. 아니 스스로 고난의 길, 가시밭 길, 다른 사람이 꺼리는 길을 선택하고 두려움 없이 뚜벅뚜벅 걸어갔다.

대의에 따른 도전정신의 승리

노무현의 도전정신은 이렇듯 정계 입문 과정에서도 여지없이 나타났다. 정치인이라면 다들 쉬운 선거구를 택하고 싶어 한다. 정치신인이라면 더욱 그러하다. 그런데 노무현은 쉬운 선거구를 사양하고 아무 연고도 없는 데다가 가장 센 상대가 버티는 선거구를 택했다. 주변에서 모두 말렸으나 "내가 그를 꺾지 않으면 누가 그 일에 나서겠는가. 승패에 연연하지 않고 대의를 택하겠다"[6]라며 오히려 전의를 불태웠다.

노무현의 '모험심'은 즉각 행동으로 나타났다. 허삼수 선거캠프를 운동원도 없이 홀로 찾아가 인사를 건네고 왔다. 당시 "허삼수 선거 캠프에는 주먹들이 많다는 소문"이 돌았는데, 노무현은 정정당당하게 겨뤄보자는 말을 전한 뒤 '무사히' 돌아왔다.[7]

노무현은 왜 이런 행동을 했을까. 훗날 그 이유를 이렇게 말했다. "아무것도 두려워할 필요가 없다는 것을 보여주고 싶어서 그렇게 했다."[8] 위축된 선거운동원들에게 사기를 불어넣어주기 위해서였던 것이다.

선거전은 쉽지 않았다. 자금이나 조직도 형편없이 열세였다. 시민들의 대선 패배에 대한 눈초리도 따가웠다. 부산에서 출마한 김영삼 총재가 노무현의 선거구에 와서 지원 유세를 해준 것도 아니었다. 막판에 몇 개 선거구를 묶어 정당 연설회를 한 번 했을 뿐이었다.

그런데 노무현의 무모함이 유권자들의 마음을 흔든 것일까. 노무현은 모두의 예상을 깨고 부산 동구에서 여유 있게 당선되었다. 5공 핵심 실세를 물리치고 당선될 수 있었던 요인은 무엇이었을까? 그것은 바로 부산시민들의 '인물'에 대한 심판론이었다.

깨끗한 선거를 치른다는 원칙을 준수하고 선거비용도 법적 한도를 넘기지 않았다. 돈 안 쓰는 선거운동을 했기 때문에 선거비용은 오히려 남았다. 남은 돈은 자신보다 형편이 어려운 노동자 후보나 청년단체에 나누어주었다.

어려운 형편에도 적지 않은 돈을 모아주었던 부산상고 동문들이 알았다면 화를 냈겠지만, 울산과 마산 등지에서 재벌 후보와 맞붙은 노동자 후보들이 돈이 없어서 만들어놓은 홍보물을 찾지 못한다고 하기에 돈을 나눠주었다. 선거 뒷정리가 끝난 뒤에 남은 돈은 부산

청년단체가 사무실을 얻는다고 해서 다 줬다.[9]

노무현은 남다른 부분이 많은 사람이다. 선거 뒷정리도 그렇다. 요즘은 달라졌으나 과거에는 선거를 한 번 치르고 나면 패가망신하는 경우가 적지 않았고, 반대로 축재를 하는 경우도 없지 않았다. 지역구도가 투표의 모든 것을 결정하는 선거구에 출마하면 이를 기회로 기업, 동창, 친인척과 중앙당의 지원을 받아서 남는 돈을 챙겼다.

노무현은 또 지나칠 정도로 솔직하다. 여성 유권자들에게 인기가 있느냐고 물으면 "좀 없는 편"이라고 답한다. 생각은 올바를지 모르나 젊은 시절에 한 일이 별로 없는 것 같다고 물으면 "한 게 별로 없지요"라고 답한다. 민주당 쇄신 파동 때 혹시 동교동계의 눈치를 본 것이 아니냐고 묻자 "눈치 좀 봤지요"라고 해버린다. 이 정도면 묻는 사람이 오히려 무안해질 듯하다.

2002년에 한 어느 인터뷰에서 그는 "영어를 잘 못하시지요?"라는 질문에 곧바로 "통 못하지요"라고 대답했다. 그러자 걱정스러운 표정으로 옆에서 지켜보던 비서관이 보다 못해 끼어들었다. "장관님 영어 잘하시는데요. 회화도 꽤 하시고 발음도 좋은 편"이라고 하자, 노무현은 그 비서관을 쳐다보며 "말을 제대로 못 하면 못하는 거야"라고 타이르듯 말했다.[10]

노무현이 정직하고 솔직하다는 것은 많은 사람이 인정한다. 자신의 일관된 삶의 행로에서 삼가고 또 삼가면서 지켜온 명예와 자존이 상처받고 추구해온 가치가 훼손되자 거침없이 몸을 날려버리는 마지막 결단에서도 나타난다. 심리학자 김태형은 노무현이나 오바마가 그리도 솔직해질 수 있는 것은 도덕적인 자부심과 유연하고 개방적인 자아 등 때문이라며 구체적인 이유를 다음과 같이 말한다.

첫째, 어린 시절에 어른들의 눈치를 보거나 긴장하면서 자라지 않았기 때문이다. 사소한 습관적 거짓말은 대개 어린 시절에 형성된 방어적 태도에 기인한다. 부모한테 혼이 많이 나는 아이는 처벌을 피하기 위해 자기도 모르게 거짓말을 습관화할 수 있다. 노무현은 어릴 때 거짓말을 하지 않더라도 어른들이 자신을 사랑할 거라고 믿었고, 거의 혼이 나지 않는 귀염둥이로 자랐기에 굳이 거짓말을 할 필요가 없었다.

둘째, 도덕적으로 자신이 있고 자부심이 강했기 때문이다. 마음속에 나쁜 생각이나 욕망을 품고 있는 사람은 그것을 타인에게 들킬까 봐 끊임없이 긴장하고 거짓말을 해댄다. 하지만 착한 생각과 건전한 욕구를 가진 사람은 그럴 필요가 없으니 거짓말을 할 필요가 없다. 노무현은 항상 자신이 하는 일이 옳다고, 곧 자신이 다수 국민의 이익을 대변한다고 확신했다. 그러니 속마음을 숨길 게 없고 거짓말을 할 필요도 없었을 것이다.

셋째, 잘못을 인정하고 반성할 준비가 되어 있었기 때문이다. 깨지는 걸 두려워하지 않는 사람만이 진정으로 솔직할 수 있다. "솔직하게 말했다가 망신을 당하면 어쩌나?" 같은 생각은 변화를 거부하는 허약한 자아의 반영이다. 유연하고 개방적인 자아를 가진 사람은 항상 변화할 준비가 되어 있다. 그런 사람은 솔직하게 말함으로써 자신의 잘못을 지적받는 걸 오히려 좋아한다.

넷째, 성격 특성 때문이다. 노무현은 가장 솔직한 특성을 가진 외향 사고형(ET)이다. 언어의 감정 표현이 풍부한 외향형(E)과 타인의 기분이나 눈치에 잘 구애받지 않는 사고형(T)이 결합되면 머릿속 생각을 여과 없이 표현하는 솔직성이 두드러지게 나타난다.[11]

국회의원의 진면목을 보여준 '청문회 스타'

노무현이 첫 의정에 참여한 13대 국회는 의정사상 처음으로 여소야대 국회가 만들어졌다. 여당인 민정당은 125석(지역구 87석, 전국구 38석)을 차지하는 데 그쳤다. 나머지는 평화민주당 70석(지역구 54석, 전국구 16석), 통일민주당 59석(지역구 46석, 전국구 13석), 신민주공화당 35석(지역구 27석, 전국구 8석), 한겨레민주당 1석(지역구 1석, 총선 직후 평민당 입당), 무소속 9석 등이었다.

재야인사들 가운데 문동환, 박영숙, 조순형, 박석무, 이해찬 등은 평민당, 노무현, 강신옥, 이인제 등은 통일민주당 소속으로 국회에 진출하여 제6공화국 국회를 활성화하는 역할을 했다.

노무현은 마침내 '정치인'이 되었다. 그처럼 솔직하고 정직한 사람은 온통 진흙탕인 정치판에서 생존하는 게 쉽지 않다. 독일의 사회학자인 헤르만 셰어에 따르면, '정치인'이라는 개념은 중세 유럽의 종교전쟁에서 처음 등장한다. 16세기 중반 'Les Politiques'는 프랑스에서 천주교 신자와 위그노 신자 간의 유혈 내전을 극복하기 위해 국가 시스템 내의 종교이념에 대해 의문을 제기하고 싸우는 사람을 의미했다.[12]

헤르만 셰어가 지적한 대로 '정치인'은 정교政敎가 분리되고 절대군주제에서 민주공화제로 바뀌어 민주주의 규칙을 도입하면서 등장했다. 따라서 '정치인'들은 결국 정치권력을 차지할 수 있는 사람들이 되었다. 한국에서 정치 또는 정치인은 대단히 부정적 의미로 사용된다. 이는 이승만의 백색독재부터 박정희, 전두환, 노태우로 이어지는 3대의 군부독재, 그리고 민간정부에서도 계속된 권력형 비리와 부패, 권력남용 등이 빚어낸 현상이다. 심지어 시중의 '정치적 해결'이라는 용어는 비합법, 반상식의 반칙을 의미하는 말로 쓰인다.

의원들이 다들 기피하는 노동위원회를 지망한 노무현은 노동자들의 열악한 환경을 개선하고자 정부를 추궁하는 한편 대안을 제시하고 현장을 찾아다녔다. 13대 국회 노동위에서는 이해찬, 이상수 의원과 함께 '3총사'로 불릴 만큼 활동이 돋보였다. 국회의원이 되어서도 여전히 '노동자의 벗'인 노무현은 초창기 의정활동을 모두 노동문제에 쏟았다.

노동현장의 여러 가지 민원이 있었다. 개인 민원도 있긴 했지만, 주로 노동운동 과정에서 노사가 충돌하면서 생겨난 노동탄압 민원들이 대부분이었다. 현장에 가서 조사하고 그것을 국회에서 따지고 하는 일들이 국회 활동의 전부였다. 예를 들어 원진레이온 사건(노동자들의 이황화탄소 중독 사건)이나 문송면 군(입사 후 두 달 만에 수은 중독으로 사망한 15세 소년) 사건과 같은 노동문제를 찾아다니는 것이 국회 활동의 전부였다.[13]

13대 국회에서는 1988년 3월 31일에 전두환의 친동생 전경환이 새마을운동중앙본부 비리와 관련해 구속된 것을 시작으로 5공 정치권력형 비리조사특위 구성 결의안이 채택되었다. 이와 함께 헌정사상 처음 텔레비전으로 생중계되는 가운데 '5공 비리' '광주 문제' '언론 문제' 청문회가 열렸다.

국민의 뜨거운 관심과 성원 속에 진행된 '5공 청문회'는 상상을 초월하는 비리와 음모를 일부나마 폭로하여 국회의 위신을 높이는 한편, 밀실정치를 광장정치로 유도하고 대중의 정치 참여를 높였다는 점에서 역사적 의의가 적지 않았다. 그러나 증인들의 위증과 불성실한 답변, 의원들의 자질 문제, 후속 조치 미흡 등은 숙제로 남았다.

그렇게 기대와 아쉬움이 교차하는 가운데서도 5공 청문회는 스타 정치인들을 탄생시켰다. 그중에서도 노무현은 단연 돋보였다. 조세 전문 변호사 출신이라고 해서 5공 비리특위위원이 된 그는 청문회에 큰 기대를 걸지 않았으나 준비를 하지 않을 수 없었다. 그러던 중 부산 연합철강 노동자들이 서울로 올라와 농성을 시작하면서 그에게 함께해달라고 부탁했다. 노무현은 청문회 대신 농성을 함께하기로 했다.

> 그들은 5공 시절 연합철강이 동국제강을 합병할 때 전두환 정권이 불법 개입했으니 그것을 무효로 해야 한다고 주장했다. 노동자들이 연합철강 사옥으로 와달라고 해서 갔더니 농성투쟁을 함께하자고 부탁했다. 나는 청문회 대신 농성에 참가하기로 결심하고 옷가지를 챙겼다. 그러자 웬만하면 내 말을 따라주던 보좌진이 모두 펄쩍 뛰면서 반대했다. 내 마음대로만 할 수는 없는 일이라 적당히 타협을 했다. 첫날 청문회를 일단 해보자. 신통치 않으면 농성장에 간다. 그리고 이틀 밤을 새우면서 질의 준비를 했다.[14]

국회의원에게 국정감사나 국회 청문회는 '한철'이다. 이때를 놓치지 않으려고 다들 밤을 지새우며 자료를 준비한다. 언론의 조명을 받아 이른바 '전국구'로 뜰 수 있는 기회이기도 했기 때문이다. 그런데 노무현은 (빛도 나지 않고 자칫 욕만 먹을 수 있는) 노동자들의 농성투쟁에 합류하기 위해 옷가지를 챙겼다. 보좌진의 결사반대로 타협하긴 했지만, 자기에게 이로운 일이 무엇인지보다 무엇이 더 옳은 일인지를 먼저 생각하는 노무현 특유의 심중心中을 보여주는 대목이다. 그것은 그의 타고난 성향이자 정치적 신념이기도 했다. "국회의원이 왜 노동자 편만 드는가? 사장 편도 좀 들어라"라고 하는 권력집단이나 재벌기업, 족벌신문의 비판에 대해서도 노무현은 "국회에 299명의 의원이 있는데 200명 이상이 사장 편을 들어주지 않는가? 압도적으로 많은 사람들이 사장 편에 서 있는데 노동자 편도 몇 명 있어야 되지 않겠는가?"[15]라고 받아넘기곤 했다.

1988년 11월 17일부터 사흘간 열린 국회 5공 특위 일해재단 청문회는 노무현을 일약 전국구 스타로 만들었다. "자고 일어났더니 유명해졌다"라는 시인 바이런의 독백 그대로였다(1812년 3월 초 시 <차일드 해럴드의 여행>이 출판되어 순식간에 사람들을 매료시키면서 바이런은 "하루아침에 유명해졌다." 이 시는 프랑스 혁명이 끝난 뒤 나폴레옹 통치 기간의 우울함과 환멸을 표출했다). 노무현은 정치에 발을 들여놓은 지 6개월 만에 '청문회 스타'가 되어 자신의 존재를 전국에 알렸다.

원래 청문회는 증인들로부터 증언을 듣는 자리다. 그러나 청문회를 처음 실시하는 데다 청문회의 주제가 5공 비리나 광주학살 같은 국민의 관심이 집중된 첨예한 문제일 뿐만 아니라 텔레비전으로 생중계하다보니 의원들은 고압적인 자세로 증인들을 마치 죄인처럼 다그치고 호통을 치는 것으로 존재감을 높이려 했다. 그러나 노무현은 그런 의원들과는 달리 증인들을 존중하는 태도를 보이면서도 차분하게 논리적으로 심문했다. 이종원 전 법무장관, 장세동 전 안기부장, 정주영 현대그룹 회장 등을 상대로 정곡을 찌르는 질문을 던져 청문회를 지켜보던 국민에게 깊은 인상을 심어주었다. 노무현이 청문회 스타로 탄생하는 순간이었다.[16]

노무현이 보기에 정주영 현대그룹 회장을 대하는 국회의원들의 태도는 이중적인 모습 그 자체였다. "당에서 정주영 회장이 고령인 데다 업적이 많은 기업인이니 함부로 다루지 말라는 지시가 내려왔다. 다른 증인들한테는 고함을 치고 욕설까지 했던 의원들이 정주영 회장에게는 회장님 소리를 해가며 예우를 했다. 문을 열어주며 과잉친절을 베푸는 의원도 있었다." 노무현은 "대한민국은 확실히 돈이 말하는 세상"이라며 허탈해했다.[17]

노무현에게 중요한 것은 이런 예우나 친절이 아니었다. 국민의 생각이 더 중요했다. 그래서 "'정경유착'의 실상을 파헤치고 비판하는 데 초점을 맞추어 증인 심문"을 했다. 노무현은 당시 상황을 이렇게 말했다. "정주영 회장이라고 해서 특별히 봐주지 않았다. 온 국민이 보는 가운데 당당하게 '나는 시류에 따라 산다'고 말했던 정주영 회장이 마침내 말문이 막혔다. 결국 바른말을 하는 용기를 가지지 못했던 것을 죄송하게 생각한다고 말했다. 내가 청문회에서 돋보이게 되었던 것은 국민들과 눈높이가 맞았기 때문이었을 뿐, 특별한 기술이 있었던 것은 아니다."[18]

이렇듯 '청문회 스타' 노무현은 그저 우연히 탄생한 것이 아니었다. 명패를 내던진 '활극' 때문도 아니었다. 무소불위의 권력을 휘두른 전두환 정권과 그 권력에 빌붙어 막대한 이권을 챙긴 재벌들에게 국민의 대표인 국회의원이 국민의 분노를 대변해주기를 바라는 마음을 읽고 이에 부응했기 때문이다.

청문회 국회에서 노무현을 특히 분노하게 한 것은 뒤처리 문제였다. 5공 청문회는 민정당의 거부로 중단되었다가 연말에 가서야 여야 지도부가 광주특위와 5공비리특위 합동회의를 열어 전두환을 증인으로 부르기로 합의한 것이다. 모든 질문은 서면으로 하고 그에 대한 전두환의 일괄 답변 후에 추가 질문을 허용하지 않는다는 조건이었다.

다시 청문회에 나온 전두환은 증언이 아니라 광주학살과 관련 '자위권 발동' 따위의 이야기로 일장 연설을 했다. 이에 격분한 평민당 정상용 의원은 증인석으로 뛰쳐나가고 이철용 의원은 "살인마 전두환"이라고 고함을 질렀다. 민정당 의원들이 맞고함을 지르면서 청문회장은 난장판으로 변했다. 노무현이 명패를 내던져 화제가 된 것은 이때였다.

그런데 통일민주당 지도부에서 '평민당이 과격 이미지를 다 뒤집어쓰게 생겼으니 얌전히 구경만 하라'는 지시가 내려왔다. 나는 참을 수가 없어서 벌떡 일어나 민정당 의원들을 향해 고함을 질렀다. '전두환이 아직도 너희들 상전이야!' 소란한 가운데 전두환 씨가 퇴장했다. 나는 통일민주당 지도부를 향해 욕을 퍼부으면서 내 명패를 바닥에 팽개쳤다.[19]

노무현은 분노하지 않을 수 없었다. 전두환에게 질문을 못 하게 막고, 전두환의 태도와 민정당 의원들의 조폭 수준의 행동, 그리고 자신이 소속한 통일민주당 지도부의 저질스러운 지침에 분노했다.

그래서 자신의 국회의원 명패를 팽개칠 수밖에 없었다.

그러나 이 행동은 보수언론과 상대 진영이 물고 늘어지며 물어뜯기 좋은 먹잇감이었다. 다음 날 신문들은 노무현의 '과격성'과 '국회의원 자질'을 들어 그를 일제히 비난했다. 마치 노무현이 전두환에게 명패를 던진 것처럼 왜곡하는 신문도 있었다. 전후 사정을 냉철하게 보도하지 않고 '명패 투척'이라는 자극적인 이야기만 집중보도했다.

노무현은 뒷날 "이때 만들어진 부정적 이미지는 오랜 세월 정치인 노무현을 옥죄었다"[20]라고 말했다. 그러나 정신과 전문의 정혜신은 '대담함'과 '무모함'은 다르다는 강준만 교수의 말을 인용하면서 노무현처럼 배짱이 두둑한 정치인을 그전까지 본 적이 없다고 평가했다.

> "내가 보기에 노무현은 '무모'한 게 아니라 '대담'하다. 무모는 '앞뒤를 헤아려 생각하려는 신중성이 없음'이라는 뜻이고, '대담'은 '일을 하는 태도가 용감하고 담력이 큼'이라는 뜻이다. 대담한 사람을 무모한 사람이라고 욕한다면 이 세상에서 누가 옳을 일을 위해 나서겠는가?"
>
> 내 말이 그 말이다. 무지를 배짱으로 아는 정치인은 수없이 보아왔지만 나는 아직까지 노무현처럼 '진짜 배짱'이 두둑한 정치인을 본 적이 없다. 노무현처럼 진정한 두려움이 무엇인지를 아는, 심리적으로 성숙한 인간이 드물기 때문일 것이다.[21]

국회의원직을 내던진 '노동자의 벗'

노무현은 국회 청문회 기간에도 틈틈이 노동 현장을 찾아가 조사했다. 그 내용을 바탕으로 노동 현장의 열악한 환경과 개선점 등을 국회에서 따지는 등 노동위원의 역할을 충실하게 해냈다. 그럴수록 정치 현실과 내면 사이에서 깊이 갈등했다.

5공 비리 청산과 5·18 민주화운동 진상조사 작업은 변죽만 울린 채 어이없이 끝났다. 정당과 국회는 국민의 권익이나 사회정의보다 당파 간의 흥정이나 그들 간의 사익을 우선시했다. 노무현은 노동자들의 요청으로 노사분규 현장을 찾아 중재에 나서기도 했으나 국회의원이 할 일은 별로 없었다. 경찰이 그의 눈앞에서 노동자를 끌어가고 노점상 포장마차를 뒤집어엎었으나 달리 도울 방법이 없었다. 이것이 노무현의 생각을 바꾸는 계기가 되었다. "예전에 같이 얻어맞고 끌려갔을 때는 고통을 함께 겪는 떳떳함이라도 있었는데 이제 그마저 없었다. 삶이 왠지 불편해졌다. 박해받는 사람들 가운데서 박해받지 않고 산다는 것, 그런 상황이 안겨주는 불편한 느낌, 인권변호사로 활동할 때도 끊임없이 나를 괴롭혔던 그 낯익은 고통과 죄의식이 다시 찾아왔다."[22]

노동운동이나 농민운동 또는 민주화운동을 하다가 국회의원이 되면 하루아침에 '정치 귀족'으로 변신하는 자들이 수두룩했다. 그런 세태에서 노무현은 "그들을 위해 별로 할 일이 없는" 국회의원 자리가 불편했다. 그들의 억울함을 풀어주고 사람답게 사는 세상을 만들겠다고 배지를 달았는데, 막상 국회에 들어와서 보니 그런 일을 하기가 쉽지 않았다.

그러던 어느 날, 자신이 보호해주고 감싸주어야 할 사회적 약자들을 마주치고도 이들을 위해 나서기는커녕 이들과 눈도 마주치지 못하고 피하는 일이 있었다.

1989년 3월의 어느 봄날이었다. 가로수들이 화창한 봄볕 아래서 싱그럽게 어린잎을 피워 올렸고 하늘빛도 무척이나 고왔다. 오전 본회의를 마치고 국회 정문을 빠져나오다가 버스 정류장에 행색이 초라한 사람들이 우두커니 줄지어 서 있는 광경을 보았다. 수행비서 말이, 상계동 철거민인데 국회 앞에서 시위를 하다가 경찰에 밀려났다고 했다. 플래카드를 둘둘 말아 들고 맥 빠진 표정으로 서 있는 그 사람들 앞으로 국회의원들의 검은색 승용차가 줄지어 지나가고 있었다. 시트 깊숙이 몸을 묻고 고개를 숙였다. 그들과 눈이 마주칠까 두려웠다. 슬픔이 어깨를 짓눌렀다. 내가 이 사람들을 위해 할 수 있는 일이 무엇일까? 이런 사람들이 발도 들여놓지 못하게 막는 국회에 몸담고 있는 것이 부끄러웠다. 내가 하는 일이 혹시 정의롭지 못한 권력을 위한 구색 맞추기에 불과한 것은 아닐까? 대답할 말이 없었다. 돌아오는 것은 양심의 쓰라림뿐이었다. 문득 떠나야 할 때라는 생각이 들었다.[23]

한없는 부끄러움을 느낀 노무현은 이런 자리라면 자신이 있어야 할 자리가 아니라고 생각했다.

중국 춘추시대 초나라 대부 섭공葉公이 공자에게 어떻게 하면 정치를 잘할 수 있는지를 묻자 공자는 "가까이 있는 사람을 기쁘게 해주고, 먼 데 있는 사람을 찾아오게 하는 것近者說 遠者來"[24]이라고 했다. '가까이 있는 사람'이란 왕에게는 만백성이요 목민관에게는 지역민이다. 정치란 백성을 올바로 섬기는 일이라는 말이다. 백성의 고단한 삶을 살펴 그 눈물을 닦아주고 희망을 심어주는 것이 정치라는 말이다.

요즘 정치인들도 선거철만 되면 너도나도 '국민의 눈물을 닦아주는 정치'를 하겠다고 호언장담한다. 이 말을 곧이곧대로 믿는 국민은 없다. 허세이고 헛소리라는 것을 국민은 안다. 눈물을 닦아주기는커녕 피눈물을 흘리지 않게만 해도, 선정은 그만두고라도 폭정을 일삼지 않는 것만으로도 고마워해야 할 일이다. 『시경詩經』 「대아편大雅篇」에는 이런 절절한 사정이 담겨 있다.

> 백성들이 고통에 지쳐 있나니
> 바라건대 조금이라도 쉬게 하시라
> 나라 안의 백성을 사랑하여
> 백성들의 근심 씻어주었으며
> 거짓말로 속이는 사람 용서치 말고
> 못된 무리를 삼가 물리치며
> 약탈하고 포악스러운 짓 하는 사람 막아

그대 아직 젊은 몸일지라도

정도를 그르치지 말아줬으면

"그대 아직 젊은 몸일지라도 정도를 그르치지 말아줬으면"이라
는 대목이 눈길을 끈다. (기성 정치인들의 시선이나 기존의 관행으로 보면) 노무
현의 자세는 잘못되었다. '귀족'이 되었으면 귀족답게 행동해야지
노동자들의 집회나 쫓아다니고, 빈민들의 곤궁한 처지에 눈물짓는
일은 동료 '귀족 집단'을 영 불편하게 하는 일이다.

일부 동료 의원들과 언론들이 기다렸다는 듯이 초선의 감성주의
니 소영웅주의니 위선이니 하며 비난의 화살을 쏘아댔다. 그러니
노무현의 말대로 "200명 이상이 기득권 편을 드는 마당에 99명이
나마 소외된 사람들 편을 들어야" 하지 않겠는가. 아니, 99명은 고
사하고 노무현 같은 국회의원이 한 사람이라도 있어 국민의 눈물
을 닦아주어야 하지 않겠는가.

마침내 노무현은 1989년 3월 17일에 의원직 사퇴서를 써서 김
재순 국회의장에게 우편으로 발송한다. 대중투쟁의 대열로 돌아갈
것을 선언한 것이다.

집권 민정당이 5공 비리 청문회 거부를 선언했다. 야당 단독 청문
회는 아무 의미가 없었다. 5공 독재의 피해자들이 증인석에 나와 절
규하는 것을 기운 빠진 야당 의원들이 멍하니 지켜보고 있었다. 웃
을 수도 울 수도 없는 광경이었다. 나는 청문회장 내 자리에 앉아 의

원직 사퇴서를 썼다. '이제 노태우와 그 일파의 눈에는 국회 같은 것은 보이지도 않는 모양입니다.' 사퇴서는 이렇게 시작하여서 '지금 이 시간에도 온갖 박해를 무릅쓰고 싸우는 대중투쟁이야말로 의정활동 못지않게 민주주의 발전에 기여하는 것입니다'는 말로 끝났다. 국회 우체국에서 국회의장 앞으로 사퇴서를 발송한 다음 무작정 길을 떠났다.[25]

노무현은 일찍이 '가문의 영광'이던 판사직을 내던지고, 잘 나가던 조세 전문 변호사 자리를 걷어차더니, 이번에는 하다못해 논두렁 정기라도 타야 한다는 국회의원직마저 벗어던졌다. 5공 비리 청산이 물 건너간 상황에서 황폐한 의원석에 앉아 사퇴서를 작성하는 노무현의 심중에는 세상이 바뀌어도 바뀌지 않는 이 땅 서민 대중의 고단하고 억울한 삶이 가득했다. 그들의 한 서린 신음 소리가 들렸다.

의원직 사퇴서를 제출한 노무현은 열흘 동안 충주호, 예산 수덕사, 강릉 등지를 혼자 떠돌아다녔다. 언론에서 대서특필되어 가는 곳마다 알아보는 사람이 많았다. 우연히 만난 길손과 더불어 충주호에서 하루 종일 낚시를 하고, 수덕사의 젊은 비구승에게서 법문을 듣기도 했다. 나들 잘했다고 격려하면서도 "당신 같은 사람 한 사람이라도 국회에 남아 있어야 하지 않겠느냐"라며 복귀를 권하기도 했다.

그렇게 정처 없이 떠돌다가 열흘 만에 집에 전화를 걸었다. 아내가 "사표는 왜 썼느냐, 썼으면 당당하게 다녀야지 비겁하게 도망은 왜 다니느냐"[26]라고 한참 쓴소리를 퍼부었다. 둘째 형은 이 일로 김영삼에게 불려가서 "형이 동생 간 곳을 모른다니 말이 되느냐"[27]라는 호통을 들어야 했다.

이 일로 노무현에게는 소영웅주의라는 등 온갖 비난과 비아냥이 쏟아졌고, 소속 당에서도 곱지 않은 논평을 냈다. 노무현의 심중을 헤아려주는 사람은 없었다. 문재인 변호사, 부산상고 동기회 회장, 최형우 의원이 부산 집으로 찾아와 사퇴 철회서 서명을 강요했다. 사퇴 철회서에 서명하기까지는 참으로 고뇌의 나날이었다. 노무현은 이 사건을 두고 뒷날 이렇게 술회했다. "국회의원으로 살아가는 것에 대한 인간적 고뇌와 절망감에서 비롯된 행동이었다. 정치인의 역할과 책임이 무엇인지에 대한 고민과 성찰이 부족해서 저지른 사고였다."[28]

노무현은 열흘 뒤에 국회로 다시 돌아왔다. 이후 노동자들의 권익을 위해 더욱 치열하게 의정활동을 했다. 다시 경향 각지의 노사분규 현장에는 어김없이 찾아가 조정 역할을 하거나 공권력의 탄압으로부터 노동자들을 보호했다. 특히 정기국회 국정감사에서는 정부의 노동자 탄압과 악덕 기업주들의 횡포를 가차 없이 파헤치고 대안을 제시했다. 이 무렵 노무현을 비롯해 이해찬과 이상수 세 사람은 '노동위 3총사'로 불릴 만큼 활동이 두드러졌다. 13대 국회는 노동위만 보일 정도였다.

노동자를 위한 투쟁

　노무현의 의원직 사퇴소동이 벌어진 1989년에는 문익환 목사 방북 사건(3월), 부산 동의대 사태(5월), 조선대생 이철규 변사 사건(5월), 임수경 평양축전 참가 사건(6월), 서경원 의원 방북 사건(6월) 등이 잇따라 일어났다. 여소야대 정국에서 주도권을 잃은 노태우 정권은 이를 빌미로 공안정국을 조성하여 5공식 탄압을 일삼았다. 노동자들을 향한 탄압도 심해졌다.

　노무현은 16년 만에 부활한 국회 국정감사에서 노동문제를 집중적으로 파헤쳤다. 그는 국회의원 초년기의 의정활동을 온통 노동문제에 집중했다. 1989년 9월 26일부터 20일 동안 계속된 국정감사를 마치고『노동부 국정감사에서 드러난 노동행정의 실태: '재벌공화국'의 노동통제 정책들』이라는 장문의 보고서를 통해 안기부의 노동부 통제와 노동부의 노동 통제의 실상을 폭로했다.

　이 보고서에서 노무현은 "노동부가 안기부의 지시와 통제를 받으면서 정보비를 사용하고 정보수집 활동을 해온, 노동부와 안기부의 '밀착'에 대한 항간의 소문이 사실로 드러났다"라고 폭로했다. 그리고 "노동부가 이에 관한 자료 제출을 기피하고 민정당 의원들의 회의 진행 방해로 노동부와 안기부 간에 오간 문서의 내용과 정보비 집행 실태에 관한 자료를 확인하고 분석·파악할 수는 없었지만 그 관계를 유추할 수는 있는 몇 가지 문서와 노동부와 안기부가 주고받은 비밀문서 수발대장 등을 통해 그 사실을 확인했다"라고 밝혔다.

또 "노동부가 관계된 정부의 노동통제정책이 음성적으로 이루어지고 구조적인 모습을 띠는 것이라면, 노동부의 노동통제는 보다 직접적이어서 곧바로 조합원, 노동대중을 대상으로 하고 있다. 즉 노동부의 노동통제는 정부기관이라는 권위를 업고 노동자에게 불리한 편파적인 지침과 법규의 자의적인 해석과 적용으로 노동자의 기본권을 제약하고 노동통제를 강화하고 있다"라고 고발했다. 그는 실례로 "1988년 12월 28일 노태우 대통령이 민생치안 확립을 위한 특별담화에서 '노사분규에 강력 대처하겠다'라고 밝힌 이후 1989년 1월 2일 풍산금속 안산공장에 처음 경찰 병력을 투입한 이래 7월 20일까지 전국에서 30차례에 걸쳐 연인원 2만 7,000명을 노동쟁의 사업장에 투입했는데, 이는 단 두 차례에 걸쳐 경찰 병력 2,400명을 투입했던 1988년에 비해 15배에 이른" 사실을 들었다.[29]

이처럼 노무현의 13대 국회 의정활동은 노동문제에 집중되었다. 노동위원회 소속이기도 했지만, 본래 노동자들에 대한 애정과 동질감이 남달랐기 때문이다. 박정희 개발독재 아래서 이른바 '산업역군'으로 희생당한 노동자들은 근대화가 이루어지고 수출산업이 활기를 띠어 신흥 경제대국으로 성장하는 사이에도 삶이 나아지기는커녕 각종 산재, 부당해고, 저임금, 탄압에 더욱 시달려야 했다. 노무현은 이런 현실에 분개하고 안타까워했다.

노무현이 국회에서 노동문제에 전력투구하고 있을 무렵 '평범한 노동자를 위한 문예잡지'를 표방한 《노동문학》이 창간(1989년 3월, 실천문학사)되었다. 노무현은 이 잡지에 창간호부터 '노무현 칼럼'을 실었다. 이 잡지의 필진은 박현채, 김근태, 윤구병, 이호철, 이오덕, 유시춘 등이었다.

창간호에 노무현이 쓴 칼럼 「매 맞는 노동자의 희망」은 노동자들에 대한 애정이 듬뿍 담긴, 그리고 노동자들의 권리의식을 일깨우는 내용을 담고 있다.

기사년 새해를 맞이하여 우선 노동자 여러분들께 글로써나마 큰 절을 올린다. "새해 복 많이 쟁취하십시오." 요새는 "새해 복 많이 받으십시오" 하지 않고 "복 많이 쟁취하십시오" 한다. 이 말의 의미는 복이란 운 좋게 하늘에서 뚝 떨어지는 것이 아니고, 우리 노동자들처럼 몸뚱이 하나로 먹고사는 사람들에게는 스스로의 노력에 의해서만 얻어진다는 것이다. 새삼스러운 진리를 다시 한번 깨닫게 한다. 행복한 삶, 우리의 운명은 남의 손에 맡길 수 없고 우리가 개척해 나가야 할 것이기 때문이다.

무진년에 무진 애를 먹은 노동조합은 기사년에 기사회생한다는 기사년인지, 기를 쓰고 노조를 죽이려는 기사년인지 새해 벽두부터 여러 가지 좋지 못한 소식이 들려온다.

구사대 폭력이 진정으로 노·노 간의 싸움인가? 절대 아니다. 더군다나 모토로라에서는 얼마 전 미국인에 의한 길 가던 임산부의 폭행 사건으로 국민들의 분노가 가라앉지 않았는데, 또다시 미국인 기업에서 조합원이라고 여성 노동자가 폭행을 당해 유산을 하였다는 사실에 민족적 격분을 느끼지 않을 수 없다.

올해는 이 땅에서 구사대 폭력을 추방하자. 푸대접받는 노동자의 삶도 억울한데, 회사 측의 사주를 받아 양심을 팔고 공권력과 결탁해서 자행되는 대리 싸움에서 더 이상 놀아나서는 안 된다. 우리 모두 힘을 모아 사악한 모든 음모를 물리치고 평등하고 행복한 삶을 누릴 수 있는 사람 사는 세상을 만들기 위해 함께 나아가자.[30]

노무현은 이어 4월호에는 「중간 평가를 불신임으로」라는 제목으로 칼럼을 썼다. 당시 노태우 정권은 여소야대 정국을 근본적으로 바꾸기 위해 '중간 평가' 실시를 흘리고 있었다. '중간 평가'는 노태우가 후보 시절 유세에서 공약으로 제시한 것이었다. 대통령이 되면, 올림픽 직후 6·29 선언을 포함한 주요 민주화 공약 내용의 실천 여부를 심판받는 신임 연계 국민투표를 실시한다는 내용이었다. 이 문제를 둘러싸고 야당은 정파 간에 이견을 보였고, 노태우와 민정당은 이해득실을 따지면서 계속 연막을 쳤다.

칼럼의 후반부 내용은 이 무렵 노무현의 정치 인식과 현실관이 잘 드러나 있다.

궁지에 몰린 노태우 씨는 특위 정국이 잠잠해진 틈을 타 작년 12월부터 폭력적인 본질을 드러내고, 노동자들의 투쟁, 농민들의 투쟁에 대해 5공화국 때와 같은 공권력을 동원한 원천봉쇄, 폭력적인 탄압을 본격적으로 시작하더니, 정치적으로는 국민들의 5공 비리 청산과 광주학살 책임자 처벌이라는 요구를 묵살하고, 이에 대한 면죄부로서 중간 평가를 들고나온 것이다.

그러나 중간 평가는 원천적으로, 자신이 한 뿌리이기 때문에 5공 비리 청산과 광주학살 책임자 처벌이라는 범국민적인 요구를 수용할 수 없는 노태우 정권에 대한 불신임 투표여야 한다. 이것만이 노 정권의 쿠데타적 발상을 막고 5공과 광주 문제를 해결하고, 민중의 생존권과 민주적인 권리를 확보할 수 있는 길이다. 이는 독재정권이 뿌리를 내릴 수 있는 부정부패의 여지를 제거하는 것이며, 독재정권이 발 디딜 수 있는 곳을 하나하나 없애나가는 민주화 과정이다. 그러므로 중간 평가는 5공과 광주 문제에 대한 면죄부가 아니며 5공과 광주 문제, 민중의 인권과 탄압 등 독재의 뿌리를 뽑는 일을 국민들이 누구에게 맡길 것인가의 문제다.

이와 같은 문제들에 대한 해결 의지를 결여한, 아니 해결하기보다는 5공으로 되돌아가고 있는 노태우 정권을 불신임시키고, 퇴진시키는 데에 모두 한길로 나서야 할 것이다. 노태우 씨도 백담사에서 전두환 씨와 같이 참회해야 한다.[31]

또 노무현은 6월호에 쓴 칼럼 「두려운 것은 패배가 아니라 패배주의이다」에서 그의 시국 인식을 토로하고, 나아가 정치권력과 지식인, 언론인들의 타락상에 분노했다. 이 글을 보면, 노무현은 여느 정치인들처럼 "친애하는 노동자·농민 여러분" 같은 사탕발림의 수사를 일삼는 대신 마음에서 우러나오는 언어로 노동자와 농민을 사랑하고 실천한 정치인이었음을 알 수 있다.

'중간 평가'를 이용해 정치를 실종시키고 '문 목사 방북'을 이용해 '빨갱이 때려잡기' 소동을 벌이며 '동의대 사태'를 일제의 반정부 활동을 말살시키는 데에 십분 이용하고 있다. 4·13 때 호헌 지지를 하고 나선 세력들이 폭력 척결의 플래카드를 내걸며 공공연하게 등장하고 백색테러의 전과자까지 망라된 이들 집단에게 재벌들은 30억 원의 자금을 선뜻 지원하고 나섰다.

세 번째는 여론의 왜곡이다. 나는 '동의대 사태'에 대한 중앙 일간지의 사설을 보며 엄청난 왜곡과 과장을 역겹게 지켜봐야만 했다. 재단의 비리가 문제시되었을 때 문교부에서 충분히 조사할 의무와 권리가 있음에도 불구하고 지금까지 방치하다가 기다렸다는 듯이 공권력을 동원해 무모하게 진압한 점에 대해선 일언반구 언급도 없고, 심지어 감금된 전경을 태워 죽인 것인 양 써놓은 작자들까지 있었다.

그 이후 단 한 마디 사과도 없이 말을 바꾸는 이들에게 과연 지식인으로서의 양식이 있는지조차 의문이다. 그리고 이러한 여론의 왜곡과 진실보도에 대한 외면이 노동쟁의에 대해선 더더욱 극심하다는 것은 국회 노동위원회에 들어와서 뼈저리게 느낀 것은 두말할 나위도 없다.

그러나 경찰 중립화, 사법부의 독립, 언론의 민주화를 포함하여 권력의 수족이기를 거부하는 우리의 노력마저 사라졌다고 믿지는 않는다. 성과는 적고 진척은 더디다 할지라도 우리 국민은 그것을 지지하고 또한 요구하지 않는가. 정당하고 의로운 권력을 세우기 위해 싸워온 위대한 우리 국민들이 말이다. 우리의 길이 승리만으로 이루어질 수는 없을 것이다. 그러나 우리가 두려워하는 것이 패배가 아니라 패배주의이듯이 나 역시 그리고 이 땅의 민주화를 위해 뜻을 같이하는 많은 사람들이 무력감을 벗어나 함께할 수 있는 때가 곧 오리란 것을 나는 믿는다.[32]

'이로운 길'보다 '옳은 길'을 택한 바보

후진국에서는 종종 정치의 '지각변동'이 일어난다. 쿠데타나 민중봉기가 아니라 제도권 정치의 지형 변화를 말한다. 1990년 1월 22일, 한국에서 때아닌 정치적 '지각 변동'이 일어났다. 이 사건으로 노무현은 정치 생애에서 또 한 번 심각한 선택의 갈림길 앞에 서게 된다.

민정당 총재인 노태우 대통령, 김영삼 통일민주당 총재, 김종필 신민주공화당 총재가 청와대에서 회동한 뒤 전격 3당 합당을 선언했다. 여소야대 국회가 구성된 지 2년도 채 안 되는 시점이었다. 이날 노태우는 청와대에서 양쪽에 김영삼과 김종필을 세워놓고 3당 통합을 선언한 데 이어 「새로운 역사 창조를 위한 공동선언」을 발표했다.

여소야대 국회로 손발이 묶인 노태우, 1987년 대선 패배에 이어 13대 총선에서 제2야당으로 전락한 김영삼, 군소 정당의 형편을 면치 못하게 된 김종필의 이해관계가 맞아떨어져 성립된 야합이었다. 이들은 애초 3당 합당을 추진하면서 내각제 개헌에 합의하여 '합의각서'까지 만들어 서명했던 것으로 나중에 폭로되어 큰 파문을 일으켰다.

3당 합당은 한국 정치사에 몇 가지 대단히 심각한 문제를 파생시켰다. 정국 구도가 여소야대에서 여대야소로 바뀌면서 5공 청산과 민주화 추진이 거부되고, 영남권과 충청권의 정치연합으로 호남권 고립화를 심화시켰으며, 유신쿠데타 이래 부산·경남을 지지 기반으로 정통 야당의 한 축을 지켜온 상도동계가 군부 쿠데타 세력에 투항함으로써 부산·경남이 수구세력의 영향권에 편입되어 정치 지형이 수구세력 쪽으로 급격히 기울고 지역주의 구도가 심화되었다.

거대 여당의 출범과 함께 5공 청산을 주도해온 평민당은 졸지에 고립무원의 군소야당으로 전락했다. 국회의원들이 국회 해산 결의, 천만인 서명운동, 의원직 총사퇴 요구 등 강경투쟁에 나섰으나 상황을 돌리기에는 역부족이었다. 정국은 다시 한번 거센 소용돌이에 휩싸이고 5공의 악령이 되살아났다. 학생과 노동자들의 반정부 투쟁도 다시 전개되면서 무자비한 공권력에 저항하는 분신과 투신도 속출했다. 이른바 '분신정국'이 조성되었다.

통일민주당 소속이던 노무현은 3당 합당 참여를 단호히 거부했다. 탄탄대로를 외면하고 가시밭길을 자초하는, 외롭고도 힘든 선택이었다. 그는 이번에도 예외 없이 '내게 무엇이 이로운 일인가'보다는 '무엇이 옳은 일인가'를 먼저 생각함으로써 기꺼이 고난의 길을 선택했다. 결과론이지만, 나중에 대선가도에서 이 '모험'이 그의 가장 큰 정치적 자산이 되었다.

생명의 해방을 노래한 '방랑자' 앙드레 지드는 "나에게 다가오려는 것들, 나를 기다리고 있는 희한한 것들" 속으로 가시덤불 무성한 길을 헤쳐 즐거이 '모험'을 떠나며 "우리가 바라는 것은 일상적인 길을 벗어나 사람들이 쉽게 보지 못하는 것들을 보는 것"이라고 했다. 그는 콩고 여행 중에 프랑스의 가혹한 식민지배에 희생되고 있는 토착민의 비참한 상태를 목격하고 나서 허위와 부정에 대한 증오, 피압박자에 대한 사랑, 진실 추구에 대한 들끓는 욕구를 갖게 되고 그것들을 노래함으로써 '현대의 양심'으로 불렸다.

"위험을 무릅쓰고 모험을 하지 않으면 큰일을 이루기 어렵다(不入虎穴不得虎子)"[33]라는 말이 있지만, 노무현이 3당 야합에 반대하고 민자당 참여를 거부한 것은 정치적 모험심만은 아니었다. '이익이 되는 길'보다는 '옳은 길'을 따르고자 하는 그의 신념의 표출이었다. 이는 지성인의 길이 되겠지만, 현실 정치인에게는 결코 쉬운 길이 아니었다.

1953년부터 1970년까지 ≪사상계≫를 발행하면서 청년과 지식인들에게 민주주의와 인권사상을 일깨운 장준하가 제8대 국회의원으로 정계에 입문했으나 원칙주의를 추구하다가 좌절되고, 정치 보복으로 약사봉 계곡에서 의문사를 당하고 말았다. 한국 정계에서는 원칙주의 정치인이 설 자리가 없었다.

정치의 기본은 타협에 있다. 그러나 한국의 정치 풍토는 타협을 촉구하는 자는 항상 약자이고, 강자는 결코 타협하려 하지 않는다. 오히려 굴종을 요구하거나 야합을 택한다. 연례행사가 된 국회의 날치기는 반타협주의 힘의 논리다. 3당 합당은, 정책과 노선이 다른 3개 정파가 순전히 정치적 이해관계에 따라 느닷없이 합친, 타협이 사라지고 배제된 야합이었다.

파시즘과 민주주의 투쟁에는 타협이 있을 수 없다. 유신시대에 야당 대표였던 이철승이 '안보'와 '민주주의'를 묶어 '중도통합론'을 제시했지만, 그것은 민주주의 일반 원칙을 배반한 투항주의로 배격되었다.

노무현은 비록 김영삼에게 정계 입문의 신세를 졌지만 민주주의의 대의를 배신한 김영삼과 함께할 수는 없었다. 오히려 야합 결정에 분노하면서 합당 철회를 요구했지만 '계란으로 바위 치기'였다. 그렇다고 정치를 하지 않으면 몰라도 부산에 선거구를 둔 이상 김영삼의 영향력에서 벗어나기란 쉽지 않았다. 그러나 노무현은 한순간의 망설임도 없이 김영삼과 결별하고 자신의 길을 걸었다.

1990년 2월 9일, 국회 개헌의석을 넘어서는 거대 여당 민주자유당(민자당)이 출범했다. 당내 민주주의는 실종되고 모든 것이 일사천리였다. 노무현은 통일민주당의 합당결의 대회장에서 주먹을 쥐고 외쳤다. "이견 있습니다. 반대 토론을 합시다." 아무 소용이 없었다. 정당 내부에 민주적 절차라는 것이 존재하지 않았으며, 보스가 결정하면 무엇이든 모두 우르르 따라갔다. 노무현은 영남이 보수세력의 수중에 들어가고, 정치가 기회주의 문화에 휩쓸려갔다며 한탄하고 절망했다.

3당 합당은 두 가지 충격을 주었다. 첫째, 호남이 정치적으로 고립되었고 영남은 보수 정치세력의 손아귀에 완전히 들어가고 말았다. 이것은 우리 정치사에 심각한 후유증을 남겼다. 지역구도가 돌이킬 수 없을 정도로 고착되었다. 둘째, 우리 정치를 통째로 기회주의 문화에 빠뜨렸다. 철새 정치의 수준이 달라진 것이다. 정치적 야심을 가진 사람이 국회의원이 되려고 당을 옮겨 다니는 일은 그전에도 있었다. 그렇지만 정권을 놓고 자웅을 겨루던 정치 지도자가 그런 일을 한 적은 없었다. 3당 합당으로 인해 한국 정치는 적나라한 기회주의 문화에 휩쓸려 들어갔다. 소신도 원칙도 없이 국회의원 당선이나 정치적 이익을 위해 떼를 지어 보따리를 싸 들고 이 당 저 당 돌아다니는 것이 별로 부끄러운 일이 아니게 되었다.[34]

3당 합당 전 노무현은 평민당의 이해찬과 이상수, 민주당의 김정길과 이철 의원과 함께 마포에 '정치발전연구소'를 설립하고, 각자 소속 정당 안에서 야권 통합운동을 벌였다. 분열된 민주진영을 통합하자는 모임이었다. 민주당의 중진을 포함하여 적지 않은 의원들이 이에 동조했다. 그러던 중 실로 벼락처럼 3당 합당이 이루어지고, 며칠 전까지 선명 야당을 다짐했던 중진 의원들까지 대부분 돌아섰다.

노무현의 곁에는 김정길 의원 한 사람이 남았다. 특히 믿었던 사람들이 떠나버린 것에 가슴이 아팠다. "그 사람만은 그러지 않을 것이라고 믿었던 또 한 사람마저 마침내 떠나버린 날, 내 사무실을 찾아온 김정길 의원은 아무 말 없이 창밖을 내다보며 눈물을 흘렸다. 그날따라 창밖에는 눈이 펑펑 쏟아지고 있었다. 황량한 벌판에 들판에 외롭게 버려져 있는 느낌이었다. 내가 얼마나 무섭고 냉혹한 세계에 몸담고 있는가를 뼈저리게 느꼈던 순간이었다."[35]

3당 야합이 극비리에 추진되고 있을 때 통일민주당 중진급 몇 명은 사전에 이 사실을 알고 대책을 숙의했다. 이기택, 김현규, 신상우, 최형우, 황낙주, 황명수, 김상현 등이 그들이다. 이들은 김영삼의 3당 통합에 함께하지 않기로 다짐했다. 이들 중 김현규, 신상우, 이기택, 최형우는 야당을 지키기로 했다. 그러나 마지막 순간에 이들도 와해되고 말았다.

> (김현규, 신상우, 이기택, 최형우는) 손을 차곡차곡 포개고 '도원결의'를 했다. YS를 따라가지 않고 야당을 사수하기로 맹세한 이들 네 사람은 이때부터 동지 규합에 나서는 등 분주하게 움직였다. 통일민주당을 지키겠다는 '전사'들이 속속 몰려들었다. D 데이는 정계개편이 발표되는 날로 잡았다. 이에 따라 이기택, 신상우, 김현규 등 세 명은

3당 통합이 선언된 22일 라마다 르네상스호텔 뒤편에 있는 '난'이라는 일식집에 모였다. 최형우 의원은 부산에 내려가고 없어 참석하지 못했다. 김현규 부총재가 '오늘 1노 2김이 청와대에 모여 합당을 발표한다. 이제 시간이 됐으니 우리 입장을 밝히자'고 말했다. 그러나 신상우 의원이 꼬리를 내렸다.[36]

'도원결의'까지 했던 4인방의 일부를 포함하여 대부분이 민자당에 참여하게 되고 노무현과 김정길 등 몇몇만 남게 되었다. 노무현은 민자당 불참을 선언한 이기택, 김정길, 이철, 홍사덕 의원 등과 함께 새 야당 창당 작업에 들어갔다. 정치적 쓰나미가 휩쓸고 간 폐허에서 창당은 쉽지 않은 작업이었다.

1990년 6월 15일, 통일민주당 잔류파가 중심이 되어 민주당을 창당했다. 새 민주당을 구민주당과 구분하기 위해 '꼬마 민주당' '작은 민주당'이라 불렀다. 원내 8석으로 창당한 민주당 총재에는 이기택이 선출되었다. 그 중심에는 노무현도 있었다.

영남과 서울에서 옛 통일민주당 세력을 되살리기 위해 사람을 만나고 다니는 것이 전부였다. 청문회에서 얻은 명성이 큰 도움이 되었다. 국회 활동도 뒤로 미루어버렸다. 민자당이 국회만 열면 날치기를 하니 국회에서는 할 일도 없었다. 전국을 다니면서 지구당을 창당했다. 사람들을 모아 단합대회를 열었다. 본격적으로 정치에 뛰어든 것이다.

통일민주당에 있다가 3당 합당 합류를 거부한 사람들이 중심이
되어 민주당을 창당했다. 당세가 너무 약했다. 사람들은 옛 통일민
주당과 구별하려고 이 정당을 '꼬마 민주당'이라고 불렀다. 나는 그
것을 '작은 민주당'이라고 했다. 민자당에서는 평민당으로 갈 사람
들이라며 '꼬마 민주당'을 공격했다. 평민당 사람들은 '유일 야당론'
을 내세우며 '작은 민주당'을 무시했다.[37]

≪조선일보≫와 전쟁

초거대 여당이 된 노태우 정권은 거칠 것이 없었다. 여소야대 국
회에서 여야 합의로 처리되었던 법률안은 이제 민자당 단독으로
처리되는 일이 다반사였다. 7월 14일, 민자당은 광주보상법, 병역
법, 방송관계법 등을 날치기로 처리했다. 소수당으로 전락한 야당
의 반대 따위는 안중에도 없었다. 각종 악법이 날치기로 속속 처리
되었다. 노무현은 이에 항의하여 이해찬, 김정길, 이철 등과 함께
날치기를 규탄하며 의원직 사퇴서를 냈다. 평민당 의원들도 이에
동조했으나 정치적 효과는 별로 없고 오히려 '돌출행동'이라는 비
난만 들었다.

1991년 3월과 6월에 구·시·군(기초) 의회의원 선거와 시·도(광역)
의회의원 선거가 각각 실시되었다. 5·16 쿠데타로 중단되었던 지
방자치제가 30년 만에 부활했으나 지자체장은 여전히 정부에서 임

명하고 지방의회 의원만 선출하는 '반쪽 지자제'에 불과했다.

선거는 야당의 참패로 끝났다. 거대 여당의 위력이 과시된 선거였다. 3월 26일 실시된 기초의원 선거는 정당 공천이 아니라서 당별로 집계를 낼 수는 없지만 여당 성향 후보들의 당선이 압도적으로 많았다. 6월 20일 실시된 광역의원 선거에서 민자당은 총 866석 가운데 564석을 얻어 압승했다. 호남과 제주를 제외한 11개 광역의회에서 압도적 과반의석을 차지했으며, 부산에서는 1석(민주당)만 빼고 50석, 경남에서는 89석 가운데 73석을 휩쓸어 김영삼의 영향력을 입증했다. 반면에 신민당(평민당에서 개칭)은 165석, 민주당은 21석을 얻는 데 그쳤다. 무소속이 115석이었는데, 이들 대부분은 나중에 민자당으로 들어갔다. 정당별 득표율을 보면 민자당 41%, 신민당 22%, 민주당 14%로, 야권의 분열이 민자당의 압승에 결정적으로 기여한 셈이 되었다.

30년 만에 부활한 지자체 선거에서 참패한 야권은 국민의 따가운 질책을 받으며 통합을 서둘렀다. 김대중 신민당 총재와 이기택 민주당 총재의 합당 선언을 계기로 두 당은 9월 6일 거대 여당에 맞서는 통합전당대회를 갖고 통합당의 당명은 민주당, 지도체제는 최고위원 동수의 집단지도체제, 두 당의 현 총재를 공동대표로 하는 통합야당을 출범시켰다.

민주당은 공동대표최고위원에 김대중과 이기택, 최고위원에 이우정과 박영록, 박영숙, 허경만(구신민당), 조순형, 김현규, 이부영, 목요상(구민주당)을 선임하고 사무총장에 김원기, 원내총무에 김정길, 정책위의장에 유준상, 대변인에 노무현을 선임했다. 노무현은 이때 김대중과 처음으로 함께 정치를 하게 된다.

조직강화특위 지분도 5:5, 대표도 이기택·김대중 공동대표였다. 논리적으로는 말이 되지 않았지만 통합을 위해 '작은 민주당'의 요구를 김대중 총재가 전격 수용함으로써 1991년 9월 야권 통합이 이루어졌다. 처음으로 김대중 총재와 함께 정치를 하게 된 것이다. 1995년에 그가 새정치국민회의를 창당했을 때 1년 반 정도 떨어져 있었던 기간을 제외하면, 10년 정도 한솥밥을 먹은 셈이다.[38]

노무현은 김대중과 함께 정치를 하면서도 '공손한 부하' 노릇은 하지 않았다. 제14대 총선을 앞두고 이해찬의 복당을 당에서 문제 삼자 이해찬 같은 사람을 복당시켜서 공천을 주지 않으면 자신도 탈당하겠다며 직접 담판에 나섰다. 결국 이해찬의 복당과 공천을 관철했다.[39] 야권통합을 위해 마련한 조직강화특위 회의 때는 공천 심사위원회 석상에서 김대중 총재에게 당당하게 발언하거나 회의장을 박차고 나오는 등 결코 '공손한 부하'[40]가 되지 않았다.

노무현이 중앙 정계의 중심에 자리를 잡게 된 것은 1991년 9월에 통합민주당 대변인으로 발탁되면서부터다. 거대 여당과 맞서는 통합야당의 대변인은 영광의 자리이기도 하지만 고통스러운 자리이기도 하다. 언론계에 인맥이 전혀 없는 그로서는 고립무원의 처지에서 대변인 역할을 맡게 되었다.

≪조선일보≫가 가장 먼저 딴지를 놓았다. 대변인 프로필부터가 악의적이었다. "(노무현은) 원내 진출 이후 노사분규 현장을 자주 찾아다니는 등 화제를 불러일으켰다. 그러나 의원직 사퇴서 제출 촌극을 빚는 등 지나치게 인기를 의식한다는 지적도. 한때 부산요트클럽 회장으로 개인 요트를 소유하는 등 상당한 재산가로 알려져 있다."[41] 이 글 어디에서도 민주화 투쟁 경력이나 두드러진 의정 활동에 관한 이야기는 찾아볼 수 없다.

더욱더 악의적인 기사는 며칠 뒤에 나온 ≪조선일보≫ 자매지인 ≪주간조선≫의 보도였다. "7개월 만에 판사직을 사퇴한 것은 관료주의 체질에 대한 회의도 있었지만 실은 돈 벌기 위해서였다" "시국 사건은 재미도 없고, 끝나고 고맙다는 인사가 없다고 불평하면서 맡지 않겠다고 했다" "노사분규에 끼어 노사 쌍방으로부터 돈을 받기도 했다" "형 건평 씨의 부동산 투기에는 노 의원이 상당액을 지원하기도 했다" "13대 총선 때 YS가 2억 원 지원, 남은 돈 6천만 원으로 아파트를 계약했다" "양심적인 정치가임을 가장하고 있으나 그의 실상은 돈밖에 모르는 출세주의자이며 양심을 가장하여 자기 잇속을 챙기는 '거짓 예언자'다"[42]라는 등의 근거 없는 모함으로 가득한, 그야말로 '지라시' 수준의 보도를 일삼았다.

두 매체의 악의적인 허위보도는 노무현을 분노하게 만들었다. 이것이 노무현과 족벌신문 간의 "기나긴 '전쟁'의 서막"이었다. 노무현은 민주화운동과 노동운동을 해오면서 일부 보수신문의 독재정권 비호와 노동자 적대, 각종 시국 사건 왜곡보도에 분노해왔다.

특히 부산 동의대 사태와 관련해서는 족벌신문의 문제점을 가슴속 깊이 새기게 되었다. "그것은 그가 죽을 때까지 끝날 수 없는 싸움이었고 정치인이 결코 이길 수 없는 싸움이었다. 그러나 비굴하지 않게, 떳떳하게 살고자 하는 사람이라면 또한 피할 수 없는 전쟁이었다. 그가 싸움을 건 것은 아니다. 다만 피하지 않았을 뿐이다."[43]

선출되지도 않고 교체되지도 않는 족벌언론은 군사독재와 유착하면서 인적·물적 급성장을 이루고, 이를 기반으로 거대한 권력기관으로 발돋움했다. 자신들의 이념과 이해에 반하거나 비판하는 사람(세력)을 적대시하고 주시하다가 기회가 되면 집중적으로 '조진다'. 가히 언론의 탈을 쓴 '조폭'이다. 노무현이 《조선일보》와 악연을 갖게 된 데는 그의 '노동자에 대한 사랑'이 빌미가 되었다.

이 악연이 어디서 시작된 것인지는 분명하지 않다. 《조선일보》 지국 신문배달 소년들과의 인연에서 비롯된 것인지도 모른다. 통합민주당 대변인 발령 1년쯤 전 어떤 청년이 《조선일보》 배달 소년들을 데리고 무작정 의원회관 사무실로 찾아온 적이 있었다. 노조비슷한 조직을 만들어 근무조건 개선을 요구했는데 지국장이 본사 직원으로 교체되고 배달원이 모두 잘렸다는 것이다. 합숙소를 방문해 소년들을 격려하고 지국장에게 "앞으로 이 아이들을 도울 테니 법에 어긋나는 일이 없도록 하라"고 말했다. 그런데 당을 출입하던 《조선일보》 기자가 전화를 걸어 위협적인 말투로 손을 떼라고 했다. 나는 기자면 기자답게 하라고, 이런 일로 은근히 협박하지 말고 기사나 똑바로 쓰라고 쏘아붙였다. 큰 신문사가 얼마나 무서운 곳인지도 모르고 기분 내키는 대로 한 것이다. ≪조선일보≫가 이제 와서 그 일을 가지고 보복을 하는 게 아닌가 싶었다.[44]

한국에서 거대 족벌신문의 횡포에 맞서 정면대결을 감행한 정치인은 김대중(평민당 총재 시절) 등 다섯 손가락으로 꼽을 정도이다. 정치인들은 거대 언론이 인격모독과 왜곡보도를 일삼아도 꿀 먹은 벙어리인 양 꾹꾹 참는다. 저들에게 한번 '찍히면' 무슨 짓을 당할지 모른다는 두려움 때문이다. 그럴수록 저들의 횡포는 포악해지고 안하무인이 된다.

그러나 불의를 보면 참지 못하는 노무현에게는 저들의 어떤 협박이나 횡포도 통하지 않았다. 그것이 독재자이거나 족벌신문이거나 가리지 않고 그는 엄청난 고통과 손해를 당하면서도 싸움을 멈추지 않았다. 노무현은 ≪조선일보≫에 명예훼손 소송을 제기했다. 통합야당 민주당 대변인이 거대 신문사를 상대로 한 소송이었다. 주위에서 말렸으나 노무현은 듣지 않았다. "버릇을 고쳐놔야 다른 사람이 더 이상 억울하게 피해를 입지 않는다"라는 생각 때문이었다. 이것이 노무현의 '노무현다움'이다.

≪조선일보≫는 출입 기자를 통해 통합민주당을 비방하는 기획 시리즈를 내보내겠다고 당 지도부를 협박했다. 내심 두려웠지만 부당한 인권침해에 대해서는 단호하게 투쟁하는 것이 시민의 의무라

고 생각해서 소송을 냈다. ≪조선일보≫는 같은 분량의 해명 기사를 실어주겠다고 했지만, 나는 해명 기사가 아니라 오보에 대한 사과 기사를 써야 한다고 맞섰다.[45]

결국 법원은 ≪조선일보≫의 기사 전체가 사실무근으로, 노무현의 명예를 훼손한 것으로 판결하고 조선일보사에 2,000만 원의 손해배상을 선고했다. 거대 족벌신문을 상대로 승소한 노무현은 조선일보사 사장과 담당 기자의 사과를 받고 항소심 진행 중에 아무 조건 없이 소송을 취하했다. 역시 노무현다운 행동이었다.

언론운동가 최민희는 뒷날 노무현이 ≪조선일보≫와 치른 첫 전투에서 승리한 것이 어떤 의미가 있는지 다음과 같이 분석했다. "노 후보는 정치인으로서는 하기 힘든, 언론사를 상대로 한 소송 제기라는 결단을 내렸고 소송에서 이겼다. 그러나 이 '재판'은 승소한 재판으로서만 기억되어서는 곤란하다. 그것은 ≪조선일보≫와 노 후보가 치르고 있는 '전쟁' 속의 '첫 전투'였으며, 첫 싸움에서의 승리는 노 후보 내면에 깊이 각인되었을 것으로 보인다. 그리고 초선의원 시절 겪은 ≪조선일보≫와의 갈등은 노 후보의 '언론관 형성'에 큰 영향을 끼쳤을 것이다. 더 이상 노 후보는 '언론'을 단순한 '활용대상' 혹은 '협조대상'으로 보는 협애한 시각 속에 머물러 있을 수가 없었던 것이다."[46]

≪조선일보≫는 왜 노무현을 그토록 적대시하게 되었을까? 몇 가지 추론이 가능하다. 고졸 출신이라는 학벌에 대한 편견, 판사·

변호사·국회의원 등 노무현이 '상류계급'에 편입되고서도 여전히 '노동자 의식'을 갖고 있는 반계급성, 신문배달원들의 노동조합 결성에 법률자문을 해준 것에 대한 적대감 등이 작용했을 것이다.

이 신문의 노무현에 대한 왜곡은 뿌리가 깊다. 1989년 현역의원 노무현의 울산 파업현장 방문 일정이 알려지자 '국회의원이 노동자들을 만나러 오는' 이례적인 행위에 당황한 회사 측은 "노무현 의원이 다음 선거에 울산에서 출마하려 한다"라는 헛소문을 냈다. 이 헛소문에 대해 노무현은 "노동자 대표 20명만 국회에 보내주면 화끈하게 한번 하겠는데…. (…) 여기 울산에서 노동자 대표 한번 뽑아주이소. 저는 딴 데 어디 가면 또 안 되겠습니까?" 하고 응수했다.

≪조선일보≫는 이 내용을 "나 같은 사람 20명만 있으면 국회도 흔들 수 있다. 나는 대한민국 어디에서 출마해도 당선된다"라고 악의적으로 '작문'하여 노무현을 모함했다.[47]

언론학자 김동민은 정치인 노무현을 여느 정치인들과 구분하여 '안티조선' 운동 참여에 대해 높이 평가한다. "이 운동의 연장선상에 정치인 노무현이 있다. 언론학을 전공하는 연구자들이나 언론운동 활동가들도 선뜻 나서기를 꺼려 하고, 대부분의 시민운동단체들이 활용론의 늪에 빠져 조선일보와 협력관계를 유지하고, 일제강점기에 해방독립의 희망을 포기하고 친일에 나섰던 자들처럼 진보의 띠를 두른 지식인들까지도 조선일보의 꽁무니를 쫓는 마당에 정치인이 조선일보에 정면으로 대항한다는 것은 보통 상식으로

는 상상도 못 할 일이다. 정치인은 아무리 영향력이 작은 언론사라
도 무조건 상전으로 모신다.”[48]

‘야합’이 승리한 제14대 총선과 대선

1992년 3월 24일, 제14대 총선이 실시되었다. 노무현은 부산 동
구에서 통합민주당 후보로 출마했다. 5공 핵심 실세 허삼수와 다
시 대결하게 되었다. 허삼수는 ≪주간조선≫에 보도된 허위내용을
사실인 양 집중적으로 거론하면서 노무현을 공격했다.

김영삼은 4년 전 통일민주당 총재 시절에는 부산 지역 지원 유
세에서 “허삼수 후보는 반란을 일으킨 정치군인, 국회가 아니라 감
옥에 보내야 한다”라고 했으나 민자당 총재가 되면서 “허삼수 씨는
충직한 군인, 뽑아주시면 중히 쓰겠다”라고 천연덕스럽게 말을 바
꾸었다. ‘현실 정치’의 속성을 적나라하게 보여준 코미디였다.

당시 부산·경남 지역에서 김영삼과 맞서 선거를 치른다는 것은
계란으로 바위 치기나 마찬가지였다. 노무현이 비록 눈부신 의정
활동으로 전국구 스타가 되고 통합야당 대변인으로서 중앙 정계에
서 주목받는 정치인으로 성장했지만 ‘우리가 남이가’ 한마디로 정
리되는 ‘PK의 희망’ 김영삼의 영향력을 이기고 그 지역에서 당선되
기란 난망한 일이었다. 더구나 그는 중앙당 대변인 역할을 하고 노
동현장을 누비느라 지역구 관리에도 소홀할 수밖에 없는 데다가

지역 민심은 그가 '김대중 당'에서 일한다며 영 못마땅해했다.

　이 같은 상황을 알고 있는 당과 주변에서는 부산 선거구를 포기하고 서울에서 입후보할 것을 권유했다. 노무현은 이를 단호하게 거부했다. 노무현도 이기기 어렵다는 것을 잘 알고 있었으나 영남의 야당을 복원하고 싶은 마음이 간절해 부산을 버릴 수 없었다.

> 처음부터 이기기 어려운 선거였다. 나를 아끼는 분들은 모두들 서울에서 출마하라고 했다. 하지만 김정길 의원과 나는 부산을 버릴 수 없었다. 우리는 영남의 야당을 복원하고 싶었다. 그런데 부산 동구에 돌아와 보니 눈앞이 캄캄했다. 노동현장과 중앙정치무대를 뛰어다니느라고 지역구를 돌보지 않아 조직이 다 무너진 상태였다. 게다가 부산 사람들은 12월 대통령선거를 앞두고 마치 자식 입학시험 응원하듯 김영삼 민자당 총재를 밀고 있었다. 그 한복판에 라이벌 김대중 대표가 이끄는 민주당 대변인이 뛰어들었으니 선거가 잘될 리 없었다.[49]

　중국의 사상가 장자는 일찍이 "대붕역풍비大鵬逆風飛 생어역수영 生魚逆水泳(큰 새는 바람을 거슬러 날고, 살아 있는 물고기는 물살을 거슬러 헤엄친다)"이라는 글을 남겼다. 이 글을 백범이 휘호로 남겼는데, 평소 백범을 존경해온 노무현은 이 휘호 사본을 선거사무소에 걸어놓고 운동원들과 마음을 다졌다.

　그러나 현실의 벽은 높고 단단했다. 노무현은 당시 심정을 다음과 같이 말했다.

나도 그렇게 살아보려고 했지만 부산의 '김영삼 바람'을 거슬러
날아오를 만큼 큰 새가 아니었다. 허삼수 후보의 절반밖에 표를 얻
지 못했다. 예상대로 낙선하고 나자 기분이 오히려 홀가분했다. 나
를 둘러쌌던 화려한 장막이 사라졌고, 큰 짐을 벗은 것 같았다. 앞
으로도 정치에서 삶의 의미를 찾아야 하나? 노력하면 찾을 수 있을
까? 근본적인 고민을 하게 되기도 했다.[50]

노무현은 지역주의의 희생양이 되었으나 민주당은 전체적으로
약진했다. 민자당은 149석(지역구 116, 전국구 33)을 얻어 과반 확보에
실패했고, 민주당은 97석(지역구 75, 전국구 22)을 얻어 13대보다 19석
을 늘렸다. 대선을 앞두고 창당한 정주영의 국민당이 31석(지역구 24,
전국구 7)을 얻어 이채를 띠었다.

사마천이 쓴 『사기』의 「진섭세가陳涉世家」에 '홍곡지지' 고사가 나
온다. '참새들' 세상에서 그 '홍곡지지(鴻鵠之志, 큰기러기와 고니의 뜻, 즉 크
고 원대한 뜻)'는 참으로 외롭고 때로는 비웃음을 산다.

진승陳勝은 중국 하남성에서 날품팔이하는 노동자였다. 그러나
그의 가슴속은 날로 어지러워져가는 시국을 탄식하며 진나라의 폭
정에 시달리는 백성들을 구해야 한다는 사명감으로 불타오르고 있
었다. 하루는 고생하며 일하고 있는 동료들을 보면서 말했다. "장래

내가 출세한다 해도 내 결코 그대들을 잊지 않겠네." 그러자 친구들은 한껏 비웃으며 면박을 주었다. "무슨 잠꼬대인가, 날품팔이 주제에 출세라니?" "아아, 어찌 참새나 제비 따위가 기러기나 고니의 큰 뜻을 알겠는가? (연작안지홍곡지지燕雀安知鴻鵠之志)" 자신의 마음을 몰라주는 친구들을 보며 진승은 이렇게 중얼거렸다.

진승의 농민혁명은 비록 6개월 천하에 그쳤지만 그의 '홍곡지지'는 백성을 질곡에 빠뜨린 진나라 왕조의 멸망을 불렀고, 그는 세계 혁명사의 선구자가 되었다.

그런 '홍곡지지'를 품에 안은 노무현은 계파 줄서기나 대세 편승을 거부하는 독특한 정치인이다. 이번 선거에서도 민주당을 탈당하고 하다못해 무소속으로라도 나오면 찍어주겠다는 사람들이 많았으나 끝내 소신을 굽히지 않았다. 감투를 쓰기 위해 대세에 편승하거나 시세에 영합하는 비굴한 정치인이 될 수 없다는 신념 때문이었다.

노무현이 한국 사회의 타락한 기득권층의 벽을 뚫고자 하는 이념적 바탕에는 진보사상이 깔려 있다. 조선시대 인조반정 이래 자신들의 기득권을 지키고자 사대주의와 민중 수탈을 일삼은 기득세력에 대한 저항의식이었다. 진보운동은 좌절감과 사회불인을 극복할 수 있는 힘을 주었다. 1980년대 내내 사회 전반으로 번진 진보운동의 거센 물결은 노무현에게 커다란 자신감을 주었다. 그는 진보가 하나로 뭉쳐 투쟁한다면 어떤 거대한 벽도 허물 수 있으리라고 믿게 되었다. 그는 개인사의 좌절은 물론 역사와 사회의 모든 좌절을 극복하는 길은 병든 사회를 개혁하는 데 있다고 굳게 믿었다. 그리고 사회개혁은 성공할 수 있다고 낙관했으며, 또 반드시 해내야 한다고 다짐했다. 노무현의 무의식적 소망과 의식적 목표는 이렇게 민중의 지향과 만나 하나로 합쳐짐으로써 거대한 불길로 솟아나기 시작했다.[51]

여의도 정가에서는 일찍이 원숭이와 국회의원을 대비한 풍자가 회자되어왔다. "원숭이는 나무에서 떨어져도 원숭이지만 정치인은 선거에서 떨어지면 정치인이 아니"라는 말이다. 우리 정치가 지나치게 원내 중심으로 이루어지기 때문이기도 하지만 국회의원의 위상이 그만큼 세다는 뜻이기도 하다.

그런 풍자에서 비켜 간 예외가 있으니 노무현이다. 그는 선거에서 낙선했으나 여전히 정치인이었다. 노무현은 선거에서 떨어질수록 더욱 중요한 정치인이 되어갔다. 흔한 말로 '연구 대상'이었다.

낙선한 원외위원장 노무현은 대선을 앞두고 민주당 청년특위위원장에 임명된 데 이어, 12월 대선에 대비하여 중앙당 선거대책위원회 산하에 물결유세단을 조직하여 부산에서 활동했다. 그러나 지역주의의 벽은 갈수록 단단해지고 높아졌다. 아무리 민주당의 정책과 김대중 후보의 능력을 소개해도 '김영삼 바람'을 막아내기는 어려웠다. 모든 정치사회적 가치는 지역주의라는 거대한 블랙홀 앞에서 속수무책이었다.

제14대 대통령선거는 '3당 야합의 결실'로 마무리되었다. 997만

표를 얻은 민자당 김영삼 후보가 민주당 김대중 후보(804만 표), 국민당 정주영 후보(388만 표), 신정당 박찬종 후보(151만 표)를 물리치고 당선되었다.

이 선거에 가장 크게 영향을 미친 요인은 무엇이었을까? 민주당은 패인을 다음과 같이 분석했다. "민주당의 가장 큰 패인으로 영남지역에서 막판 지역감정 고조와 국민당의 부진을 꼽았다. 국민당의 부진으로 영남지역에서 예상보다 100만 표 이상 차질을 빚은 것으로 민주당은 분석했다. 또 10퍼센트 이상의 확실한 리드를 장담했던 수도권에서 겨우 2~3퍼센트 리드에 그친 점도 패인의 하나로 평가된다."[52]

제14대 대선에 영향을 미친 것은 이뿐만이 아니었다. 먼저, 이번 대선은 김영삼 후보와 민자당의 '돈 잔치'로 치러졌다. 노태우는 자서전에서 1992년에 김영삼의 요청으로 대선자금 3,000억 원을 지원했다고 스스로 밝혔다. 김영삼과 민자당이 자체적으로 기업 등으로부터 마련한 천문학적인 선거자금과는 별도의 지원금만 3,000억 원이었다.[53]

금권선거만 횡행했던 게 아니었다. 선거를 사흘 앞둔 12월 15일, 부산 남구 초원즉석복국이라는 음식점에서 김기춘 법무장관 주재로 김영환 부산시장, 박일용 부산지방경찰청장, 이규삼 안기부 부산지부장, 김대균 기무사 부산 지역 부대장, 우명수 부산시교육감, 정경식 부산지검장, 박남수 부산상공회의소장 등이 김영삼 후보 당선을 위해 지역감정을 부추기고 야당 후보를 비방하는

'선거 대책'을 논의한 사실이 통일국민당 선거대책팀에 의해 폭로되었다. 이른바 '초원복집 사건'이었다.

이들의 모임은 12월 11일에 있었고, 통일국민당 선거운동원들이 미리 설치한 녹음기에 이들의 대화 내용이 고스란히 담겨 세상에 알려졌다. 그러나 이 사건은 민자당의 되치기로 공권력의 선거개입이나 지역감정 유발 등 사건의 본질인 '불법 관권선거'는 묻혀버린 채 '불법 도청'에만 초점이 맞춰졌다. 보수언론은 이를 편파적으로 보도했다.

결국 통일국민당이 노리던 '한 방'은 자충수가 되고, 영남지역 표가 김영삼 후보에게 더욱 쏠리는 역효과만 낳고 말았다. 민주주의의 근본 질서와 가치를 파괴하는 중대범죄 행위도 수구세력의 물타기와 '우리가 남이가' 하는 지역주의 앞에서는 조금도 문제가 되지 않았다.

결국 3당 야합이라는 역사적 폭거를 자행하고 지역주의를 부추긴 김영삼은 낙승하여 대통령이 되고, 반민주세력에 맞서 분투한 김대중은 낙선 후 정계 은퇴를 발표했다. 이런 역사의 반동에 노무현은 심한 좌절감을 느꼈다. 김영삼을 따라 3당 합당에 참여한 많은 옛 동지들이 김영삼 정권에서 요직을 차지하고 권력자가 되는 걸 지켜보는 노무현의 가슴에 인간적 비애가 사무쳤다.

김대중을 떠나보낸 민주당은 곧 체제정비에 나섰다. 집단지도체제로 당헌을 바꾸고 3월 11일에 전당대회를 열기로 했다. 노무현은 원외 신분으로 최고위원에 도전했다. 당내 기반도 없고 돈과 조직도 없는 그는 '곁불을 쬐며' 선거운동을 해야 했다.

    대의원 한 명이 네 사람씩 찍는 선거였는데 나는 정치적 입지가
없었다. 통합 협상과 국회의원 공천 과정에서 유별나고 거칠게 싸
웠기 때문에 당 주류인 동교동계의 지원은 기대할 수 없었다. 이기
택 대표 쪽에도 내가 낄 자리는 없었다. 독자적으로 해보려 했지만
돈과 조직이 없어 어려웠다. 할 수 없이 곁불을 쬐며 선거운동을 했
다.[54]

    여기서 '곁불'이란 이기택 대표가 주선한 모임에 끼어 밥도 먹
고, (이기택의) 연설이 끝나면 슬그머니 일어나 연설한 것을 말한다.
민주당의 대의원들은 수준이 높았다. 이승만 독재 이래 지난 40여
년 동안 온갖 탄압을 받으면서 이 나라의 민주주의를 지켜온 정통
민주세력이었다. 대의원들은 그동안 민주주의 투쟁과 불모지 부산
에서 고군분투한 열정을 높이 평가하여 노무현을 최고위원 8명 중
5위로 당선시켰다. 어떤 계파나 조직의 지원은 물론 자금도 없이
단기필마로 고립무원의 상태에서 승리를 거두었기에 의미가 컸다.
    노무현은 이제 제1야당을 이끄는 지도부의 일원이 되었다. 비록
원외이긴 하지만 정통 민주세력의 정치집결체라 할 수 있는 민주
당의 최고위원 자리는 정치인으로서의 높은 위상과 탄탄한 입지를
의미했다. 그러나 그는 여전히 비주류인 데다 기댈 언덕도 없었다.
게다가 이기택 대표의 독선은 노무현에게 실망감과 좌절감만 더해

주었다.

최고위원이 된 그해였다. 주변에서 경기도 광명에서 치러질 보궐선거 출마를 권유했다. 당에서 실시한 여론조사에서 1위를 차지하자 광명지구당 당원들도 찾아와 출마를 요청했다. 민자당에서는 진보 성향의 정치학자 손학규 교수(서강대)를 영입하여 후보로 내세웠다. 노무현은 광명이라면 한번 해볼 만하다고 판단하고 생각을 굳혔다.

후보를 결정하는 날 노무현은 최고위원회의에 참석하지 못했다. 개인 신상 문제였다. 그런데 이를 빌미로 이기택 대표가 '자기 사람'을 추천하여 밀어주면서 노무현은 후보에서 밀렸다. 분루를 삼켜야 했지만, 그는 당의 결정에 흔쾌히 승복했다. 최고위원으로서 재보궐선거도 열심히 도왔다. 그러나 결과는 참패였다.

이기택 대표의 '사적' 행보는 이것이 끝이 아니었다. 대구 동구 보궐선거 때도 같은 일이 벌어졌다. 노무현은 공정성을 잃은 행보에 크게 실망했다. "이기택 대표는 후보의 경쟁력보다 개인적 인연을, 명분보다 계보를 중시하는 공천을 했고 선거에 참패했다. 나는 그에 대한 정치적 신뢰를 접었고, 오래 지나지 않아 갈라섰다. 계보원에게 충성을 요구하려면 이익을 챙겨줘야 한다. 그렇게 하다 보면 공정성을 잃는다. 한두 사람을 챙기는 대가로 많은 사람을 적으로 만드는 것이다."[55]

노무현의 정치 인생은 시련의 연속이었다. 최고위원이긴 했으나 원외 신분이라서 생활도 힘들고 조직 관리도 어려웠다. 소속 계보가 없으니 '흘러오는' 정치자금도 한 푼 없었다. 가까운 기업인이나 여유 있는 동창생들에게 손을 벌릴 만큼의 넉살도 없었다. 그나마 생활비는 천정배와 임종인 등이 만든 해마루법률사무소에서 변호사업을 재개해 해결했다.

이 무렵 노무현은 가끔 지인들과 선술집을 찾아 회포를 풀었다. 그러다 흥이 오르면 애창곡인 〈작은 연인들〉이나 〈상록수〉를 불렀다. 가끔 장기인 곱사등이춤도 곁들였다. "들리는 듯 들리는 듯 너의 목소리 말없이 돌아보면 방울방울 눈물이 흐르는"(〈작은 연인들〉) 감성을 지닌 노무현은 "돌보는 사람도 하나 없는데 비바람 맞고 눈보라쳐도 온 누리 끝까지 맘껏 푸르른 솔잎(의 기상으로) 나갈 길 멀고 험해도 깨치고 나아가 끝내 이기리라"(〈상록수〉) 다짐했다.

이때가 1993년이니, 노무현의 나이도 어느덧 40대 후반으로 접어들었다.

4
아름다운 패배가 키운 '차세대 지도자'

새로운 정치 실험 '지방자치실무연구소'

1993년 2월 25일, 제14대 대통령에 취임한 김영삼은 초기에 육사 출신 장교들의 사조직인 하나회 해체, 공직자 재산 공개, 금융실명제 실시 등 개혁정책으로 국민의 뜨거운 지지를 받았다. 5·16 쿠데타로 군부가 집권한 지 32년 만에 태어난 '문민정부'였다.

김영삼 정권의 본질과 한계를 드러나는 데는 오랜 시간이 걸리지 않았다. 그해 12월에 민자당은 야당과 여론의 반대를 무시하고 국회 농수산위와 재무위에서 '추곡수매동의안 및 세법개정안'을 날치기로 처리한 뒤 본회의에서 변칙 처리하려 했다. 민주당의 실력 저지로 본회의를 열지 못하면서 계획은 무산됐으나, 문민정부의 첫 정기국회에서 5·6공 때와 다름없는 날치기가 자행되었다는 사실에 국민은 분노했다.

대통령직을 걸고 쌀 시장 개방만은 막겠다고 공언한 대선공약도 헌신짝 버리듯 파기하고 쌀 시장을 개방했다. 이에 국민의 반발은 더욱더 거세졌고, 이에 책임을 지고 황인성 내각이 사퇴하기에 이르렀다.

땅과 하늘 그리고 바다에서도 대형 참사가 잇따랐다. 78명이 숨진 부산 구포역 열차 전복사고, 66명이 숨진 아시아나 항공기 추락사고, 292명을 수중고혼으로 만든 서해훼리호 침몰사고 등이 잇달아 터지면서 민심은 흉흉해졌다.

그런데도 민주당은 제대로 된 대정부투쟁 한번 해보지 못한 채로 자중지란에 휩싸였다. 이기택 대표의 리더십에도 문제가 있었지만 9인 9색으로 갈라진 집단지도체제의 비효율성에도 책임이 따랐다. 김대중이 떠난 민주당은 새로운 구심점을 찾지 못한 상태에서 대표와 최고위원들이 각자 '제 몫 찾기'에만 골몰하느라 정부 여당의 독주나 실정에 효과적으로 대처하지 못했다.

'원외' 노무현으로서는 표류하는 민주당을 정화하고 이끌 힘이 없었다. 이때 구상한 것이 연구소 설립이었다. 앞으로 정치는 지방자치 쪽으로 발전할 수밖에 없을 것으로 내다보고 1993년 9월에 '지방자치실무연구소'를 열었다.

원외 최고위원으로서 정치 활동을 하려다 보니 사무실이 필요했다. 최고위원 선거를 하면서 지방의원들뿐 아니라 일반 당원들과도 교류해야 한다는 것을 알았다. 정당 민주화를 하려면 당원들과도 교류해야 한다는 것을 알았다. 정당 민주화를 하려면 당헌을 연구하고 대의원들을 조직해야 했다. 중진 정치인들은 계보를 관리했지만, 나는 돈도 없고 실세도 아니어서 하고 싶어도 할 수 없었다. 그래서 정치발전과 개혁이라는 과제를 중심으로 사람을 엮어보기로 했다. 마침 지방자치와 분권이 중요한 과제로 부각되고 있어서 이것을 중심으로 지방의원들을 조직하면 좋겠다고 생각했다. 상향식 공천시대를 대비해서도 필요한 일이었다. '참여시대를 여는 지방자치실무연구소'라 이름을 지었다. 연구할 역량이 신통치 않는데 그냥 '연구소'라고 하려니 남을 속이는 것 같았다. 그래서 굳이 '실무'라는 두 글자를 넣었다.[1]

그냥 '연구소'라 해도 될 것을 굳이 '실무'를 덧붙인 데서 그의 결백한 정직성이 묻어난다. 민주주의의 기본은 국민의 참여라고 믿었기에 '참여시대'라고 한 것인데, 뒷날 그의 '참여정부'에서도 보이듯이 '참여'는 정치인 노무현의 정치철학의 기본이었다.

이 연구소는 노무현이 정치의 큰 꿈을 키우는 작은 둥지가 되었다. 여기에서 안희정과 윤태영 등 핵심 참모들을 만나고, 지방자치 및 중앙-지방정부 간의 분권의 가치와 철학을 정립하게 되었다. 소박하게 시작된 이 연구소는 차츰 노무현의 정치철학을 정립하고 인재를 키우는 미래정치 산실로 자리를 잡아갔다.

연구소의 이사장은 조세형 의원, 소장은 김병준 교수(국민대)가

맡음으로써 제법 틀이 잡히고 위상이 높아졌다. 안희정이 사무국 장을 맡아 어려운 살림을 이끌었다. '노무현 자문사단 제1호'로 불린 김병준은 이때부터 노무현의 정책자문역을 수행했다.

연구비와 사무실 운영비는 노무현이 직접 민주당 국회의원들을 찾아다니면서 회원가입서와 함께 받은 회비로 충당했다. 대개 다달이 수만 원씩 세비에서 공제하도록 순순히 지원했다. 그런데 당시 제정구 의원은 넉넉하지도 않은 형편에도 불구하고 다달이 100만 원씩을 지원했다고 한다. 지방자치 선거 출마 희망자들과 중앙당 간부들도 관심을 갖고 회원으로 참여하여 연구소는 뜻밖으로 성황을 이루었다.

연구소는 10명의 연구원이 한 달에 한 차례 이상 세미나를 열고, 각종 정책과 현안을 연구했다. 매달 월간 소식지도 발행했다. 노무현은 이때 컴퓨터에 재미를 붙여 조작법을 익히고 각종 참고 자료와 정보를 입력해 나갔다. 정치인치고는 남들보다 앞서 컴퓨터를 익힌 노무현은 곧 손수 프로그램을 개발할 정도로 '전문가'가 되었다.

1995년 2월 24일, 서울 장충체육관에서 임시전당대회가 열렸다. 이기택이 총재로 선출되고, 김원기, 유준상, 조세형, 권노갑, 노무현, 한광옥, 신순범, 이부영(득표순)이 부총재로 선출됐다. 당헌을 단일성 지도체제로 바꾸어서 치른 전당대회에서 노무현은 자력으로 부총재에 당선될 만큼 대의원들의 신뢰를 받았다. 민주당은 이날 전당대회에서 새한국당, 통일시대국민회의와 통합을 선언하

고, 이종찬 새한국당 대표를 상임고문으로, 김근태 국민회의 공동
의장을 부총재로 추대했다.

그러나 민주당은 6월 27일 제1회 전국 동시 지방선거를 앞두고
심각한 내홍을 치렀다. 동교동계와 이기택계의 주도권 다툼이 발
단이었다. 두 세력은 특히 경기도지사 후보를 둘러싸고 감정싸움
까지 벌였다. 동교동계는 수도권 바람몰이를 위해 이종찬 고문을
내세워야 한다고 주장했고, 이기택 측은 자파의 장경우 의원을 고
집했다. 한바탕 소동이 일어나고 이종찬이 출마를 포기했으나 양
측의 앙금은 쉽게 가라앉지 않았다. 후보선출대회에서는 폭력 사
태까지 일어났다.

계속되는 도전과 낙선

노무현은 '대의명분' 때문에 부산시장에 도전장을 내밀었다. 대
선 패배 뒤 영국에 머물던 김대중이 귀국하여 정계에 복귀한다는
소문이 돌면서 부산에서는 다시 지역주의가 고개를 들었다. 노무
현은 처음에 경기도지사 출마를 염두에 두었는데, 이에 부응하듯
각종 여론조사에서도 1위를 차지했다. 상대는 민자당의 이인제였
다. 그러나 민주당은 여론조사에서 1위를 달리는 노무현은 쳐다보
지도 않고, 저마다 자파 후보를 공천하느라 이전투구를 벌였다. 계
파 간에 나누어 먹기 공천이 이뤄지면서 노무현은 어느 쪽으로부

터도 추천을 받지 못했다. 계파 없는 설움을 톡톡히 당한 셈이다.

그 무렵 이해찬이 노무현을 민주당 서울시장 후보로 영입된 조순의 러닝메이트로 지명하자고 제안했다. 훗날 노무현은 이 제안에 귀가 솔깃했다고 고백했다. 그러나 결국 그는 이번에도 스스로 '사지死地' 부산에 뛰어들있다.

> 이런 상황에서 솔깃한 제안이 나왔다. 민주당 서울시장 후보가 조순 씨였는데 무소속 박찬종 후보에게 많이 밀리고 있었다. 이해찬 의원이 젊은이들에게 인기 있는 노무현을 정무부시장 러닝메이트로 지명하자는 아이디어를 냈다. 정무부시장이 되어 차기 서울시장을 겨냥해볼 수도 있겠구나, 침이 꿀꺽 넘어갔다. 그런데 신속하게 결심하지 못하고 우왕좌왕하는 사이에 민주당 지방선거 경선후보 등록일이 닥쳤다. 그래서 부산시장 후보 경선에 등록했다. 부산에도 김영삼 대통령 이후를 겨냥하며 야당을 건설해야 했고, 민주당을 전국 정당으로 만들어야 했다. 또 정치의 동서분할 구도를 극복해야 했기 때문이다. 그 대의명분을 외면할 수가 없어서 경선후보로 등록을 한 것이다.[2]

부산으로 내려간 노무현은 선거 전의 각종 여론조사에서 내내 1위를 달렸다. 이번에야말로 지역주의의 벽을 허물 수 있다는 기대감도 커졌다. 그러나 득표율 결과는 37(노무현) 대 51(민자당 문정수)로 또 낙선이었다. 지역주의의 벽은 너무도 강고했다. 부산시민들은 이번에도 민주당을 탈당하면 뽑아주겠다고 '회유'했지만 그에 응한다면 그건 '노무현'이 아니다.

노무현은 낙선했지만, 당내 숱한 갈등의 악재에도 민주당은 예상 밖의 성과를 거두었다. 민주당이 잘해서라기보다 김영삼 정권의 실정에 따른 반사이익이 컸다.

최대 관심사였던 서울시장 선거에서 민주당의 조순 후보가 42.4%라는 높은 득표율로 당선되었다. 민주당은 전국 230개 기초단체장 가운데 84곳을 차지하여 70곳에서 승리한 민자당을 눌렀다. 특히 수도권에서의 약진이 두드러졌다. 민주당은 인천·경기에서 민자당과 호각지세(16 대 18)를 이루고, 서울에서는 전체 25곳 가운데 23곳을 휩쓸어 민자당을 충격에 빠뜨렸다.

광역의회 의원 선거에서도 민주당은 최대 격전지인 수도권(서울·인천·경기)에서 전체 288석 가운데 200석을 차지하여 민자당(75석)을 크게 누르고 제1당이 되었다. 특히 서울에서 10석(전체 133석 중 민주당 123석)에 그쳐 전멸하다시피 한 민자당은 패닉상태에 빠졌다. 민주당은 수도권에서의 압승에 힘입어 전국적으로도 353 대 284로 민자당에 앞섰다.

노무현은 자신의 패배에도 '연구소'가 지방선거에 상당한 기여를 하게 되고, 회원 중에서도 많은 당선자가 나와 보람을 느꼈다.

그러나 민주당은 낙승의 기쁨을 오래 누리지 못했다. 공천 문제, 특히 경기지사 후보 공천을 둘러싸고 동교동계와 이기택계 사이에 폭력 사태까지 벌어진 데다가 이기택이 밀었던 후보가 낙선하면서 책임 문제로 비화해 당은 연일 소란에 휩싸였다.

김대중은 영국에서 귀국하여 아태평화재단을 설립하고 통일문제 연구에 전념해오다가 이번 지방선거의 지원유세에 나서면서 사실상 정계에 복귀했다. 자신이 지원한 지방선거의 승리에 크게 고무된 김대중은 7월에 기자회견을 열어 정계 복귀와 신당 창당을 정식 선언했다. 9월 5일, 창당대회를 열고 새정치국민회의라는 이름으로 신당을 창당했다. 민주당 의원 95명 중 53명이 김대중을 따라 탈당하면서 민주당에는 (의원직 상실을 우려하여 탈당을 유보한 전국구의원 12명을 제외하면) 사실상 30명만 남았다. 야권 통합 2년여 만에 다시 '분열의 귀신'이 붙고 말았다.

민주당 잔류파는 이기택 진영과 구당救黨 모임으로 나뉘어 내분을 겪다가 8월 28일 서울올림픽공원 펜싱경기장에서 전당대회를 열었다. 이 자리에서 홍영기 부의장과 박일 고문을 공동대표로 선출했다. 노무현은 김원웅, 제정구, 원혜영, 유인태, 장기욱, 이철, 홍기훈, 김종완 의원, 원외의 김정길 등과 함께 민주당 구당모임에 속했다.

노무현은 민주당에 잔류하면서 깊은 고민에 빠졌다. 정치를 더 계속할 것인가 하는 본질적인 문제부터 분열된 야권의 통합 문제에 이르기까지 고뇌는 끝이 없었다. 이 시기에 그는 김원기 의원과 뜻을 같이하면서 그를 깊이 존경하게 되었다. 어려운 일이 있을 때면 그를 찾아가 상의했다. 김원기는 그의 정치고문이 되었다.

민주당이 내홍을 겪던 시기, 노태우 비자금 문제가 폭로되고 전두환과 노태우 두 전직 대통령이 구속되는 등 정국이 요동쳤다. 지방선거 참패의 충격에 빠졌던 민자당은 대외 이미지 쇄신과 김영삼 대통령의 당 지도력을 강화하기 위해 1995년 12월 6일에 신한국당으로 당명을 바꾸었다.

이런 가운데 제15대 총선이 1996년 4월 11일로 공고되었다. 합종연횡으로 혼선을 거듭하던 정계는 김영삼의 신한국당, 김대중의 새정치국민회의, 노무현 등 민주당 잔류세력의 통합민주당, 신한국당과 결별하고 신당을 만든 김종필의 자유민주연합으로 재편되었다.

노무현은 당의 결정에 따라 서울 종로구에 입후보했다. 이번에도 부산으로 내려갈 생각이었으나 소수 야당이 총선에서 원내교섭단체 의석(20석)을 차지하지 못하면 와해한다는 당의 결정을 존중하여 선거구를 서울로 바꾸었다.

종로 선거구에는 신한국당에서 이명박, 새정치국민회의에서 이종찬 부총재가 나와서 치열한 3파전이 전개되었다. 각 당은 '정치 1번지'에 자당의 명예를 걸고 중량급을 공천했다. 이명박과는 이때부터 끈질긴 '악연'이 시작되었다.

노무현(17.66%)은 이 선거에서 이명박(41%)과 이종찬(33.55%)에 이은 3위에 그쳤다. 야권의 분열로 표가 분산된 데다 이명박 캠프의 부정선거가 작용했기 때문이다. 4·11 총선은 노무현뿐만 아니라 전체 야당의 참패였다. 전체 299석 가운데 신한국당이 139석(전국구 18석), 국민회의가 79석(전국구 13석), 자민련이 50석(전국구 9석), 통합민주당이 15석(전국구 6), 무소속이 16석을 차지했다.

47석이 걸린 서울에서는 신한국당이 27석을 차지하여 국민회의의 18석을 압도하는 파란을 연출했다. 통합민주당은 이부영이 강동갑에서 유일하게 당선되었다. 서울의 전통적인 '여소야대' 현상이 처음으로 깨졌다. 국민회의에서는 조세형, 이종찬, 정대철, 김덕규, 박실 같은 중진들이 줄줄이 낙선의 고배를 마셨다.

1995년에 통합 야당으로 치른 지방선거에서 서울을 비롯하여 수도권에서 압승을 거둔 것에 비하면 충격적인 참패였다. 야권 분열에 그 책임이 있다고 해도 할 말이 없었다.

통합민주당은 4·11 총선에서 참패하여 원내교섭단체도 구성하지 못했다. 그런데 엎친 데 덮친 격으로 정부 여당의 '당선자 빼가기' 공작으로 당선자 15명 중 이규택, 황규선, 최욱철 등이 탈당해 당을 이탈했다. 6월 4일에 전당대회를 열어 이기택 상임고문이 당권을 장악했으나 비주류 측이 당무에 참여하지 않는 등 당의 내분은 더 격화했다.

노무현을 비롯한 비주류 측은 9월 23일에 "망국적 지역할거정치를 극복하고 지역·계층·세대 간 대립과 갈등을 치유, 21세기 민족통일시대와 정보화를 이끌어나갈 새로운 정치질서 형성을 위해 힘쓸 것"을 선언하고 '국민통합추진회의(통추)'를 결성했다. 11월 9일, 통추는 발기인 등 3,000여 명이 참석한 가운데 창립대회를 열고 독자적 정치결사체를 구성했다.[3]

노무현은 어쩔 수 없이 통추에 참여했으나 큰 기대를 걸지 않았다. 그 이유를 스스로 다음과 같이 밝혔다. "정치조직을 만들면 1997년 대선에 개입할 수밖에 없다. 그런데 통추에는 김대중 총재와 절대로 함께할 수 없는 사람들과 신한국당으로는 결코 갈 수 없는 사람들이 함께 모여 있었다. 나중에 어떻게 할 것인가? 김대중 총재가 이길 가능성은 거의 없었다. 결국 신한국당으로 가자는 사람과 절대 못 간다는 사람들이 또 갈라질 텐데, 그런 모습이 국민들 보기에 과연 좋겠는가? 그런 의문을 가졌다. 그렇지만 혼자 빠지면 '독불장군' 소리를 들을 것 같아서 1996년 11월부터 큰 기대는 없이 참여했다."[4]

통추에 함께 참여한 사람은 김원기, 장을병, 김정길, 유인태, 원혜영, 이강철, 제정구, 박계동, 박석무, 김부겸, 이철, 이호웅, 홍기훈, 김홍신, 이미경, 김원웅, 성유보, 임종인 등이었다.

노무현에게 어느 때라고 평탄한 시기가 있었던 것은 아니나 이때는 정치활동 이후 가장 견디기 어려운 고난의 세월이었다. 정계에 입문하여 바로 초선의원이 되고 청문회 스타로 뜨는 등 초년기는 화려했다. 그러나 이후 두 차례의 총선과 한 차례의 지방선거에서 연이어 낙선하면서 인생의 황금기인 40대를 온통 '정치 백수'로 보냈다. 그러면서도 좌절하지 않은 것은 원칙과 신념의 정치를 해왔다는 자부심, 대세를 추종하는 기회주의나 지역주의의 유혹에 빠지지 않고 외롭고 힘겨운 길, 바른길을 걸어왔다는 자부심 때문이었다.

노무현의 '독자 행보'에 대해 주위에서는 더러 '튄다'라거나 '독선적'이라고 평했다. 이에 노무현은 '대세'라고 무조건 올바른 것은 아님을 강조한다. 특히 3당 합당은 위험한 대세였다고 비판하는데, 그 이유는 다음과 같다.

물론 내가 '대세'를 무작정 추종하는 정치인은 아니다. 그래서 튀는 것처럼 보일 수도 있다. 하지만 그 대세가 역사의 발전 방향에 부응하고 또 충분한 명분이 있는 것이라면 그것을 거부할 이유가 전혀 없다. 아니 오히려 앞장섰을 가능성이 높다. 문제는 '대세'가 언제나 '올바름'을 의미하지는 않는다는 사실에 있다. 히틀러의 파시즘이나 일본의 대동아공영도 당시 그 나라에서는 분명히 대세였다. 하지만 그것은 가장 위험하고 파괴적인 '대세'였다. 3당 합당도 마찬가지였다. 그날 이후로 우리 정치는 극단적인 지역감정의 포로가 되었고, 정치권에서의 보편적 가치와 상식은 철저히 무시되었다.[5]

중국의 사상가 맹자는 대장부를 이렇게 정의한다. "천하의 가장 넓은 데 거居하고 천하의 가장 바른 데 서고 천하의 가장 바른 길을 간다. 세상에 쓰이면 그 도道를 천하에 펴고 쓰이지 못하면 홀로 그 도를 몸에 닦는다. 부귀도 그를 타락시키지 못하고 빈천도 그를 변질시키지 못하며 더욱이 칼이나 창으로도 그를 굴복시키지 못한다. 이것을 대장부大丈夫라 한다."[6]

노무현은 맹자가 말한 '대장부'의 길을 걷고자 했다. 그 길은 외롭고 고단한 길이다.

10년 만의 국회 입성

노무현은 1997년 제15대 대선을 앞두고 또 심각한 고민에 빠졌다. 새정치국민회의 김대중 총재로는 도저히 정권교체를 하기 어렵다고 봤다. 그렇다고 여러모로 존경하는 그를 나 몰라라 할 수도 없는 노릇이었다. 노무현이 보기에 DJ는 지도자로서 완벽하지만 '운이 없는' 사람이었다. 노무현이 DJ를 어떻게 평가하는지 그의 말을 들어보자.

DJ를 한마디로 표현해보라고 하면 나는 '참으로 아까운 분'이라고 말하고 싶다. DJ야말로 내가 말한 지도자의 3대 요건을 굳이 따질 필요가 없는 사람이다. '권력 장악 능력' '살림 솜씨' '역사의식'을 두루 갖추었기 때문이다. 다만 DJ에게는 운이 따르지 않았다. 내가 본 DJ는 끊임없이 성장하는 사람이었다. 끊임없이 배우고 노력하며 공부하는 사람, 그래서 발전에 발전을 거듭하는 사람이었다. DJ에게는 모든 문제들을 항상 미리 앞서서 깊이 생각해두는 좋은 습관이 있었다. 정말로 삶을 열심히 사는 사람을 손꼽으라면 나는 DJ를 주저하지 않고 추천할 것이다. 그리고 DJ는 결코 포기가 없는, 또 결코 좌절하지 않는 강한 집념의 소유자이기도 하다. 더욱 놀라운 것은 고령임에도 불구하고 상황을 분석하고 규정하면서 가장 적당한 용어와 문장을 갖고 개발해내는 능력을 가지고 있다는 점이다. 내가 대변인을 하고 있을 당시, 성명이나 논평을 내야 하는데 상황이 모호하여 어떻게 해야 할지 고심이 될 때에는 DJ를 찾아가면 해결이 되었다. DJ가 즉석에서 이야기하는 것을 받아 적기만 하면 그대로 정리된 성명서가 될 정도였다.[7]

김대중이 영국에서 돌아와 아태재단에서 통일문제를 연구할 무렵의 이야기다. 노무현은 "DJ의 가장 큰 허점은 허점이 너무 없다는 것"이라고 했다.

제15대 대선을 앞둔 1996년은 정치적으로 김대중에게 지극히 불리한 상황이었다. 노무현을 비롯한 '통추'는 어려운 선택의 기로에 섰다. 15대 총선에 나타난 민심의 향방은 김대중을 비켜 가고 있었다. 대선 국면이 요동치면서 '통추' 인사들도 '바람 부는 날의 갈대'처럼 흔들렸다. 대개는 저마다의 인연과 시국 인식에 따라 여야의 길로 각자도생各自圖生을 택했다. '통추' 상임집행위원장으로서 조직을 관리하는 위치에 있던 노무현은 신중한 처신이 요구되어 고민을 거듭했다.

그러던 1997년 3월에 노무현은 음식점을 냈다. 뜻 맞은 몇몇이 상호보증을 서서 은행 대출로 운영자금을 만들었다. 이들은 소주잔을 놓고 며칠 동안 논의한 끝에 식당 이름을 '하로동선夏爐冬扇'으로 정했다. 중국 후한의 사상가 왕충王充이 지은『논형論衡』〈봉우편逢遇篇〉에 나오는 고사에서 따온 말이다.

왕충의 "作無益之能納無補之說(작무익지능납무보지설), 獨如以夏進爐以冬奏扇亦徒耳(독여이하진로이동주선역도이)(이로울 것이 없는 재능을 바치고 보탬

이 되지 않는 의견을 내는 것은, 여름에 화로를 바치고 겨울에 부채를 드리는 것과 같다)"에서 나온 '하로동선(여름 화로와 겨울 부채)'은 '철에 맞지 않거나 격에 어울리지 않는 물건'을 뜻하는 말로, 원래는 '어떤 물건이든 사용하기에 따라 유용하기 마련으로 무용지물은 없다'라는 말을 하기 위해 든 비유로 쓰인 것이다.

왕충은 이 글에서 '출사出仕에서의 운명'을 논의하면서 세상 사람들이 학문과 덕이 높고 재능이 출중한데도 연이 닿지 않아 불우한 처지에 놓인 사람을 '하로동선'으로 취급하여 업신여기는 것을 비웃고 있다. 군신君臣이 서로 연이 닿지 않으면 충언을 해도 누명을 덮어쓰기도 하고, 반대로 군주의 부덕을 모른 체함으로써 오히려 영달을 누릴 수도 있다는 것이다. 비록 여름 화로라 해도 젖은 것을 말릴 수도 있고 겨울 부채라 해도 불씨를 일으킬 수도 있으니, 다만 때를 못 만나 제 쓰임을 못 하고 있을 뿐 다 나름의 소용이 있다는 뜻이다.

'하로동선'은 동지들과의 만남의 마당이자 국민의 소리를 직접 듣는 여론의 마당이기도 했다. 전직 의원들이 일주일에 하루씩 출근하여 직접 서빙을 하고 손님들의 대화 상대가 되기도 했다. 노무현도 앞치마를 두르고 손님들을 맞았다. 여러 계층의 사람들과 스스럼없이 대화를 나눌 수 있었다.

이럴 즈음, 대선을 앞둔 정국은 요동쳤다. 김영삼 정부의 거듭된 실정으로 경제위기의 먹구름이 몰려오고 국민의 생계가 어느 때보다 어려워졌다. 그런데도 정부 여당은 이런 시급한 문제를 해결하는 일에는 손을 놓은 채 차기 집권을 둘러싼 정쟁에만 골몰했다. 신한국당에서는 김영삼 대통령의 초법적 국정운영에 반기를 들고 인기를 얻은 이회창이 대통령 후보가 되었고, 서울시장 조순은 잔류 민주당의 대선 후보로 추대되었다가 합당(1997년 11월 21일 합당 전당대회에서 이회창 신한국당 총재를 대통령 후보 겸 명예총재로, 조순 민주당 총재를 초대 총재로 선출했다. 이때 이회창은 '한나라당'으로 당명을 세탁하여 김영삼과의 '차별화'를 꾀했다)을 통해 신한국당 총재로 변신했다.

노무현은 결국 김대중 진영에 참여하기로 결심했다. '이회창 대세론'에 눌려 김대중의 당선이 난망해 보이던 시점의 결단이었다. 어디까지나 600년 동안 지속되어온 부패하고 타락한 보수기득세력을 교체해야 한다는 소명의식 때문이었다. 대세에 따라 줄서기를 했다면 이회창 편에 서야 했으나 노무현은 '원칙과 소신'을 지키는 사람을 선택했다. 노무현의 일관된 신념이 잘 드러난다.

김영삼 대통령과 이회창 씨는 원래 서로가 서로를 용납할 수 없는 관계였다. 이회창 씨는 대쪽이라는 이미지로 김영삼 대통령의 초법적 국정운영에 반기를 들어 인기를 얻었던 사람이다. 그런 두 사람이 절묘하게 타협을 한 것이다. 그 두 사람으로 하여금 손을 잡게 만들었던 것은 대구와 충청도의 이반이었다. 지역주의에 기반을 둔 정치를 하다보니 그렇게 된 것이다. 그때까지 조선 건국 이래 600년 역사에서 한 번도 제대로 된 정권교체가 없었다. 권력의 편에 서야만 비로소 권력을 이어받을 수 있었던 역사였다.

권력에 맞섰던 사람 가운데 패가망신하지 않는 사람이 없었다. 자손들의 앞길까지도 막아버렸다. 적어도 무사하게 밥이라도 먹고 살려면 권력이 무슨 짓을 하더라도 시비를 가리지 말고 납작 엎드려 살아야 했던 기회주의 역사가 무려 600년이었다. 결국 이회창 씨도 조순 씨도 권력의 줄을 서야 권력을 잡을 수 있다는 생각으로 그쪽으로 간 것이 아닌가. 나는 이런 역사를 마감하고 양심과 신념으로 옳고 그름을 따지는 세상을 만들려면 정권교체가 반드시 필요하다는 것을 더욱 확신하게 되었다. 그리고 정권교체를 하면 권력에 줄을 대는 방식이 아니라 나름의 원칙과 소신을 지키면서 살아온 유능한 사람들을 국가운영에 참여시켜야 한다고 생각했다.[8]

김대중 진영은 상당한 국민의 신뢰를 받는 '통추'의 합류를 크게 반겼다. 특히 취약 지역인 영남권의 대표성을 인정받는 노무현과 김광일 등의 참여는 천군만마의 원군을 얻은 것이나 다름없었다.

지금껏 정치인 노무현이 추구해온 길은, 속된 눈으로 보면 어리석다 할 정도로 비현실적이지만 원론으로 보면 정도正道였다. 어떤 정치적 갈림길에서도 사리사욕을 철저하게 배제해온 그는 한 번도 공인公人의 정도를 벗어난 적이 없었다. 막스 베버가 "정치가 그 고향으로 삼아 정착할 곳이 바로 도덕"이라고 설파한 대로 노무현은 원칙과 도덕을 무기로 황량한 정치판을 뚜벅뚜벅 걸어왔다. 그래서 승승장구가 보장된 3당 합당 참여도 거부했고, 그 대가로 10여 년의 거듭된 패배와 고초를 감수해야 했다.

그는 여러 날 고민한 끝에 이번에도 '어리석은' 결단을 내렸다. 김대중 후보의 당선 가능성이 낮아 보이던 시기에 새정치국민회의 참여를 결심했다. 1997년 11월 13일, 대선 한 달 전이었다.

> 부산의 재야인사와 시민단체 지도자들은 그 선택을 이해하고 격려해주었다. 그러나 개인적인 연고 때문에 나를 후원해주었던 부산·울산 인사들 중에는 절교하자는 사람도 있었다. 그래도 어쩔 수 없었다. 수없이 이합집산을 했지만, 나는 어쩔 수 없는 야당 정치인이었다. 호남을 고립시켜놓은 지역구도 정치지형에서 고립당한 쪽을 거들지 않을 수 없었다. 그 분열에서 정치적 이익을 얻는 쪽에 가담하는 것은 어떤 논리로도 당당하게 설명할 수 없는 선택이었다.[9]

이 대목에 이르면 노무현은 정치인이라기보다는 순교자의 모습에 더 가깝다. 그동안 수구기득세력이 어떻게 호남을 차별하고 멸시했는지를 돌아볼 때 '경상도 사람' 노무현이 "고립당한 쪽을 거들지 않을 수 없다"라고 한 선언은 자기희생을 넘어서는 '거룩한 순교'였다.

한편, 그즈음 다시 불거진 '3김 청산'에 관한 노무현의 시각은 남달랐다. 숱한 정치학자, 언론인, 정치인들이 정략이나 추세에 따라 '3김 청산'을 맹목적으로 외칠 때 노무현은 역사적인 맥락에서 정권교체의 중요성과 필요성에 의거하여 이 문제에 접근했다.

새정치국민회의 입당은 즉흥적인 결정이 아니었다. 통추 시절 김근태 의원이 이끌던 '통일시대국민회의' 초청으로 시국강연을 한 적이 있었다. 그때 누군가 '3김 청산'에 대해 물었다. 나는 정권교체의 중요성을 이야기했다. "어떻게든 정권교체를 할 수만 있다면 김대중 총재를 도와줘야 하지 않는가? 백 가지 제도보다 민주주의 혁명의 경험, 정권교체의 경험, 이런 것들이 민주주의 발전에 획기적인 기여를 하는 것이다. 이론과 제도도 중요하지만 정권교체가 중요하다. 정권교체가 될 가능성이 있으면 김대중 총재를 돕겠다." 원칙은 타협의 대상이 아니다. 그러나 전략적·전술적 명제는 타협할 수 있다. 나는 '3김 청산'이라는 것은 원칙이 아니라 타협할 수 있는 전략적 명제라고 보았다.[10]

대선이 임박하면서 외신들은 한국의 정권교체 가능성을 보도하기 시작했다. ≪워싱턴 포스트≫는 10월 13일 자에서 "사석에서 미국 관리들은 한국의 야당 승리가 남북 간의 직접 대화는 물론 관계 개선에 새로운 계기를 마련할 것이라고 주장했다"라면서 "장기간 민주주의를 주장해온 김대중은 남북 간의 성취를 위해 미국이 중재 역할을 해줄 것을 계속 요구해왔다"라고 보도했다. ≪로스앤젤레스 타임스≫도 10월 16일 자에서 "김대중의 확실한 선두주자로의 대두는 그의 용기와 집념에 대한 찬사이며, 또 한국의 새로운 민주주의가 실현되고 있다는 증거"라고 논평했다.

김대중의 대권 행보는 연초부터 김종필이 이끄는 자민련과 정책

연합에 이은 연대, 영남권에서 일정한 '지분'이 있는 박태준 전 포철 회장의 영입, 여기에 노무현 등 통추의 핵심 인원들까지 참여를 선언함으로써 실질적으로 범야권의 지지를 받게 되었다. 어느 때보다 당선 가능성이 커 보였다. 이에 초조해진 정부 여당은 전가의 보도처럼 짖어대던 용공음해와 온갖 비방으로 언론을 도배질했다.

1997년 12월 18일, 제15대 대통령선거가 치러졌다. 한나라당 이회창, 새정치국민회의 김대중, 국민신당 이인제, 국민승리21 권영길, 공화당 허경영, 바른정치연합 김한식, 한국당 신정일 등 후보는 모두 일곱 명이었다.

강고해 보이던 '이회창 대세론'을 누르고 김대중이 당선되었다. 두 후보의 표 차이는 390,557표였다. 이로써 대한민국 헌정사상 처음으로 수평적 정권교체가 이뤄졌다. 길게 보면 이성계가 조선을 개국한 이래 600년 만이다. 오래된 노무현의 꿈이기도 한 민주적 정권교체는 그에게 역사의 진보에 대한 확신, 진보의 가치에 대한 믿음을 안겨주었다. 정치적으로도 '새날'을 열어주었다.

역사적인 정권교체의 기쁨도 잠시, 김대중의 '국민의 정부'의 앞날은 고난의 연속이었다. 국민의 정부는 구조적으로 약체 정권이었기 때문이다. 국회를 장악한 거대 야당 한나라당은 사사건건 발목을 잡았고, 40여 년을 줄곧 집권해온 수구기득세력은 정권을 잃은 상실감에 거세게 반발했다. 여기에 그들과 유착하면서 언론권력으로 성장한 족벌신문들이 연일 정부를 비판하는 기사와 논평을 쏟아냈다.

이보다 더욱 큰 문제는 심각한 경제위기였다. 1997년 가을께부터 드리우기 시작한 외환위기는 자칫 국가 부도 위기로 치달았다. 그해 9월, 급기야 '제2의 국치'로 불리는 IMF 구제금융사태가 터짐으로써 경제 주권을 내주고 말았다. 이처럼 국가 경제를 말아먹은 보수세력은 무거운 책임감으로 자성하고 위기를 극복하는 데 협력하기는커녕 정권을 '상실'한 데 대해서만 앙앙불락이었다.

노무현에게 다시 기회가 찾아왔다. 국민의 정부가 출범하고 1년도 지나지 않은 1998년 7월 21일, 종로구 국회의원 보궐선거가 치러질 예정이었다. 이종찬과 노무현을 물리치고 당선된 이명박이 국회의원직을 사퇴했기 때문이다. 이명박은 핵심 측근이 총선 당시 이명박 캠프의 금품 살포 부정선거를 폭로함으로써 선거법 위반으로 기소되어 당선무효 확정 판결을 눈앞에 두고 있던 시점이었다. 선진국에서는 선거법 위반으로 공직에서 물러나면 다시는 공직선거에 나오기 어렵게 되어 있지만 우리는 그렇지 않아서 무슨 짓을 해서든 일단 되고 보자는 풍조가 만연해 있다.

노무현은 서울시장 출마를 검토하고 있었다. 각종 여론조사에서도 1위를 하고 있어서 해볼 만한 싸움이었다. 이런 뜻을 김대중 대통령에게 전달했다. 그러나 김대중은 고건을 서울시장 후보로 생각하고 있으니 노무현에게 종로지구당을 맡아달라고 했다.

종로지구당은 이종찬(새정치국민회의 부총재)이 위원장으로 있었는데, 그가 국가안전기획부장으로 자리를 옮기면서 공석이 된 상태였다. 노무현은 15대 총선 당시 이곳에서 함께 출마한 이종찬 후보를 민정당 사무총장의 전력을 들어 거세게 비판했던 터라 신경이 쓰였다. 그러나 이것은 기우였다. "매몰차게 공격했던 과거사 때문에 무척 민망했지만 시치미를 뚝 떼고 조직을 인수받았다. 장차 종로에 복귀할 생각이 있어서 조직을 잘 넘겨주지 않을 것이라고 걱정하는 사람이 많았지만, 이종찬 부총재는 옛날 일을 하나도 따지지 않고 성의껏 조직을 인계하고 당원들을 설득해주었다."[11]

노무현은 이 덕분에 차질 없이 조직을 인수하고, 보궐선거를 치를 수 있었다. 그리고 10년 만에 선거에서 승리하며 국회에 입성하게 되었다.

> 이광재, 안희정, 백원우 등 젊은 참모들이 모두 종로에 와서 조직을 인수하고 선거운동 준비를 했다. 1998년 7월 21일 다시 국회의원이 되었다. 국회의원 선거 두 번, 부산시장 선거 한 번, 모두 세 번 낙선한 끝에 맛본 10년 만의 승리였다. 이 선거를 치르면서, 그동안 너무 내 논리만 가지고 까다롭게 정치를 해온 것을 반성했다. 이종찬 씨에 대해 늘 미안하고 고마운 마음을 가지고 살아왔다.[12]

투표 결과는 노무현 54.4%, 한나라당 정인봉 후보 43.5%, 무소속 한석봉 후보 2.0%였다. 함께 정치에 입문했던 이들이 3~4선 중진의원으로 성장하는 동안 노무현은 낙선을 거듭하는 고난의 세월을 보내야 했다. 10년 만의 등원이었지만 마음은 편치 않았다. "'정치 1번지'라는 종로에서 당선된 명예로운 국회의원이면서도 내심으로는 많이 불편했다. 부산에서 도망쳐 나와 안락한 곳에 피신하고 있는 것 아닌가, 자책감이 들었다. 논리로 따지기 어려운 심리적 부담이었다."[13]

노무현은 너무 솔직해서 속내를 가감 없이 드러낸다. 그리고 결백에 가까운 도덕적 양심으로 인해 때로 여린 심성을 내보이기도 한다. '대한민국 정치 1번지'에서 당선되었으면 자신을 세 번이나 떨어뜨린 부산시민들 보란 듯이 우쭐할 만도 한데 오히려 불편해한 것이다. 대통령이 되어서도 종종 이런 여린 심성을 표출해 구설에 오르고 족벌신문들로부터 융단폭격을 받기도 했다.

2002년 대통령선거 때였다. 대선후보 토론회가 열렸는데, 토론회 날짜는 노무현 후보가 이회창 후보의 다음 날이었다. 이회창 후보의 토론회 때 사회자가 옥탑방에 대해 묻자 이회창 후보는 "옥탑방이 뭐죠?"라고 되물었다. 이 바람에 이회창 후보는 서민의 생활을 모르는 귀족후보라고 엄청나게 공격당했다.

다음 날 사회자는 노무현 후보에게도 똑같은 질문을 했다. 그런데 놀랍게도 노무현 후보는 자기도 모른다고 대답해버렸다. 참모였던 안희정이 깜짝 놀라서 "아니, 서민후보라며 그걸 모른다고 하면 어떻게 하십니까"라고 말했다. 그러자 노무현은 "내가 어제 몰랐다는 사실을 건호(노무현의 아들)가 알고 있어서. 그런데 다음 날 내가 아는 척을 하면 그거 거짓말 아니냐. 그래서 나는 모른다고 대답했다"[14]라고 털어놓았다. 이런 도덕적 결벽성, 인간적 진정성이 노무현의 가치이기는 하지만 이처럼 지나친 면도 있었다.

고생을 사서 하는 '바보'

국회의원 노무현이 맞닥뜨린 김대중 정부 1년 차의 정국은 운신하기 대단히 어려운 상황이었다. IMF 금융위기 사태로 기업이 줄도산하면서 각종 노동분제가 발생하여 사회를 뜨겁게 달구었다. 정부는 노사정위원회를 만들어 운영했다. 노동자와 사용자, 정부가 머리를 맞대고 국난 상태의 경제위기를 풀어보자는 뜻이었다. 그러나 갈 길은 멀고 험했다. IMF는 정리해고제 도입을 강요하고, 재계는 정리해고가 인정되지 않으면 대외신인도가 떨어져 외국 자본이 급속히 **빠져나가게** 된다고 압박했다.

김대중과 노무현은 노동자의 권익을 누구보다 앞서 이해하고 배려하는 정치인이다. "잘못은 지도층이 저질러놓고 고통은 죄 없는 국민이 당하는 것을 생각할 때 한없는 울분을 금할 수 없다. 이러한 파탄의 책임은 국민 앞에 마땅히 밝혀져야 할 것"이라고 한 김대중의 대통령 취임사는 노무현이 느끼는 울분이기도 했다.

그러나 IMF 체제는 구제금융을 제공한 대가로 노동자의 희생을 강요하고 있어서 운신의 폭이 좁았다. 노사 갈등은 쉽게 풀릴 문제가 아니었다. 우호적이던 민주노총이 노사정위원회에서 탈퇴했다. '노동문제 전문가' 노무현은 노동자와 기업주를 차례로 만나 설득하는 한편, 전국 각지의 노동현장을 누비면서 인식의 전환을 촉구하고 노사 간 합의를 종용했다. 노사 쌍방의 사활이 걸린 첨예한 문제여서 역시 조정이 쉽지 않았다.

어느 노동현장에서는 달걀 세례를 받는 '봉변'을 당하기도 했다.

> 삼성차 사례를 발표해달라고 해서 현장에 갔다. 노동조합원들이 정문을 막았다. 사례 발표 후 면담을 하자고 했다. 행사를 마친 다음 조합에 가서 간부들과 이야기를 나누었다. 그때 어떤 조합원이 계란을 던졌다. 망신을 당한 셈이었지만 서운하지는 않았다. 기자들이 소감을 묻기에 이런 취지로 대답했다. "얼마나 절박하면 그렇게 했겠습니까. 그 사람들 심정을 이해합니다." 그런데 뜻밖에도 내가 노조 편만 든다고 불편하게 생각했던 사람들이 그 장면을 보고 생각을 달리하게 되었다는 말을 들었다. 그 말을 들으니 서글펐다. 꼭 그렇게 갈라야 할까? 노동자에게 계란 맞았다고 나를 좋게 보기보다는 던진 사람의 절박한 심정을 한 번이라도 생각해줄 수는 없는 것일까? 그런 생각도 들었다.[15]

노무현은 자신의 위상이 바뀌었어도 노동자들에 대한 애정과 관심에는 변함이 없었다. 일관된 신념이자, 고등학교 졸업 이후 한때 막노동판에서 일하면서 체화된 동질성 때문이기도 할 것이다. 노동자 출신이면서도 한 자리 차지하면 출세했다고 우쭐해져서 가진 자들 편에서 올챙이 적 생각을 하지 못하는 자들과는 격이 달랐다.

노무현은 국회의원으로서 누구보다 열심히 활동했다. 그러던 1999년 2월 9일에 '폭탄선언'을 한다. 여의도 국민회의 당사에서 기자회견을 열어 2000년 16대 총선에서는 다시 부산에서 출마하겠다고 발표한 것이다.

이미 당선된 선거구, 그것도 정치 1번지라는 종로 국회의원의 기득권을 버리고, 필생의 과업인 지역주의 타파를 위해 다시 '험지'로 내려가겠다는 선언이었다. 그는 출마의 변에서 "정치를 편히 하고 싶은 욕망도 있었지만 한나라당의 무책임한 지역감정 선동을 보면서 더 이상 망설일 수 없었다"라며, "나라를 살리고 고향을 살리는 동서통합에 모든 걸 던지겠다"[16]라고 각오를 밝혔다.

더구나 이회창 총재를 비롯하여 한나라당 인사들이 영남에서 정치집회를 열고 지역주의를 부채질하여 (여당에 대한) 부산 지역 민심이 크게 악화하고 있는 터였다. 심지어 일부에서는 영남의 공장을 뜯어 호남으로 옮겼다는 따위의 허무맹랑한 유언비어를 조직적으로 퍼트렸다. 지역주의를 이용하여 손쉽게 국회의원이 되고 정권을 잡았던 부류들이 해오던 몹쓸 짓은 여전했다.

노무현은 배신감을 느꼈을 종로구 구민들 앞에서 다음 총선에서 부산 지역에 출마하는 것에 대해 용서를 구했다. 그의 집념과 용기에 박수가 쏟아지고 그는 울음을 참지 못했다.

종로구청 강당에 지구당 당직자와 지역 유지들이 모였다. 참으로 미안한 자리였다. 종로에 국회의원다운 국회의원이 왔다고 좋아한 당원이 많았다. 그런데 6개월도 지나지 않아서 부산으로 간다고 선언했으니 얼마나 큰 배신감을 느꼈을까? 나도 슬펐다. 종로는 너무나 좋은 곳이었다. (…) 마지막 당직 인선을 발표한 다음 조심스럽게

입을 열었다. 정말 미안하다고, 어쩔 수 없이 해야 할 일이라 하는 것이지 좋아서 하는 일이 아니라고 간곡하게 용서를 청했다. 반쪽 정권을 극복하려면 여당이 꼭 전국 정당이 되어야 한다고 했다. 분위기가 숙연해지더니 마지막에 가서는 사람들이 전부 박수를 쳤다. 왈칵 눈물이 났다. 찔끔이 아니고 펑펑 쏟아졌다. 왜 그리 울었는지 모르겠다.[17]

조선 후기의 학자 김창흡金昌翕(1653~1722)은 권문세가(증조부 상헌은 좌의정, 부친 수항은 영의정을 지냈다)의 자손으로 태어난 데다 재능도 뛰어나 출세가 보장되었다. 그러나 벼슬길에 나가지 않고 평생 학문과 후진 양성에만 힘을 쏟았다(그의 형들인 김창집과 김창협은 각각 영의정과 예조판서를 지냈다).

김창흡은 사람의 성품性品을 성인聖人, 대현大賢, 군자君子, 선인善人, 속인俗人, 소인小人 여섯 등급으로 나누었다. 즉, 미워할 자는 소인이요, 고민스러운 자는 속인이요, 사랑스러운 자는 선인이요, 존경할 자는 군자요, 두려운 자는 대현이요, 미칠 수 없는 자는 성인이라고 했다.

김창흡은 또 선비는 가슴에 다섯 가지 종자를 키우고 있다고 했다. 첫째는 이익을 탐하는 마음(利心, 이심)으로, 허위에 빠져 벼슬이나 하려는 사람, 둘째는 명예를 탐하는 마음(名心, 명심)으로, 허장성세로 남의 우두머리가 되려는 사람, 셋째는 남을 이기려는 마음(勝心, 승심)으로, 남을 무시하고 저만 잘났다고 하는 사람, 넷째는 잔꾀를 부리는 마음(伶俐, 영리)으로, 막힘없이 분석하는 능력만을 가진 사람, 다섯째는 고요함을 좋아하는 마음(恬雅, 염아)으로, 욕심 없이 학문이나 즐기는 사람이다.[18]

노무현은 속인과 소인이 들끓고, 이심과 명심 그리고 승심이 판치는 정치판에서 참으로 보기 드문 정치인이다. 소인배들은 그가 모난 돌이라고 비웃는 것으로, 그렇게 살지 못하는 자신을 애써 변호하지만 내심으로는 그를 두려워했다. 김창흡의 분류에 따르면, 노무현은 가히 두려운 자, 즉 '대현'의 풍모가 있어 잔꾀나 부리는 정상배들과는 격이 달랐다.

역사는 흙탕물인 것 같지만 소중한 가치는 반드시 빛을 발한다. 민중은 때로 우매한 듯 보이지만 결국 역사를 사필귀정으로 이끈다. 민중이라는 물은 권력이라는 배를 띄우기도 하지만 뒤집기도 한다. 민본民本이 나오고 민주民主가 나오는 이유는 이 때문이다.

1999년 7월 ≪한겨레 21≫은 제264호 표지 인물로 노무현을 선정했다. 노무현이 '대중이 선호하는 차세대 리더십 제1호'에 뽑혔기 때문이다. 참고로 2위는 이회창, 3위는 이인제였다. 족벌신문은 물론 일반 언론에서도 별로 주목하지 않고 비우호적인 기사가 더 많았음에도 대중은 '차세대 지도자'로 그를 꼽았다. 노무현이 걸어온 그 길의 가치와 진정성을 정치판이나 언론보다 민중이 먼저 헤아리고 인정한 셈이다.

노무현은 약속대로 2000년 4월 13일 실시된 제16대 총선에서 서울을 떠나 다시 부산(북구 강서을)에서 출마했다. 총선을 앞두고 새

정치국민회의는 전국 정당으로 발돋움하기 위해 개혁진보 성향의 인사들을 영입하면서 당명을 '새천년민주당'으로 바꾸었다.

그래도 여전히 새천년민주당은 부산에서 '전라도 당'으로 매도되고 노무현은 '김대중 사람'으로 폄훼되었다. 그런 가운데 노무현은 "친정을 걱정하는 딸의 마음으로 돌아왔다"라며 부산시민들에게 지지를 호소했다. 선거 전에 실시된 10여 차례의 여론조사에서는 '당선 안정권'일 정도로 노무현이 우세했다.

그러나 여론조사에서 줄곧 선두를 달리던 노무현은 또다시 살아난 지역주의 망령에 발목이 잡히고 말았다. 개표 결과 노무현은 35.69%의 득표율로, 한나라당 허태열 후보(53.22%)에게 밀려 낙선했다. 또 뒤집기 참패였다.

노무현은 이 무렵 정계 입문 15년째였지만 원내 경력은 5년 8개월에 불과했다. 그만큼 많이 떨어졌다. 그래서 낙선의 쓰라림을 누구보다도 잘 알았다.[19] 노무현은 개표 결과를 지켜보면서 낙선이 확실해지자 자신의 홈페이지에 글을 올렸다. "이 아픔 잊는 데는 시간이 약이겠지요. 또 털고 일어나야지요, 농부가 밭을 탓할 수는 없겠지요."[20]

날이 밝자 낙선 인사를 다니며 "이제부터 시작입니다. 노무현은 부산을 그래도 사랑합니다"라고 했다. 이것은 결코 정치적 수사가 아니었다. 노무현은 또 자신을 버린 사람들을 껴안는 따뜻한 심성을 내보였다. 그는 하고자 하는 바가 있으면 그 어떤 고난의 길도 마다하지 않았다. 남들이 보면 '사서 고생하는 사람'이었다.

정치 현실에서 노무현은 늘 쫓기는 입장이었다. 그의 결정이 올바른 선택이라는 이야기를 항상 들었지만 92년 총선에서도, 95년 부산시장 선거에서도, 96년과 2000년 총선에서도 계속 떨어졌다. 정치전략적으로 모두 이길 수 있는, 이겨볼 수도 있는 싸움이었지만 매번 지역주의의 미친 바람은 노무현의 낙선을 요구했다. 이 대목에서 노무현의 과감하고 두둑한 배짱이 유감없이 발휘된다.[21]

맹자는 "하늘이 인물을 키우면서 우선 늑골을 괴롭힌다"라고 했다. 노무현에게 닥친 늑골의 괴롭힘은 가혹했다. '두둑한 배짱'이 없었다면 오래전에 이미 무너지고 말았을 것이다. 그는 "목숨을 빼앗기는 순간까지 뜻을 꺾지 않은" 백범의 의지와 집념으로 자신을 세우고, "정의를 내세워 승리한" 링컨의 연설에서 "깨달음과 위안을 얻었다."

나는 백범 김구 선생을 존경했다. 김구 선생은 민족의 해방과 통합을 위해 목숨을 빼앗기는 순간까지 뜻을 꺾지 않았다. 그러나 그는 현실의 권력투쟁에서 패배했다. 이런 의문이 들었다. 우리 현대사의 존경받는 위인은 왜 패배자뿐인가? 우리 역사는 정의가 패배해온 역사란 말인가? 정의가 패배한 역사를 반복하면서, 아이들에게 옳은 길을 가라고 말하는 것이 얼마나 공허한 일인가?
나는 남북전쟁 종식을 눈앞에 두고 했던 링컨 대통령의 두 번째 취임 연설문을 읽으면서 '정의를 내세워 승리한 사람'을 발견했다.

링컨은 선거에서 숱하게 떨어졌다. 대통령 재임 중에는 누구보다도 격렬한 비난을 받았다. 노예제 폐지론자와 노예 소유자들이 모두 그를 공격했다. 인기도 없었다. 그러나 링컨은 내전에서 패한 남부를 적으로 몰아세우지 않았다. 남과 북을 선과 악으로 가르지도 않았다. 승리니 패배니 하는 말도 쓰지 않았다. 정의와 평화, 연방의 통합을 위해 누구에게도 원한을 품지 말자고, 모든 이를 사랑하자고 호소했다. 그렇게 함으로써 그는 노예제 폐지와 연방의 통합, 둘 모두를 이루었다. 링컨의 연설문을 읽으면서 새로운 깨달음과 위안을 얻었다.[22]

"아무에게도 악의를 갖지 말고, 누구에게나 자비로 대하고, 신께서 우리에게 옳음을 보도록 하시듯이, 정의에 대한 굳은 신념을 가지고 우리에게 주어진 작업을 끝마치도록 합시다. 국민들의 상처를 치유하고 전투를 치러낸 사람들 그리고 그들의 미망인과 고아들을 돌보며 우리들 사이에서 그리고 모든 국민들과 더불어 공정하고 항구적인 평화를 성취하고 간직하기 위한 모든 일을 말입니다."[23] 노무현은 이 링컨의 취임 연설을 통해 재기의 용기와 희망을 갖게 되었다. 노무현은 선거 캠프 해단에서 이렇게 말했다.

우리 인간 역사가 수천 년 내려오는 동안 사람에 대한 적대감과 불신, 증오를 증폭시켜 좋은 결과가 난 일이 없다. 나는 후회하지 않는다. 실망하지 않는다. 오늘 이 판단에 대해 누구에 대한 원망이나 증오를 갖고 있지 않다. 민주주의가 생긴 이래 한 번 한 번의 판단이 잘못된 경우가 있어도 오십 년 백 년 하면 대중들의 판단이 크게 잘못된 것이 없었다. 한순간의 승리가 모든 게 아니다. 결코 헛일 헛되다고 생각지 말라.[24]

이때 뜻하지 않은 이변이 일어났다. 16대 총선에서 낙선한 노무현이 당선자보다도 더 큰 주목을 받는 일이 벌어졌다. 그의 '장렬한' 낙선을 지켜본 민심이 그에게로 모여들었다. 한국 정치의 희망을 '낙선 종결자' 노무현에게서 발견했기 때문이다. 그리하여 정치인 최초의 팬클럽 '노사모'가 결성되었다. 시대의 양심이 저 밑으로부터 거대한 용암이 되어 꿈틀거리기 시작했다.

노무현은 한국 정치에서 매우 독특한 존재다. 그만큼 낙선을 거듭하고도 유명세와 지지도를 오래 유지해온 정치인이 거의 없기 때문이다. 애초부터 지는 싸움에 나가서 졌기 때문이 아니라, 이길 수도 있었고 이길 자격이 충분한데도 그 몹쓸 '위험인자'를 피하지 않고 맞서다가 패배한 배짱 있는 사내에게 낙선은 오히려 훈장이었던 셈이다.[25] 사람들이 그 '훈장'을 들고 노무현을 찾아 나섰다.

시대의 위선을 조롱하는 바보정신

미국의 심리학자 A. H. 매슬로는 인간의 욕구를 '생존, 안전, 귀속감과 사랑, 존중, 자아실현'의 5단계로 나누면서, 완벽한 인격이란 자아실현을 이룬 인격이라고 정의했다. 매슬로는 '자아실현자'의 특징으로 15가지를 들었다.

그 15가지는 다음과 같다. "정확하게 현실을 지각한다, 넓은 관용을 나타낸다, 진실한 감정을 충실히 드러낸다, 특정한 사명에 헌신하며 총력을 기울인다, 세상에 초연한 품성과 독자적인 처신을 필요로 한다, 환경과 문화에 자주적으로 독립하고 자신의 내면세계에 의존하려는 성향이 강하다, 영원히 감퇴되지 않는 감성을 지니고 경외감과 유쾌한 심정으로 생활 속 사건들을 체험한다, 주기적으로 신비와 극한을 체험하며, 지극히 시적이고 심미적인 안목으로 사물을 관찰하기 때문에 경험을 초월한 신비주의적 성향을 갖는다, 모든 사람과 잘 어울린다, 온 인류에 대해 연민과 동정 그리고 진실한 사랑을 나타낸다, 소수의 사람과 깊은 우정을 나누며 자아실현을 이룩한 사람을 찾아 친밀한 관계를 맺으려는 경향이 있다, 민주적 가치를 받아들인다, 창조성과 미적 감각이 탁월하다, 완벽하고 추호의 악의도 없는 유머감각이 있다, 현존하는 사회문화에 적응하기보다 저항한다."[26]

이 중 몇 가지만 빼면 대개 노무현의 심리적 특성과 그대로 들어맞는다. 노무현 연구에는 특히 이 같은 '자아실현'의 심리적 특성이 중요하다. 노무현이 정계가 아닌 법조계나 노동계에서 '자아실현'을 추구했더라도 크게 성공했을 것이다. 그러나 노무현은 '운명'적으로 정계에 발을 들여놓았고, 승리와 득의의 세월보다는 패배와

실의의 더 긴 세월을 보내야 했다.

16세기 이탈리아 정치가 니콜로 마키아벨리는 『군주론』에서 군주에게 '위대한 거짓말쟁이자 위선자'가 되기를 권유하고, 권력의 획득과 유지를 위해서는 기만과 모략 등 온갖 권모술수가 정당화된다고 주장했다. 목적을 위해서는 수단을 가릴 필요가 없다는 이른바 마키아벨리즘이다. 노무현은 마키아벨리즘과는 동떨어진 성실과 정직 그리고 도덕성으로 현실 정치의 흙탕물을 '바보'처럼 넘고자 했다.

우리 현대사에는 노무현 말고 '바보'가 둘 더 있다. 함석헌과 김수환이다. 사상가 함석헌은 스스로를 '앨버트로스albatross'라 불렀다. 신천옹信天翁이라고도 하는 이 새는 어느 새보다도 높이 날지만, 지상에서는 물고기 한 마리도 잡을 줄 모르는 '바보새'다. 함석헌은 바보새(신천옹)를 자신의 호로 삼았다. 김수환 추기경은 자화상 〈바보 김수환〉을 그리는 등 스스로 바보라 불렀다. 그래서 바보는 김수환의 애칭이 되었다.

서양의 바보 역사는 에라스뮈스가 막을 연다. 그는 『바보예찬(우신예찬)』에서 "세상의 사람들이 나에 대해 말이 많은 걸 알고 있다. 하지만 바보의 여신인 나야말로 신들과 인간을 즐겁게 해주는데 내가 청중 앞에 모습을 나타내면 누구의 눈에서나 명랑함이 반짝인다"라고 썼다. 에라스뮈스는 영주와 국왕은 물론 교황까지 시원하게 까대면서 민중의 억압과 설움을 대변했다. 권력은 그의 책을 금서로 묶어 탄압했다.

하비 콕스의 『바보제祭』는 중세 유럽의 시대상을 잘 보여준다. 당시 유럽 여러 지역에서는 해마다 '바보제'가 열렸다. 우리의 가면 극이나 탈춤놀이와 비슷했다. 이날은 근엄한 사제司祭들도 바보스러운 가면을 쓰고 나오고, 많은 사람이 사제복을 입고 나와 왕이나 주교 같은 높은 사람들을 조롱했다. 축제 기간에는 누구를 야유하고 조롱해도 상관이 없었다. 이에 대해 하비 콕스는 "대단한 풍자의 능력을 상실한 민중이고 그 무기력한 눈으로 자기들의 사회적 소임을 방관하기 시작했음을 보여준다"라고 했다.

노무현은 '바보' 정치인이 되었다. 그를 지지하는 사람들이 '노무현을 사랑하는 모임(노사모)'을 꾸리고 그에게 '바보'라는 애칭을 선사했다. 그 자신도 '바보 노무현'을 즐거운 마음으로 받아들였다. 정치인에게 후원회가 아닌 팬클럽이 생긴 것은 노무현이 처음이다. 가히 '바보 노무현' 신드롬이었다.

노무현은 정치인이 모두 바보처럼 살면 나라가 잘될 것이라고 했다. "인터넷 세상에서 나는 '바보 노무현'이 되었다. 유리한 종로를 버리고 또 부산으로 가서 떨어진 미련한 사람. '바보 노무현'은 청문회 스타 이래 사람들이 붙여주었던 여러 별명 중에서 제일 마음에 들었다. 나는 바보가 아니다. 내가 바보라고 생각한 적도 없다. 다만 눈앞의 이익보다는 멀리 볼 때 가치 있는 것을 선택했을 뿐이다. 당장은 손해가 되는 일이 멀리 보면 이익이 될 수가 있다. 정치하는 사람들이 모두 '바보처럼' 살면 나라가 잘될 것이다."27

'노사모', 한국 정치의 지형을 바꾸다

민주당의 차기 대권후보로 발돋움하려는 노무현에게 4·13 총선에서 낙선한 것은 충격이 컸다. "농부가 밭을 탓할 수는 없다"라며 패배의 충격을 훌훌 털고자 했으나 쉽지 않았다. 부산시민들을 탓하기에 앞서 지역주의를 조장하는 정치인들에게 느낀 분노는 쉽게 해소되지 않았다.

총선 다음 날 노무현은 월간 ≪신동아≫와 한 인터뷰에서 자신의 심경과 정치관 그리고 향후 전망 등을 자세히 밝혔다. 1995년부터 줄곧 그를 취재해온 기자가 "그처럼 기운 없고 침울한 표정은 처음"이라고 했을 만큼 그는 크게 낙담해 있었다. "처음에는 거의 단답형으로 응대하던 그는 대화가 계속되면서 겨우 말을 '회복'했으며, 3시간가량의 인터뷰 내내 줄담배를 피웠다"라고 했다.

그는 유권자들의 선택에 불만이 없느냐는 질문에 다음과 같이 답하며 몸을 낮췄다. "유권자들의 선택에 대해 할 말이 없다. 옛날의 충신은 임금한테 듣기 싫은 소리를 한참 하다가 귀양을 가고, 귀양지에서는 아침마다 북쪽을 보고 절을 했다. 그래야 충신이었다. 지금은 임금의 자리에 국민이 올라가 있다. 그런데 감히 내가 어떻게 섭섭하다는 말을 할 수 있겠는가. 내가 부산에 내려온 것은 한국 역사에서의 대립과 반목, 그것을 한번 극복해보자는 것이었다. 인류 역사를 보면 정치지도자가 국민의 대립과 반목, 심지어 심한 증오심을 부추겨 외국과 대결하거나 내부에서 대결하게 하는 일이 적지 않았다. 그리고 그것이 국민들에게 가혹한 재앙을 초래한 경우가 많았다. (…) 아쉽게도 이번엔 성공하지 못한 것 같다. 그러나 언제 기회가 있으면 다시 해보거나 다른 사람이 할 수 있는 일이다."

그는 "1999년 1월 한나라당 마산집회에서 이회창 총재가 (지역감정을 자극하는) 이상한 소리를 하기에 맞서 싸워야겠다고 결심하고 부산에서 출마한 것인데, 상대인 한나라당 허태열 후보는 한술 더 떠 'DJ가 부산 경제를 죽이려고 삼성자동차와 금융기관을 문 닫게 했다'는 등 근거 없는 모함으로 지역감정을 극도로 부추겼다"라고 개탄했다. 노무현은 끝으로 쉬고 싶다고 하며 인터뷰를 마쳤다. "내 정치철학은 살아 있지만 언제 나를 필요로 할지 알 수가 없다. 원외가 무엇을 하려면 전혀 불가능한 것은 아니지만 너무나 힘이 든다. (…) 선거는 인간을 너무 퇴폐하게 한다. 인간적 모멸감마저 느꼈다. 당분간 정말 쉬고 싶다."[28]

낙선 사례를 마친 그날 밤, 노무현이 그간 쌓인 피로를 푸느라 깊은 잠에 곯아떨어진 사이에 '사건'이 벌어졌다. 바보 노무현을 구하기 위해 마침내 민초들이 '봉기'를 일으켰다. '노사모'의 초대 회장을 맡은 영화배우 명계남의 증언에 따르면 노사모의 탄생 비화는 다음과 같다.

동서화합을 위해 부산에서 출마한 노무현이 지역감정의 벽을 넘지 못하고 낙선하자 이를 안타까워한 많은 네티즌이 노무현의 홈페이지를 방문하여 격려의 글들을 쏟아내는 열기 속에서 이정기(늙은 여우) 님이 펜클럽을 만들자는 제안을 게시판에 올린 것이 계기가 되어 김민정(절세미녀) 님이 임시 게시판을 개설하고, 여기에 다시 보조 게시판을 만들고, 황의한 님이 서버와 도메인을 제공하고 강영세(런킴) 님이 게시판 통합용 페이지를 세삭하는 등 모든 것이 자발석인 참여로 이루어졌다. 이후 각 지역별 모임을 결성하기로 하고 5월 7일 대전에서 각 지역 노사모 회원들이 모여 명칭과 도메인명, 회비, 회칙 등 팬클럽 창립에 관한 협의를 하였고, 마침내 2000년 5월 17일 최초의 노사모 공식 홈페이지를 개설했다. 그리고 6월 6일 노사모 창립총회가 대전에서 개최됨으로써 국내 최초의 정치인 팬클럽 '노사모'가 탄생하게 된 것이다.[29]

임진왜란이 일어나 관군이 일패도지하고 국운이 풍전등화에 놓였을 때, 구한말 군대가 해산되고 국권이 송두리째 무너질 때 의연히 일어나 목숨을 걸고 왜적과 싸운 대표적인 이들이 의병이다. 노무현에게 '노사모'는 그런 의병이요 의군이었다. 실제로 조직도 돈도 홍보수단도 없던 노무현이 재기하여 대권주자가 되고, 마침내 최고의 자리에 오를 수 있었던 데는 이들 '의병'들의 존재가 큰 힘이 되었다.

'바보 노무현'을 좋아하게 된 사람들이 모임을 만들었다. 총선에서 진 날 밤 '노하우' 홈페이지에 글 잔치가 벌어졌을 때 누가 제안을 했다. "우리 따로 모이자!" 2000년 6월 6일 대전대학교 앞 조그마한 PC방에 60명이 모였다. 여기서 '노무현을 사랑하는 사람들의 모임' 노사모 창립총회를 했다. 학생·가정주부, 아이들을 데리고 온 40대 직장인들까지 있었다고 한다. '광날모'라는 모임도 있었다. 여름에 부산 광안리 해수욕장에서 날을 새는 모임이라고 했다. 초대를 받아 가보니 선거 자원봉사를 해준 분들도 더러 있었다. 여고생이 하나 있어서 그 부모에게 미안한 마음이 들었던 기억이 난다. 대학에 무난히 들어갔다고 해서 안심을 했는데, 대학에서 또 나를 지지하는 모임을 만든다는 이야기를 들었다. 영화배우 명계남 씨와 문성근 씨, 시인 노혜경 씨도 노사모에서 알게 되었다. 노사모는 나를 불러놓고 질문도 하고 짓궂은 요구도 하면서 행사를 진행하곤 했는데, 서투르고 어색했지만 모두들 웃고 떠들면서 즐거워했다.[30]

눈앞의 이해득실보다 오로지 신념의 길을 투박하게 걸어온 '변방의 정치인' 노무현에게 노사모는 천군만마의 든든한 원군이었다. 자발적인 모임이니 돈이 들어갈 일도 조직을 관리할 필요도 없었다. 회원들은 십시일반으로 기금을 모아 모임의 비용으로 썼다. 이로써 "한국인이 가진 아웃사이더 기질을 온몸에 농축한 상징적 인물"(강준만) 노무현이 '노사모'의 등장과 함께 '세력'을 갖게 되었다. 노사모는 지역별, 연령별, 각종 동우회 등으로 역할을 분담하면서 세를 결집해갔다. 이들의 의지와 목표는 동서화합과 민주주의 발전을 위해 노무현을 대통령으로 만들자는 것이었다.

노사모는 전국의 지지자들이 동시에 소통할 수 있는 독자적인 홈페이지를 중심으로 지역별 다양한 모임까지, 자발적이지만 조직적으로 활발하게 활동을 벌였다. 이런 노사모 활동은 단순히 한 정치인을 지지하는 차원을 넘어서는 일대 사건이었다.

그때까지만 해도 '정치 활동'의 무대는 언론이었다. 신문, 잡지, 방송을 통해 '정치'가 이루어졌다. 간혹 거리 정치 혹은 광장 정치가 없었던 것은 아니지만 그것은 특별한 일이었다. 일상적으로는 언론이 주무대가 되었다.

노사모의 등장과 함께 이런 무대와 주역이 바뀌었다. 족벌신문들과 방송이 여론을 좌지우지함에 따라 정치인들이 언론에 목을 매던 현상이 크게 바뀐 것이다. 노사모의 등장은 정치와 미디어의 상관관계를 뿌리에서부터 바꿔버렸다. 인터넷의 보급과 네티즌들의 활약이 없었다면, 구조적으로 노무현은 대선 승리는커녕 대통령 후보도 되기 어려운 상황이었다. 그런 의미에서 노사모의 등장은 정치 판도를 뒤흔든 혁명적 사건이었다.

어느 날 느닷없이 나타난 '구세주'에 감동한 노무현은 이를 두고두고 고마워했다. "노무현을 대통령 만드는 것이 노사모의 목표라고 했다. 여기서 만난 사람들은 그동안 정치권에서 한 번도 본 적이 없는 시민들이었다. 회원이 몇천 명 수준으로 늘어나면서 노사모는 정말 큰 힘이 되었다. 거대 보수언론사와 싸울 때 이 사람들이 종횡무진 인터넷을 누비면서 사이버 여론을 만들어나갔다. 소액이지만 여러 사람이 후원금을 만들어주었다. 모임을 열면 십시일반 돈을 걷어서 스스로 모든 비용을 치렀다. 늘 돈에 쪼들리던 나에게는 구세주나 다름없었다."[31]

노사모는 기존 정치인 후원회나 지지 단체들과는 전혀 달랐다. 어떠한 대가를 바라고 참여하는 사람은 아무도 없었고, 생활수준이나 학력이 비교적 높은 편인 30대 회사원들이 주축으로 원칙, 정의, 진실, 인권, 평화 같은 보편적인 가치를 추구하는 사람들이었다. 이런 가치들은 바로 노무현이 추구해온 가치들과 맞아떨어졌다. 그래서 그들은 노무현에 열광하고 그에게서 우리 정치의 희망을 본 것이다.

또다시 실패의 쓴잔을 들어야 했던 노무현 앞에는 이제 새로운 기회와 도전이 기다리고 있었다.

2000년 5월, 노무현은 부산에서 기자간담회를 열고 대선 출마를 공식 선언했다. 그 자리에 현직 국회의원은 한 명도 없었다. 다른 대선 후보들은 다들 자파의 현역 의원들과 함께 세를 과시했으나 그는 단기필마였다. 갈 길은 끝도 안 보이게 멀고 첩첩산중 험로였다. 그간의 정치 역정으로 보건대 그의 숙명이었다.

하나의 큰 산을 넘으면 더욱 높고 가파른 태산준령이 내 앞을 가로막았다. 그 너머로 가면 나의 의지를 일순간에 꺾어버리는 또 하나의 큰 강이 버티고 있었다. 단순한 의지 하나로 헤쳐나갈 수 없던 것이 정치인의 길이었다. 그것은 도전의 의지만으로는 정복할 수 없는 상황이었다. 새로운 도전을 위해서는 그 산의, 또 그 강의 높고 깊음을 탓하기 전에 내가 먼저 변해야 했다. 그렇게 나는 산을 오르고 강을 건넜다. 성공을 위해서가 아니었다. 그것은 어쩌면 나의 숙명이었다.[32]

노무현이 출마를 염두에 둔 것은 15대 대선 때부터였다. 문재인을 비롯한 지인들은 시기상조라고 출마를 말렸다. 이런 반대에도 노무현은 그때부터 차기를 겨냥하여 착실히 준비하면서 더욱 뜻을 다졌다. 이에 대해 문재인은 훗날 다음과 같이 말했다.

> 그가 대선 출마 의사를 내게 처음 밝힌 것은, 15대 대선 때 여당 경선에 불복하고 탈당해서 독자적으로 나온 이인제 후보의 출마를 보고 나서였다. '그런 반칙을 용납해서는 안 된다'며 당신이 야당 후보로 나서겠다고 했다. 그때는 모두 반대했다. 나도 반대했다. 이르다고 봤다. 목표를 차기에 두고 해보는 것을 생각할 수는 있었다. 그러나 그는 '청문회 스타'와 '원칙'의 좋은 이미지가 있었지만, '명패 던지기'와 '의원직 사퇴'로 인한 돌출 이미지가 있는 것도 사실이었다. 갑작스러운 출마가 자칫 돌출적 행동으로 보일 수도 있었다. 그는 주변 사람들의 반대의견을 받아들였다. 그러나 그때부터 그 뜻을 가슴속에 묻어둔 채 착실히 준비해나갔다. 기획팀을 두기도 하고 공부도 열심히 했다.[33]

2000년 총선 당시 노무현은 부산으로 내려와서 출마할 때도 대

권 의지를 보였다. 측근들이 그렇다면 더욱 서울 종로에서 출마해
야 한다며 부산행을 말렸으나 그는 기어이 부산에서 출마하여 낙
선의 고배를 들었다.

만약 그가 서울에서 출마했거나 부산에서 당선됐다면 대선 출
마는 좀 더 미뤄졌을 것이다. 하지만 세상일의 조화를 누가 알겠는
가? 그는 또 험지로 내려가 떨어졌고, 그로 인해 오히려 엄청난 지
지와 성원을 받으면서 '국가 지도자'로서의 기대감을 높였다. 그에
게로 향한 여망은 '노사모'로 결집되어 그를 그 길로 끌어냈다. [34]

장관 노무현, 그리고 대권 수업

노사모는 어지간한 패배와 시련에도 좌절하지 않는 노무현에게
새로운 희망과 용기를 주었다. 노무현은 "패배의 고통이 나의 영혼
을 갉아먹고 있을 때 사람들은 '당선보다 아름다운 패배' '바보 노
무현을 위한 변명' 등의 수식어로 나를 위로해주었다"[35]라고 했다.

총선 패배의 충격에서 벗어날 즈음 노무현은 국민의 정부 해양
수산부 장관에 발탁되었다. 변방 정치인에서 국무위원으로 입신하
면서 비로소 정부 조직의 수장으로서 국정운영 전반을 보고 배울
수 있게 되었다. 그는 말할 수 없이 큰 축복이었다고 했다.

2000년 8월 7일 해양수산부 장관 발령을 받았다. 김대중 대통령

에게 나는, 적잖이 거북하지만 또한 무척 안쓰러운 동지였을 것이다. 당이 달랐을 때 심하게 비판한 적이 있었다. 총재로 모시고 당을 함께 하면서도 거칠게 치받은 경우가 왕왕 있었다. 그러나 당의 이름을 걸고 부산에서 출마해 거듭 떨어지는 것을 보면서 김대중 대통령은 나를 기특하게 생각했던 것 같다. 그래서 장관을 시킨 것 아닌가 싶다. 2001년 3월 26일 퇴임했으니, 8개월도 채 되지 않는 짧은 시간이었다. 하지만 늘 혼자 정치를 한 것이나 다름없던 내게는 말할 수 없이 큰 축복이었다. 해양수산부라는 정부 조직의 수장으로서, 대한민국 국무위원으로서, 나는 국정운영 전반을 보고 배울 기회를 얻었다.[36]

노무현은 장관에 취임하면서 권위주의의 탈을 벗어 던졌다. 상하 간의 격의 없는 수평적 토론문화를 확산시키고, 다면평가 등 공정한 인사평가 시스템을 만드는 등 국정운영의 일익을 담당하면서 폭넓은 경험을 쌓았다. 또 한편으로는 낮은 자세의 리더십으로 공직사회에 새바람을 불러일으켰다.

그가 취임할 무렵 해양수산부의 분위기는 침울했고 직원들은 허탈감에 빠져 있었다. 한일어업협정을 둘러싼 국민적 비판과 두 차례에 걸친 조직 축소 때문이었다. 노무현은 취임사에서 직원들에게 매는 자신이 대신 맞을 테니 자신 있게 일해달라고 당부했다.

꿈이 있는 자, 준비된 자, 도전하는 자만이 바다를 지배할 수 있습니다. 공직자는 업무에 정통해야 하고, 공정해야 하며, 무엇보다 사랑을 품고 살아야 합니다. 저는 해양수산부가 겪는 어려움을 극복하고, 부처에 주어진 사명을 감당하는 데 장관으로서 앞장서서 최선을 다하겠습니다. 여러분이 도와주리라 믿습니다. 여기 오면서 많은 생각을 했습니다. 저는 해양수산부에 우리 민족의 장래가 달려 있다고 생각합니다. 이곳에서 저는 항상 그래 왔듯이 좌고우면하지 않고 앞만 보고 일해가려 합니다. 많은 일을 하고도 제대로 평가받지 못한 여러분의 고충을 충분히 이해합니다. 매는 제가 맞겠습니다. 여러분에게 쏟아지는 매는 제가 맞겠습니다. 일하십시오. 자신 있게 일하십시오. 일단 추진하다 생긴 실수는 제가 책임지겠습니다. 그러나 일하지 않은 책임은 여러분이 져야 합니다. 제게 진실을 얘기해주십시오. 이제 여러분과 저는 한 팀입니다.[37]

해양수산부 직원들은 노무현이 장관으로 오자 '힘센 장관'이 온다며 기대를 걸었다. 그런데 역시 기대 이상으로 일을 해내는지라 그가 떠날 때 그를 향한 박수가 오랫동안 끊이지 않았다고 한다. 직원들은 떠나는 그를 '우리 장관'이라고 부르며 아쉬운 마음을 드러냈다.[38]

노무현은 해양수산부 장관을 마친 뒤에 펴낸 『노무현의 리더십 이야기: 행정가와 CEO를 위한 8가지 리더십의 원리』에서 장관을 지낸 경험을 다음과 같이 술회했다.

8개월이 채 안 되는 재임 기간이었지만 나는 최선을 다해 해양수산부를 이끌었고, 해양·수산·항만의 당면한 여러 문제를 풀기 위해 전국을 뛰어다녔다. 이 과정에서 참으로 많은 경험을 했다. 어촌의 주름진 할아버지를 비롯해 수많은 민원인을 만나기도 하고, 해양수산부와 관련 부처의 각급 공무원을 만나 협조를 구하기도 했다. 장관직을 수행하면서 보람된 일도 많았지만, 정책 결정의 한계와 어려움 때문에 고뇌한 적도 한두 번이 아니었다.[39]

노무현은 장관에 취임하면서 인사의 공정성을 위해 낙하산 인사의 배제를 강조하고, 자신도 이 원칙을 지켰다. 노무현의 '획기적인' 인사정책은 당시 해양수산부 직원의 증언에서도 확인할 수 있다. 보수언론에서조차 그의 인사정책에 대해서는 이례적으로 후한 점수를 줄 정도였다.

인사운용에 관한 한 노 장관의 시도는 가히 획기적이었다. 그는 국장급 인사까지는 관여했지만, 나머지 인사권은 모두 조직에게 넘겨주었다. 국장단은 부이사관 승진이며 과장 전보에 이르기까지 막강한 권한을 행사하게 되었다. 서기관이나 사무관 승진에는 상관, 동료, 부하직원이 참여하는 다면평가가 결정적인 영향을 미쳤다. 조직의 주인은 직원이라고 했던 그의 말이 빛깔 좋은 미사美辭만은 아니었던 것이다. 조직이 스스로 인사하는 시스템이 되자 직원들의 모습에는 긴장감이 흘렀지만 한편으로는 이전보다 훨씬 적극성이 엿보였다. 이제 장관 한 명이 아니라 수백 명의 눈과 귀가 그를 평가하기 때문이었다. 이러다 보니 인사 청탁은 줄어들고 역량과 성실성으로 인정받아야 한다는 문화가 자연스럽게 자리 잡았다. 행사나 교육의 출석률이 훨씬 높아졌고, 정책토론을 통해 자신이 무엇을 하고 있다는 것을 PR하는 일도 부쩍 늘었다.[40]

그는 장관에 취임한 그해 연말에 해양수산부 정기인사에서 '파격적'인 인사 스타일을 선보였다. 인사를 앞두고 실·국장급 간부들에게는 데려다 쓰고 싶은 과장을 순위별로 세 명씩 적어내라고 하고, 과장들에게는 희망하는 부서를 역시 순위별로 세 부서를 써내라고 했다. 이렇게 쌍방향 짝 맞추기를 해서 오갈 데가 없어진 과장급 2명은 지방으로 발령을 냈다.

어느 조직이든 '탐나는 부하직원'과 '무능력한 부하직원'으로, '모시고 싶은 상사'와 '멀리하고 싶은 상사'로 나뉘게 마련이다. 그런 호불호는 결국 업무능력이나 리더십과 직결돼 있다는 게 그의 논리였다.

그는 한발 더 나아가 과장은 1년에 한 명씩, 국장은 3년에 한 명씩 퇴출시키는 파격인사를 단행하려 했다. 다만 8개월 단명 장관에 그치는 바람에 이 뜻은 이루지 못했다. 그의 인사 원칙은 '자체 검증'과 '시장경제 원리'를 철저히 반영했다는 점에서 지금도 해양수산부 내에서 화제가 되고 있다.[41]

장관이 행정가는 아니다. 그러나 그는 최선을 다해 행정업무를 익히고 현안을 해결하고자 노력했다. 공무원들의 도움을 받고, 책임은 장관이 지는 방식을 택했다.

굵직한 현안이 제법 많았다. 부산 신항만 민자개발사업이 표류하고 있었다. 사업자에게 적정 수익률을 보장하는 데 필요한 정부 지원금 규모를 합의하지 못한 탓이었다. 사업이 지연되면 엄청난 국가적 손실이 발생할 것이 자명한데도, 공무원들은 조족지혈에 불과한 잠재적 정부 부담 때문에 감사원의 지적을 받을까 두려워 줄다리기만 하고 있었다. 중국산 납 꽃게 사건으로 수입 농수산물 안전성에 대한 국민의 불신이 하늘을 찌른 사건도 있었다. 검사 시스템 개선과 인원 장비 보강 없이는 해결하기 어려운 문제였다. 수협 부문에서 1조 원 가까운 규모의 부실이 터져 나와 고객들이 대규모로 예금을 빼내는 상황이었다. 그런데도 재정경제부와 해양수산부는 신용사업 분리 여부를 둘러싼 다툼을 벌이느라 고객의 신용을 회복하는 데 필요한 공적자금을 투입하지 못하고 있었다. (…) 나는 공무원들의 협력을 받아 이 문제들을 해결했다. 우여곡절이 많았지만 장관이 모든 책임을 지기로 하고 공무원들이 제안한 대책들 가운데 합리적인 것을 채택하고 관철했다.[42]

노무현은 또 조직의 수직구조를 수평구조로 혁신하여 전통적인 '관료적' 풍토를 바꾸고자 했다. 중앙부처 중에서 정보시스템을 가장 먼저 도입하기도 했다. 먼저, 관심 있는 주제를 함께 학습하는

24척의 지식 보트를 출범시키고, 습득한 지식과 정보를 지식항해 시스템을 통해 직원들, 나아가 국민과 공유하도록 했다. 의원 시절에 이미 '노하우2000'(개인 정보 관리 프로그램)을 개발한 전문가이기도 한 그는 정보의 창출과 공유가 조직의 역량을 강화하는 데 얼마나 중요한지 잘 알았다. 그래서 정보시스템을 도입한 것이다.

짧은 기간이었지만 노무현에게 장관 재임은 나중에 대통령이 되는 데 큰 경험과 기회가 되었다. 국무위원으로서 국정 전반에 걸쳐 식견을 넓힐 수 있었고, 정부 부서의 수장으로서 조직 관리와 개선, 타 부처와의 업무협조 관계 등을 살필 수 있게 되었다.[43]

도전정신으로 뭉친 노무현은 이처럼 짧은 재임 기간에도 다양한 정책을 실험하여 의미 있는 결과를 냈다. 한 부처에서 시도된 정책들이었지만 이는 전반적인 국정운영에도 그대로 적용할 수 있는 것들이었다. 그도 "나중에 대통령이 되었을 때 내세웠던 국정운영의 기본원칙들을 해양수산부에서 다듬었다"[44]라고 했다.

책으로 담아낸 생각과 마음 그리고 꿈

노무현은 대통령이 되기 전에 『사람 사는 세상』(1994), 『여보, 나좀 도와줘』(1994), 『노무현이 만난 링컨』(2001), 『노무현의 리더십 이야기』(2002) 등 몇 권의 책을 냈다. 공저로도 『내일을 준비하는 오늘』(1996), 『마음먹었을 때 시작해라』(2000), 『노무현: 상식 혹은 희망』(2002) 등이 있었다.

이 가운데『여보, 나 좀 도와줘』,『노무현이 만난 링컨』,『노무현의 리더십 이야기』세 권에는 노무현의 철학과 사상 그리고 인성과 리더십에 관한 내용이 잘 담겨 있다.

노무현은 상당히 뛰어난 문장가다. 평소 독서를 많이 한 데다가 변호사 활동을 할 때 신문에 생활법률상담을 연재하면서 문장력을 키웠다. 노동판에서 일하다가 다쳐 입원했을 때는 단편소설을 습작하기도 했다. 그 때문인지 연설 원고나 대정부 정책질의서를 대개 손수 작성했다. 정치인치고는 드문 경우였다.

『여보, 나 좀 도와줘』는 노무현이 민주당 부산시 지부장으로 일하고, 지방자치실무연구소 활동을 활발히 하면서도 짬을 내서 살아온 날들을 정리한 '고백 에세이'이다. 정치인들이 지역주민을 상대로 각종 책을 펴내는 것은 어제오늘의 일이 아니다. 특별한 예외도 없지는 않지만, 대개 선거를 앞두고 '자기 자랑'을 일삼는 내용을 대필하여 급조해내기 때문에 정치인들의 책이 가장 안 팔린다고 한다.

그러나 노무현은 책의 부제를 '노무현 고백 에세이'라고 붙였을 만큼 이 책에서 지난날의 부끄러운 일이나 덮어두고자 한 내용까지도 솔직하게 털어놓았다. 그래서인지 정치인의 책으로는 이례적으로 20쇄를 넘긴 베스트셀러가 되었다. '자기 자랑'이 아니라 '자기 고백'이어서 사람들의 심금을 울린 게 아닌가 싶다.

노무현은 '책을 내면서'에 출간의 변을 다음과 같이 밝혔다.

무엇 하나 제대로 생산해낸 것이 없어 보이는 지난 정치활동에 대한 회고는, 항상 체증과도 같은 무언가의 답답함을 가슴속에 남기기 일쑤였고 결국 이대로 편안하게 주저앉아 있을 수는 없다는 생각에 펜을 들기로 마음을 먹게 되었다. 결코 길다고 할 수는 없는 4년이라는 시간에 '청문회 스타'라는 뜻밖의 행운과 '낙선'이라는 커다란 좌절까지 모두 경험했던 정치생활을 차분히 정리해보면서 그 과정에서 있었던 잘잘못을 가리고 반성해보고 싶었다. 그리고 그 과정들을 하나도 숨김없이 솔직하게 독자들에게 알리고 싶었다.[45]

정직하고 진솔한 노무현의 심성이 책 곳곳에서 묻어난다. 낯간지러운 자기 포장이나 자랑 같은 내용은 없다. 오히려 아내와의 '내밀한' 사연이나 '불만'에서 자식들 문제까지 보통의 남편과 아버지들이 겪는 이야기들을 스스럼없이 공개했다. 아내와 결혼하면서 '모양 나게' 살자고 약속한 노무현은 사회운동을 하면서 결국 그 약속을 깨뜨리고는 오히려 아내에게 불만을 드러내는 장면도 있다.

"요즘 사실 집안에선 나보다 아내의 끗발이 더 세다. 아내에게 쥐여살다 보니 가끔 옛날 생각이 날 때가 있다. 고시합격 전까진 분명 내 맘대로 하고 살았으니까. 그땐 아마도 내가 행여 열등감이라도 가질까 싶어 아내가 많이 봐줬던 모양이다. 이후 내가 고시에 합격하고 사회적으로 잘 풀리면서부터 오히려 아내가 봐주질 않는다. 잔소리도 많아지고 양보도 안 해주고……. 그래서 나는 아내에게 불만이 많다. 그런데 아내는 오히려 내게 불만이다. 내가 결혼할 때의 약속을 위반했다는 것이다. 사실 결혼할 당시 우리는 단지 판검사, 변호사가 되면 시골에 별장도 하나 갖고 모양 나게 산다는 게 두 사람의 합의된 꿈이었다. (…) 그런데 그 약속을 내가 사회운동을 시작하면서 깨뜨린 것이다."[46]

"내가 사회운동을 시작하고부터는 돈벌이도 줄어들기 시작했고, 정치를 시작하고부터는 지역구 관리니 강연이니 지구당 창당대회니 하며 나돌아다니기 일쑤이니 그에 대한 불만이 없을 리가 없을 것이다. 그래서 내가 자기와 의논도 없이 결혼 때의 약속을 깨뜨려서 그러냐고 물어보면, 아내는 서슴없이 그렇다고 한다. 아니 그렇다면 해약을 하면 될 거 아니냐 하고 큰소리를 쳐보기도 하지만, 언젠가 어느 인터뷰에서 정치와 아내 중 하나를 택하라면 아내를 선택할 것이라고 선언했으니 씨알도 먹히지 않는다."[47]

"아내의 논리도 여러 가지다. 남편이 정치를 한다고 여자까지 나서는 것은 보기가 좋지 않다거나, 가정을 노출시키는 것은 사생활 침해란다. 또 어떤 때는 한술 더 떠서 '당신이 정치 안 하면 한 달 수입이 얼만데, 당신을 내놓는 것만으로도 우리는 애국 충분히 하고도 남았어요' 한다. 매사에 이런 식이다. 그러나 아내는 대체로 내가 하는 일이 옳다는 점은 인정하는 것 같다. 특히 3당 합당을 반대할 때 그랬다."[48]

노무현은 공사판에서 부상을 당해 입원했을 때의 일이라며 '어이없이' 끝난 짝사랑 사연도 털어놓았다. 예쁜 간호보조원들에게 은근히 자신의 마음을 내비쳤으나 어찌 된 일인지 그들은 노무현에게 관심을 보이기는커녕 알은척도 하지 않았다. 그래서 아주 상심에 빠져 있던 어느 날이었다. 울산의 국세청에 다니던 친구와 대학에 다니던 친구가 면회를 다녀간 뒤로 노무현에 대한 태도가 확 달라졌다고 한다. 노무현은 내심 기뻐했으나 그들은 노무현이 아니라 노무현의 친구들에게 관심이 있었다. 김이 팍 새는 순간이었다. 노무현은 "세월이 지난 뒤 생각해보니, 어린 나이에 상심이 꽤 나 컸던 것 같다"라고 했다. 그래서 상처받은 마음을 달래기 위해 병원에 있는 동안 두 편의 단편소설 습작을 썼다고 한다.[49]

노무현은 한가로운 사석에서는 손수 기타를 치면서 노래도 부르고, 술자리에서는 주흥이 일면 곱사등이춤도 추는 등 흥을 아는 정치인인지라 익살에도 능하다. 자식들 얘기를 쓴 대목에서도 그 특유의 익살이 넘친다.

큰놈은 겨우 대학에 들어갔으나 흔히 말하는 일류대학도 아니고, 딸아이도 별로 세지도 않은 대학에 시험 쳤다. 떨어져 재수를 하고 있으니, 아내는 아무래도 욕심이 차지 않아서 속이 상한 모양이다. 가끔 아내는 "당신을 닮았으면 공부를 잘할 텐데 나를 닮아서 돌인가 보다" 해놓고는, "당신이 아이들에게 좀 더 신경을 썼더라면……" 하면서 다시 내게 화살을 겨누기도 한다. 그러나 나는 생각이 다르다. 그 정도만 해도 고맙다. 두 놈 다 나보다 키가 크다. 그리고 몸도 마음도 모두 건강하다. 공부는 별로지만 건전한 시민이 되는 데는 아무런 지장이 없다. 기왕이면 영화배우처럼 잘생기기를 바랐지만, 나나 아내의 생김새를 생각할 때 그건 얼토당토않은 욕심이다. 두 놈 다 생김새도 목소리도 심지어 한 일 자 주름살까지도 나를 닮았으니, 나로서는 아내도 아이들도 탓할 건덕지가 없다. 아이들은 내가 자기들에게 무슨 불만이라도 토로하려 하면, "그건 아버지를 닮아서 그래요" 하고 슬쩍 내 약점을 찌른다.[50]

'아버지' 노무현은 "아이들이 납득할 수 있는 아버지, 존경받는 아버지가 자녀 교육에 가장 중요한 일"이며, "세상 여건이 어렵더라도 그래서 당장 어쩔 수 없는 경우가 있더라도, 적어도 아이들한테 위선만은 보여주지 않도록 고민하는 자세는 필요하다"라고 했다. 그래서인지 그가 형사들에게 잡혀가는 걸 보면서도 두 아이는 무덤덤한 반응을 보였다. 오히려 "부끄러운 일 한 적 없으니 마음 부끄럽게 생각하지 말라"라는 당부에 담담하게 고개를 끄덕였다고 한다. 며칠 뒤에 면회를 와서도, 중학교 2학년과 초등학교 6학년인 두 아이는 주눅 들지 않고 장난도 치며 놀았다고 한다.[51]

그런데 노무현은 아내가 너무 가정적이라서 불만이었다. 명색이 정치인의 아내인데 도무지 밖으로 얼굴조차 보여주려 하질 않으니 말이다. 급기야 노무현은 아내에게 정치를 하려면 미쳐야 하니까 같이 미쳐보자고 통사정을 하기에 이른다. 이 또한 노무현 특유의 익살이다.

이제 둘째 아이가 올해면 입시 준비가 끝난다. 나는 그때를 기다린다. 이제는 어떤 수를 써서라도 아내를 울타리 밖으로 끌어내올 참이다. 여러 가지로 어렵고 힘들 때 내 아내 양숙 씨는 누구보다도 든든한 후원자이자 동지일 테니까……. "여보 나 좀 도와줘, 나는 꿈이 있어, 나는 꼭 그 꿈을 실현하고 싶어. 정치를 하려면 미쳐야 된대. 여보 양숙 씨, 우리 같이 한번 미쳐보자. 응?"[52]

오랜 세월 동안 노무현과 '동행'해온 문재인은 노무현을 두고 자신이 만난 사람들 가운데 가장 따뜻하고 치열한 사람이라고 했다. 두 사람이 모두 어렵게 컸기에 이웃들에게 따뜻한 사람이 되려 했고, 함께 세상을 바꾸고 희망을 만들어보고자 애썼다고 했다.[53]

이처럼 천성이 따뜻한 사람이었던 노무현은 특정 사상을 맹목적으로 추종하지는 않았다. 그도 젊은 시절 한때 이념을 두고 고뇌했으나 사회주의, 특히 그 권력구조에는 고개를 저었다.

당시엔 청년들과 어울려 다니면 수시로 이념논쟁을 벌였다. 난 당시 사회주의에 찬동을 하지 못했다. 노동자 변론을 자주하면서 문제의식은 가지고 있었지만 사회주의가 그 대안이 된다고는 생각하지 않았다. 당시 내게 사회주의에 대해 매력을 느끼게 한 책들이 있었다. 리영희 교수의 『베트남전쟁』이 그것이다. 사회주의가 주제는 아니었지만 감동적인 내용이었다. 애드거 스노의 『중국의 붉은 별』도 심취해 읽었던 책이다. 전쟁의 와중에도 주덕 사령관이 연안의 방직공장 여공들과 함께 배구를 하는 장면은 지금까지 기억에 남는다. 그럼에도 내가 사회주의에 결국 승복 못 한 건 아마 법률을 공부했기 때문일 것이다. 내가 배운 법률 체계가 헌법에서부터 일반법까지 모두 상대주의 철학에 기초를 두고 있기 때문이다. 그래서 사회주의에 마음이 좀 끌리다가도 권력구조에 부닥치면 그만 '이건 아니다'로 돌아서곤 했다.[54]

부민협 활동을 하던 당시 노무현은 리영희의 글을 읽으며 '의식화'되었다. 이 무렵 부민협에서는 리영희를 초청하여 강연회를 연 적이 있다. 강연이 끝나고 뒤풀이 자리에서 문재인이 리영희의 저서 가운데 중국의 '문화대혁명'을 높이 평가한 대목은 오류였다고 지적하자 리영희는 이를 인정했다. 아마 노무현이었어도 그렇게 했을 것이다. 그에게는 아무리 위대한 사상이나 이념도 '절대'가 아니었기 때문이다.

노 변호사도 리영희 선생 영향을 많이 받았다. 노 변호사가 인권변호사로 투신한 계기가 되었던 '부림 사건'은 청년과 학생들이 수십 권의 기초 사회과학 서적 또는 현실 비판 서적을 교재로 공부한 것이 빌미가 됐다. 기소 내용엔 '그 책들은 읽으면서 북한 또는 국외 공산 계열의 활동을 찬양·고무했다'라는 내용이 포함돼 있었다. 노

변호사는 변론을 위해 수십 권의 서적을 깡그리 독파했다. 그 가운데 리영희 선생의 책 『전환시대의 논리』와 『우상과 이성』도 있었다. 변호사로서 변론을 위해 읽은 책을 통해 영향을 받은 셈이다. 이후 노 변호사는 더욱 폭넓은 사회과학 서적을 탐독하게 됐고, 그것을 통해서 이른바 '의식화'됐다. 리영희 선생 책이 그 출발이었다.

그 후 우리가 부민협을 할 때, 리영희 선생 초청강연회를 두세 번 한 적이 있다. 뒤풀이 자리에서 내가 리영희 선생에게 질문했다. "중국의 문화대혁명을 높이 평가했던 것이 오류가 아니었는지"라고. 그는 망설임 없이 분명하게 대답했다. "오류였다. 글을 쓸 때마다 객관성을 확보하기 위해 무척 노력했는데, 그 시절은 역시 자료접근의 어려움 때문에 한계가 있었던 것 같다. 또 그때는 정신주의에 과도하게 빠져 있었던 것 같다." 그의 솔직함이 참으로 존경스러웠다.[55]

노무현은 큰 정치를 통해 자신의 '꿈'을 이루고자 했다. 그의 꿈은 '사람이 사람답게 사는 세상'을 만드는 일, '우리 아이들이 결코 불의와 타협하지 않아도 성공하고 행복할 수 있는 세상'을 만드는 일이었다. 노무현은 그 증거를 남기고 싶어 했다. 노무현이 아내에게 보낸 "나는 꿈이 있어, 나는 꼭 그 꿈을 실현하고 싶어"라고 한 메시지는 미국의 흑인 인권운동가 마틴 루서 킹(1929~68)의 소망과 맞닿아 있었다.

킹 목사도 노무현처럼 비주류 변방인이었다. 그러나 이들에게는 그 '참혹한 변방'을 '사람 사는 세상'으로 바꾸고자 하는 꿈이 있었다. 킹 목사는 암살당하기 얼마 전 워싱턴 링컨기념관 계단 위에서 행한 〈나에게 꿈이 있습니다〉라는 유명한 연설에서 간절한 꿈의 메시지를 전했다.

친구들이여, 나는 여러분에게 오늘 꼭 해야 할 말이 있습니다. 그것은 현재의 고난과 좌절에도 불구하고 나에겐 아직도 꿈이 있다는 것입니다. 그 꿈은 '미국의 꿈'에 깊이 뿌리박고 있는 것입니다. 불공정과 박해의 무더위로 숨 막히는 불모의 땅, 미시시피주마저도 언젠가는 자유와 평등의 오아시스로 바뀔 수 있으리라는 것 또한 나의 꿈입니다. 나는 나의 네 어린 자식들이 그들의 피부 색깔이 아니라 각기의 개성에 따라 평가되는 그런 나라에 살 수 있을 것이란 꿈을 갖고 있습니다. 오늘 나에겐 꿈이 있습니다.[56]

'흑인' 킹이 암살당한 지 40년이 지난 미국에서는 '흑인' 오바마가 대통령에 당선되었다. 킹의 '꿈' 한 조각이 이루어진 셈이다. 한국에서는 언제쯤 노무현의 꿈 '사람답게 사는 세상'이 올 것인가. 현실은 여전히 암담하다.

정의가 성공하는 역사

노무현은 젊었을 적부터 백범 김구를 좋아하고 존경했다. 백범은 "종생까지 뜻을 굽히지 않고 지조를 지킨 지사로서, 우리 한민족에게 벗어나기 힘든 운명처럼 다가온 분단에 끝까지 맞선 분이기 때문"[57]이다.

백범을 존경해온 노무현은 정치에 입문하면서 차츰 의문이 생겼다. "김구 선생을 생각할 때마다 '우리 근현대사에서 존경할 만한 사람은 왜 패배자밖에 없는가?' 하는 의문이 뇌리를 떠나지 않았다. '그는 왜 패배했는가? 역사에서 올바른 뜻을 가진 사람은 왜 패배하게 되는가?' 이런 질문은 '우리 역사에서는 정의가 패배한다'는 역사적 당위로 귀착되었고, 나는 그것을 도저히 인정할 수 없었다. 패배하는 정의의 역사 (…)."[58]

긴 울림을 남기는 글이다. '패배하는 정의의 역사'는 노무현에게 평생의 화두가 되고 정치 활동은 이를 극복하기 위한 과제가 되고 도전이 되었다. 그러나 그것은 600년 동안 굴러온 거대한 역사의 수레바퀴를 가로막고 선 '도끼 발톱을 곤추세운 작은 사마귀' 당랑지부螳螂之斧를 연상케 한다.

춘추시대 때 제齊 나라 장공莊公이 어느 날 수레를 타고 사냥터를 향해 가고 있는데, 웬 벌레 한 마리가 앞발을 도끼처럼 휘두르며 수레바퀴를 칠 듯이 덤벼드는 것이었다. "어허, 기세가 대단한 놈이로군. 저건 무슨 벌레인가?" 마부가 대답했다. "사마귀라는 놈입니다. 이놈은 앞으로 나갈 줄만 알았지 후퇴라는 것을 모릅니다. 그래서 자기 힘은 생각지도 않고 저렇게 덤벼드는 것이지요." 이 말에 장공은 고개를 끄덕이며 말했다. "비록 작은 벌레이긴 하지만 인간으로 태어났다면 천하의 용사가 되었을 것이다. 미물이긴 하지만 용기가 가상하니 수레를 돌려서 가도록 하라."

『장자莊子』 「인간세편人間世篇」에 나오는 고사이다. 원래 뜻은 "자기 분수도 모르고 무모하게 덤비는 것"을 비유하는 말이다. 그러나 인류 역사에는 이런 '무모하면서' 가상한 용기를 지닌 '당랑지부'들이 있어서 잘못 굴러가는 수레바퀴를 돌려놓곤 했다. 노무현도 '당랑지부'의 용기 하나로 잘못 굴러온 역사의 수레바퀴를 돌려놓고자 했다. 그는 백범을 만나면서 '정의가 패배해온 역사'에 의문을 품어오다가 링컨을 만났다. 그 역시 패배의 굴레에서 벗어나지 못해 정신적으로 방황하던 참이었다.

나의 정치 역정 또한 그 굴레에서 벗어나지 못했다고 감히 생각한다. 정치 현실에서 나는 늘 쫓기는 입장이었다. 나의 결정이 올바른 선택이라는 이야기를 항상 들었지만 92년 총선에서도, 95년 부산시장 선거에서도, 96년과 2000년 총선에서도 계속 떨어졌다. 당에서도 힘없는 비주류였다. 나는 초심으로 돌아가서 물었다. '옳다는 것이 패배하는 역사를 가지고, 이런 역사를 반복하면서, 아이들에게 옳은 길을 가라고 말하고, 정의는 승리한다고 말하는 것은 얼마나 공허한가?' 이 자문의 틈을 자연스레 비집고 올라온 것이 링컨이었다.[59]

노무현과 링컨은 닮은 구석이 너무 많다. 가난한 집안, 낮은 학력, 노동자 생활, 변호사 개업, 거듭된 낙선, 논쟁(링컨)과 청문회(노무현)로 전국적 인물 부상, 동서화해(노무현)와 남북화해(링컨), 제16대 대통령 당선……. 게다가 천수를 누리지 못한 것까지도.

"자문의 틈을 자연스레 비집고 올라온" 링컨을 본격 연구한 노무현은 "자신의 관점을 링컨의 삶에 투사한"[60] 책 『노무현이 만난 링컨』을 펴내면서 자신의 꿈과 비전을 링컨의 삶에서 찾고자 했다. "'정의는 항상 패배한다'는 것이 가당찮은 역설에 지나지 않도록 만들면서 진리를 대하는 사람들의 이중성을 깨끗이 씻어준 본보기는 김구 선생이 아니라 링컨이었다. 나는 훌륭한 역사를 스스로 만들 수 있다는 자신감과 용기를 링컨에게서 얻는다. 해방 이후 한국사는 현실주의의 미명 아래 여러 가지 왜곡된 타협을 강요해왔다. 이상이 현실에 굴복하고 현실이 이상을 구박하는 시대를 극복하자면 김구 선생을 뛰어넘는 대안이 나와야 한다."[61]

노무현과 링컨의 '만남'은 극적이었다. 그는 선거에 여섯 번 나와 네 번째 떨어지던 날이던 2000년 4월 총선 개표가 진행되던 날 밤에 링컨에 대한 새로운 관심이 생겼다. 어릴 적 위인전에서 만난 링컨과는 전혀 다른 차원의 이 '새로운 만남'은 '극적인 재회'였다. 그는 그때의 감동을 이렇게 표현했다. "간디가 인종주의자에 의해 기차에서 쫓겨나 얼음같이 싸늘한 대기실에서 진리의 순간을 경험한 것처럼, 바울로가 다마스쿠스로 가는 뜨거운 모랫길에서 극적으로 예수를 만난 것처럼, 나는 링컨과 극적인 재회를 했다."[62]

이날 노무현은 『세계를 감동시킨 위대한 연설들』에서 링컨의 두 번째 취임 연설문을 읽고 링컨의 '위대함'에 빠져들었다. 링컨에 대해 깊이 알면 알수록 그에게서 자신의 모습이 투사되는 것을 느꼈다. "4월 13일 링컨과의 충격적 만남 이후 세상이 새롭게 보였을 뿐 아니라, 링컨의 본모습이 더욱 뚜렷하게 인식되었다. 이전에는 조금 뛰어난 정치인 한 사람이 시대의 흐름과 우연히 맞아서 위인이 된 것으로, 난국을 극복한 역량 있는 정치인의 하나로 링컨을 생각했을 뿐이었다. 그러나 그 연설문을 읽으면서 링컨이 단지 좀 뛰어난 정치인이 아니라 고귀하고도 위대한 사상가이자 정치가라는 생각을 하게 된 것이다."[63]

『노무현이 만난 링컨』의 에필로그가 「성공한 대통령의 길」이다. 그는 거듭된 패배 끝에 성공한 링컨의 길을 더듬으면서 그 역시 거듭된 패배의 길을 청산하고 '성공하는 대통령'을 꿈꾸었을까. 그는 분투하고 좌절하고 고뇌하는 링컨의 모습에서 자신의 모습을 보았을 테지만 140여 년 전에 미국의 제16대 대통령이 된 링컨처럼 자신이 한국의 제16대 대통령이 되리라고까지는 미처 예상하지 못했을 것이다.

노무현이나 링컨이나 둘 다 역사의 시계를 거꾸로 돌리려는 세력에 맞서 싸우다가 숱한 시련을 겪었다. 노무현은 '사람 사는 세상'과 동서화합을 위해 싸우다가, 링컨은 노예해방과 남북화합을 위해 싸우다가 수구기득세력으로부터 온갖 공격을 받았다. 그럼에도 두 사람 모두 죽는 순간까지 자신의 길을 포기하지 않았다. 숙명이었다.

　　링컨도 당시 집중적인 공격을 받았었다. 보통의 정치 참모들은 조
언했을지도 모른다. 자신의 정당성을 내세워 적을 이겨야 한다는 당
위를 설파하거나, 승리의 자신감을 불어넣어 강력한 지도력을 세우
라고……. 그러나 링컨은 불의와 정의, 승리와 패배 같은 용어를 멀
리하려 했다. 남과 북을 똑같은 하나의 공동체로 생각하고 자기의
고민을 끌어안듯이 동족상잔의 전쟁을 이야기한다. 증오가 아닌 애
정을, 내침이 아닌 관용을 말하고 있는 것이다. 나는 여기서 인간의
존재와 삶의 방식에 대한 깊은 성찰로 담담하게 상황을 바라보는 링
컨을 느낄 수 있었다. 고통과 갈등 속에 있는 모순된 인간의 삶을 어
떻게든 조금이라도 극복하고자 하는 짙은 고뇌가 링컨에게서 배어
나옴을 보았다.[64]

　　노무현은 자신의 이상理想은 환상이 아니라 현실에 발을 딛고 있
다고 했다. 바로 링컨을 정면교사正面敎師로 삼아 "환상이 아닌 현
실에서 출발하는 전략적 현실주의자"가 된 것이다. 노무현은 링컨
을 이렇게 평가했다.

　　"링컨은 현실이 어떻든 간에 성과를 내려고 하는 조급한 개혁주
의자가 아니었다. 역사의 흐름에 자신의 과업을 맡겨두고 그냥 민
심을 좇아다니지도 않았다. 링컨은 인간의 가치, 사회의 미래에 대

한 분명한 자신의 가치기준을 가지고 있었다. 거기에 단순한 원칙주의자의 옹졸함도 없었다. 진보에 대한 확고한 인식과 열망이 있었고 한 발 한 발 치밀하게 나아갔다. 그는 현실적으로 가능한 범위 내에서 최선을 추구했다. 이상을 추구하되 현실에 두 발을 굳건히 딛고 서 있었으며, 갈 길이 멀다는 것을 분명히 알았지만 성급히 내딛지 않았다. 링컨은 인간의 이성에서 눈을 떼지 않은 인도주의자였다. 동시에 환상이 아닌 현실에서 출발하는 전략적 현실주의자였다."[65]

"링컨은 정직과 성실로 자기가 맡은 일에서 성과와 신용을 얻었고, 끊임없는 도전으로 기회를 성공으로 만들어낸 사람이다. 그것뿐이라면 그다지 특별하지도 않고, 그런 사람도 많다. 그에게는 따뜻함이 있었다. 따뜻한 사람이라야 출세한 사람이 우리 이웃이 되고 우리 모두의 행복이 된다. 따뜻하지 않은 사람이 출세하면 알게 모르게 내 몫을 빼앗아가며 나를 배 아프게도 하고 억울하게도 하기 때문이다. 링컨은 또한 현명한 사람이었다. 무엇이 옳고, 일을 어떻게 풀어갈 것인지 판단을 내리는 능력이 있는 사람이다. 정세를 정확히 판단하고 역사를 통찰하는 힘이 있었고, 자기의 가치관에 대한 신념이 확고했다. 연방통합과 노예해방을 위해 전쟁을 치르기로 결단한 것은 이러한 통찰력과 신념에서 나온 용기였다."[66]

노무현은 이 책에 "위인의 약점은 범인의 위안"이라는 경구를 적었다. 위인에게도 약점과 과오가 있게 마련이듯 링컨에게도 적잖은 약점이 있었다. 너무 '관대'한 나머지 사람들이 대통령을 우습게 여기고, 심지어 집권했을 때도 '힘없는 대통령'으로 여겨 함부로 대한 사례를 빼놓지 않고 적었다. 그러면서 노무현은 오늘날 우리에게 필요한 것은 '링컨의 리더십(지도력)'이라는 사실을 역설했다.

> 강력한 지도력은 강권적 지도력이 아니다. 바로 대중의 신뢰와 민주적 절차에 뿌리박은 통합의 지도력이다. 또한 수평적이고 개방적이며 자율적인 지도력이다. 그리고 이러한 지도력만이 남북 분단을 극복하고, 지역 갈등과 계층 대립이 만연한 우리 사회의 고질을 치유할 수 있다.[67]

노무현은 또 링컨이 강조했던 화합과 통합은 자신이 추구하는 목표와 다르지 않음을 강조한다.

> 민족이 남북과 동서로 분열되어 쟁투가 끊이지 않는 오늘의 이 시대는 링컨이 직면했던 시대와도 유사하지 않은가. 링컨은 '만일 나라가 스스로 분쟁하면 그 나라가 설 수 없고, 만일 집이 스스로 분쟁하면 그 집이 설 수 없다'는 성경 구절을 인용했다. 내가 '동서 간의 지역통합 없는 개혁도, 통일도 모두 불가능하다. 통합의 문을 통과해야만 개혁도, 발전도 가능하다'고 한 주장도 그런 맥락으로 이해되길 바란다.[68]

'신뢰의 위기'가 만들어낸 '노무현 바람'

우리나라 관료나 정치인들이 기록을 제대로 남기지 않는 것은 어제오늘의 일이 아니다. 선임자들이 재임 기간의 경험을 기록으로 남기지 않은 탓에 후임자가 업무를 파악하는 데 어려움을 겪고 시행착오를 되풀이하기도 한다.

30여 년 전에 필자가 영국 연방의회와 런던 시의회를 방문했을 때의 일이다. 두 곳의 해외 홍보 담당관이 똑같이 "당신네 나라는 웬 돈이 그리 많아서 해마다 여러 팀이 찾아와서 똑같은 자료를 요구하느냐"라며 짜증을 냈다. 해마다 한국의 여러 기관에서 관광차 방문하고는 돌아갈 때는 저마다 '보고서용'으로 자료를 요구하자 이에 '항의'하는 차원에서 하는 말이었다.

케케묵은 얘기를 다시 꺼낸 데는 이유가 있다. 노무현이 해양수산부 장관을 퇴임하고 나서 8개월 동안의 경험과 문제점, 개선 방향 등을 묶어 펴낸 책이 바로 『노무현의 리더십 이야기』이다. 한때 베스트셀러가 되기도 한 이 책은 행정가와 CEO를 위한 리더십 연구서다.

노무현은 이 책이 어떤 책인지 다음과 같이 설명한다. "우리나라의 공무원이 어떻게 일을 하고 있으며, 또 어떻게 일을 해야 하는지, 우리나라의 장관은 어떤 조건에서 책임을 맡게 되며, 어떻게 장관으로서의 리더십을 발휘해야 하는지를 생각했다. 공무원의 리더십이 행정부에서 아주 중요한 문제라는 생각을 하면서 인간과 조직 그리고 리더십에 대한 평소 생각을 하나하나 실천에 옮겼다. 이 책은 이러한 입장에서 생각하고 실천했던 리더십과 지식경영에 대한 보고서다. 비록 짧은 장관 재임이었지만 이러한 경험을 여러 사람들과 나누고자 재임 시절부터 틈틈이 생각과 활동을 정리해두었다. 그리고 작년 3월 말 퇴임하자마자 그냥 버리기 아까운 기억들을 하나의 책으로 엮기 위해 새롭게 정리하기 시작했다."[69]

노무현은 대선 출마를 선언하는 등 매우 바쁜 가운데서도 이 책을 집필한 이유가 있었다. 국정운영의 리더십에 관한 자신의 경영철학과 비전을 제시하기 위해서였다.

김용구 전 미래경영개발연구원 원장은 이 책을 '국가행정을 전형적인 학습조직의 실천과정'으로 보여주는 책이라고 평가하며 이렇게 덧붙였다. "국가행정에서도 21세기 경영에서 가장 중요하게 생각하는 학습조직이 될 수 있음을 입증하고 있는 것이다. 누구든 책임 있는 공직을 맡을 때 처음부터 이렇게 비전을 세워 공유하고, 생각하는 방법을 이해하고, 조직 구성원들이 역량을 육성하고 발휘하게 하며, 현장 중심의 토론과 대화에 근거해 학습하는 관점에서 시작한다면 한국의 국가행정은 세계적인 경쟁력을 갖게 될 것이다."[70]

김용구는 노무현의 리더십이 '세기의 경영인'이라 불리던 잭 웰치와 전 미래산업 회장인 정문술의 리더십과 맞닿아 있다고 평가한다. "(이 책은) 저자가 국가경영의 한 분야를 실천하는 가운데 보여준 현장 중심, 토론과 대화를 통한 문제 해결, 목적 수립과 장기적인 시각에 의한 상생相生의 실천 프로그램, 그리고 열정과 애정에 기반을 둔 신뢰를 보여주고 있는 점에서 잭 웰치 리더십의 일정 단계를 압축해서 국가행정에 보여준 일면이 있다. 어떤 점에서는 미래산업의 정문술 회장이 보여주었던 신뢰 경영, 공·사 구분 등의 원칙경영과도 상통된다."[71]

한편, 유시민은 3김 정치의 문제점과 극복 방안을 말하면서 '노무현 바람'은 기존 지도력에 대한 '신뢰의 위기'가 만들어낸 정치현상이라고 분석했다.

'노무현 바람'은 새로운 리더십에 대한 대중의 열망을 반영한다. 노무현은 독자적 비전과 정치적 패러다임을 완전하게 체계화하지는 못했지만 그 가능성을 보유한 새로운 리더로 떠올랐다. '노무현 바람'의 진원지와 지지층의 특성을 뜯어보면 한국 사회에 일찍이 없었던 신주류가 등장하고 있음을 알 수 있다. 신주류는 앞서 언급한 '합리적 개혁세력'이다. '개혁의 중단이 아니라 더 많은 민주주의와 보다 효율적인 개혁을 기대하는 시민들의 집합'이다. '신주류'는 '구주류'와 기존의 정치적 리더들이 만들어놓은 지역주의 정치구도와 특권적 권력문화, 제왕적 리더십을 거부하고 불신한다. '노무현 바람'은 기존 지도력에 대한 '신뢰의 위기'가 만들어낸 정치현상이다.[72]

5
감동과 반전의 '대선 드라마'

드라마보다 극적인 드라마를 쓰다!

노무현의 대선 출마 선언은 결코 즉흥적이거나 돌발적인 행위
가 아니었다. 김대중 정부 중반기인 2001년 초에 정계 일각에서는
정·부통령 4년 중임제 개헌론이 제기되었다. 월간 ≪신동아≫가
실시한 여론조사에서 여당인 민주당과 자민련 의원 84%, 야당인
한나라당 의원 53%가 이 개헌안에 찬성한 것으로 나타났다.

≪신동아≫ 여론조사에서 주목되는 조사 항목은 여야 의원들의
"정·부통령제 개헌 시 유력한 부통령 후보는?"이라는 항목이다.[1]
공동 여당에서 노무현은 정동영과 이인제 등을 크게 제치고 부통
령 후보 1순위에 오를 만큼 위상이 높아졌다.

이보다 앞선 1999년 7월 1일 자 ≪한겨레 21≫의 여론조사에

서는 노무현이 한나라당 이회창보다 지지도가 더 높은 것으로 나타났다. 특히 호감도에서 지지도가 높았다. 노무현의 호감도는 43.2%, 자질은 38.4%였다. 이회창은 자질에서는 노무현보다 지지도가 높았으나 호감도에서는 더 낮았다. 노무현이 이회창보다 자질에서 떨어진다고 응답한 것은 노무현에 대한 접근할 수 없는 사회·문화적인 코드의 한계 때문으로 보였다.

그러나 ≪일요신문≫에서 같은 해 11월에 '정치부 기자 100명이 뽑은 자질'을 조사했는데, 노무현이 1위를 차지했다. 정치부 기자들은 상대적으로 노무현을 가까이에서 보는 이들이다. 결국 자질뿐만 아니라 이회창은 처음부터 인간적인 면모, 즉 문화적인 코드에서 노무현에게 밀리고 있었다.[2]

이런 조사 결과는 노무현의 대선 출마가 즉흥적이 아니라 현실성에 의거한 것이었음을 잘 보여준다. 그러나 이러한 결과가 곧바로 득표율로 연결되는 수치가 아닌 데다가 그는 당내 조직, 자금력, 지역 기반 같은 게 전혀 없다시피 한 처지라서 당의 후보로 선출되는 것이 더 어려운 상황이었다.

그런데도 그가 대선에 나서게 된 이유는 명확했다. 멀리는 조선 건국 이래 수백 년간 수구기득세력이 농단해온 국가경영을 바로잡겠다는 오랜 꿈 때문이었다. 또 가까이는 '국민의 정부'가 비전과 정책을 바르게 설정하고서도 족벌신문과 수구세력의 발목잡기로 인해 민주정부 단절의 위기를 지켜보았기 때문이다. 그래서 결단을 내렸다. 백범이 이루고자 했던 나라, 링컨이 꿈꾸었던 국가를 이뤄보고 싶었다.

대선에 참여하게 된 데에는 '이인제'라는 인물에 대한 의구심도 한몫했다.

2002년도의 위기는 다름 아닌 이인제 씨의 존재였습니다. 이회창 씨가 아니었다는 것입니다. 2001년, 2002년에 노사모가 폭발했는데 당시 사람들이 느낀 위기감은 이회창 씨의 존재보다는 이인제 씨가 민주당 후보가 될 수 있다는 사실이 아니었나 싶습니다. 이인제 씨는 3당 합당에 따라가 도지사도 하고 경선 불복도 한 사람인데 그런 사람이 민주당에 와서 선거대책위원장이 되고 대통령 후보가 되려고 하니까, 전통적인 가치를 지지하는 사람들, 즉 소신을 이익보다 더 소중하게 생각해오던 젊은 사람들과, 민주주의를 위해서 많은 위험을 감수했던 사람들이 보면서 얼마나 위기감을 느꼈겠습니까? 그 위기감 위에서 제가 그 사람들로부터 지지를 받을 수 있었고 결국 대통령까지 오게 된 것입니다.[3]

왜 노무현인가?

노무현은 주변인이었다. 집권 여당의 대통령 후보 출마를 선언할 때만 해도 그에게는 '중심'이 없었고 '테두리'만 있었다. 테두리는 노사모를 비롯하여 불특정한 전국의 민초들이었다. 게다가 민주당의 '중심'인 동교동계는 이인제 후보를 밀었다. 주변인 노무현은 이에 아랑곳없이 중심부를 향해 과감하고 힘차게 도약했다.

천지사방 어디를 둘러봐도 딛고 일어설 만한 디딤돌이 없었다. 대선 후보 경선은 결코 만만한 도전이 아니었다. 본선에만 진출한다면 청년 학생, 노동자, 도시 서민의 높은 지지를 받을 수 있을 것으로 기대해보겠지만, 코앞의 당내 경선이 첩첩산중이요 고립무원이었다. 당내 유력 계보 출신과 군사독재시대 민주화운동을 이끈 쟁쟁한 투사, 개인적으로 유명세가 있는 인사들이 속속 대선후보 경선 대열에 합류했다.

민주당은 대통령 후보 경선을 대한민국 역사상 처음으로 국민참여경선으로 진행했다. 이 경선에는 노무현을 비롯하여 김중권, 정동영, 김근태, 이인제, 한화갑(상임고문), 유종근(전북지사)이 후보로 나섰다. 국민참여경선은 당원과 일반 국민을 같은 비율로 섞어 선거인단을 구성했다. 인터넷을 통해 자발적으로 참여한 200만 명 중에서 무작위로 2만 명을 추렸다.

노무현이 대선후보 출마를 선언하고 당내 경선에 뛰어들자 맨먼저 천정배 의원이 지지를 선언했다. 변호사 출신인 천정배는 재야 시절부터 노무현의 활동을 지켜봤던 터였다. 천정배의 지지 선언은, 뒷날 노무현이 "내 선거 캠프에도 국회의원이 생겼다"라고 했을 만큼 노무현 캠프에 큰 힘이 되고 용기를 주었다.

천정배는 노무현 지지를 선언하면서 '왜 노무현인가'를 자문자답하고, 그 이유를 다음과 같이 밝혔다. "노무현은 현 시기의 시대

정신이 요구하는 정치인이다. 우리가 살고 있는 이 시대가 요구하는 시대정신, 특히 우리 정치권이 국민의 요구에 답해야만 하는 책임이라는 관점에서 볼 때, 이 시대 정치인으로서의 노무현 고문에 대해서는 할 얘기가 많다. 특히 대통령 선거를 앞두고 있는 지금, 후보자로서의 자질과 이 시기의 과제 해결을 위한 적임자로서의 이야기는 짧게 쓰기에는 그 진실한 내용들이 너무도 많다."[4]

천정배는 또 당시의 시대정신을 개혁이라 전제하고, 개혁의 실천자로 노무현을 꼽았다. "개혁의 가장 중요한 측면은 먼저 자신의 뼈와 살을 기꺼이 도려내는 자기희생일 것이다. 사실 그것이 전제되지 않은 개혁은 누구나 할 수 있다. 군사독재자도 로마의 네로도 자신에게 아무런 손해가 없는 개혁은 할 수 있는 것이기 때문이다. 개혁이 소리만 요란했다가 결국 용두사미가 되고 마는 것은 왜인가? 자기희생의 각오가 배제돼 있기 때문이다. 그런 점에서 볼 때 정치인 노무현 고문은 이 시대에 쉽게 찾아보기 어려운 희망이 아닐 수 없다. 앞날이 보장된 편안한 탄탄대로도 대의가 아니면 주저 없이 거부하는 사람, 힘겨운 가시밭길이라도 그것이 누군가는 가야 할 길이라는 판단이 들면 기꺼이 걷는 정치인, 그 순간마다 어찌 인간으로서의 깊은 고뇌가 없었을까마는, 그의 결론은 언제나 이 시대의 정치인이라면 기본적으로 짊어져야 할 책임을 먼저 실천하는 일이었다."[5]

천정배가 지역도 다르고 정계 입신 배경도 다른(목포 출신인 천정배는 김대중의 추천으로 정계에 입문했다) 노무현을 대통령 후보로 적극 추천한 이유에는 노무현의 '솔직함'도 포함되었다. "대통령 선거를 앞둔 지금, 여러 후보자들의 화려한 말잔치가 계속되고 있다. 그 가운데 유력한 한 사람인 노무현 고문, 그는 다른 후보들과 확연히 구분되는 새로운 희망을 우리에게 던져주고 있다. 무엇보다 우리를 감동시키는 것은 그의 솔직함이다. 불신의 대명사로 낙인찍혀버린 이 정치권에서 그가 보여주는 솔직함은 하나의 청량제와 같다. 그는 모든 것을 서슴없이 드러낸다. 잘못은 솔직히 털어놓고 용서를 구한다."[6]

천정배는 노무현이 온갖 불이익에도 불구하고 지역감정이라는 큰 벽을 정면으로 돌파해왔다고 평가하면서, "동서화합을 위한 그의 헌신과 희생이 마침내 결실을 맺는 날, 그날은 우리 정치가 새로운 차원으로 도약하는 하나의 큰 분수령으로 기록될 것"이라고 내다보았다. 그리고 "지금 우리는 어렵게 성취해온 성과를 기반으로 한 번 더 도약하느냐 아니면 또다시 특권의식에 젖은 기득권세력에게 정권을 내주고 마느냐의 기로에 서 있다. 노무현 고문이 우리의 희망으로 다가서고 있는 것은 이 과제를 짊어지고 갈 더없이 적합한 인물이기 때문일 것"[7]이라며 지지의 변을 마무리했다.

'지사적 풍모'를 지닌 정치인

노무현이 대통령 후보 출마를 선언한 직후인 2002년 2월 15일,

당시 잘 나가던 시사평론가 유시민은 3시간 30분 동안 '인간 노무현'을 인터뷰했다. 이 인터뷰를 통해 노무현의 진면목을 알게 된 이후 노무현의 열성 지지자가 된 유시민은 인터뷰 소감에서 노무현을 '참 씩씩한 사람'이라고 표현하며 다음과 같이 말했다.

노무현은 참 씩씩한 사람이다. 경선 캠프에 현역 의원이 한 명도 없고, 여론조사 지지에서 이인제 고문에게 제법 뒤떨어져 있는데도 자기가 틀림없이 민주당 후보가 될 것이라고 큰소리를 친다. 그런데 '걱정 없는 소년'처럼 보이던 노무현도 학력 문제가 나오자 안색이 어두워지고 목소리가 약간 나직해졌다. 왜 그렇지 않겠는가. 내로라 하는 신문사와 방송사 고위직에 잘 아는 친구나 한 다리 건너 알 만한 사람이 하나도 없는 사람이, 국민 지지 하나만 믿고 후보 경선을 치른다고 생각해보라. 누군들 속이 타지 않겠는가.[8]

다른 어떤 인터뷰보다도 유시민과 한 이 인터뷰는 '인간' 노무현 그리고 그의 사상과 신념, 대선에 나서게 된 이유, 통치 철학 등을 우리가 엿볼 수 있는 소중한 자료로 꼽는다. 두 사람의 이야기를 조금 들어본다.

유시민: 영감 있는 리더라면서 캠프에 현역 국회의원이 하나도 없는 건 또 뭡니까?
노무현: 이것만은 미리 분명하게 얘기해두고 싶은데, 적어도 우

리 당에서 노무현이 거짓말쟁이다, 사기꾼이다, 이렇게 말하는 사람은 없습니다. 다들 '괜찮은데……' 하면서 그다음에 토를 달죠. 이건 제가 가지고 있는 약점이겠지요. 그러나 그렇게 토를 다는 내용을 보면, 모자라는 걸 인정해야 할 것도 많은데, 도저히 수용할 수 없는 것도 많습니다. 이제 줄서기 좀 그만하자. 나는 뭘 주고 싶어도 줄 게 아무것도 없어요.

유시민: 원래 계보를 만들려면 돈도 좀 주고, 나쁜 짓 하다 걸리면 빼내주고, 그 두 가지는 해야 하는 것 아닌가요?

노무현: 바로 그겁니다. 계보와 동지는 다른 겁니다. 동지는 아무것도 물질적으로 주고받고 하지 않으면서 함께 일하는 사람입니다. 말로는 동지라고 하면서 뭔가 주고받으면 그건 계보거든요. 계보는 이해관계로 결속한 것이죠.

유시민: 혹시 노 고문께서 국회의원들이나 지구당 위원장들의 협력을 얻는데, 또는 미래에 대한 확신을 전염시키는 일을 게을리하신 것 아닙니까?

노무현: 자기 주관이 뚜렷한 사람들은 원래 줄 안 섭니다. 그다음에 주관이 뚜렷하든 않든 간에, 상황을 보고 대세에 편승하는 사람은 많은데 스스로 그 흐름을 만들려는 사람은 적죠. 그게 오늘날 우리 정치의 가장 큰 비극 중의 하나입니다.

유시민: 미국을 방문한 경험이 없는 유일한 경선 주자라는 지적이 있던데, 사실입니까?

노무현: 갈 일이 없었어요. 갈 일이라고는 여행 가는 거, 교포사회

후원회 만들러 가는 거, 그다음에 미국의 관리들 만나서 사진 찍으러 가는 거, 그것 말고는 갈 일이 없는데, 세 가지 다 그렇게 탐탁지가 않더라고요(노무현의 이 발언, "미국 관리들 만나 사진 찍으러 가는 거"를 둘러싸고 상대 진영과 족벌신문, 사대주의 지식인들이 벌 떼같이 일어나 비난을 퍼부었다—필자).

유시민: 영어를 잘 못하시지요?

노무현: 통 못하지요.

유시민: 영어를 잘 못하시는 것이 대통령으로 외교업무를 수행하는 데 지장이 있다고 생각하십니까?

노무현: 대통령이 되기 전까지는 그런데 대통령이 되면 별문제가 없을 것입니다.

유시민: 《조선일보》의 가장 큰 문제가 뭐라고 생각하십니까?

노무현: 첫째, 너무 세다. 그들은 법 위에 있습니다. 지금도 법 위에 있고. 그래서 우리 사회 규범의 규제는 거의 받지 않고 책임도 지지 않는다.

유시민: 그럼 두 번째는 뭡니까?

노무현: 우리 한국 국민들에게 너무 수치스럽다. 수치감을 줍니다. 해방된 지 언젠데 친일언론이, 독재 아부한 언론이 계속해서 일등을 해야 되냐. 좀 국민들을 수치스럽게 만드는 것 아니냐.

유시민: 또 다른 이유가 있습니까?

노무현: 세 번째는 너무 많은 사람들이 겁을 낸다. 이건 첫 번째하

고 같은 데 너무 많은 사람들이 겁을 냅니다.

유시민: 경마장이나 경륜장 가보신 적은 있습니까?

노무현: 경마장은 제가 부산에서 변호사 할 때 서울에 놀러 와서 한번 가봤습니다. 마권도 샀는데 어떻게 사서 어떻게 보는지도 모르고 샀다가 내 말이 어느 것인지도 모르고 그냥 끝나버렸어요. (웃음)

유시민: 고스톱의 어떤 면이 가장 묘미가 있다고 생각하세요. 규칙 중에.

노무현: 어떻든 다양하고 사람들이 다 좋아하더라고요. 나는 사실 고스톱을 잘 못 하는데, 화투를 손에 쥐어본 지가 까마득합니다. 그런데 남들이 즐기는 건 찬성합니다.

인터뷰를 마친 유시민은 노무현에게서 지사적 풍모를 느끼고, 그를 순진한 사람이라 생각하게 됐다고 한다. "노무현은 지사적志士的 풍모를 가진 인물이다. 정치인에게 이런 말은 욕이 될 수도 있고 칭찬이 될 수도 있다. 30대 중반에 가서야 사회에 눈을 떴고, 마흔이 넘어서 정치에 입문한 늦깎이라서 그런가? 남들이 다 가망이 없다고 하는 일을 그게 옳다는 이유로 될 때까지 밀어붙이는 것, 민주당의 개혁파 의원들이 일종의 절망감에 젖어 사태를 관망하는 판국에 자기가 유일한 대안이라고 큰소리치는 것, 자기가 믿는 바를 논리적으로 다 설명하지는 못하지만, 노무현은 분명 확신을 가진 정치인이며 그 확신을 남에게 '전염'시킬 수 있는 사람이다. 노무현은 무척 순진한 사람이다. 대통령이 되겠다는 사람이 정치 시작한 걸 일생 최악의 선택으로 꼽는 걸 보라. 제일 잘한 선택에 대한 답변도 그렇다. 모르겠다니? '제 아내한테 청혼한 겁니다.' 참모들이 이런 대답을 건의했을 게 훤한데도 도대체 요지부동이다. 이런 사람은 대중에게 아부하지 않는다. 표를 구걸하지도 않는다. 한마디로 마음에 없는 말이나 행동을 하지 못하는 성격이다. 이런 사람이 대통령이 되면 좋을까? 판단은 각자에게 달렸다."[9]

≪조선일보≫ 인터뷰를 거부하다!

노무현은 1993년 10월 언론사 인터뷰에서 "정치를 해오면서 특별히 지켜야겠다고 생각하는 정치적 원칙이나 신념"으로 선명성과 꿋꿋한 모습을 들었다. "사람들은 화살을 잘 피하고 물살을 잘 타는 사람의 묘기를 지켜보면서 재미를 느끼지만 아주 거대한 흐름에 굽히지 않고 부딪혀 나가고, 상처를 입으면서도 비바람을 뚫고 나가는 꿋꿋한 모습을 기대하기도 한다. 어떤 의미에서는 그런 사람들이 바로 그 사회의 희망과 기상이라고 할 수 있다. 한 사회에 그런 기상을 가진 사람이 많아야 사회적으로 큰 위기가 왔을 때 그것을 돌파할 수 있다. 나는 정통성, 선명한 노선을 강조하면서 정치를 해왔다. 앞으로도 이런 원칙을 지키면서 정치를 할 것이다."[10]

노무현은 대통령 후보 경선에 출마하면서 「개혁과 통합으로 원칙의 시대, 화합의 시대를 열어가자」라는 기자회견문을 발표했다. 오랫동안 생각하고 다듬어온 철학이고 정책이었다.

노무현은 빈부격차 해소, 중산층과 서민 생활 안정화를 천명하면서 "경쟁력 있는 나라, 모두가 골고루 잘 사는 나라, 환경과 문화의 수준이 높은 선진문화국가, 아시아의 질서를 주도하는 아시아의 중심국가"라는 한국의 21세기 비전을 제시하고, 이 비전을 실현하기 위해 '정치개혁, 국민통합, 원칙과 신뢰'를 강조했다. 그리고 "화려한 구호나 공약보다 더 소중한 신뢰와 믿음을, 원칙의 시대, 화합의 시대를 말이 아닌 행동으로 보여"주고, "반드시 승리해서 정치개혁과 동서화합을 이루고, 원칙이 승리한다는 것을 반드시 증명해 보이겠습니다"라고 다짐했다.[11]

노무현은 대선 가도, 그러니까 당내 경선 과정에서부터 보수언론의 왜곡과 편파보도에 시달렸다. 그가 해양수산부 장관으로 재임하던 무렵 국민의 정부는 중앙언론사 세무조사를 실시했다. 이에 한나라당과 조중동은 언론탄압으로 규정하면서 거센 비난을 퍼부었다(언론사 세무조사는 문민정부에서도 한 차례 실시했는데, 무슨 이유에서였는지 공개하지 못한 채 묻혀버렸다).

노무현은 이에 대해 해양수산부 출입 기자들과 가진 오찬 간담회에서 정부의 세무조사를 지지하며, 특히 ≪조선일보≫의 행태를 신랄하게 비판했다. 정부의 각료나 국회의원 누구도 저들의 후환이 두려워 입도 뻥긋하지 못하는 상황이었다.

≪조선일보≫는 대통령 선거가 이회창과 이인제의 대결로 가는 것을 기정사실화하는 기사를 자꾸 실었다. 나는 ≪조선일보≫가 '이회창 대통령 만들기'를 하는 것으로 간주하고 그 신문과 싸우기로 결심했다. '조폭언론과의 전쟁 불사' 발언 보도가 나가고 50일 후 해양수산부 장관을 퇴임했다. 민주당으로 돌아온 뒤 본격적인 싸움을 시작했다. 2001년 6월 7일 ≪미디어 오늘≫ 이명태 기자와 인터뷰하면서 나는 말했다. "수구세력의 선봉에 ≪조선일보≫가 있다. ≪조선일보≫는 독재권력과의 야합으로 부정과 특혜를 쌓아 올린 기득권 세력이며 언론시장에서 부당한 과실을 누리고 있다. ≪조선일보≫는 민주당의 정권 재창출을 절대 용납할 수 없다며 ≪조선일보≫식 정치구도를 만들고 있다. 내가 ≪조선일보≫를 상대로 버거운 싸움을 하는 것은 개혁세력 방어를 위한 전략이며 몸부림이다.[12]

노무현이 ≪조선일보≫와 '전쟁'을 치르면서 당한 보복과 불이익은 이만저만이 아니었다. 주위에서 극구 만류했으나 그는 뜻을 꺾지 않았다. 오히려 "≪조선일보≫는 친일반민족 신문이며 법으로도 하도록 되어 있는 세무조사도 받지 않겠다고 버티는 비리·특권 신문"이라는 성명을 낸 데 이어 "≪조선일보≫는 '이회창 기관지'이며 ≪조선일보≫와 이회창 총재가 똑같은 수구·냉전 특권세력"이라며 비판의 수위를 한층 더 높였다.

노무현이 민주당 대선 경선 후보에 나서면서 ≪조선일보≫는 민주당 경선 후보 릴레이 인터뷰 기사를 실었다. 노무현 후보의 인터뷰 기사는 없었다. 노무현이 ≪조선일보≫의 인터뷰 요청을 단호히 거부했기 때문이다. 그 이유를 밝히며 이렇게 말했다. "≪조선일보≫의 권위를 높여주는 어떤 일도 하고 싶지 않았다. ≪조선일보≫의 장삿거리가 되고 싶지도 않았다. 기기묘묘한 편파·왜곡 보도로 정부와 민주당에 끊임없이 상처를 입히는 신문과 협력하는 일은 할 수 없었다."[13]

노무현은 지지하는 국회의원도 한 명 없이 치러야 하는 당내 경선도 만만치 않은 와중에 족벌신문들과도 힘겨운 싸움을 계속 해나가야 했다.

한국 정치의 새로운 희망을 불어넣다!

민주당 대통령 후보 경선은 2002년 3월 9일에 제주도를 시작으로 대장정의 막이 올랐다. 경선에 돌입할 때의 대세는 단연 이인제 후보였다. 민주당의 최대세력인 동교동계까지 이인제를 밀었다. 1997년 대선 당시 '이인제의 존재'로 인해 김대중이 이회창을 꺾고 당선될 수 있었다는 이유로 호남을 비롯한 일부 민주진영에서는 '보은의 의미'에서 이인제를 지지했다.

그런데 막상 경선 뚜껑이 열리자 곳곳에서 '이변'이 속출했다. 첫 경선인 제주에서 한화갑이 불과 0.5% 차이로 이인제를 2위로 밀어내고 1위를 차지했다. 이인제 대세론이 시작부터 흔들렸다.

노무현은 3위로 선전했다. 이어진 3월 10일 울산 경선에서 노무현이 1위로 기세를 올린 반면 이인제는 김중권에게도 뒤져 3위를 하는 데 그쳤다.

경선에서 일찌감치 포기하는 후보들이 나왔다. 3월 12일에 김근태가 후보 경선에서 사퇴하고, 이틀 뒤에는 불법 로비자금 수수 혐의를 받던 유종근이 후보 사퇴와 동시에 당에 누가 되지 않기 위해 탈당을 선언했다. 대통령 후보 경선이 5파전으로 바뀌면서 결과는 더욱 예측하기 힘든 상황이 되었다.

그런데 3월 16일 광주 경선에서 모두가 깜짝 놀랄 '이변'이 일어났다. 노무현이 동교동계의 지원을 업은 이인제를 누르고 1위를 차지했다. 3위는 한화갑이었고, 김중권과 정동영이 뒤를 이었다. 이후 경선에서 이인제는 대전과 충남·충북에서만 몰표를 얻어 1위를 차지했을 뿐 나머지 전 지역에서는 노무현에게 밀렸다.

광주 경선이 끝나고 3월 19일에 한화갑이, 강원 경선이 끝나고 3월 25일에 김중권이 각각 후보직을 사퇴했다. 그러자 3월 30일 경남 경선부터는 노무현, 이인제, 정동영 후보 셋이 경선을 치르게 되었다.

4월 13일, 이인제의 핵심 지지기반인 충북에서마저 노무현은 이인제(734표)의 절반이 넘는 득표(387표)를 했다. 그리고 4월 14일 전남 경선에서 1위를 하며 13개 지역 경선 누적 득표수에서 이인제와 표 차이가 1,512표로 벌어졌다. 이인제는 이미 판세가 기울었다고 여기고 4월 17일에 후보를 사퇴한다.

이인제의 후보 사퇴로 노무현의 득표 점유율은 81%를 넘어서면서, 사실상 민주당 대선후보는 노무현으로 확정되었다. 이후 정동영이 남은 부산, 경기, 서울 경선을 끝까지 함께했으나 이는 경선을 '축제'로 마무리하기 위한 '우정 출연'이었다.

50일 가까이 전국 각지를 돌며 실시된 새천년민주당의 대통령 후보 경선은 정당사상 유례없는 흥행을 이뤘다. 당원은 물론 일반 국민의 관심도 뜨거웠다. 흔들리지 않을 것 같던 대세론을 깨뜨리는 이변이 속출했기 때문이다. 스포츠는 물론이고 어떤 '게임'이든 일방적이면 지루하고, 일반의 예상이 빗나가면 그만큼 열광하게 마련이다.

열광을 이끌어낸 '이변'의 발원지는 전라도 광주였다. 민주당 주류의 지지기반인 광주 경선에서 '영남 사람' 노무현이 이 지역 출신인 한화갑은 물론이고 '대세' 이인제를 누르고 새로운 '대세'로 떠오름으로써 흥행 돌풍의 서막을 올렸다. 광주에서 불기 시작한 이른바 '노풍'은 전국 16개 경선 지역 가운데 11개 지역에서 1위, 제주(3위)를 제외한 4개 지역에서 2위를 차지함으로써 압도적인 종합 1위로 대선 후보를 확정 지었다. 마지막까지 완주한 두 사람의 득표 누계는 노무현이 72.2%, 정동영이 27.8%였다.

노무현은 이 과정에서 평범한 진리 하나를 다시 확인했다고 했다. "광주 염루종합체육관에서 실시한 경선에는 선거인단 1,572명이 참가했다. 투표율이 무려 81퍼센트였다. 광주·전남의 대표 정치인이던 한화갑 후보를 3위로 밀어내고 득표율 37.9퍼센트, 595

표를 얻어 1등을 했다. 2위 이인제 후보보다 104표를 더 받았다. 부산 출신 원외 정치인 노무현이 민주진영의 심장 광주에서 누구도 예상하지 못했던 압승을 거둔 것이다. 스탠드에서 가슴을 졸였던 지지자와 자원봉사자들이 서로 끌어안고 엉엉 울었다. 민주당 경선은 사실상 여기서 끝났다. '이인제 대세론'은 언론과 정치인들이 만든 허상에 지나지 않았다. 국민들은 기회주의자를 용납하기는 하지만 지도자로 인정하지는 않는다는 평범한 진리를 다시 확인했다."[14]

노무현의 경선 행로에는 훼방꾼이 많았다. 특히 ≪조선일보≫는 노골적으로 노무현 후보에게 딴죽을 걸었다. 족벌신문들은 노무현의 술자리 얘기나 하지도 않은 말을 지어내어 대서특필하고 붉은색을 칠하기에 여념이 없었다.

김동민 성공회대 교수는 족벌신문들의 행태에 부끄러웠다고 했다. "족벌신문들이 달가워할 리 없었다. 민주당 국민경선 과정에서 예기치 않은 돌풍을 일으키며 선두로 부각되었을 뿐 아니라 본선에서 당선 가능성까지 높아지자 집중 견제에 나선 것이다. 음모론과 색깔론이 먹히지 않자 언론관을 물고 늘어졌다. 술자리 발언을 두고 침소봉대하여 맹공격을 퍼부은 것이다. 술자리에서 비보도를 전제로 허심탄회하게 나눈 얘기를 뒤늦게 문제 삼은 메이저 신문들의 작태를 보면서 이 나라에 살고 있다는 사실이 한없이 부끄러워졌다."[15]

노무현이 인천 경선에서 다시 1위를 하자 족벌신문들은 노무현

을 발악적으로 헐뜯었다. 이날 노무현은 한나라당과 ≪조선일보≫
의 비방을 방어하기도 힘들지만 "언론에게 고개 숙이고 비굴하게
굴복하는 대통령이 되지 않을 것이며 동아·조선은 민주당 경선에
서 손을 떼라"라고 맞받아쳤다.[16]

"공감이 가는 것을 보도하면 왜 수긍하지 않겠나. 지금의 언론
보도는 지나치다는 생각을 갖지 않을 수 없다. 내가 지금 이인제
후보하고 경선을 하는 것인지 일부 특정 언론하고 경선을 하는 것
인지 모르겠다"라고 할 지경으로 노무현은 족벌신문으로부터 온갖
모함과 부당한 공격을 받았다. 따라서 노무현의 대선후보 경선 승
리는 수구기득세력을 대변해온 족벌신문과 벌인 싸움에서 승리한
것이기도 했다.

한국 현대정치사에서 '노무현 후보'의 등장은 특이한 현상이다.
역대 집권당 대통령 후보 등장 과정과는 판이하다. 그동안 집권당
총재인 대통령의 뜻에 따라 지명돼온 관례대로 했다면 '노 후보'는
없었을 것이다. 새롭게 선보인 국민경선제는 노무현과 같은 비주
류 소수파도 '대세'와 '주류'를 넘어 승리할 수 있다는 밑바닥 민심
을 여실히 보여주었다.

세상이 바뀌고 민심이 달라지고 있었다. 노무현은 단기필마로,
그것도 거대 족벌언론의 저열한 융단폭격과 경쟁자의 치명적인 색
깔공세에도 아랑곳없이 우뚝 일어섰다. 국민은 그만큼 기성의 정
치조직과 제도와 인물에 신물이 나던 터였다. 노무현은 여느 기성
정치인들과 달랐다. 기득권을 대하는 태도는 물론이려니와 특히

수구언론의 횡포에 맞선 그의 결기는 쉽게 흉내 낼 수 없는 대단한 용기다.

이제껏 기성 정치인들은 말로는 서민 대중을 위한다고 떠들면서 실제로는 기득권층을 대변해왔다. 그쪽에서 정치자금을 얻어다 쓰며 신세를 졌고, 또 여러 신세를 져야 했기 때문이다. 그러다가 자신들도 어느새 기득권층에 편입되었다. 과거 노동운동이나 민주화 운동 출신 정치인들도 국회의원 배지를 달고 나면 얼마 지나지 않아 어김없이 제도권 정치인으로 변신하고 '정치 귀족'이 되었다. 이것이 우리 정치의 현실이고 수준이었다.

그런 가운데서 노무현은 '독불장군' 소리를 들을 만큼 남달랐고, 언행이 일치했다. 지나치리만큼 솔직한 가운데 사람의 심금을 울리는 진정성이 있었다. 국민과 민주당원들은 그 점을 높이 샀다. 시세 편승이나 인기 영합을 거부하고 손해를 보더라도 일관된 신념으로 정도를 걷고자 하는 모습에서 사람들은 한국 정치의 새로운 희망을 내다보았다.[17]

2002년 4월 27일, 노무현은 서울 경선을 끝으로 민주당 대통령 후보로 확정되었다. 같은 날 새천년민주당 전국대의원대회에서 새천년민주당 제16대 대통령 후보 수락 연설을 했다. 불신과 분열의 시대를 넘는 개혁과 통합의 정치로 대선에서 반드시 승리하겠다며 '정치개혁, 원칙과 신뢰의 사회 구축, 국민통합'의 3대 집권 청사진을 제시했다. 이어 "각종 게이트 사건은 대통령 주변 인물과 고위 공직자들이 특권의식과 반칙의 문화를 버리지 않았기 때문에 생긴 일로 어두운 권력문화를 청산해야 한다"라며 부패척결을 다짐하고 "특정 지역이나 특정 학교 출신들이 권력을 독점하는 일은 용납하지 않겠다"라고 선언했다.

노무현은 기회주의와 연고주의, 정실주의 문화 등에 깊이 젖어 있는 우리 사회의 낡은 관행을 걷어낸 원칙이 바로 선 사회를 만들겠으며, 지역통합의 정치를 실현해 어떤 지역도 차별받지 않고 소외당하는 일이 없도록 하겠다고 역설했다. 또 노사대립에 대해서는 필요하면 직접 현장으로 달려가 노사화합을 이루는 대통령이 되겠다고 약속했다. 남북관계에 대해서는 한반도의 평화와 화해협력 실현, 김대중 대통령의 포용정책 계승 방침 등을 재확인했다. 경제정책으로는 경제 성장과 분배의 정의를 조화시켜야 한다고 피력했다.

험난한 대선 후보의 길 그리고 당선

변방의 정치인이자 주변인 노무현이 한국 민주주의의 법통을 이어온 집권 민주당의 대선 후보가 되었다. '보스'에게 충성을 바친 대가로 얻은 지명이 아니라 당당하게 국민경선을 통해 국민의 부름을 받았다. 이는 국민 말고는 누구의 눈치도 보지 않고 자신의 신념을 국정에 실현할 수 있는 최초의 대선 후보라는 의미이기도 하다.

우리 정치사에서 '노풍', 곧 '바람'으로 표현된 정치인은 노무현이 처음 아닐까. 한 언론인은 이른바 '노무현 현상'을 두고 다음과 같이 진단했다. "국민은 노무현이 인맥 없는 사람, 패거리 정치를 하지 않는 사람이기 때문에 선호했다. 그것은 정치가들이 능력이나 원칙에 따른 정치 행태를 보인 것이 아니라 끼리끼리 나눠 먹기식의 정치를 했기 때문이다. 이러한 구태의 낡은 정치를 깨기 위해서는 가신과 학벌, 지역 구도의 정치인이 아니라 가신 없는 학벌과 지역 구도에서 자유로운 이를 주목하게 했다. 그가 노무현(이다)."

우여곡절 끝에 대통령 후보로 선출된 노무현도 부산의 첫 연설에서 자신이 대통령이 되면 '정권 재창출'이 아니라 계보도 없고 측근도 없는 '새로운 정권' '노무현 정권'이라고 천명했다.

'노풍'은 지자체 선거와 보궐선거의 참패, 민주당 내의 일부 반란세력과 한나라당, 족벌신문의 온갖 역풍에도 잦아들지 않았다. 역풍은 잦아들 듯하다가 다시 불고, 고비 때마다 오히려 더욱 거세게 불었다.

사회학자 김철규는 "노풍은 정치권의 낡은 모습에 염증을 느끼고, 개혁을 열망하는 시민들에 의한 바람이다. 개혁적 중산층과 서민, 386세대, 네티즌, 여성 등 정치의 주변부에 위치해 있던 주체들이 스스로 팔을 걷어붙인 결과다. 이들은 부패정치, 경제적 불평등, 엘리트적 대권 후보 등에 대한 불만을 노 후보에 대한 희망으로 담아내고 있다"[18]라고 진단했다. 또한 '노풍'의 사회·정치적 의미를 새로운 정치, 개방적 정당정치, 사이버 공간에서의 의사소통과 정보공유라는 세 가지 측면에서 분석했다.

첫째, 수십 년 동안 재생산되어온 구시대 정치의 틀을 벗어난 새로운 정치, '시민이 주인이 되는 정치'의 가능성을 보여주었다. 우리 사회의 신정한 민주주의에 대한 열망은 1987년 시민항쟁 때 이미 표출된 바 있다.

둘째, 개방적 정당정치의 가능성을 엿보았다는 점을 지적할 수 있다. 우리나라의 정당은 오랫동안 보스 1인을 중심으로 움직이는 사당의 성격이 강했다. 그러다 보니 정책이나 이데올로기가 아니라 개인에 대한 충성과 친소관계, 이해타산에 의해 다시 만들어지고 해체되고 움직여온 것이 현실이다. 당 내부의 의사소통구조도 수직적이고 중앙집권적이었다. 진정한 의미의 정책정당도, 국민정당도 존재할 수 없었다.

셋째, 대안적 의사소통 영역으로서의 사이버 공간의 중요성이 입증되었다. 정치학자 로버트 달이 지적했듯 민주주의 활성화를 위해 정보와 의사소통은 핵심요소다. 그런데 주류 미디어는 일방향적이며 정보 흐름을 왜곡하는 경향이 강하다. 이에 비해 인터넷은 쌍방향적이고 탈규제적인 성격을 띠고 있다. 인터넷의 급속한 보급과 네티즌들의 성장은 온라인 공간에 새로운 시민사회영역을 확보해내고 있다.[19]

이렇듯 2002년 '노풍'의 진원지는 제도언론이 아니라 온라인 공간이었다. 수구세력과 족벌신문이 '저주의 언어'로 그토록 융단폭격을 가했지만 '사이버 응원군'에 힘입은 노무현은 끝내 무너지지 않고 새로운 바람을 일으켰다. 기존 정치색에 오염되지 않은 노무현이었기에 가능한 일이었다.

절망의 끝에서 희망을 길어 올리는 '전령'들

노무현은 국민경선을 통해 대통령 후보가 되었으나 아직 갈 길은 멀고 험했다. 어디에 복병이 도사리고 있는지 예측할 수도 없었다. 아니나 다를까, 변방의 비주류 정치인이 집권당의 대통령 후보로 선출되었다는 사실을 인정하지 않으려는 분위기가 여기저기서 표출되었다. 한나라당은 말할 것도 없고 족벌신문과 심지어 민주당 내부에서까지 반노무현 목소리가 터져 나왔다.

당장 노무현 앞에 놓인 산은 6·13 지방선거였다. 광역단체장 16명, 기초단체장 232명, 광역의원 682명(비례대표 73명), 기초의원 3,485명을 뽑는 6·13 선거를 앞둔 정치정세는 민주당에 대단히 불리한 상황이었다. 2001년 말부터 터지기 시작한 '진승현 게이트'와 '이용호 게이트'에 김대중 대통령의 세 아들이 연루되었다는 설이 퍼지기 시작하고, 이에 대한 검찰 수사가 진행되었다. 김대중 대통령은 대국민 사과에 이어 민주당을 탈당(5월 6일)하기에 이르렀다.

열악한 상황에서 치른 지자체 선거 결과는 예상한 대로였다. 민주당의 참패, 한나라당의 압승이었다. 민주당은 광역단체장 선거에서 호남과 제주 등 4곳을 제외한 전 지역에서 패배하고, 한나라당은 충남(자민련)을 제외한 11곳을 휩쓸었다. 기초단체장 선거에서는 한나라당이 수도권(서울·경기·인천)과 강원에서 69개 지역을 휩쓴 반면 민주당은 11개 지역에서 당선자를 내는 데 그쳤다. 광역의원 선거 결과는 더욱 참담했다. 수도권과 강원에서 235석을 차지한 한나라당이 압도적인 과반의석으로 이들 4개 광역의회를 장악한 반면, 민주당은 겨우 34석에 그쳐 군소정당으로 전락했다. 한나라당은 강원 1곳에서만 33석을 얻었으니, 비교 자체가 무의미할 정도의 참패였다.

민주당은 말 그대로 초상집 분위기였다. 지도부 인책론과 당 진로 문제 등을 놓고 계파 간 갈등이 수면 위로 떠올랐다. 비주류 일각에서는 대통령 후보 사퇴와 제3후보론까지 제기했다. 대선을 앞두고 지자체 선거의 참패의 책임을 노무현에게 물어 후보 사퇴 압력을 가했다.

노무현은 6·13 선거에 앞서 영남권에서 단체장을 1명이라도 당선시키지 못하면 후보 재신임을 받겠다고 한 터여서 사태는 더욱 꼬여갔다. 그는 대통령 후보에 선출된 뒤에 김영삼을 찾아가 다시 민주세력의 통합에 앞장서줄 것과 영남지역의 지자체 선거 지원을 요청했다. 그러나 냉대를 받고 발길을 돌려야 했다.

6·13 지방선거에 전력투구했다. 영남권에서 단체장을 하나라도

당선시키지 못하면 후보 재신임을 받겠다고 말했다. 지지층을 결집시키고 기세를 보여줄 목적으로 그렇게 한 것이다. 그런데 영남은 고사하고 호남을 제외한 수도권과 충청·강원 등 모든 곳에서 참패했다. 마치 산사태가 난 것 같았다. 아무 대책도 세울 수 없었다. 후보가 재신임을 불사하는 결연한 자세로 지방선거를 지휘한 것으로 이해하고 후보 재신임 문제는 없던 것으로 해주기를 내심 기대했다. 그런데 거꾸로 지지율 하락을 이유로 후보를 교체하자는 움직임이 당내에서 생겨났다. 재신임 약속을 지키라는 요구도 나왔다. 그럴수록 지지율은 더 내려갔다. 민주당은 8월 8일로 예정된 국회의원 재보선을 후보 지휘 아래 치른 이후 당무회의에서 재신임 여부를 결정하기로 문제를 봉합했다. 나는 명색만 후보였을 뿐 당내에서 점차 고립되어갔다.[20]

위기였다. 당내 계보나 지역 기반이 없는 후보여서 지자체 참패의 책임을 모두 혼자 뒤집어써야 할 판이었다. 후보 선출에서 불만이 많았던 민주당 의원 상당수가 기회다 싶어 후보교체론을 제기하기에 이르렀다. 이때 노무현 후보를 구한 것은 민초들이었다. 때마침 6월에 열린 한·일 월드컵에서 한국 대표팀이 4강에 진출하면서 민초들은 '노무현 살리기' 운동에 적극 나섰다. 이번에도 노사모가 전위가 되었다.

정지환 독립기자는 노사모를 붉은 악마에 빗대 "그들은 운동장과 정치판에서 당당하게 응원구호를 외치고 율동을 하고 사랑을 고백한다. 한국 축구와 정치를 바꾸려는 '이름 없는 사람들'의 아우성이고 몸부림이다. 그들은 직접 그라운드와 정치판에 뛰어들지는 않는다. 그러나 '선수'와 '후보'보다 더 뜨거운 열정으로 절망에 빠진 한국 축구와 정치를 사랑하고, 더 간절한 마음으로 절망의 벼랑 끝에서 희망을 길어 올리는 '선명'들"[21]이라고 표현했다.

언론학자 강준만은 '노풍'과 월드컵 응원의 열기의 공통점을 이렇게 분석했다. "월드컵 광기와 '노무현 바람'은 여러 면에서 큰 차이가 있기는 하지만, 한 가지 공통점은 오랫동안 짓눌려온 그 어떤 스트레스에서 탈출구를 마련해준 덕분에 불붙었다고 하는 점일 것이다. 정치를 새로운 '스트레스 해소' 산업으로 만들자. 이건 우리의 시대적 소명일 것이라 믿어 의심치 않는다."[22]

월드컵에서 한국 축구대표팀이 예상을 훨씬 뛰어넘어 세계적인 강호들을 차례로 물리치고 4강의 위업을 이룬 것은 비주류 정치인 노무현이 예상을 깨고 후보가 된 것과 비교되었다. 그래서 젊은이들은 월드컵 응원과 노무현 살리기를 같은 차원에서 진행한 것이다. 일찍이 우리나라 정치사에서 찾아볼 수 없었던 현상이었다.

월드컵의 붉은 악마들과 노사모라는 '전령사'들의 지지가 아니었으면 '노무현 후보'는 지자체 선거 참패 책임론에 짓눌려 주저앉았을지 모른다. 그런데 때마침 한국 축구대표팀의 눈부신 선전이 늘 패배하고 좌절하기만 해온 이 땅의 민초들에게 새로운 희망을 불러일으켰다. 그 희망은 '전령사'들을 통해, 억울하고 분통 터지도록 한나라당과 족벌신문들은 물론 소속 당으로부터도 '얻어맞고'

있는 노무현을 성원하는 함성으로 바뀌었다.

운명의 여신은 여전히 노무현을 시험대에 오르게 했다. 민주당은 대선을 코앞에 두고 실시된 8·8 재보선에서도 참패했다. 특정당의 지지세가 강한 지역이야 그렇다 치고, 수도권에서도 7곳 모두에서 한나라당이 압승을 거두었다. 민주당은 고작 호남에서 2석을 건졌다. 이번 선거로 한나라당은 국회 과반 의석을 넘김으로써 정국 주도권을 확보한 반면 민주당은 연이은 참패로 동력을 상실해갔다.

당내에서는 또다시 후보교체론과 신당추진론이 제기되었다. 전국을 누비며 선거유세를 해야 할 주자가 당내의 발목잡기에 묶여 옴짝달싹 못 하는 어려운 처지에 놓이고 말았다.

그런 가운데 민주당 내 이른바 비노非盧·반노反盧파 의원 34명은 10월 4일에 '대통령 후보 단일화추진협의회(후단협)'를 발족시켰다. 노무현 후보를 주저앉히고 선수를 교체하려는 시도였다.

이 무렵 '월드컵 4강 신화'와 함께 덩달아 한껏 주가가 높아진 무소속 정몽준 의원이 대선 출마를 선언하고 '국민통합 21'을 결성하여 한층 기세를 올렸다. 민주당의 적잖은 인사들이 그쪽을 기웃거렸다. 후단협에서는 노무현 대신 정몽준을 추대하려는 의원이 상당수에 이르렀고, 당내에는 '국민통합 21'과 함께 신당을 추진하려는 세력도 있었다.

이에 다시 위기에 몰린 노무현은 신당 논의는 물론 국민경선을 통해서라면 재경선도 받아들이겠다는 뜻을 밝혔다.

수도권과 영호남, 제주 등 전국 열세 곳에서 치러진 8·8 재보선에서 민주당은 다시 참패했다. 한나라당이 국회 과반의석을 확보했다. 더 버틸 수가 없었다. 나는 신당 논의는 물론이요, 국민경선이라면 재경선도 수용하겠다고 선언했다. 그러나 정몽준 후보는 국민경선 방식이 아니라 여론조사 단일화를 원했다. 악몽과 같은 상황이 계속 이어졌다. 당헌 당규에 따르면 선대위를 구성해 후보가 중앙당을 운영하도록 돼 있었다. 그러나 민주당 지도부는 선대위 구성을 자꾸 미루었다. 국고보조금이 나왔지만 후보는 그 돈을 쓸 수 없었다.[23]

노무현이 당내에서 위기에 몰리면서 지지율도 끝없이 추락했다. 지지율 추락은 그 자신이 자초한 바도 있었다. 대선 후보로 선출될 무렵에는 60%를 넘나들던 지지율이 지방선거를 전후로 급락하면서 간신히 20%에 턱걸이하는 지경이었다. 한때는 정몽준에게도 밀렸다.

노무현 후보의 지지율이 무너지기 시작한 것은 YS를 방문하면서부터라고 해도 틀린 말이 아니다. 성급하게 YS를 찾아간 것이 결정적인 실책이었던 것이다. 물론 "부산, 울산, 경남 중 어느 한 곳에서라도 승리하지 못하면 재신임을 받겠다"고 선언했던 노무현 후보이기에 YS의 지원이 절실했을 것이고, 그래서 "부산시장 후보를 추천해 달라"는 말까지 했을 것이다. 그러나 YS를 방문한 이후 지지도는 추풍낙엽처럼 떨어졌다는 사실은 그의 행동이 얼마나 무모하고 미

숙한 것이었는가를 쉽게 드러내준다. 그리고 이것은 노무현 홍보팀이 얼마나 무능한가를 증명한다.[24]

노무현이 김영삼을 찾아가 협력을 구한 것은 실책이었다. 큰 정치를 위해 DJ와 YS의 화해를 통해 민주세력을 통합하고, 당장 영남지역 선거에 도움을 받기 위해서였을지 모르나 국민과 지지자들의 생각은 달랐다. 그들은 이를 '원칙'의 일탈행위로 받아들였다.

그러나 노무현은 1997년 11월 한 언론과의 인터뷰에서 다음과 같이 반문했다. "14대 총선에서도 내가 언제든지 민자당에 입당할 수 있는 자리가 비어 있었다. 실제로 제의도 많이 받았고, 15대도 마찬가지다. 변절하지 않는 많은 사람들 중 오라고 하지 않아서 못 간 사람도 있고, 오라고 해도 안 간 사람이 있다. 나는 오라고 해도 안 간 사람 아닌가. 그것도 90년 3당 야합 때뿐 아니라 그 이후 15대에 이르기까지 두 번의 국회의원 총선 과정에서 나 스스로 그 기회를 포기해가면서 원칙과 옳은 길을 지켜왔다. 내가 이익을 좇아서 옳은 길을 훼손한 일이 있는가?"[25]

이처럼 험난한 당 내외 여건 속에서도 노무현은 대선 행보를 이어갔다. 쉽게 포기하거나 좌절하지 않는 끈기와 집념으로 전국 주요 도시를 순회하며 유세를 했다. 가는 곳마다 국민의 지지는 여전했다. 다시 활력을 찾고 용기를 회복할 수 있었다.

노무현은 대선 연설을 통해 권력에 맞서지 못한 우리의 600년 역사를 청산하고 새 역사를 만들어가자고 호소했다.

조선 건국 이래로 600년 동안 우리는 권력에 맞서서 권력을 한 번도 바꿔보지 못했다. 비록 그것이 정의라 할지라도 그것이 진리라 할지라도, 권력이 싫어하는 말을 했던 사람은, 또는 진리를 내세워서 권력에 저항했던 사람들은 전부 죽임을 당하고 그 자손들까지 멸문지화를 당했다. 600년 동안 한국에서 부귀영화를 누리고자 했던 사람은 모두 권력에 줄을 서서 손바닥을 비비고 머리를 조아려야 했다. 그저 밥이나 먹고 살고 싶으면 세상에 어떤 부정이 저질러져도 어떤 불의가 눈앞에서 벌어지고 있어도, 강자가 부당하게 약자를 짓밟고 있어도 모른 척하고 고개 숙이고 외면했다. (…) 제 어머니가 제게 남겨주었던 가훈이자 80년대 시위하다가 감옥 간 정의롭고 활기 넘치는 우리 젊은 아이들에게 그 어머니들이 간곡히 타일렀던 가훈 '야 이놈아, 모난 돌이 정 맞는다. 계란으로 바위 치기다. 그만둬라. 너는 뒤로 빠져라'는 이 비겁한 교훈을 가르쳐야 했던 우리 600년의 역사를 청산해야 한다. 권력에 맞서 당당하게 권력을 한번 쟁취하는 우리의 역사가 이루어져야만 이제 비로소 우리 젊은이들이 떳떳하게 정의를 얘기할 수 있고 불의에 맞설 수 있는 새로운 역사를 만들어낼 수 있다.[26]

이런 가운데 대선 정국은 노무현과 이회창, 정몽준의 3자 대결로 압축되었다. 3자 가운데 노무현 후보가 가장 외롭고 고달픈 처지에서 선거전을 힘겹게 꾸려갔다. 집권당 후보가 이처럼 어려운 여건에서 대선을 치른 경우는 일찍이 없었다.

"그러면 아내를 버리란 말입니까?"

설상가상으로 수구 족벌신문들의 근거 없는 음해가 끝도 없이 이어졌다. ≪조선일보≫가 특히 심했다. 그러나 노무현은 조금도 굽히지 않고 대담하게 맞섰다. ≪월간 중앙≫은 노무현의 대조선일보 '전쟁' 발언을 묶어 특집까지 발행했다.

"≪조선일보≫는 스스로 거대한 입을 가지고 있으니까 엄청나게 불리한 싸움일 수도 있다. 그러나 ≪조선일보≫처럼 부도덕한 언론과 아무도 싸우지 않는다면 누구도 정치를 바로 하지 못할 것이다. 결국 누군가 상처를 입을 각오를 하고 이런 악의적인 언론의 횡포에 맞서 싸워야 한다"(1991년 12월 ≪월간 말≫ 인터뷰).

"≪조선일보≫를 비롯한 수구언론이 일제와 독재정권에 아부한 추악한 과거를 숨기기 위해 개혁적인 정부를 공격하고 있다"(2001년 5월 국민정치연구회 초청 강연).

"수구세력 대공세 선봉에 ≪조선일보≫가 서 있다. ≪조선일보≫는 독재권력과의 야합으로 부정과 특혜를 통해 쌓아 올린 기득권세력이며 언론시장에서 부당한 과실을 누리고 있다. ≪조선일보≫가 이제 와서 자율경쟁을 주장하는 것은 부당하게 얻은 독점적 지위를 자율이라는 명분을 통해 유지하겠다는 발상이다"(2001년 6월 7일 ≪미디어오늘≫ 인터뷰).

"≪조선일보≫는 이회창 총재의 기관지다. ≪조선일보≫는 사실을 조작하고 왜곡하기 때문에 이미 신문도 아니고 언론도 아니다. 우리는 언론과 싸우는 것이 아니라 이 총재의 기관지와 싸운다고 국민에게 알려야 한다. ≪조선일보≫는 수구세력의 선봉이다"(2001년 6월 28일 ≪민주당보≫ 인터뷰).

"나를 아끼는 많은 사람들이 ≪조선일보≫와 싸우지 말라고 권유해 고민스러웠다. 그러나 내가 생각을 고쳐먹고 매일 조선일보사 앞에 꽃을 바친다고 해서≪조선일보≫가 나를 잘 봐주겠느냐. 차라리 내가 분명한 입장을 밝혀놓아야 나중에 ≪조선일보≫가 나를 공격해도 그 공정성을 의심받게 할 수 있다"(2001년 7월 2일 ≪한겨레≫ 인터뷰).

"≪조선일보≫와 싸우는 것은 민주화운동이다. ≪조선일보≫는 현재 민주화 과정에서 마지막 특권세력이자 성역으로 남아 있다. 이제 특권세력과 성역은 우리 사회에서 법의 지배 아래로 내려와야 한다. 마지막 남은 특권세력을 실질적 법치주의의 지배 아래 놓이게 하는 것은 민주주의를 완성시키는 작업이라 할 수 있다"(2001년 11월 19일).

"≪조선일보≫는 아무리 봐도 희망이 없어요. 그곳은 사주의 자유와 기자의 자유가 전혀 충돌하지 않는 신문입니다. 아주 특이한 신문이에요. 그곳에서는 어떤 제도적 개선을 통해서도 희망을 찾을 수 없어요. 그래서 저는 ≪조선일보≫와 인터뷰를 하지 않습니다"(2001년 12월호 ≪월간 말≫ 인터뷰).

"밤낮없이 자기를 죽이려고 하는 저격범까지도 끌어안아야 하나? ≪조선일보≫는 언론이 아니라 저격수다. 내가 ≪조선일보≫에 가서 불을 지르거나 테러를 하는 것도 아니고 적법하게 '응징'하겠다는 것인데, 무엇이 편협인가"(2001년 12월 3일 ≪시사저널≫ 인터뷰).

"내 아내에게 딱 하나 불만이 있다. ≪조선일보≫ 보지 말라고 하는데 자꾸 본다"(2002년 4월 7일 경북지역 경선 정견 발표).

"≪조선일보≫는 과거에 독재세력과 결탁하고 친일하던 신문으로 수구기득권을 갖고 있으면서 지금도 특권적 지위를 요구하고 있다. 언론 세무조사를 한 것과 관련해 ≪조선일보≫는 정부를 진실에 근거하지 않은 사실로 악의적으로 공격하지 않았느냐. 이는 사회에 대한 지배적 지위를 누리려는 특권의식이다. 나는 언론과 먼저 싸울 생각은 없지만 부당한 박해를 할 때는 싸울 것이다"(2002년 4월 10일 KBS 라디오 인터뷰).[27]

노무현은 평소 연구해온 내용을 토대로 집권 비전을 제시했다. 자신의 철학과 정책을 중심으로 당 정책팀의 보좌를 통해 만든 대선 공약이다. 책임총리제를 비롯하여 국가정보원·검찰·감사원 개혁, 남북정상회담 정례화, 수평적 한미관계 지향 등 괄목할 만한 내용이 많았다. 이명박 정권이 뒤엎으려다 국회의 결정으로 바로잡게 된 신행정수도 건설 추진을 비롯해 유아 보육비 50% 국고 지원 등도 이때 제시한 것들이다.

이번 대통령 선거에서도 수구세력이 전가의 보도로 휘둘러온 색깔론이 여전히 극성을 부렸다. 자신이나 자식들의 병역 기피를 위해 온갖 불법과 편법을 저지르는가 하면 북쪽과 만나 선거 직전에 휴전선 근방에서 총격으로 도발해달라는 천인공노할 흥정까지 마다하지 않는 자들이 민주진보진영 인사들에게는 온갖 용공음해를 일삼았다.

노무현에게도 예외가 아니었다. 장인의 '좌익 전력'을 물고 늘어졌다. 당내 경선 때에는 이인제 후보까지 이 문제를 들어 집중공격했던 터였다.

"제게는 잘나지는 않았지만 아내가 있습니다. 아버지는 좌익운동하다 옥사했습니다. 어릴 때부터 가난했습니다. 그때 한 남자를 알았습니다. 그 남자는 고등고시 공부를 하고 있었고, 시험에 붙었습니다. 혼인신고를 했습니다. 그 뒤에 판사 임용 신청을 했습니다. 저는 떳떳이 나섰습니다. 판사 못 해도 좋다, 인간답게 살겠다, 이렇게 결단했습니다. 장모님은 판사 발령받을 때 지서로, 경찰서로 쫓아다니며 사위의 신원조회를 잘해달라고 사정했습니다. 제가 얼굴 한 번본적 없는 장인 때문에 판사 안 될까봐 그렇게 쫓아다녔습니다. 다행히 죽은 사람은 문제를 안 삼는다는, 은혜인지 관용인지 그 무엇 때문에 판사 발령을 받았습니다. 그게 죄입니까. 평생을 가슴에 한을 묻어온 아내가 또 아버지 일로 눈물을 흘려야 합니까."28

"제 장인은 좌익활동을 하다 돌아가셨습니다. 그러나 해방되는 해 실명을 하셔서 앞을 보지 못했기 때문에 무슨 일을 얼마나 했는지는 모르겠습니다. 제가 결혼하기 훨씬 전에 돌아가셨는데, 저는 이 사실을 알고 아내와 결혼했습니다. 그리고 아이들 잘 키우고 지금까지 서로 사랑하면서 잘 살고 있습니다. 뭐가 잘못됐습니까? 이런 아내를 버려야 합니까? 그렇게 하면 대통령 자격이 있고 이 아내를 그대로 사랑하면 대통령 자격이 없다는 것입니까? 여러분, 이 자리에서 여러분들께서 심판해주십시오. 여러분이 그런 아내를 가지고 있는 사람은 대통령 자격이 없다고 판단하신다면, 저 대통령 후보 그만두겠습니다. 여러분이 하라고 하면 저 열심히 하겠습니다."29

"한국전쟁 시기에 일어난 장인의 좌익 경력을 물고 늘어지는 저들의 집요한 공격에 노무현은 정면으로 맞서 싸웠다. 아내가 네 살 때 옥중에서 돌아가신 장인의 전력을, 그것도 입증할 근거나 자료도 남아 있지 않은 상황에서 자신에게 연계시키는 매카시즘에 단호히 대응했다.

특히 남로당 군부 총책이었던 박정희를 '하느님'으로 숭배하는 세력이 그런 전력은 선반 위에 감춰놓고, 근거자료도 없는 사안을 가지고 침소봉대하여 헐뜯자 화를 참기 힘들었을 것이다. 또 일제강점기에는 친일에 앞장서고 군사독재에 빌붙어 축재하면서 거대 언론권력으로 성장해온 족벌신문들이 국가의 정체성 운운하면서 비난을 일삼을 때는 분노를 느꼈을 것이다.

저들은 노무현 후보의 장인이 좌익운동을 했다는 전력만 잘 이용하면 그를 '빨갱이'로 색칠할 수 있다고 확신했다. 그것은 결국 그들의 착각이었다. 노무현이 '이런 아내를 버려야 합니까?'라고 일갈하자 한순간에 말문이 막혔다. '그렇다'라고 하자니 졸지에 인륜을 파괴하는 무도한 집단이 되어버릴 것이고, '그런 뜻이 아니었다'라고 변명하자니 수세에 몰리는 곤혹스러운 처지가 된 것이다."[30]

뿌리 깊은 사대주의 그리고 '반미주의' 논란

노무현이 오래전부터 추구했던 집권 구상은 단순히 정치권력을 장악하는 것에 그치지 않았다. 이성계의 조선 왕조 개국 이래 권력을 독점해오면서 타락하고 부패한 사대주의 세력을 교체하려는 역사의 '반정反正'이고 '혁명'이었다. 이를 위해 단기필마로 기득권세력과 맞섰다. 저들은 친명사대親明事大를 시작으로 친청親淸, 친일親日, 친미親美로 종주국을 수시로 바꿔가면서 사대를 생존의 가치로 삼고 이를 바탕으로 국민 위에 군림해왔다고 비판했다.

노무현은 왕조사와 민중사를 구분하여 인식했다. 왕조사는 사대 굴욕을 통해 권력을 유지했지만, 민중사는 외세의 침략과 온갖 수탈에도 굴하지 않고 나라를 지키면서 한민족의 주체가 되어왔다고 믿었다. 굴욕적인 왕조사와는 달리 자주적인 민중사를 믿었다. 그래서 노동자와 서민 등 기층민중의 편에서 정치를 해왔다.

선거운동 과정에서 미국에 한 번도 다녀오지 않았다는 것이 쟁점이 되었다. 해방 반세기가 지난 나라에서 여당의 대통령 후보가 미국에 한 번도 다녀오지 않았다는 것을 문제 삼는 나라가 지구상에 또 있을까? 일제강점기에도 아무리 '뼛속까지' 친일인 자들도 상대를 이렇게까지 몰아치지는 않았다.

2002년 6월, 경기도 동두천에서 여중생 효순 양과 미선 양이 미군 장갑차에 깔려 사망한 사건이 일어났다. 이들의 억울한 죽음도 문제였지만, 미군 당국이 사건을 은폐하고 범인들을 무죄 평결하는 등 한국을 철저히 무시한 처사는 국민의 공분을 불러일으키기에 충분했다. 전국적으로 이에 항의하는 촛불시위가 일어나 '반미감정'이 증폭되었다. 이런 가운데 한나라당과 족벌신문은 노무현이 명색이 대통령 후보로서 미국을 한 번도 다녀오지 않았다는 것은 필시 '반미주의자' 아니냐고 몰아붙였다. 이에 노무현은 "현안이 없는데 결코 사진 찍기 위해서 미국에 가지는 않겠다"라고 맞받아쳤다. 그러자 저들은 노무현을 '반미주의자'로 규정하고 공세의 수위를 높였다.

이런 공격을 받으면 무조건 변명부터 하면서 몸을 낮추는 것이 보통이다. 정치인이라면 다들 그렇게 했다. '반미주의자'라는 낙인은 한국의 정치인들에게는 치명적인 사형선고나 마찬가지였기 때문이다. 그런데 노무현은 대수롭지 않다는 듯 빙그레 웃으며 말했다. "반미면 어떻습니까?" 노무현의 일갈에 수구세력은 그만 할 말을 잃어버렸다. 미국과 대등한 관계를 가지면 왜 안 되는지 그다지 진지하게 생각해본 적이 없던 그들은 겉으로는 짐짓 화를 내면서도 속으로는 '뭐, 저런 놈이 다 있어!'라고 비명을 질러댔다.[31]

한나라당과 족벌신문을 비롯한 수구세력에게 노무현은 참으로 상대하기 거북한 존재였다. 좌경용공, 반미주의자 등으로 몰아치면 대부분 변명을 하거나 움츠러드는데 노무현은 직설어법으로 이를 돌파하고 역공했기 때문이다. 노무현의 수많은 연설문이나 저서 어디에서도 그가 반미주의자라는 근거는 찾기 어렵다. 그렇다고 친미주의자도 아니다. 그는 주권국가의 국민으로서 미국을 있는 그대로 받아들이고 상대하면 된다는 실용주의적 외교관을 가졌다. 이런 그의 가치관은 대통령 선거 과정에서도 그대로 드러났다.

선거 캠프 안에서는 미국 방문 문제가 쟁점이 되었다. 모두들 하루라도 빨리 미국에 가라고 했다. 명을 내리기만 하면 미국 조야의 지도자들과 월가의 큰 손들을 만나도록 주선하겠다고 했다. 한국의 유력한 대통령 후보가 미국을 한 번도 가보지 않았고 비자조차 없다는 사실이 무슨 결격 사유나 되는 것처럼 걱정했다. 은근히 자존심이 상했다. 미국에 가지 않으면 무슨 문제가 있느냐고 물어보았더니 누구도 딱 떨어지는 대답을 하지 않았다. 미국 정부가 나를 탐탁하게 여기지 않는다고 해도 한국 대선에 개입할 방법이 있는 것은 아니지 않느냐고 물으니, 공해상에서 북한 화물선을 붙잡아 분쟁지역 불법무기 수출 선박으로 몰아 안보위기를 조장할 수 있다고 했다. 이른바 '북풍공작'이다. 나는 미국 정부가 그런 일을 할 리 없고, 그렇다고 해서 꼭 내가 손해를 본다고 장담할 수도 없다고 주장했다.[32]

잘못된 '우리 600년 역사'의 첫머리인 조선 태조 이성계는 역성혁명으로 새 왕조를 열었다. 그는 즉위 다음 날(1392년 7월 17일) 명나라에 주청사奏請使를 보내 자신을 조선의 왕으로 책봉해줄 것을 주청했다. 명나라는 자신들을 '대국'으로 섬겨 요동 공격을 철회하고, '이소사대以小事大'를 명분으로 쿠데타를 일으킨 이성계를 거부할 하등의 이유가 없었다. 즉각 조선의 왕으로 책봉한다는 칙지勅旨를 내렸다.

감읍한 이성계는 명 황실에 정도전을 사은사謝恩使로 보내 사은의 예로 말 60필을 바치고 "황제의 훈계가 친절하고 황제의 은혜가 넓고 깊어 신이 온 나라 신민들과 더불어 감격함을 이길 수 없습니다. (…) 은혜를 마음속에 새겨서 잊지 않을 것이며, 쇄골분신이 되어도 보답하기 어려울 것입니다. 성심을 다해 억만 년이 되어도 항상 조공하고 축복하는 정성을 바치겠습니다"[33]라는 낯 뜨거운 표문을 지어 올려 사대굴욕의 극치를 보여주었다.

해방 뒤 분단정부 수립 과정에서 이승만이 미국에 보인 행태도

이성계 못지않았다. 그는 미국의 동아시아 경영의 충직한 하수인 노릇을 자처했다. 그가 독립운동을 했다지만, 중국 경내의 독립지사들이 풍찬노숙을 하면서 목숨 바쳐 투쟁하는 동안에 미국에 안주한 채 호의호식하며 한가한 '외교론'이나 읊조렸다. 심지어는 독립자금 유용, 재미 한인회 분열까지 일삼았다. 그러다가 해방이 되자 귀국할 때 라디오 방송 이벤트로 '화려하게' 등장하여, 미국을 등에 업고 대통령이 되어 12년 독재정권을 유지했다.

시민혁명으로 태어난 민주정권을 쿠데타로 뒤엎고 정권을 찬탈한 박정희는 처음부터 미국의 '구애'를 위해 몸부림을 쳤다. 처음에 미국은 5·16 쿠데타에 반대하는 성명을 냈다. 그러나 박정희 쿠데타 세력의 친일, 친미, 반공의 충성심을 지켜보면서 지지로 돌아섰다. 감격한 박정희는 미국으로 달려가 비굴한 모습으로 '간택'을 받았다.

케네디는 흔들의자에 두 다리를 쭉 뻗은 채, 누운 듯이 앉아서 가끔 미소를 지어 보이며 박정희의 인물을 관찰하듯 지그시 바라보아요. 히죽히죽 웃기도 하면서 여유 있는 강자의 태도였어. 나는 아무리 작은 나라에서 왔다고 하더라도 한 나라의 지도 권력자인데 저렇게 깔보는 태도가 옳은 것일까 하고 의아하게 생각했어. 그만큼 오만하더군. 자금성의 옥좌에 앉아서 조선에서 온 왕자나 그 대리자를 내려다보는 중국 역대 황제의 모습이 떠올랐어. 한편 박정희는 마치 군주 앞에 불려 나온 신하처럼 긴장했어. (…) 박정희는 금색 도금 테두리 짙은 색안경을 끼고 빳빳한 등받이 의자에 앉아 있었다. 가끔 다리를 반듯이 모으기도 하고 꼬기도 하고 그랬다. 마치 군주 앞에 홀로 불려 나온 신하처럼, 긴장한 모습이었다.[34]

12·12 쿠데타와 5·18 광주학살을 자행하여 권력을 찬탈한 전두환은 박정희의 길을 좇아 미국의 승인을 받으려고 갖은 애를 썼다. 전두환은 미국이 방미를 승인하는 조건으로 제시한 '김대중 사형 집행 중지'를 약속하고, 1981년 2월 2일 미국으로 건너가 레이건을 만났다. 전두환은 레이건 정부 출범 이후 워싱턴을 방문한 첫 외국 국가원수가 되는 '명예'를 얻었다. 미국의 '승인'을 받은 전두환 정권은 미국의 국익을 위해 충성을 다했다.

6월항쟁으로 직선제 개헌이 이루어지고 민정당 대통령 후보가 된 노태우는 대선을 석 달 앞둔 1987년 9월 14일 백악관에서 레이건과 회담했다. 미국이 대선 후보에 불과한 노태우를 불러 회담한 것은 이례적이었다. 이로써 노태우는 위상을 국내외에 과시하고, 미국이 지지하는 가장 유력한 후보라는 인식을 심어주게 되었다.

3당 야합을 통해 민자당의 유력한 대통령 후보로 떠오른 김영삼은 1991년 9월 23일 남북한 유엔 동시가입 경축사절단의 일원으로 노태우 대통령을 수행하여 미국을 방문했다. 한미 정상회담 자리에 김영삼이 노태우와 함께 나와 부시 미국 대통령과 악수를 하고 사진을 찍었다. 한국의 유력한 대통령 후보라는 메시지를 미국 조야에 주게 되고, 국내에는 미국이 인정하는 후보라는 인식을 심어주었다.

미국에 두 차례나 정치 망명을 했던 김대중은 1997년 4월에 야당의 대선 후보 자격으로 워싱턴을 방문했다. 그러나 부시 대통령을 만나지 못하고 미 상공회의소와 국방대학원에서 초청 연설을 하고 돌아왔다.

2002년 한나라당의 대선 후보가 된 이회창은 1월에 워싱턴을 찾아가 체니 부통령과 파월 국방장관, 라이스 백악관 안보담당 보좌관 등 미 고위 인사들과 잇따라 회담하고 돌아왔다. 이회창은 미국에서 김대중 정부의 햇볕정책을 강하게 비판하여 파문을 일으키기도 했다.[35]

노무현은 이들과 크게 달랐다. 권력을 찬탈한 쿠데타 수괴들은 물론이고 대통령 후보들이 줄줄이 미국으로 달려가 간택을 원하거나 충성을 다짐한 것과는 전혀 다른 행보를 보였다.

2002년 4월에 민주당 대통령 후보로 선출되자마자 노무현은 바빠서 미국에 한 번도 안 갔다며 이렇게 비판했다. "유감스럽게도 정통성 없는 지도자들이 반드시 미국의 정치적 승인을 받아야 하는 관계가 있어서, 눈도장 찍고 절하고 돌아왔다. 지식인들도 미국이 곱지 않은 눈으로 보면 국정운영이 어렵다는 선입견을 가지고 있다. 그런 시대는 끝났다."

한마디로 그에게 대통령 후보들의 미국 방문은 '사진 찍으러 가는 것'에 불과했다. 야당과 보수언론의 거센 비판에도 노무현은 주장을 꺾지 않았다. 9월 11일 영남대 특강에서 "미국 안 갔다고 반

미주의자인가? 또 반미주의자면 어떤가?"라고 도발적인 질문을 던져 다시 한번 파란을 일으켰다.[36]

대선 후보들의 미국 추종 경향은 이명박 후보의 '해프닝'으로도 나타났다. 2007년 8월에 대통령 후보로 확정되자 이명박은 10월 중순 미국을 방문해 부시와 면담한다고 발표했다. 한나라당은 "이번 면담은 미국이 이명박 후보의 위상을 인정한 것이고 차기 정부까지 내다본 결정이 아닌가 생각한다"라며 대국민 선전에 열을 올렸다. 족벌신문들은 이명박 후보와 부시 대통령의 만남이 "엉망이 된 한미동맹의 신뢰를 회복하는 기회가 될 것"이라는 등 덩달아 맞장구를 쳤다. 그런데 며칠 뒤 주한 미국대사관은 이명박과 부시(아들 부시)의 면담을 공식 부인하고, 백악관도 면담 계획이 없다고 분명히 밝혔다.[37]

미국 정부도 분별없이 찾아오는 한국 대선 후보들의 태도에 부담을 느낀 것이다. 섣불리 대선에 개입했다가 역풍을 맞게 될 것을 우려했기 때문이다. 이런 의미에서 노무현의 태도는 주목할 만하다. 그는 대통령 선거 과정에서 미국을 찾아가지 않았고, 대통령에 당선된 뒤에도 제3국에서 정상적인 한미 정상회담을 했다.

기나긴 논란 끝에 미국 방문 문제를 정리했다. "갈 일이 있으면 간다. 일이 없어도 한가하면 갈 수 있다. 그런데 바쁜데 일도 없으면서 사진 찍으러 가지는 않겠다." 갈 일도 없고 바쁘기도 해서 결국 미국을 가지 않은 채 대통령 선거를 치렀다.

이 황당한 일을 겪으면서 우리나라 정치인과 지식인들이 미국

앞에서 많이 주눅 들어 있다는 것을 알았다. 미국에서 공부를 한 사람들일수록 그 정도는 더욱 심했다.

어떤 불이익이 있을지 모른다는 막연한 두려움, 대통령 후보가 미국에 한 번도 가보지 않은 것을 국민이 불안하게 여긴다는 근거 없는 불안감, 대통령이 되려는 사람이 이런 것들에 휘둘려 일도 없는데 사진 찍으려고 미국에 가는 것은 주권국가인 대한민국을 모욕하는 일이라고 생각했다. 그래서 미국 방문을 대통령 선거 뒤로 미루었다. [38]

수구세력의 '차떼기'를 이긴 민초들의 '돼지저금통'

선거전은 막판으로 치달았다. 상황은 노무현에게 불리하게 전개되었다. 꾸준히 이회창이 선두를 달리고 정몽준이 한 차례 1위를 차지했다가 2위를 지켰다. 노무현은 몇 차례 여론조사에서 3위를 벗어나지 못한 상태였다.

그런 와중에 10월 17일에는 민주당 서울시장 후보였던 김민석 전 의원, 신낙균 전 의원 등이 창당을 추진하고 있던 정몽준 진영으로 넘어가고, 민주당 '후단협' 소속 의원 다수가 이탈할 것이라는 불길한 소문이 나돌았다. 노무현에게 절체절명의 위기였다.

그런데 이 위기의 순간에 믿기 힘든 '이변'이 일어났다. '개미군단'의 후원금이 폭발적으로 늘어나고, 이와 함께 지지율도 오르기 시작했다.

갑자기 후원금이 쏟아지기 시작한 것이다. 수많은 시민들이 노무현 후보의 홈페이지에 접속해 10만 원 내외의 소액 후원금을 보냈다. 이날 밤 들어온 후원금이 7,000만 원을 넘었다. 다음 날은 1억 원을 넘겼다. 다음 날도 그다음 날도 마찬가지였다. 도대체 무엇 때문이었을까? 김민석 의원의 탈당 사건이 그를 지지하던 사람들의 마음 어느 곳을 건드린 것 같았다. 이 사건으로 분위기가 반전되면서 몇 달 만에 처음으로 지지율이 상승 흐름을 탔다.[39]

이는 대통령 선거사상 유례가 없는 일이었다. 선거 과정에서 정치인들 사이의 이합집산은 늘 있었다. 그러나 이를 지켜보던 민중들이 특정한 후보를 위해 성금을 보내고 집단으로 지지를 표시한 것은 처음 있는 일이었다.

마침내 노무현에게 행운의 여신이 찾아왔다. 7월 하순부터 노사모와 민주당 국민경선 당시 자원봉사자들이 '국민후보 지키기 서명운동'에 이어 독자적으로 인터넷 정당 '개혁국민정당'을 만들었다. 이들 중에는 시사평론가로 유명세를 누리던 유시민이 절필 선언을 하고 노무현 지지 활동의 선봉에 서고, 영화배우이자 TV 시사 프로그램 〈그것이 알고 싶다〉 사회자 등으로 이름을 날린 문성근 등 소장 명사들이 참여했다. '개혁국민정당'은 10월 20일 여의도 63빌딩 국제회의장에서 인터넷 당원 투표를 통해 노무현을 지지하기로 결의했다.

노무현에게 이들의 지지 선언은 천군만마 같은 원군이었다. 당내 기반이 흔들리고, 이에 따라 여론조사에서 지지율이 15%까지 추락하는 위기 상황에서 국민성금의 답지와 개혁국민정당의 지지 결의는 추락하는 노무현에게 든든한 동아줄이 되었다.

노무현은 개혁국민정당 발기인 대회에서 문성근의 감동적이고 진솔한 연설을 듣고 눈물을 흘렸다. 험난한 정치역정을 사심 없이 걸어온 지난날을 알아주는 젊은 동지들의 결의에 감격하고, 문성근의 순정한 연설에 하염없이 눈물을 흘렸다. 연출되지 않은 눈물이었다. 이 장면은 '노무현의 눈물'이라는 제목으로 TV 광고로도 제작되어 뜨거운 반응을 불러일으켰다. 국민의 뇌리에 오랫동안 깊이 각인되었다.

2002년 대통령 선거도 여느 선거처럼 '돈 선거'였다. 역대 어느 대통령 선거 못지않았다. 과거에는 정부 여당에 의해 자금이 조달되고 살포되었는데 이번에는 야당이 그 주역이었다.

이른바 '차떼기'라는 유행어까지 나돌 만큼 거액의 뭉칫돈이 한나라당 이회창 후보 측으로 흘러갔다. 불법자금을 넘겨받는 방식이 그때까지의 상식을 뛰어넘는 기상천외한 방식이었다. 트럭에 현금을 가득 채운 트럭을 이회창 후보 캠프 측에서 통째로 넘겨받는 방식이었다. 이는 '한나라당 차떼기 사건'으로 불리면서 비난받고, 지금까지도 우리나라 정치사의 대표적인 흑역사로 남아 있다.

불법 선거자금 조달 방식은 '신선'했으나 차떼기로 건네진 불법

자금은 예전과 다름없이 재벌기업들의 주머니에서 흘러나왔다. 사건의 전모는 다음과 같다.

이회창 후보의 최측근인 서정우 변호사가 LG에 연락해 대선자금을 비밀리에 요청했다. 이에 LG는 100억 원이 넘는 현금이 실린 트럭을 '만남의 광장' 주차장에 갖다 놓았다. 서정우는 현금이 실린 트럭을 넘겨받고 직접 운전해 한나라당 당사 지하 주차장으로 몰고 갔다. 이 불법 자금은 무사히 한나라당 재정국에 입고되었다. 불법자금을 이런 방식으로 보낸 건 LG뿐만이 아니었다. 다른 재벌들도 비슷한 수법으로 한나라당에 불법자금을 보냈는데, 그 총액이 500억 원에 이르렀다. 이 사건으로 한나라당은 '차떼기당'이 되었다. 민심이 분노로 들끓었고, 서청원과 최돈웅 의원 등은 구속됐다. 그러나 모든 책임은 자신에게 있다며 큰소리친 이회창 대선 후보는 법망을 피해 갔다.[40]

이회창 진영과는 비교가 되지 않는 액수였으나 노무현 진영도 '돈 선거'의 굴레를 벗어나지 못했다. 대선이 끝난 뒤 '돈 선거' 문제가 쟁점이 되면서 불법자금 조달과 선거자금 법정 한도 초과 사용이 확인돼 민주당의 정대철과 이상수, 그리고 노무현의 측근 최도술 등이 불법자금 모금 등의 혐의로 구속되었기 때문이다. 노무현은 12월 14일 4당 대표와 가진 회동에서 "우리가 쓴 불법사금 규모가 한나라당의 10분의 1을 넘으면 당선되더라도 대통령직을 사퇴하고 정계를 은퇴하겠다"라고 천명했다.

노무현은 선거 과정에서 측근과 선대위 관계자들에게 선거비용이 쪼들리더라도 결코 부정한 자금은 끌어들이지 말라고 엄명했다. 그 대신 전통적 선거운동 방식을 크게 바꾸고, 선거자금 모금 방식도 획기적으로 바꾸도록 했다. 국민이 후원금을 내고 대통령 후보를 지원하는 방식을 공개적으로 요청해, 국민의 자발적인 참여로 60억 원 이상의 국민성금이 모아졌다. 헌정사상 초유의 현상이었다.

희망돼지저금통, 카드 결제, 휴대폰 모금, 희망티켓 등의 다양한 형식을 통해 진행된 모금행사는 기존의 선거자금 모금 방식을 뛰어넘은 개념으로 미디어 선거, 인터넷 선거, 정책선거의 원칙과 결합돼 국민참여형 선거운동이라는 새로운 모델을 만들었다는 평을 들었다. 이회창의 '차떼기 트럭'과 노무현의 '희망돼지저금통'의 한판 승부가 펼쳐졌다.

우여곡절을 겪으면서 선거전은 막바지로 치달았다. 노무현에게 다가오는 듯했던 행운의 여신은 다시 뒷걸음쳤다. 11월 4일, 김원길과 김영배 등 후보단일화추진협의회('후단협') 소속 국회의원 11명이 무더기로 민주당을 탈당했다. 며칠 뒤에는 또 다른 의원 몇 명이 뒤를 따랐다. 노무현은 큰 충격에 빠졌다. 이회창의 지지도는 40%를 넘었다.

당 내외에서 정몽준과의 후보단일화 운동이 전개되었다. 정몽준 측에서는 노무현 측에 불리한 여론조사를 통한 단일화 방안을 제시했다. 노무현은 이회창이 되는 것보다는 차라리 정몽준의 당선으로 연립정부를 세우는 편이 낫다는 생각에서 크게 불리한 방안이지만 이를 받아들였다.

11월 25일, 전문기관 두 곳에서 조사한 대통령 후보 단일화를 위한 여론조사 결과가 발표되었다. 노무현 후보의 우세였다. 또 한 번의 기적이었다. 다행히 정몽준 측이 결과에 승복하면서 노무현은 단일후보로 확정되었다. 몇 차례의 고비와 위기를 겪으면서 천신만고 끝에 얻어낸 '단일후보'였다.

그러나 또다시 운명의 여신은 쉽사리 길을 내주지 않았다. 정몽준 측에서 국무총리, 국정원장 등 4대 권력기관장을 포함한 내각의 절반, 정부 산하단체와 공기업 기관장 절반의 인사권을 요구하고, 문서로 보장할 것을 요구했다. 정몽준은 노무현의 유세장에 나오는 것도 꺼렸다. 노무현은 이런 요구를 단호히 거부했다.

서로 믿으면서 정권을 공동운영하는 것은 단일화 정신에 따라 받아들일 수 있지만, 국가권력을 물건 거래하듯 나눌 수는 없었다. 한동안 줄다리기를 한 끝에 요구 수준이 낮아졌다. 문서가 아니라 말로라도 후보가 약속하라고 했다. 이것도 거절했다. 대통령은 글이나 말이나 마찬가지이기 때문에 글로 써줄 수 없는 것은 말로도 약속할 수 없다고 했다.[41]

절체절명의 순간에도 노무현은 원칙을 지켰다. 생애를 두고 유지해온 '일관된 원칙'이었다. 야합과 변절이 활개 치는 정치권에서는 보기 드문 일이었다.

이를 두고 선거대책본부에서 소동이 일었다. 자금과 조직이 열세인 까닭에 5% 남짓한 여론조사의 우위가 언제 역전될지 모르니, 문서가 아닌 말로 하되 비공개로 약속을 해주고 정몽준을 끌어들여 일단 선거에서 승리하자고 조언했다. 노무현은 이마저도 거부했다.

그것도 거절했다. 비밀리에 약속한 것도 문제였고, 그것을 나중에 지키지 않으면 더 큰 문제가 될 것이었다. 김원기 고문이 최후의 수단을 강구했다. 후보가 구두약속을 했다고 정몽준 씨에게 거짓말을 하겠다는 것이었다. 선거가 끝난 후에, 사실은 후보가 반대했는데 후보 모르게 거짓말을 했다고 하면서 자기가 모든 비난과 책임을 뒤집어쓰고 정계 은퇴라도 할 테니 거짓말하는 것을 허락해달라고 했다. 나는 화를 냈다. "대통령 후보가 거짓 술수를 허락하라는 말입니까. 그렇게 하면 대통령이 되어도 성공할 수 없습니다. 실패한 대통령이 되느니 차라리 실패한 대통령 후보로 남겠습니다."[42]

선대본부 사람들이나 측근들이 얼마나 답답해했을지 짐작이 간다. 나중에 삼수갑산에 가는 한이 있더라도 일단 되고 보자는 것이 정치판의 생리이다. 더구나 대선 승리를 장담할 수 없는 아슬아슬한 판국에 '원칙'만 고수하는 노무현이 답답하고 한심스러웠을 것이다.

이들과 달리 원칙이나 정도를 벗어난 승리는 진정한 승리가 아닐뿐더러 그렇게 얻은 승리로는 성공한 대통령이 될 수 없다는 노무현의 신념은 확고부동했다. 차라리 대통령 안 하고 말지 그렇게는 못 하겠다는 후보를 누구도 말릴 재간이 없었다.

노무현과 함께 연설을 하되 연단에는 두 사람만 앉기로 하는 조건으로 정몽준이 막바지 유세장에 참여했다. 그런데 이때 탈이 생겼다.

선거운동 마지막 날인 12월 18일 서울 명동 공동유세 자리에서였다. 유세 청중 일부에서 '다음 대통령은 정몽준'이라는 문구가 적힌 피켓을 들고 '정몽준 대통령'을 연호했다. 이를 본 노무현은 즉흥적으로 "국민통합21에서 온 분 같은데 속도위반하지 마시라"라면서 추미애와 정동영 의원 같은 좋은 정치인들이 있으니 경쟁할 수 있다는 취지의 발언을 했다. 이때 현장 취재기자들은 이를 "후보단일화 했다고 해서 다음 대선 후보가 무조건 정몽준이 되는 건 아니라 다른 잠재 후보들과 마땅히 경쟁해야 한다"라는 말로 해석했다. 사실 노무현은 같은 당의 정동영 최고의원 등에게 '덕담'하느라 했던 발언인데, 이것이 폭탄의 뇌관을 건드리게 되리라고는 상상하지 못했다.[43]

그 뒤 정몽준은 유세장에 나타나지 않았다. 그러다가 정몽준 측은 갑자기 기자회견을 열어 단일화 철회를 선언했다. 마른하늘에 날벼락 같은 소식이었다. 투표를 불과 몇 시간 앞둔 시점이었다. 노무현 측은 긴급히 대책회의를 열고 정몽준을 만나 사태를 수습하기로 했다.

정대철 선거대책위원장, 이재정 본부장과 함께 노무현은 평창동 정몽준 자택을 찾아갔다. 집 밖에서 한참을 기다렸으나 끝내 대문은 열리지 않았다. 문전박대였다. 노무현은 허탈한 심경으로 집으로 돌아와야만 했다. 모든 것은 하늘에 맡긴 채 대통령 선거 유세 일정을 마쳤다.

하늘에 맡기는 것 말고는 다른 수가 없었다. 간단히 씻고 자리에 누워 아내와 이런저런 이야기를 하다가 잠이 들었다. 막 눈을 붙였나 싶은데 정대철 선대위원장이 여럿을 데리고 새벽에 집으로 들이닥쳤다. 내가 잠옷 바람으로 나타나자 모두들 어이가 없다는 듯, 이 판국에 잠이 오느냐고 하면서 허허 웃었다.[44]

'이 판국에도' 곤히 잠잘 수 있는 게 노무현이었다. 그 이전의 국회의원 선거나 지자체장 선거 개표 때도 그랬다. 그는 권력 자체에 중독된 사람이 아니었다. 권력을 잡고자 하는 것은 어디까지나 자신이 추구해온 가치를 실현하기 위해서였을 뿐, 결코 국회의원이나 대통령이 되는 것이 목적이 아니었다. 그래서 남들은 잠 못 드는 밤에도 그는 편안히 잠을 청할 수 있었다.

정몽준의 이탈은 결과적으로 노무현에게는 행운이었다. 만약 '공동정부'가 구성되었다면 참여정부의 행로는 난장亂場이 되었을지 모른다. 김대중이 DJP 연합으로 정권을 잡은 뒤 치른 홍역을 생각하면 충분히 짐작되는 일이다.

정몽준의 이탈에 반색한 신문이 있었으니 역시 ≪조선일보≫였다. 투표일 당일 "정몽준, 노무현 버렸다"라는 자극적인 제목의 사설을 실었다.

2002년 12월 19일, 노무현의 불리한 여건 속에 제16대 대통령 선거가 시작되었다. 그런데 정몽준의 '지지철회'에 분노한 젊은이들이 서로 투표를 독려하면서 또다시 '이변'이 일어났다. 출구조사 결과, 노인층의 투표가 많은 오전에는 이회창이 다소 앞섰으나 오후 3시부터 젊은 층이 투표장에 몰려들면서 역전되기 시작한 것으로 나타났다. 투표가 끝나고 발표된 방송 3사의 출구조사 결과도 노무현의 근소한 우세였다.

개표 상황도 비슷했다. 영남지방 개표가 먼저 진행된 초반에는 노무현이 4∼5% 뒤졌다. 그러나 수도권 개표가 진행되고 개표율이 35%를 넘어서면서부터 노무현의 득표율이 앞서기 시작했다. 이 추세는 끝까지 이어졌다. 밤 10시에 방송사들은 '노무현 당선 확실'을 내보냈다. 주변인으로 시작해 돌풍을 일으켰던 노무현이 마침내 제16대 대통령 선거에서 승리를 거머쥐었다.

제16대 대통령 선거 투표 공식 집계 결과, 총 3,500만여 명의 유권자 가운데 노무현이 1,201만 4,277표(48.91%)를 얻어 1,144만 3,297표(46.58%)를 얻은 이회창을 57만여 표 차로 누르고 승리했다. 이때 노무현의 득표는 대선 사상 최고 득표였다.

노무현은 서울, 인천, 경기, 충청, 호남, 제주 등 10개 지역에서 이회창을 고르게 앞섰다. 영남에서도 평균 20% 이상의 득표율을 기록했다. 특히 호남에서는 90%가 넘는 압도적인 승리였다. 영남 출신의 후보가 호남에서 압도적인 지지를 받으면서 노무현은 영·호남 간 지역주의의 벽을 허물 대통령으로 기대를 모았다.

6

'바람'으로 탄생한 최초의 '시민' 대통령

'노무현 시대'의 개막 그러나 험난한 여정의 시작

　노무현의 대통령 당선은 한국 사회의 구조로 보아 참으로 놀라운 현상이었다. 정당, 지역 기반, 자금, 언론 관계, 이념 지향 등 어느 것 하나 대선에 유리한 부분이 없었다. 뜻밖의 선거 결과를 놓고 분분한 해석이 따랐다. 특히 "부모들은 울고 자식들은 웃었다"라고 요약하며 청년세대가 기성세대에 반기를 든 '세대혁명'으로 풀이한 대목이 눈길을 끌었다. 사람들은 이구동성으로 "돈도 없고 계보 조직도 거느리지 못한 노무현의 당선은 낡은 정치에서는 상상조차 하기 힘든 감동의 드라마였다"라고 말했다.

　'역사적인' 노무현의 당선은 적잖은 정치·사회·문화사적 의미를 남겼다. 미국의 눈치나 역할이 배제된 최초의 자주적인 정권의 등장, 영남 출신 후보로서 호남의 압도적인 지지를 받은 최초의 지역 통합형 대통령, 기성세대를 불신하며 투표에 적극 참여한 젊은 세대의 등장으로 새로운 정치문화를 창출, 족벌신문들의 현저한 영향력 퇴조, 수구세력의 색깔 공세 약발이 떨어진 점, 김대중에 이어 '상고 출신' 대통령 당선으로 정치 엘리트주의를 극복한 점, 지역연합을 통하지 않으면 승리가 불가능했던 대선구도를 깨고 진보세력의 결집력만으로 이룬 승리, 분단 이후 최초의 남북정상회담을 통해 끌어낸 6·15 선언 정신의 계승, '개천에서 용 난다'라는 속담의 현실화로 서민층과 청소년들에게 희망과 꿈을 안겨준 점 등이 그것이다.

노무현 당선의 이와 같은 의미와는 상관없이 한나라당을 비롯한 수구세력은 앙앙불락이었다. 노무현의 취임 초기부터 '잃어버린 10년' 타령이 흘러나왔다. 김대중 정부 5년만 버티면 된다고 생각한 주류에게 노무현의 등장은 마른하늘에 날벼락 같은 일이었다. 비주류의 상징인 노무현이 대권을 거머쥐자 해방 이후 한국을 지배해온 기득수구세력은 이성을 잃은 채 굶주린 하이에나 무리처럼 그를 맹렬히 물어뜯었다.

그들은 민의를 마구 억누를 수 있는 폭압의 자유, 가난한 이들을 마음껏 부려 먹을 수 있는 착취의 자유, 파렴치하고도 부도덕한 짓을 해도 비판받지 않을 자유, 대대손손 무위도식할 수 있는 자유를 빼앗긴 데 대한 분노를 모두 노무현에게 퍼부었다. 그들의 공격이 도를 넘어서자 노무현도 반격에 나섰다. "한번 해보자는 거지요?"[1]

자신이 자세를 낮추고 관대하게 대응한다고 해서 그들의 광기 어
린 공세가 잦아들 것이라고는 생각지 않았기 때문이다.

값진 승리만큼 무거운 책무

노무현은 대선 승리를 '특수한 경우'라고 보았다. 노무현은 한
인터뷰에서 이렇게 평했다. "2002년 승리는 나의 독특한 인생사
때문이다. 나는 부산에서 입신해가지고, 호남의 표를 받을 수 있
는 위치에 있었다. 영·호남을 어느 정도 아우를 수 있는 정치적 기
반이 있었던 것이다. 청문회 스타라 해서 인지도도 얻었다. 그리고
내가 고집스러운 원칙을 가지고 있었다. 이런 것들이 겹쳐져서 그
때 바람을 만들어낸 거 아닌가? 그래서 이 승리는 당연한 것이 아
니라 특수한 경우다."[2]

노무현은 구조적으로 이기기 어려운 싸움에서 이겼다. "지난해
초까지 의심 없이 수용되었던 이회창·이인제 대세론, 4월 27일 민
주당 대통령 후보로 최종 확정되기까지의 국민경선 과정, 5월에
들어서면서 나타난 지지율의 하강곡선, 6·13 지방선거 참패 이후
당내에서 본격화된 노무현 흔들기, 월드컵의 성과를 업고 출현한
정몽준 후보, 8·8 재보선의 완패, 노무현 흔들기의 강도 강화, 전
격적인 후보단일화와 정몽준의 전격적인 지지 철회 등……."[3] 고난
을 헤치고 이룬 값진 승리만큼 그에게 부과된 책무는 무거웠다.

정희준(동아대 생활체육학과 교수)은 김대중에 이어 연거푸 '보수의 적자' 이회창을 물리침으로써 보수진영에 치욕을 안겨준 노무현 정부의 '미래'가 저들의 반격으로 순탄치 않을 것이라 예견했다.

DJ는 DJP 연합을 통해 보수층을 안심시켰지만 노무현은 대선 전날 한국 최대 재벌의 수장 중 한 명인 정몽준과 (정몽준 스스로 분을 못 이겨 뛰쳐나간 거지만) 결별했다. 그럼에도 인터넷, 휴대폰을 통한 '한밤의 돌풍'을 일으킴으로써, DJ에게 당한 패배를 설욕하기 위해 다시 나섰던 이회창을 또다시 패퇴시키며 대통령 자리에 올랐다. 경기고, 서울법대를 나온 한국 보수의 적자 이회창이 '상고 출신' 노무현에게 패배하고 눈물을 흘리며 정계은퇴를 선언하는 모습은 보수의 치욕이었다. 또 보수의 원천이자 생명수와도 같은 조·중·동, 검찰, 서울대와 감히 맞서고 보수의 집성촌과도 같은 강남마저 건들겠다고 나서는 그를 받아들일 수 없었다. 자신들에게 고개 쳐들고 두 눈 똑바로 뜨고 대드는 그를 도저히 인정할 수 없었다.[4]

노무현의 승리는 '선거혁명'이고 '정치반정'이었다. 5년 전에 김대중의 승리가 있었지만 민주개혁 세력의 단독 승리가 아닌 DJP 연합, 즉 보수세력의 한 자락을 끌어온 결과였다. 반면에 노무현은 단독으로 진보개혁의 기치를 들고 승리를 거두었다. 이로써 600년을 기득권층으로 군림해온 보수세력의 기반이 뿌리에서부터 흔들리게 되었지만, 한편으로는 그만큼 노무현(정부)은 사면초가에 놓인 형국이었다.

노무현은 당선자로서의 첫 기자회견에서 "이번 선거에서도 지역주의의 장벽을 허물지 못한 데 대해서는 큰 아쉬움이 남지만 충분히 가능하다는 희망은 발견했다"라고 했다. 그는 또 "한반도 긴장 해소, 북핵 문제의 평화적 해결을 위한 주도적인 역할, SOFA 개정 등 한미 간의 현안에 대한 우리 국민의 절실한 기대에 부응하겠다"라고 천명했다. 이어 그는 "대북관계나 대미관계를 포함한 외교관계에서 김대중 정부의 기조를 이어갈 것"이며, 당정 분리체제를 정착시킬 것을 재확인했다. 그는 이 밖에도 국민통합, 정치개혁, 여야 협력, 서민경제 활성화, 재벌 개혁과 노동유연성 개선 등을 약속했다.[5]

노무현은 당선 첫날 오전 일찍 국립현충원을 찾아 참배하고 방명록에 '滅私奉公(멸사봉공)'을 남겨 선열 앞에 진정한 공복公僕이 되리라 다짐했다. 이어 수유리 4·19민주묘소를 찾아 참배하고 민주혁명의 정신을 받들 것임을 다짐했다.

당선자 노무현의 행보는 후보 시절과 크게 달라지지 않았다. 그는 언론과의 첫 인터뷰도 조·중·동은 물론 다른 중앙 일간지나 방송을 제쳐놓고 처음 약속한 대로 인터넷신문 ≪오마이뉴스≫와 가졌다.

그는 대한민국 대통령 가운데 유일하게 미국에 단 한 번도 안 가고, ≪조선일보≫와 단 한 번도 인터뷰 안 하고 당선된 희귀한 정치인이었다. 그는 대통령에 당선되고 나서도 조·중·동의 눈치를 보지 않았다. 당선 후 첫 국내 언론 인터뷰를 창간한 지 2년밖에 안 된 인 터넷 언론 ≪오마이뉴스≫와 했다. 2003년 2월 22일 나는 ≪오마이 뉴스≫ 대표기자로 세종로 정부종합청사 곁에 마련된 인수위원회 사무실에서 그를 인터뷰했다. 그의 첫 마디는 이랬다. "노무현이 대 통령이 되었으면 (당선 후 첫 국내 인터뷰도) 노무현 방식으로 해야지."

우리는 그 인터뷰를 성사시키기 위해 여러 채널을 동원했다. 우리 는 외신으로부터 '세계 첫 인터넷 대통령 탄생'이라는 말까지 들은 당선자이니까 인터넷 신문과 첫 인터뷰를 하는 것이 콘셉트에 어울 린다는 점을 강조했다. 그러나 성사되리라고는 크게 기대하지 않았 다. 당선자가 신생 인터넷 언론과 첫 인터뷰를 하는 것은 기존의 주 류 언론과 보수언론에게 '특권 없는 언론정책'을 예고하는 신호탄이 었다. 그는 그 인터뷰에서 정부와 언론의 뒷거래 온상이었던 "가판 신문(전날 저녁에 발행되는 초판 신문)을 보지 않겠다"라고, 했으며 "소주 사 주면서 기사 빼달라는 소리 하지 않겠다"라고 했다.[6]

언론학자 강준만은 2000년대 첫 10년을 '노무현시대'라고 이름 붙였다. 2003년 2월 25일 노무현은 대한민국 제16대 대통령에 취 임하면서 '노무현시대'를 열었다. 10년의 초반은 김대중, 후반은 이 명박의 집권기간으로, 그의 집권 기간은 그 절반밖에 안 되지만, '구시대의 막내, 신시대의 장남'이라는 그의 자부심과는 상관없이 이명박 집권기가 온통 '반노'였다는 점에서 강준만의 작명은 타당성이 있어 보인다.

제16대 대통령직인수위원회(인수위원회)는 노무현의 당선이 시민들의 역량으로 이루어졌다는 측면에서 새 정부의 목표와 가치를 정책중심, 국민참여, 투명성과 효율적 운영에 두었고, 새 정부의 이름을 '참여정부'로 정했다. '참여'는 "진정한 민주주의는 국민의 적극적인 참여로 이루어진다"라는 노무현의 신념을 대변하는 명칭이기도 했다.

인수위원회는 당선자의 국정철학에 맞추어 참여정부의 3대 국정목표를 국민과 함께하는 민주주의, 더불어 사는 균형발전사회, 평화와 번영의 동북아시대로 결정했다. 또 당선자가 선거과정에서 핵심 구호로 내걸었던 '낡은 정치 청산'과 3대 국정목표 실현에 적합한 인물을 찾아 내각과 정부 요직에 추천하는 작업을 서둘렀다. 인수위원회로부터 국정목표를 건의받은 노무현은 3대 국정목표에 이어 원칙과 신뢰, 공정과 투명, 대화와 타협, 분권과 자율을 참여정부의 4대 좌표로 설정했다. 3대 국정목표와 4대 국정좌표는 집권 기간 참여정부의 핵심 정치 이데올로기가 되었다.

참여정부의 서민 대통령

2003년 2월 25일, 노무현은 국회의사당에서 제16대 대통령에 취임했다. 1988년 제13대 국회의원에 당선되면서 정치에 입문한

지 15년 만이었다. 만 57세가 채 안 되었으니, 민선 대통령으로는 가장 젊은 대통령이었다.

노무현은 취임사 「평화와 번영과 도약의 시대로」에서 "개혁과 통합을 바탕으로, 국민과 함께하는 민주주의, 더불어 사는 균형발전 사회, 평화와 번영의 동북아 시대를 열어나갈 것"을 천명했다. 또한 반칙과 특권이 용납되는 시대를 끝내고, 정의가 패배하고 기회주의자가 득세하는 풍토를 청산해야 한다고 강조하며 "원칙을 바로 세워 신뢰사회를 만들자"라고 제안했다.

노무현은 취임 이틀 뒤인 2월 27일 참여정부 조각을 단행했다. 기존의 관행과 서열을 파괴한 파격인사가 적지 않았다. 특히 검사 출신이 아닌 판사 출신의 젊은(검찰 수뇌부보다 고시 기수가 낮은) 변호사 강금실을 법무부장관에 기용한 것은 신선한 충격인 반면 검찰개혁에 따른 파란을 예고하는 인사였다.

노무현은 조각과 관련, 자신이 제시했던 '개혁 대통령—안정 총리' '개혁 장관—안정 차관'의 개념에 맞는 개혁 내각의 진용이라고 밝혔다. 일반적으로 노 대통령의 성향에 따른 개혁 인사들의 등용이라는 평이 따랐다. 청와대 비서진 역시 특정 지역에 편중되지 않고 전문성과 개혁성을 갖춘 인물들이 발탁되었다. 정치적 동지들과 학계, 정당, 시민단체 전문가들이 골고루 안배된 진용이었다.

그러나 참여정부의 인사는 출범부터 순탄하지 않았다. 전북 새만금간척지 사태로 김영진 농림부장관이 자진 사퇴하고, 몇 개월 뒤 김두관 행자부장관은 한나라당이 제출한 해임건의안 통과로 물러났다. 최낙정 해양수산부장관은 구설수로 취임 3주 만에, 윤진식 산업자원부장관은 부안 방사능폐기물 처리장 문제로 퇴진했다.

고영구 국정원장에 대해 한나라당은 처음으로 실시한 인사청문회에서 정보 분야의 비전문가이며 과거 국가보안법 폐지 활동을 했다는 이유로 임명부적격 의견을 냈다. 그러나 의견이 수용되지 않자 사퇴권고결의안을 내는 등 파상적인 공세를 취했다. 국정원 기조실장에 임명된 서동만 상지대 교수에 대해서도 비슷한 상황이 전개되었으나 노무현은 두 사람의 지명을 철회하지 않았다.

노무현은 일방적으로 보고하고 지시하는 국무회의의 관행을 깨고 국정의 모든 현안은 토론을 통해 처리하고자 노력했다. 청와대에서 시작된 토론문화는 공직사회로 전파되었다. 국민의 참여는 곧 토론을 통해 이루어진다는 노무현의 철학이 시작되었다.

노무현은 첫 국무회의부터 권위주의적인 격식을 모두 버리도록 지시했다. 그리고 자신이 먼저 나서서 이를 실천했다. 초대 민정수석이었던 문재인에 따르면, 노 대통령은 직접 커피를 타서 마시고 다른 사람 커피를 타 주기도 했다고 한다.[7]

이것은 어쩌면 하찮은 일로 여길 수도 있다. 그러나 아무리 거창한 가치나 이념도 '하찮은' 생활 속 실천에서 시작된다는 점에서 그것은 조금도 하찮은 일이 아니다. 최고 권부인 청와대에서 대통령이 그것을 실천한다는 것은 더욱 어려운 일이다. 그렇기에 사회에 미치는 긍정적인 파장도 그만큼 크다. 이는 권위주의를 극도로 싫어하는 노무현이기에 가능했던 일이지 정치적 '이벤트'가 아니었다. 그의 천성과 살아온 방식이 그랬다. 그는 평소 수직적 상하관계보다 수평적 인간관계를 높이 평가하고 중요시했다.

정찬용의 '비화'에 따르면, 한번은 경호실장이 노무현 대통령 때문에 대경실색했다고 했다.

전해 들은 얘기다. 경호실장은 대통령을 그림자처럼 수행한다. 어느 날 사석에서 대통령이 김세옥 경호실장에게 술을 한잔 권했다. "경호실장 형님, 한잔하세요." 김 실장은 대경실색했다. "대통령님, 이러시면 안 됩니다." "공석에서는 안 되지만 지금은 나와 사석인데 어떻습니까? 예전에는 내가 형님이라고 불렀잖습니까?" 노 대통령은 사람은 기본적으로 동등하다는 생각을 강하게 갖고 있던 분이었다. 단지 맡은 역할이 달라서 자신이 대통령이지 별다른 사람이 아니라는 것이다. 그분의 평등의식은 몸에 배어 있는 것 같다. 노 대통령은 사람을 절대로 앉아서 맞는 법이 없었다. 청와대 부하들이라고 해도 마찬가지였다. 나 혼자 들어가도 언제든지 자리에서 일어나 맞는다.[8]

내부의 개혁적 변화에도 참여정부의 앞길은 순탄하지 않았다. 도처에 장벽이고 지뢰였다. 길게는 반 천년, 짧게는 반세기 동안 기득권을 누려온 보수세력이 마련해둔 '반격 무기'였다.

개혁의 신호탄

노무현은 집권 초기에 수행해야 할 우선과제로 검찰과 언론 그리고 정치개혁을 꼽았다. 인권변호사 시절에 검찰의 문제점을 절실하게 겪었던 그는 검찰개혁에 특히 공을 들였다.

법무부장관에 판사 출신의 강금실 변호사가 임명되고, 이어서 3월 6일 검찰에 통보된 '법무부 인사지침'이 알려지면서 이른바 검찰의 '인사 파동'이 시작되었다. 말이 '인사 파동'이지 대통령에 대한 검찰의 노골적인 도발이었다.

전국 평검사들이 연판장을 돌리고 집단성명을 내는 등 파문이 일었다. 강금실 장관이 사시 17기를 법무차관에 내정한 데 이어, 검찰 고위간부 인사를 앞두고 파격적인 인사지침을 내놓자 대검 간부를 포함한 검사들이 집단으로 사표를 제출하거나 성명서를 발표하는 등 인사권에 도전했다.

검찰개혁 첫 단계에서부터 도전을 받게 된 노무현은 인사 문제를 둘러싼 검찰의 집단반발 사태와 관련하여 강경하게 대응했다. 주동 검사들에게 징계사유에 해당하면 징계하겠다고 했다. 검찰이 기득권에 안주하여 개혁을 열망하는 국민의 소리를 외면한다고 판단했기 때문이었다. 노무현은 검찰 인사와 개혁을 장관에게 맡기려 했다. 그러나 "대통령 인사권에 도전하는 상황이어서 나서지 않을 수 없다"라면서, 문제를 제기한 검사들이 면담을 원할 경우 받아들이겠다고 밝혔다. 그렇게 해서 헌정사상 처음으로 대통령과 전국지검 평검사들의 대화 자리가 마련되었다.

3월 9일 오후, 면담 대표로 선정된 평검사 40명과 대통령의 공개토론회가 텔레비전으로 중계되었다. 노무현은 이 자리에서 "검찰개혁을 위해 구시대의 낡은 경험을 벗지 못한 사람들, 개인적으로 과거의 향수에 젖어 있는 사람들을 빨리 교체하는 것이 개혁의 지름길"이라고 말했다. 군사독재 시대에 권력의 하수인으로서 국민의 인권을 짓밟아온 검사들을 퇴출시키겠다는 뜻이었다.

발언에 나선 어느 검사가 "취임 전 유세 당시, 부산 동부지청에 청탁 전화를 하지 않았느냐"라고 따지듯이 물었다. 묵묵히 듣고 있던 노무현은 "이쯤 되면 막가자는 거지요"라며 불편한 심경을 드러냈다. 한때 이 말이 시중에 회자되고, 대통령을 조롱하는 말로 사용되었다. 노무현은 '대통령과 전국 검사들의 대화'를 둘러싸고 이런저런 잡음이 끊이지 않자 "상상할 수 없는 발언들도 있었지만 문제 삼지 않겠다"라고 마무리했다.

노무현은 역대 권력자들이 정권안보의 도구로 이용해온 검찰권을 민주적으로 개혁하고 검찰의 자율에 맡기고자 했다. 검찰이 자정하기를 바랐다. 그러나 폭압정권에는 굴종적인 태도를 보이던 검찰이 민주정권에는 오만무례한 모습으로 다가왔다.

홍윤기 동국대 철학과 교수는 한국 검찰의 그런 일그러진 행태를 개탄했다. "광주항쟁 때 누구도 계엄군에게 쏘라고 명령하지는 않았다고 발뺌하는데 총탄은 병사들 총부리에 자발적으로 튀어 나갔다고, 그래서 애초 광주학살이 성공한 쿠데타라고 했다가 금세

반국가 변란이라고 손바닥 뒤집듯 견해를 바꾼 대한민국 검찰은 끝내 발포 주동자를 찾지 못했다지? 그리고 아무도 죽지 않고 지금껏 산다."9

한국의 정치인 중에서 김대중과 노무현처럼 특정 언론으로부터 심한 왜곡보도와 색깔론에 시달린 사람도 없다. 김대중은 대통령 재임 중에 중앙일간지에 대해 세무조사를 했다가 사주 일가의 탈세와 횡령 등은 덮어둔 채 '언론탄압' 타령만 일삼는 이들의 역공에 시달렸다. 노무현은 취임 초부터 언론개혁을 서둘렀다. 어디까지나 신문이 언론 본연의 임무에 충실하게 하도록 하려는 뜻이었다. 언론이 언론 본분을 잃고 언론권력으로 행세하려는 것을 막아야 한다는 오래전부터의 생각이었다.

노무현은 정권과 언론의 유착관계를 끊고, 어느 정도 정부와 언론의 긴장관계를 유지해야 한다는 등 다양하게 언론개혁의 의지를 피력했다. "언론은 구조적으로 대단히 집중된 권력을 갖고 있지만 국민으로부터 검증이나 감사받은 적이 없다. 통제되지 않은 권력, 검증받지 않은 권력은 대단히 위험하다." "군사정권이 끝난 후에도 몇몇 족벌 언론은 김대중 대통령과 국민의 정부를 끊임없이 박해했다. 나 또한 부당한 공격을 받아왔고 그 피해는 이루 다 말할 수 없으며 고통은 아직 끝나지 않았다." "언론이 정치권력을 탄생시키겠다는 생각이나 무의식적으로라도 정부를 길들이겠다는 생각은 버려야 한다. (정부나 언론이) 누가 더 센지 힘겨루기를 하다보면 누구도 승리할 수 없으며, 서로가 공존하는 방법을 익히지 않고 뭔가를 바꾸려 한다면 서로가 어려울 것이다." "공직사회가 합리적이지 않은 강자의 힘에 적당히 타협해서는 안 된다. 권력과 언론이 '강자 카르텔'을 형성하지 않도록 절제해 달라." "언론이 공정한 의제와 정확한 정보, 냉정한 논리를 갖고 '공론의 장'으로서의 기능을 제대로 하고 있지 못하다. 이를 바로잡기 위해 언론과의 관계에서 갈등이 빚어져도 감수하고 해나가야 한다." "지금까지 정권과 언론은 소위 야합의 관계였고, 그것을 고치자는 것이다. 나는 언론을 탄압할 힘도 의지도 없다. 다만 언론과 적당하게 지내지 않는 대통령일 뿐이다."[10]

노무현은 언론의 존재와 가치를 부정하지 않았다. 언론의 공정한 보도와 진실한 비판을 요구하고, 권력과 언론의 유착과 '언론의 권력화'를 비판하고 부정했다. 그래서 각료, 청와대 비서진 그리고 공직자들에게 기회 있을 때마다 투명하게 일하고, 비리 때문에 언론과 유착하지 말라고 당부했다.

참여정부는 언론탄압이나 유착관계 대신 언론의 오보나 왜곡보도에 법적으로 대응하는 방식을 택했다. 또한 청와대를 비롯한 정부 각 부처에 특정 언론사 기자들만 출입이 허용되면서 발생하는 문제점을 해소하는 방안도 내놓았다. 그동안 지방지나 특수지, 신생 인터넷 매체의 기자들은 출입이 제한되거나 기자단 가입이 불허되는 등 문제점을 안고 있는 출입기자제를 등록제로 전환해 일정 요건을 갖춘 모든 매체에 개방하기로 했다. 기자실을 없애고 그 대신 브리핑룸을 만들어 정례 브리핑을 시행하겠다는 '기자실 운영방안'도 내놓았다.

그러자 한국신문방송편집인협회는 성명을 내고 언론의 취재가 극심한 제한을 받게 되고 국민의 알 권리가 크게 위축될 수밖에 없다고 지적하고, 족벌신문들은 '언론탄압'이라고 몰아갔다.

민주당의 국민경선 과정에서부터 노무현에 적대적이었던 일부 족벌신문들은 서구 선진국들에서 지켜온 새 정부 출범 후 1년간의 '허니문' 기간을 두기는커녕 출범 직후부터 온갖 비난과 음해를 일삼았다. 이 같은 행태는 그의 집권 기간 내내 계속되었고, 그가 야인으로 돌아간 뒤에도 결국 그를 죽음으로 몰아가는 청부사 노릇을 했다.

대북송금 특검과 이라크 파병이라는 뜨거운 감자

노무현은 청와대의 주인이 되었으나 국회는 여전히 다수당인 한나라당이 좌지우지했다. 취임 당일인 2월 25일부터 한나라당은 '대북 비밀송금 사건 관련 특별검사 임명 등에 관한 법률안'을 제안하더니, 이튿날 민주당이 불참한 가운데 자민련과 특검법을 변칙 처리했다.

노무현은 대북송금 특검에 거부권을 행사하지 않았다. 송두환 특별검사팀이 꾸려지고 4월 중순부터 70일간 수사가 진행되었다. 그 결과 김대중 정부가 의욕적으로 추진했던 남북화해정책(햇볕정책)

이 샅샅이 공개되었다. 게다가 김대중의 핵심 측근인 임동원과 신건 두 전직 국정원장, 박지원 전 청와대 비서실장이 구속되기에 이르렀다.

이로써 한때 전·현직 대통령 사이에 간극이 생기게 되고, DJ 지지층에서 노무현을 원망하는 기류가 확산했다. 대북송금 의혹 사건으로 기소된 정몽헌 현대아산 이사회 회장이 투신자살하면서 사회적 파문이 일기도 했다.

16대 대선 과정에서 야당과 일부 언론에서 6·15 남북정상회담 전후로 청와대와 국정원, 현대그룹이 공모해 거액을 북한에 송금했다는 의혹을 제기하면서 노무현 정부 출범과 함께 한나라당이 특검 구성안을 제기하여 특검이 구성되었다. 특검 결과 대북송금 5억 달러의 주체는 정부가 아니라 현대그룹인 것으로 드러났다.

그런데 이 문제가 새삼스럽게 이슈가 된 배경에 의문이 따랐다. 특검 수사관 중 한 명이었던 김승교 변호사가 대북송금 폭로 배경에 의문을 제시했다. "대북송금 의혹의 최초 폭로자가 미국이며 이 폭로로부터 특검이 시작됐다는 사실이다. (…) 이 폭로는 다분히 의도적인 것으로 봐야 하지 않을까? 사실 미국의 의도가 매우 의심스럽다. 당시 코앞에 닥친 한국 대선을 앞두고 미국이 대선에 개입하려는 의도로 볼 수도 있다."[11]

대선 직전, 김대중 정부의 가장 큰 업적으로 꼽히는 햇볕정책에서 가장 민감한 부분을 미국이 제기하고, 이것을 ≪월간조선≫이 대서특필하면서 한나라당이 이슈화했다. 한국에서 대북문제에 진보적인 후보가 당선되는 것을 막으려고 미국 부시 정부가 이 같은 일을 저지른 것으로 인식되었다. 그런데도 노무현은 당선되었고, 역설적이게도 노무현 정부에서 특검이 구성되어 김대중 정부의 햇볕정책 관련 핵심 인사들이 구속되는 일이 벌어졌다.[12]

특검을 통해서 각종 의혹과 정치공세 내용이 대부분 허위로 드러났다. 특검의 김승교 변호사는 뒷날 "수사 결과 발표와 달리 언론은 대체로 특검팀이 대북송금을 정상회담 대가로 결론 내린 것처럼 단정적으로 보도해 많은 사람들이 정상회담 대가로 이해하는 듯하다"라며 왜곡보도한 일부 언론의 문제점을 지적했다. 그는 또 "수사 결과대로 '송금이 정상회담과 연관성이 있다'는 정도를 넘어 '정상회담 대가'로 보기는 어려우며 '정책적 차원의 대북지원금' 정도로 보는 게 무난하다"라고 말했다.[13] 그런데도 족벌신문들은 김대중이 서거한 뒤에도 이 사건을 '5억 달러 퍼주기'라는 왜곡보도를 멈추지 않았다.

노무현이 특검을 받아들인 이유로는 새 정부 출범과 때를 같이하여 제기한 한나라당과의 관계 정상화, 전 정부와의 차별성, 새 정부의 대북관계 진전을 지연시키려는 미국 측의 작용, 차제에 '대북송금' 문제에 대한 진상규명 등이 거론되었다. 이 사건으로 노무현은 상당한 정치적 상처를 입게 되었다. 김대중 측과 그의 지지자들로부터 '배신감'을 갖게 하고, 대북관계를 풀어가는 데도 상당 기간 어려움이 따르게 되었다.

노무현은 취임식 바로 다음 날 여의도에서 '고약한 선물'이 왔다

고 했다. "국회를 지배하고 있던 한나라당이 '대북송금특검법안'을
단독 처리해 정부로 보낸 것이다. 2000년 6월 김대중 대통령이 제
1차 남북정상회담을 했을 때 현대그룹이 4억 달러를 몰래 북으로
보낸 것이 문제였다. 박지원 청와대 비서실장이 산업은행을 통해
그 돈을 송금할 수 있도록 여러 가지 편의를 제공했다. 청와대 참
모들과 국무위원들이 거부권 행사를 건의했지만 나는 특검법안을
수용했다."14

앞에서 노무현이 특검법안에 거부권을 행사하지 않은 이유로 거
론된 몇 가지를 언급했는데, 사실 그가 "거부권을 행사할 수 없었
던" 진짜 이유는 따로 있었다.

거부권을 행사하면 특검은 막을 수 있었다. 그러나 검찰 수사까
지 막기는 어려웠다. 검찰 수사를 막을 수 있는 유일한 논거는 '통치
행위론'이었다. 나는 법률가로서 이 이론을 인정하지 않았지만, 그
래도 옳다고 우기면서 검찰이 수사를 하지 못하도록 지시하고 정면
으로 부딪칠 수는 있었다. 그런데 그렇게 하려면 김대중 대통령께서
나서주셔야 했다. "남북관계를 열기 위해 내가 특단의 조처를 취한
것이다. 실정법 위반이 혹시 있었다고 해도 역사 앞에 부끄럼이 없
다. 법 위반은 작은 것이고 남북관계는 큰 것 아니냐." 이렇게 말하면
나도 '통치행위론'을 내세워 검찰 수사를 막을 것이다.

김대중 대통령이 매우 신뢰할 만한 사람을 보내 이런 뜻을 말씀드
렸다. 그런데 내 노력이 부족했는지 소통이 잘못되었는지 모르겠지

만, 김대중 대통령은 마지막 기자회견에서 4억 달러 문제를 사전에 보고받지 않아 몰랐다고 하셨다. 대통령이 한 일이 아니라고 했으니 '통치행위론'을 내세우는 데 논리적 근거가 사라져버렸다. 참모가 대통령 모르게 한 일까지 '통치행위론'으로 덮을 수는 없는 일이었다.[15]

김대중 정권의 대북정책을 승계하겠다고 다짐해온 노무현에게 대북송금 특검 문제는 '뜨거운 감자'였다. 결국 이는 두 진영 사이에 감정의 골을 남겼지만, 노무현에게 그것은 "최선의 선택"이었고 "슬프고도 가슴 아픈" 일이었다. "송두환 특검은 송금의 절차적 위법성 문제만 정확하게 수사했다. 다른 것은 손대지 않아 남북관계에도 큰 타격은 없었다. 박지원 실장을 비롯해서 유죄 선고를 받은 모든 관련자들을 형이 확정되자마자 사면했다. 나는 이것이 최선의 선택이었고, 결과도 가장 바람직했다고 생각한다. 나중에 김대중 대통령과 박지원 실장에게도 전후 사정을 다 설명해드렸다. 김대통령도 처음에는 서운해하셨지만 나중에는 이해를 하셨다고 생각한다. 그런데도 어떤 정치인들은 이런 사정을 잘 알면서도 나를 정치적으로 공격하고 국민의 정부와 참여정부를 이간시키려 했다. 슬프고 가슴이 아팠다."[16]

취임 첫해 노무현은 이라크 파병 문제 등으로 힘겨운 나날을 보내야 했다. 미국은 이라크 파병을 요청하면서 과거에도 늘 그랬듯이 주한미군 2사단 재배치와 감축 문제를 파병 문제와 연계시키려고 했다. 이것은 대단히 민감한 문제였다. 한국은 국력이나 국방력에서 북한을 압도하면서도 안보의 절대적인 비중을 주한미군의 존재에 두었다. 역대 보수정권이 꾸준히 주창하고 세뇌해온 대미 의존의 당연성이 부지불식간에 국민 일반에게 그대로 인식되기에 이른 것이다.

한국의 대외 파병은 1964~73년의 베트남 파병(정예 전투병력)으로부터 1991년 소말리아 파병(공병대대), 1994년 서부 사하라(의료지원단), 그루지야(군 옵서버), 인도·파키스탄(군 옵서버) 파병, 1995~97년 앙골라 파병(공병대대), 1999년 동티모르 파병(보병부대), 2001년 아프가니스탄 파병(해·공군 수송지원단, 공병, 의료진) 등은 하나같이 정부가 내세운 명분과는 상관없이 미국의 요청에 따른 것이었다. 미국은 그때마다 '주한미군 감축'이라는 전가의 보도로 '위협'했고, 수구세력은 이에 장단을 맞춰 해외 파병을 지지하고, 이를 반대하면 반미 또는 좌경으로 매도했다.

이라크 파병 문제에 직면한 '대통령' 노무현은 깊은 고뇌에 빠져들었다. 자주국방 실현과 전시작전지휘권(전작권) 조기 회수 등을 구상해온 터였기에 고뇌는 더욱 깊었다. 이라크 파병은 미국의 요청과 수구세력의 압력, 자신을 지지해온 진보진영의 반대가 확연하게 대치하는 중차대한 사안이 되었다. 미국은 독자 작전수행능력을 갖춘 전투병력 파병을 요청해왔다.

정부는 3월 21일 대통령 주재로 임시국무회의를 열어 600명 규모의 국군 건설공병지원단과 100명 안쪽의 의무지원단을 이라크에 파병하는 내용의 국군부대 이라크 전쟁 파견동의안을 의결하여 국회에 이송했다. 이라크 파병동의안이 국회로 넘어가자 진보와 보수 단체 간에 파병 저지와 파병 촉구 시위 및 집회가 격렬하게 전개되었다. 노무현은 4월 2일 취임 후 첫 국회 국정연설을 통해 이라크 파병 결정과 관련하여 "명분을 앞세워 한미관계를 갈등관계로 몰아가는 것보다 우호관계와 동맹의 도리를 존중해 어려울 때 미국을 도와주고 한미관계를 돈독히 하는 게 북핵 문제를 평화적으로 해결하는 데 도움이 될 것이라는 결론을 내렸다"라고 밝히고, 국회가 파병동의안을 조속히 처리해줄 것을 촉구했다.

이날 국회는 파병동의안을 본회의 표결에 부쳤고, 그 결과 찬성 179표, 반대 68표, 기권 9표로 통과되었다. 민주당 의원 상당수가 정부의 제안에 반대표를 던졌다.

미국은 이라크 전쟁에서 엄청난 전비 투입과 인명 희생에도 불구하고 갈수록 수렁으로 빠져들었다. 미국 내에서의 반전운동도 점점 거세졌다. 이런 상황에서 부시 정부는 한국에 전투병 5,000명의 추가 파병을 요청해왔다. 노무현으로서는 커다란 부담일 수밖에 없는 외교적 딜레마였다. 이라크 파병은 역설적으로 한나라당과 족벌신문으로부터 지지를 받게 되고, 진보민주진영으로부터는 비판을 받았다.

노무현은 뒷날 기자와 인터뷰에서 "이라크 파병 문제는, 그 당시에도 그렇고 지금 생각해보아도 우리 역사의 기록에는 잘못된 선택으로 남을 것이라고는 생각한다. 그러나 그 시기에 대통령을 맡은 사람으로서는 회피할 수 없는, 불가피한 선택이었다고 생각한다"[17]라며 어려웠던 입장을 토로했다.

노무현은 집권 초기에 이라크 파병 문제를 둘러싸고 고뇌에 고뇌를 거듭했다. 참모들과 전문가들을 불러 이해득실을 따지고, 거부했을 경우 전개될 한미관계와 안보 문제 등을 폭넓게 점검했다. 그 결과 그는 '오류'인 줄 번연히 알면서도 파병할 수밖에 없는 처지에 당해 "대통령 자리가 참 어렵고 무겁다"라고 토로했다. "그당시 나는 대통령이 역사에 오류를 기록하고 싶지 않다고 해서 기록하지 않을 수 있는 것이 아니구나, 스스로 이것은 역사에 오류로 남을 것 같다고 생각을 하면서도 부득이 그렇게 할 수밖에 없는 그런 경우가 있구나, 그런 것을 새삼 느끼면서 아, 대통령 자리가 참 어렵고 무겁다, 이런 생각을 해보기도 했다."[18]

노무현은 이라크 파병이 불가피하다면 효율적으로 대처하는 방법을 찾고자 했다. "어쩔 수 없이 보내는 것이라고 할지라도 그 당시 파병외교는 아주 효율적인 외교였다고 생각한다. 실제로 그 당시에 특히 한국의 보수진영에서는 적어도 1만 명 이상을 전투병부대로 보내야 한다는 게 일반적인 분위기였다. 그런데 청와대 안에서도 생각이 두 쪽으로 쫙 갈라져 있었다. 안보팀에서는 1만 명 이상 보내자는 거고, 다른 쪽에서는 안 된다고 했고……. 결국 전투병인데 비전투 임무로 3,000명을 보내게 된 것이다."[19]

노무현 정부는 2004년 6월 3,000명의 비전투 병력을 이라크에 파견하기로 결정했다. 이라크 키르쿠크에 파견될 부대의 공식 명칭은 '이라크 평화·재건사단'으로 하고, 상징 명칭은 올리브를 의미하는 아랍어 '자이툰'으로 정했다. '자이툰' 부대 파병을 둘러싸고 진보진영에서는 노무현을 격렬하게 비난했다. 노무현 정부는 취임 초기부터 대북송금 특검과 이라크 파병 문제로 지지층의 이반현상을 가져오게 되었다.

앞서 이야기한 대로 노무현 정부는 출범 초기부터 안팎에서 거센 도전을 받았다. 취임 첫날부터 한나라당이 국회 특검법안을 의결하여 압박하는가 하면 김영진 농림부장관, 김두관 행자부장관, 최낙정 해양수산부장관, 윤진식 산업자원부장관 등 4명의 장관이 집권 초기에 물러나야 하는 등 '정쟁'이 국정의 발목을 잡았다.

이에 노무현은 새삼 정치개혁의 중요성을 절감했다. 3월 7일 참여정부 국정토론회에서 '개혁정부'를 천명한 노무현은 정치, 행정, 권력기관, 언론 등 각 분야의 개혁구상을 표명했다.

취임 첫날부터 '가시 돋친 꽃다발'을 보낸 수구세력

정국은 거대 야당의 사사건건 발목잡기와 족벌신문들의 악의적인 딴죽으로 시작부터 안정을 찾기 어려웠다. 게다가 여당인 민주당은 '개혁정부'를 도와주기는커녕 복잡한 당내 사정으로 난맥상을 보였다. 대통령중심제는 본질적으로 행정부와 국회가 모두 국민으로부터 통치를 위임받는 '이중정통성dual legitimacy'의 구조로서 양대 기관 간의 견제와 균형의 원리에 입각하여 마련된 정치체제이다. 선진국처럼 국회의원들이 성숙한 모습을 갖춘다면 별 탈이 없겠지만, 의원들이 지역주의와 당파주의에 매몰되면 국회가 행정부에 대해 견제를 넘어 위협을 가하게 된다. 그 반대로 권위주의 체제에서는 국회가 행정부의 거수기로 전락하는 경우도 많았다.

거대 야당은 처음부터 노무현 대통령을 인정하지 않으려 했다. 그래서 취임 첫날부터 '가시 돋친 꽃다발(특검법안)'을 선물로 보내 대대적인 공세를 취하고, 족벌신문들이 가세하여 개혁정부의 발목을 잡았다. 민주당은 여소야대의 취약성에다가 리더십, 개혁의지의 부족으로 야당에 끌려다니는 형국이었다. 사정이 이 지경에 이르자 개혁세력 일각에서 신당 창당이라는 비상의 카드마저 언급되기에 이르렀다.

노무현은 취임 초부터 정치개혁에 큰 관심을 보였다. 지역주의가 첨예하게 대립하는 상태에서 이를 해소할 수 있는 방법의 가장 우선순위를 국회의원 선거구제의 개혁에 두었다. 박정희의 호남차별과 1990년 노태우, 김영삼, 김종필의 3당 야합 이후 더욱 심화된 국회의원 선거의 지역별 독과점 현상은 지역주의의 진앙이었다. 한 지역에서 특정 정당이 의석을 싹쓸이하는 것을 시정하자는 것이 노무현의 일관된 생각이었다.

노무현은 4월 2일 임시국회 시정연설에서 "2004년 총선부터 특정 정당이 특정 지역에서 3분의 2 이상의 의석을 차지할 수 없도록 선거법을 개정하면 17대 총선에서 과반의석을 차지한 정당 또는 정치연합에 내각의 구성 권한을 양보하겠다"라는 파격적인 제안을 했다. 정치발전과 동서화합을 위해 선거법을 고치면 과반의석 정당에 내각구성권을 주겠다는 것은 대통령의 핵심권한을 내놓겠다는 것이나 마찬가지였다. 갓 대통령에 취임한 자신의 권한을 크게 축소하더라도 정치발전의 토양이 되는 지역갈등의 벽을 허물겠다는 신념에서 이 같은 제안을 하게 되었다. 그러나 한나라당은 야당 분열책이라는 이유로 이를 단호히 배격했다.

노무현은 이어서 12월 17일에는 국회의원 전원에게 서한을 보내 중대선거구제 또는 권역별 비례대표제를 도입하는 선거법 개정을 촉구했다. 그러나 이 제안 역시 국회 의석의 3분의 2 이상을 장악한 한나라당과 잔류 민주당의 반대로 성사되지 못했다. 이로써 우리 정치권은 정치발전과 지역주의 해소를 위한 절호의 기회를 놓치고 말았다. 정치인들은 자신들의 기득권을 위해 대통령의 '헌신적인' 제안마저 거부했다. 기득권에 안주하려는 영남과 호남 정치인들은 지역주의 구조에서 말뚝만 박아도 당선이 보장되는 제도를 굳이 바꿀 생각이 없어 보였다.

역대 대통령 중에는 자신의 임기 연장이나 권력의 강화를 위해 헌법에 '손질'을 하는 자들이 있었다. 이승만과 박정희는 몇 번씩이나 변칙적 개헌파동을 일으키고, 전두환은 '상왕제 개헌'을 시도하려다가 6월항쟁으로 뜻을 이루지 못했다. 심지어 이명박까지 임기 후반에 개헌론의 불씨를 지폈으나 여당에서조차 호응을 얻지 못했다. 그러나 노무현은 달랐다. 임기 초에 자신의 권한을 대폭 넘겨서 권력을 나누는 희생을 감수하고서라도 정치개혁을 이루고자 했다. 물론 노무현의 파격적인 제안은 국정을 원활하게 수행하기 힘든 여소야대의 구도에 말미암은 바도 있었다.

취임하고 보니 국회는 한나라당이 과반수를 장악한 여소야대 국회였다. 그래도 대화하고 타협하면서 국정을 운영할 수 있을 것이라 생각하고 야당 지도자들을 부지런히 만났지만 쉽지 않았다. 한나라당은 처음부터 나를 대통령으로 인정하지 않으려는 기색이 완연했다. 한나라당은 대북송금특검법을 단독 처리했고, 김두관 장관 해임건의안을 통과시켰다. 윤성식 감사원장 인준을 부결시켰다. 한나라당 국회의원들은 국회만 열리면 차례로 나서서 대통령을 인신공격하는 발언을 쏟아냈다. 국회의원 총선은 다가오는데, 여소야대에서 벗어날 전망은 보이지 않았다. 한나라당은 대통령 선거에서 두 번 연속 패하고서도 확고한 지지율 1위를 유지했다. 총선에서 지고 나면 어떻게 국정을 운영해야 할지 앞이 전혀 보이지 않았다. 당선될 경우 야당이 과반수를 가진 국회를 어떻게 상대할 것인지 질문을 받은 적이 있다. 그래서 프랑스식 동거정부에 대해서 공부하고 생각했다. 여소야대 국회의 연장을 예고하는 17대 총선을 앞두고 이 고민을 본격적으로 시작했다.[20]

집권 초기에 내놓은 그의 선거구 개편을 전제로 한 '동거정부' 제안은 여소야대 정국에서 변변한 토론조차 해보지 못한 채 묻혔

다. 그래서 그는 몇 년 뒤인 2005년 7월 한나라당에 '대연정'을 제
안하면서 받아들이기 어렵더라도 토론만이라도 해보자고 했다. 이
제안은 정계를 뒤흔든 폭풍이 되었지만 사실 새삼스러운 게 아니
라 집권 초기의 제안에서 조금 더 깊이 들어간 내용에 불과했다.

그런데 처음 제안에는 침묵으로 일관하던 족벌언론들이 이번 제
안에는 무슨 큰일이라도 일어난 양 아귀처럼 물어뜯고 나섰다. 한
나라당과 족벌언론은 물론이고 민주당 의원 대부분과 일부 진보언
론들마저 '정략적' 인식 수준에서 한 발짝도 벗어나지 못한 나머지
우리 정치의 고질 자체를 치유하고자 하는 노무현의 큰 뜻은 헤아
리려고도 하지 않았다. 노무현에게는 권력을 잡는 것 자체가 그리
중요한 것은 아니었다.

다시 여소야대 국회가 만들어지면 총리를 국회의 다수연합이 추
천하게 하고 내각을 지휘할 실질적 권한을 주는 것이다. 거저 주려
는 것은 아니었다. 독일식 국회의원 선거제도 또는 중대선거구제로
국회의원 선거구제를 바꾸는 것을 조건으로 하려 했다. 이렇게 하면
우리 정치를 지역구도가 아닌 정책구도로 재편하는 제도적 환경을
만들 수 있다고 보았다. 만약 이렇게 된다면 권력을 한번 잡는 것보
다 훨씬 큰 정치적 진보를 이룰 수 있다고 생각했다. 대화와 타협의
정치문화는 덤으로 따라올 것이었다.[21]

노무현은 실천적 이상주의자 성향이 강한 편이다. 현실 정치인

이면서 그의 뇌리에는 이상적인 정치개혁의 꿈이 서려 있었다. 그러나 초법적인 변칙이 아니고는 다수 국민이 바라는 방향으로 정치구도를 바꾸기 어려웠다. 현역 정치인들이 기득권을 내려놓으려하지 않기 때문이다. 그래서 자신의 권력을 줄여서라도 이를 성사하고자 했으나 실없는 사람, 경망한 지도자라는 비난만 쇄도했다. 정치인들은 콧방귀만 뀐 채 방관자가 되었다. 정치인이 대권을 장악하면 '권력의 화신'이 되게 마련인데, 노무현은 거꾸로 권력을 내놓으면서까지 정치개혁을 이루고자 노심초사했다.

'열린우리당' 창당 막전 막후

2003년 5월 16일, 민주당 신주류는 워크숍을 갖고 '정치개혁과 국민통합을 위한 신당추진모임(가칭)'을 발족하는 등 신당 창당에 착수했다. 이에 맞서 구주류는 '쿠데타적 발상'이라고 이를 매도하면서 신당 창당에 반대했다.

민주당은 신당 창당을 주도하는 신주류와 이에 반대하는 구주류, 당의 분열은 막아야 한다는 중도파가 치열하게 대립하기에 이르렀다. 6월 16일에는 신·구주류가 당무회의에서 폭력 사태까지 빚게 되고, 이를 계기로 신주류의 신당 추진 핵심인사 28명은 7월 3일 전체회의를 열어 김원기 고문을 의장으로 하고 국회의원 60명이 포함된 신당 추진 기구를 공식 출범시켰다.

신당 추진과 때를 같이하여 한나라당을 탈당한 이부영, 이우재, 김부겸, 안영근, 김영춘 의원이 합세하고, 재야인사들이 속속 참여함으로써 신당파는 적잖은 세를 과시했다. 신당 창당에 대한 전당대회 소집안을 놓고 신주류와 구주류 사이에 거친 욕설이 오가고 멱살잡이가 벌어지는 등 폭력 사태가 다시 연출되었다. 신·구 세력의 감정대립이 악화하면서 민주당에서 이들이 더 이상 한솥밥을 먹기 어려운 상황이 되었다.

민주당 신당파는 9월 4일 당무회의에서 전당대회 소집안 의결이 무산되자 김원기를 위원장으로 하는 '국민통합신당 창당주비위원회'를 구성했다. 이들은 민주당을 집단 탈당해 '창당준비위원회'를 발족시켜 선관위에 등록하는 등 본격적인 창당 절차를 밟았다.

이 무렵 노무현은 언론사 인터뷰에서 "민주당이 갈라지기를 바라는 것이 아니라 개혁되기를 바라는데 개혁을 찬성하는 사람과 찬성하지 않는 사람이 있다 보니까 자연스럽게 갈라지는 것"[22]이라며 신당 추진을 사실상 추인하는 입장을 표명했다. 이에 대해 민주당 구주류의 한화갑, 박상천, 조순형, 추미애 의원 등은 "민주당에 대한 배신행위"라며 격렬하게 비판했다.

민주당 신당파는 9월 19일 '국민참여통합신당'으로 원내교섭단체를 구성하고 원내대표로 김근태 의원을 선출했다. 신당파 의원 40여 명은 9월 20일 민주당 탈당계를 내고, 한나라당 탈당파 5명과 함께 '국민참여통합신당(통합신당)'으로 국회에 공식으로 교섭단체 등록을 했다. 이어서 10월 22일에는 통합신당 주비위원회가 원외 신당 세력인 개혁신당창당추진위원회와 공동회의를 갖고 범여권 신당의 당명을 '열린우리당(약칭 '우리당')'으로 결정했다. 열린우리당은 11월 11일 서울 올림픽공원 체조경기장에서 대의원과 참관인 및 각계 인사 1만 5,000명이 참석한 가운데 가진 창당대회에서 김원기, 이태일, 이경숙을 공동의장으로 선출하고, 중앙위원 150명으로 구성되는 임시 지도부를 발족시켰다.

대선에서 승리한 민주당은 1년여 만에 잔류 민주당과 우리당으로 쪼개졌다. 한나라당과 민주당으로부터 당적 문제를 조속히 정리하라는 요구를 받아온 노무현은 우리당이 창당되기 전인 9월 29일에 민주당을 전격 탈당했다. 이날 수석비서관 및 보좌관 회의에서 "나의 당적 문제가 소모적인 정치공세의 원인이 되고 있는 상황에서 더 이상 이 문제가 정치 쟁점이 되지 않도록 하기 위해 민주당 당적을 포기하겠다"라며 "앞으로 대통령으로서 주요 국정과제 및 경제·민생 문제에 전념할 계획"이라고 밝혔다.

노무현 대통령의 민주당 탈당으로 한동안 '여당 실종' 상태가 되었다. 이와 관련해 청와대 정무수석비서관실은 "앞으로 노 대통령은 당파적 이해를 뛰어넘는 국정 책임자로서, 국회의 권한을 존중하면서 정보와 국회의 관계를 새롭게 정립해나갈 것"이며 "국회의원 개개인이 자율적으로 의사결정을 하는 환경을 조성하겠다"라는 입장을 표명했다.

대통령중심제의 정당체제에서 대통령의 무당적 상태는 대통령과 야 3당 간의 대립이 심화할 경우 자칫 정부 제출 법안의 처리

표류 가능성 등 부작용이 예상되었다. 노무현으로서는 한동안 정치적으로 여당이 없는 '정치적 고아'와 같은 상태에서 국정을 이끌어야 했다.

노무현은 비주류 정치인으로 대선에서 승리한 까닭에 대선 뒤에도 당내의 전폭적인 지지를 받기 어려웠다. 정치적 리더십에도 문제가 없지 않았다. 민주당의 분당으로 인해 호남과 수도권의 지지층을 중심으로 '정치적 배신'이라는 말이 나왔다. 잔류 민주당 김성순 대변인은 "대선 당시 헌신적으로 선거운동을 한 민주당원 및 지지해준 국민과 아무런 상의 없이 일방적으로 탈당한 것은 한국 정치사상 초유의 배신행위"라고 비난했다. 그러나 노무현은 민주당 분당 사태에 대해 사실과는 다르게 왜곡되어 알려진 부분이 있다고 말했다.

2003년 민주당이 분당되었다. 당 개혁안을 놓고 대립을 거듭하다가 마침내 회의장에서 폭력사태가 벌어져 40여 명의 개혁파 국회의원들이 민주당을 탈당한 것이다. 나는 민주당의 개혁이 순조롭게 이루어져 개혁당과 한나라당 탈당파, 시민사회 세력을 통합한 전국 정당으로 거듭나주기를 원했다. 대통령이 영남 출신인 만큼 국민들이 보기에 만족할 만한 혁신을 하면 지역구도를 조금은 무너뜨릴 수 있을지 모른다는 기대도 했다. 많은 사람들이 내가 민주당을 분당시키고 열린우리당을 만들었다고 비난했다. 그것은 진실이 아니다. 민주당 개혁이 불가능하다는 판단을 내린 정치인들이 민주당을 나와서 신당을 만들겠다고 했을 때 내가 그것을 수용했을 뿐이다. 지역주의 타파, 깨끗한 정치, 정당민주주의 실현을 내건 열린우리당의 가치와 지향이 옳다고 보아서 그 신당을 지지했을 뿐이다. 내가 그런 정당을 원한 것은 분명하지만, 열린우리당 창당 주역들이 대통령의 지시나 배후조종을 받았던 것은 아니었다. 대통령이 지지할 것이라는 기대가 그들에게 힘과 용기를 준 것은 인정할 수 있다.[23]

대통령 노무현에게 민주당 분당과 대북송금 특검에 거부권을 행사하지 않은 것 등은 그의 역할이나 본의와는 상관없이 집권 초장부터 지지층의 분열을 가져오게 하는 요인이 되었다. 그만큼 정치적으로 기지기반이 비좁아진 것도 사실이다.

'재신임'이라는 승부수를 던지다

일천한 헌정사이지만 권력형 비리는 역대 집권자 중에서 한 사람도 비껴가지 않았다. 또 우리나라만의 현상도 아니다. 어느 사회나 권력 주변에 빌붙어 이권을 챙기고자 하는 무리가 있게 마련이다. 가족이나 측근들 가운데는 햇빛이 비칠 때 한몫을 챙기려는 사특한 인물들도 적지 않다. 나무가 조용하고 싶어도 바람에 흔들리듯이, 주변의 유혹에 휘말려 들기도 한다.

국민은 군사정권 독재자들의 경우는 예외로 치더라도 김영삼과 김대중 민선정부에서까지 대통령 아들들의 비리를 기억하면서, 그리고 이회창 후보 두 아들의 병역 문제를 지켜보면서, 노무현을 대통령으로 뽑았다. 그의 깨끗한 이미지와 청렴한 공사생활, 정치계보와 측근세력이 없어서 비리 같은 것은 단절될 것으로 기대했을 것이다.

그런데 취임 초부터 측근 비리가 터져 나왔다. 정권의 도덕성을 개혁 추진의 최대 무기로 내세웠던 노무현은 망연한 심경이었다. 그나마 대부분 참여정부 출범 전에 일어난 일로, 권력형 비리는 아니었다는 사실이 다행이라면 다행이었다.

386 핵심 참모인 안희정이 나라종금 사건으로 검찰의 수사를 받고 정치자금법 위반 혐의로 불구속 기소되었는데, 얼마 뒤에 불법 대선자금을 모금한 혐의로 구속되었다. 이광재 청와대 국정상황실장도 썬앤문그룹으로부터 불법 대선자금을 받은 혐의로 불구속 기소되었다.

양길승 청와대 제1부속실장은 충북 청주의 한 나이트클럽에서 향응을 제공 받은 사실이 드러나 물러났다. 노무현의 오랜 측근이었던 최도술 청와대 총무비서관은 대선 직후 SK 측으로부터 거액을 수수한 혐의로 구속되었다. 노무현의 어려웠던 시기 '좌희정 우광재'로 불리던 측근과 부산 변호사 시절부터 손발이 되어주었던 최도술이 검찰의 수사를 받거나 구속되자 노무현은 참담한 심경을 가누기 어려웠다.

그런데 과거 정권과는 다른 현상이 나타나 국민의 눈길을 끌었다. 정권이 바뀌면 검찰은 주로 패자 측이나 전임 정권에 사정의 칼을 뽑는다. 그런데 이번에는 갓 취임한 대통령의 최측근들이 줄줄이 구속되었다. 노무현은 취임 직후 국정원장, 기무사령관을 불러 대통령에게 하던 직보를 중지하라고 지시했다. 검찰총장과 국세청장을 불러서는 대통령 일가를 포함하여 측근 누구를 막론하고 부정과 비리가 드러나면 가차 없이 적발하라고 지시했던 터였다.

16대 대선자금 문제는 선거가 끝난 뒤에도 여야 간에 공방전이 치열했다. 그야말로 언제 폭발할지 모르는 화산이었다. 검찰은 먼저 청와대 측근들을 덮쳤다. 노무현 정부가 추진한 '검찰개혁'의 의지가 검찰의 보복을 불러왔다는 분석도 따랐다.

노무현은 7월 21일 기자회견을 갖고 "여당과 야당 모두 16대 대선자금을 있는 그대로 밝히고 철저하게 검증을 받자"라고 제안했다. 노무현은 대선자금의 공개 범위에 대해 선관위에 신고한 법정선거자금뿐만이 아니라 각 당의 대선 후보가 공식 확정된 시점 이후, 사실상 대선에 쓴 정치자금과 정당의 활동자금 모두를 포함해야 하며, 지출뿐 아니라 수익금 내역도 공개할 것을 촉구했다. 검증 절차로는 특별검사나 검찰수사 등 수사권이 있는 기관에서 조사할 것도 아울러 제안했다.

노무현은 회견문에서 "이제 선택의 여지가 없이 대선자금 문제가 국민적 의혹으로 제기된 이상 여야 모두 투명하게 밝히고 가야 한다"라고 말하고, "정치개혁은 이제 더 이상 미룰 수 없는 시대적 과제다. 낡은 정치의 악순환을 끊고 정치개혁의 새로운 전기를 만들고자 하는 저의 충정에 정치권의 용기 있는 결단과 국민 여러분의 협력"[24]을 당부한다고 덧붙였다.

대통령의 이 제안을 민주당이 먼저 수용하여 대선자금의 전모를 공개했다. 그러나 한나라당은 이를 거부하여 여야 동시 공개는 이루어지지 않았다.

최도술 문제가 드러나자 노무현은 10월 10일 청와대에서 긴급 기자회견을 열고 "최 전 비서관에게 잘못이 있다면 입이 열 개라도 내가 책임을 져야 한다. 불미스런 사건이 생긴 데 대해서 국민 여러분께 깊이 사과한다"라고 공식으로 사과했다. 이어서 중대 선언을 발표했다. 대선자금 수사가 끝나면 결과에 상관없이 국민에게 재신임을 묻겠다고 천명했다.

대통령의 재신임 문제는 정가의 태풍이 되었다. 취임 7개월이 채 안 되는 시점에서 나온 초특급 제안이었다. 노무현은 취임 뒤 대북송금 특검, 검사들과의 대화, 이라크 파병 등 난감한 문제, 결단해야 할 현안들이 많았다. '재신임' 문제도 마찬가지였다. 당시 청와대 참모에 따르면 "이 결정을 두고 정략의 산물이니 하며 온갖 말들이 많았지만, 그날 대통령의 결심은 참모들이 상상할 수 있는 범위를 뛰어넘는 것"[25]이었다.

'재신임' 문제는 노무현의 독단적인 결심이었다. 재신임을 받아야겠다고 결심한 배경은 국정 문제 때문이었지만, 측근들의 비리 문제도 포함되었다. "대통령 입장에서는 최 전 비서관이 1억 원을 받았든 10억 원을 받았든 액수의 많고 적음은 문제가 아니었던 것 같다. '참여정부'는 그 어떤 정권보다 도덕적으로 우월하다는 자부심이 있었는데 이제 무슨 낯으로 국민 앞에 나서겠느냐는 심정이었다. 국민 신뢰의 마지노선이 무너져버렸다고 여긴 것이다."[26]

노무현의 '재신임' 문제는 한발 더 나아갔다. 10월 13일 정기국회 국정연설에서 12월 15일을 전후해 국민투표를 실시해 재신임 여부를 결정하자고 제안했다. 이에 한나라당과 민주당이 격렬하게 반대하고, 헌법재판소는 위헌의견을 내는 등 정가에 한바탕 소용돌이가 몰아쳤다. 노무현의 구상은 무산되었고, 대통령이 정치적으로 입은 상처는 컸다.

노무현은 당시에 심리적으로 매우 위축되어 있었다고 한다. "국민들한테 다시 신임을 묻지 않고 대통령직을 계속 수행한다는 것이 나로서는 너무나 버겁고 감당하기 어려웠다. 나는 한 사람의 지도자에 의해서, 하나의 정권에 의해서 역사가 크게 바뀌거나 발전한다고 생각하지 않는다. 과정이 중요하다는 것이다. 정권이 한 번 서고 한 번 무너지는 이 과정이 굉장한 의미를 갖는다고 생각하는데, 결국 나는 이미 그때는 대통령으로서 거의, 말하자면 힘이 다 빠져버리고 대통령으로서의 직무를 제대로 수행하기 어려운 상황에 있다고 판단했다. 그래서 재신임을 던진 것인데, 재신임도 되지 않았다."[27]

11월 2일, 노무현은 지난 대선 당시 여야의 대선과 관련한 정치자금 전모를 밝혀야 한다면서 검찰을 통한 전면적인 대선자금 수사를 지시했다. 이에 따라 대검 중수부가 진행 중인 SK 비자금 수사를 각 정당의 대선자금 전반에 대한 수사로 확대했다. 대검 중수부는 11월 4일 15명의 검사로 불법대선자금 수사팀을 구성하고 수사에 나섰다. 수사팀은 SK, 삼성, LG, 현대차, 롯데 등 5대 기업에 이어 금호, 한화, 두산, 풍산 등의 기업도 수사 대상에 올려 불법대선자금 제공 여부에 대한 수사에 들어갔다.

대검 중수부가 여야 불법대선자금 수사에 착수하고 있을 때 한나라당과 민주당, 자민련 등 야 3당은 국회에서 '대통령 측근비리 의혹 특검법안'을 제정하여 정부에 이송했다. 불법대선자금 수사에 대한 일종의 맞불작전으로, 물타기 공세였다. 야당에 의한 대통령에 대한 파상공세가 시작되었다. 노무현은 특검법안에 거부권을 행사하고 국회에 재의를 요구했다. 그러나 국회는 대통령이 거부권을 행사해 국회에 돌려보낸 특검법안을 재의결하여 법률로 확정했다.

검찰 수사가 진행되어 여야 간에 불법으로 대선자금을 모금한 사실이 속속 드러났다. 그러나 그 액수에는 차이가 컸다. 노무현은 12월 14일 청와대에서 4당 대표와 회담을 하는 자리에서 "우리가 쓴 불법자금 규모가 한나라당의 10분의 1을 넘으면 대통령직을 사퇴하고 정계를 은퇴하겠다"라고 폭탄선언을 했다. 이 문제와 관련해 16일에는 특별기자회견을 통해 "정계 은퇴를 얘기한 것은 한나라당이 무책임한 의혹 부풀리기를 그만했으면 좋겠다는 뜻에서 강조어법으로 한 것이지만 그 말에 대해 결과적으로 책임을 지겠다"라고 선언했다.

노무현의 일련의 파격적인 제안과 '튀는' 발언은 정계는 물론 사회 전반에 큰 반향을 불러일으켰다. 그러나 그의 제안이나 발언은 상당 부분이 야당과 족벌신문에 의해 본의가 왜곡되거나 거두절미되어 오해를 부를 만한 소지가 많았다.

대통령의 정제되지 않은 언어, 그리고 왜곡

"대통령직 못 해 먹겠다." 노무현이 취임 석 달여 만인 2003년 5월 21일 청와대에서 했다는 이 말은 온 나라를 발칵 뒤집었다. 언론은 연일 비난의 화살을 퍼붓고, 야당은 이때를 놓칠세라 마구잡이식 공세를 가했다. 일반 국민도 이 발언을 두고 냉소적인 반응을 보였고, 술자리에서는 안줏감으로 입방아에 올랐다.

광주민주화운동 23주년을 맞아 노무현은 5월 18일 오전 광주 망월동 묘역을 찾았다. 일단의 한총련 소속 대학생들이 손팻말을 들고 대통령 일행의 차량 행렬을 막으면서 소란이 벌어졌다. 노무현은 이날 어렵게 참배할 수 있었다. 그리고 사흘 뒤, 5·18기념재단 이사장(강신석 목사)과 유족회장(정수만) 등 5·18행사추진위원회 간부들이 망월동 묘역에서 벌어진 '불미스러운 일'에 대해 사과하고자 청와대를 방문했다.

자리가 자리였던 만큼 청와대 접견실 분위기는 다소 어색하고 무거웠다. 강신석 이사장이 먼저 이야기를 꺼내며 기념식에서 벌어진 일에 대해 사과하고 선처를 부탁했다. 그러자 노무현이 대통령으로서 고충을 호소하는 말을 길게 한 뒤, "모두가 힘으로 밀어붙이려고만 하니 이러다 대통령직 못 해 먹겠다는 위기감이 듭니다"라며 직설적이고 거친 화법으로 자신의 심정을 토로했다.[28]

대통령의 발언은 이런 맥락에서 나왔다. 그러나 이 발언의 앞뒤 내용은 잘린 채 언론에서는 대통령이 "대통령직 못 해 먹겠다"라고 말했다는 자극적인 내용으로 도배하며 비난의 화살을 쏘아댔다. 이 '발언'은 한때 세간의 유행어가 되기도 했다. 노무현은 실제 정제되지 않은 발언으로 구설에 오른 경우가 적지 않았다. 자신도 "준비 안 된 대통령이라고 말하는 사람이 많이 있는데, 다른 점에서는 승복하지 않지만 언어와 태도에서 이야기한다면 충분히 훈련받지 못했던 점은 있습니다"[29]라며 이를 시인했다. 노무현의 말을 조금 더 들어본다.

나는 구어체 현장언어를 구사했으며 반어법과 냉소적 표현을 즐겨 썼다. 원래 그렇지는 않았는데 인권변호사로서 민주화운동을 할 때 이런 언어습관이 생겼다. 그때는 청중에게 강한 인상을 주는 표현이 필요한 시대였다. 언로가 막혀 있었고 표현의 자유가 보장되지 않은 사회에서 반정부투쟁을 하는 데는 그런 어법이 효과가 있었다. 야당을 할 때도 억울한 노동자들을 돕는 활동을 하다 보니 정서적으로 격앙된 때가 많아서 그렇게 했다. 대통령 후보가 되고 선거를 하는 과정에서 언어습관을 고쳤어야 했다. 권위주의적 대통령 문화는 극복해야 할 문제였지만, 국민에게 믿음과 안정감을 주는 품격 있는 언어를 사용하면서 그 일을 했어야 했다. 그런데 대통령이 되고 나서 그렇게 하지 못했다.[30]

독재자들의 폭력적 권위주의는 물론이고 민주화운동을 지도하면서 쌓인 민간정부 지도자들의 카리스마적인 권위에 식상했던 국민과 언론은 탈권위주의 지도자를 원했다. 이것이 노무현 대통령이 태어난 정치사회적 배경이기도 했다. 그런데 막상 노무현의 탈권위주의적 언행이나 정제되지 않은 언어에 대해 금방 비난이 쏟아졌다. 언행이 가볍다, 감정적이다, 즉흥적이다 등의 비난이었다. 탈권위주의와 '마사지'되지 않은 말을 원하면서도 막상 그렇게 말하는 대통령을 비난하는 '세뇌된 이중성'이었다.

당시 청와대 참모에 따르면 사실 "대통령직 못 해 먹겠다"라는 말은 "참 힘들다"라는 뉘앙스의 '푸념'으로, 무거운 분위기를 바꿔보려는 노무현 특유의 '농담'이었다. "참석자들도 모두 대통령의 그런 표현에 파안대소했고, 그 한마디로 분위기가 화기애애하게 변했다. 이런 정황을 무시하고 오직 그 대목만을 강조하는 바람에 예기치 않게 파장이 커진 것이다."[31]

이 발언의 주인공이 노무현이 아니고 독재자나 권위주의 대통령이었다면, 족벌신문들은 위트, 유머, 해학, 여유, 넉넉함, 설득력, 분위기 맨 등 온갖 미사여구로 포장하여 치켜세웠을 것이다. 그러나 "한나라당과 보수언론은 그의 말을 그대로 전하는 것이 아니라

의도적으로 앞뒤 잘라내고 비틀어 보도하고 인용한 탓에 현장에서는 별 문제가 없었던 말도, 품위 없는 이상한 말이 되어버리곤 했다."[32]

노무현은 천성적으로 위선이나 가식, 권위주의를 싫어한다. 소탈한 성격, 평민의식은 곳곳에서 나타난다. 접견실의 대통령 의자가 높다며 의자 높이를 손님들 자리 의자와 맞춰 낮추라고 지시한 적도 있는데, 위에서 아래를 내려본다는 생각이 들기 때문이었다고 한다.[33]

정상회담을 통한 첫 외교 활동

노무현은 취임 첫해에 주요 우방국들과의 정상회담을 비롯하여 폭넓은 외교 활동을 벌였다. 선거 과정에서 미국에 한 번도 가지 않은 것이 쟁점이 되기도 했으나, 5월 미국을 방문하여 조지 부시 대통령과 첫 정상회담을 가진 데 이어 태국에서 재차 한미정상회담을 갖는 등 활발한 외교 활동을 벌였다.

미국·중국·일본 방문에 이어 블레어 영국 총리를 초청하여 7월 20일 청와대에서 정상회담을 갖고 북핵문제의 평화적 해결 원칙을 재확인하고, 이를 위해 다자회담이 조속히 개최돼야 한다는 데 의견을 같이했다. 두 정상은 북한이 핵을 포기하면 국제사회는 북한에 모든 지원을 아끼지 않을 것임을 분명히 하고 국제사회의 현안

해결에도 긴밀히 협력하기로 합의했다. 블레어 총리는 "노 대통령이 가까운 시일 내에 영국을 방문해달라"라고 초청했고 노 대통령은 "가보고 싶다"라고 화답했다.[34]

노무현은 7월 25일 헬렌 클라크 뉴질랜드 총리와 청와대에서 정상회담을 갖고 북핵문제의 평화적 해결을 위해 양국이 긴밀히 협력하기로 합의하는 등 양국의 현안을 폭넓게 논의했다. 노 대통령은 이 자리에서 양국 간 청소년 교류확대를 제안했고 클라크 총리는 "현재의 '워킹 홀리데이 프로그램'(관광취업사증)을 계속 확대해가겠다"라고 화답했다.

10월 19~23일 방콕에서 열린 APEC 정상회의에 참석한 노무현은 중국, 미국, 일본, 싱가포르 정상들과의 연쇄 정상회담을 갖고 주요 현안에 대해 논의하고 한반도 평화 정착을 위한 협조를 요청했다.

19일에 후진타오 중국 주석과 가진 정상회담에서는 한반도 비핵화와 북핵 문제의 평화적 해결 원칙을 재확인하고, 6자회담의 조기 개최를 위해 양국이 적극 협력하기로 합의했다. 후 주석은 이날 회담에서 노 대통령이 "북한이 최근 사태를 악화시키고 있다"라고 우려하자 "북한이 6자회담의 분위기를 악화시키지 말고 조속히 협상 테이블로 돌아와 회담을 통해 문제를 해결하는 것이 바람직하다"라고 말했다. 노 대통령은 "북한이 핵을 포기할 경우 그들의 체제를 유지하고 개혁·개방을 점진적으로 해나가도록 도와줄 용의가 있다"라고 답했다.

다음 날 오전에 가진 조지 부시 미국 대통령과의 정상회담에서는 2차 6자회담 조기 개최 필요성에 공감하고 다자간 틀 내에서 북한에 안전보장을 해주는 방안을 적극 검토하기로 합의했다.

이어 이날 오후에 가진 고이즈미 준이치로 일본 총리와의 정상회담에서는 2005년까지 양국 간 자유무역협정 체결을 목표로 올해 안에 정부 간 교섭을 개시하기로 합의했다. 그리고 한일 사회보장협정 타결 노력, 한일 세관상호지원협정 조기 체결 노력, 한국인의 일본 방문 비자 면제 조기 실현 노력, 김포-하네다 항공편 운항 조기 추진 등에 합의했다.

회의 마지막 날인 23일에는 고촉동 싱가포르 총리와 정상회담을 갖고 양국 간 자유무역협정 체결을 위한 정부 간 협상을 이듬해 1월에 개시해 1년 안에 타결키로 합의했다. 노 대통령은 또 "동북아와 동남아 간에 협력이 구체화되고, 한-아세안 간 자유무역협정 체결을 검토·추진하고 있는 만큼 '아세안+3국(한국·중국·일본)' 회의를 동아시아 공동체로 발전시키는 방안을 중장기적으로 검토하자"라고 제안했다. 이에 고 총리는 양국의 몇몇 기업을 선정해 양국의 증권시장에서 전자거래가 가능하도록 하는 방안과 미얀마·라오스·캄보디아 등 아세안 후발국에 대한 기술 지원을 양국이 공동 추진할 것을 제안했다.[35]

탄핵 사유 없는 탄핵소추

대통령 노무현에게 2004년은 파란만장한 한 해였다. 수구세력의 공격은 급기야 도를 넘어서서 대통령을 끌어내리려는 포악질로 치달았다. 노무현이 취임 2년 차의 국정을 의욕적으로 이끌 즈음 정계 일각에서 민주당 조순형 대표를 시작으로 대통령 탄핵론이 제기되었다.

1월 15일, 조순형은 노무현 대통령의 선거 개입은 헌법과 법률 위반으로 탄핵 사유라고 경고했다. 한나라당과 민주당은 "경선 당시 노무현 측이 썬앤문 측에 자금지원을 요청했다"라는 신문보도를 빌미로 탄핵을 검토하겠다고 했다. 그러자 조순형은 노무현 대통령이 계속 선거에 개입한다면 민주당은 탄핵 발의도 불사할 것이라고 표명했다.

노무현은 2월 18일 경인 지역 언론사와 한 회견에서 "개헌 저지선까지 무너지면 그 뒤에 어떤 일이 생길지 나도 정말 말씀드릴 수가 없다"라고 말했다. 2월 24일에는 방송기자클럽 초청 기자회견에서 "앞으로 4년 제대로 하게 해줄 것인지 못 견뎌서 내려오게 할 것인지 국민이 분명하게 해줄 것"이라며 "국민이 총선에서 열린우리당을 압도적으로 지지해줄 것을 기대한다"라고 말했다.

그러자 민주당과 한나라당은 "이는 국민을 겁박하여 특정 정당 지지를 유도하고 공무원의 선거중립의무를 위반한 것으로 탄핵 사유에 해당한다"라고 목소리를 높였다. 때마침 중앙선관위는 노무현의 이런 일련의 발언이 '공무원의 선거중립의무'를 위반한 것이라며, 노무현 대통령에게 선거중립의무를 준수할 것을 요청했다. 청와대는 이에 선관위의 의견은 존중하나 납득할 수 없다는 입장을 내놓았다.

3월 5일, 조순형은 "3월 7일까지 선거중립의무 위반과 본인 및 측근 비리 등에 대해 사과하고 재발 방지를 약속하지 않을 경우 8일 탄핵소추안을 발의하겠다"라고 최후통첩을 하기에 이르렀다. 청와대는 이에 대해 "부당한 정치적·정략적 압력과 횡포에 굴복하지 않겠다"라며 맞대응 의사를 밝혔다.

민주당과 한나라당은 동병상련의 처지였다. 민주당은 노무현을 대통령에 당선시키고도 당이 쪼개져서 제2야당으로 전락한 신세가 되었고, 한나라당은 김대중 정권 5년에 이어 노무현에게 다시 정권을 빼앗기게 되어 앙앙불락하는 처지였다. 두 당의 의석수를 합하면 대통령 탄핵소추안을 발의하고도 남았다. 민주당과 한나라당은 오랜 '적'이었으나 반노무현 전선에서는 죽이 잘 맞는 '동지'였다. 더욱이 17대 총선이 코앞이라서 '탄핵'은 선거 전략으로도 효용성이 높을 것으로 판단했을 터였다. 한나라당은 3월 7일에 노무현에게 '재발 방지' 약속을 요구했다. 그러나 노무현은 "탄핵 사유에 대해서는 굴복할 수 없고 원칙적으로 대응해나가야 한다"라며 일전 불사의 의지를 표명했다.

3월 9일, 한나라당과 민주당 소속 의원 159명은 대통령 탄핵소추안을 발의했다. 최병렬 한나라당 대표와 조순형 민주당 대표, 박관용 국회의장이 이 과정을 주도했다. 자민련은 동의하지 않았으나 다시 한번 대통령의 사과를 요구했다. 3월 10일, 두 야당은 탄핵안을 처리하려 했으나 열린우리당 의원들의 저지로 1차 처리에 실패했다.

다음 날 특별기자회견을 열어 사과 요구를 거부한 노무현은 남상국 대우건설 사장이 노무현의 둘째 형인 노건평에게 3,000만 원을 건넸다는 의혹에 대해 "좋은 학교 나오시고 크게 성공한 분들이 시골에 있는 사람에게 가서 머리 조아리고 돈 주고 하는 일이 없었으면 좋겠다"라고 언급했다. 이 회견 이후 남상국 사장이 한남대교에서 투신자살했고, 이 사건으로 탄핵에 반대하던 자민련이 자유투표로 당론을 선회하면서 탄핵안 가결이 급진전되었다.

3월 12일, 열린우리당 의원들이 단상을 점거한 채 격렬하게 저항했으나 박관용 국회의장이 경호권을 발동하여 여당 의원들을 끌어내리고 본회의를 개회했다. 한나라당, 민주당, 자민련 소속 의원 등 총 195명이 투표하여 찬성 193표와 반대 2표로 '노무현 대통령에 대한 탄핵소추안'을 가결했다. 오후 3시, 소추결의서 정본이 헌법재판소에 송달되었다. 헌정사상 초유의 일이었다. 이날 국회 주변에서는 수많은 시민이 탄핵반대시위를 벌였다.

이날 11시 55분, 박관용 의장이 탄핵소추안 가결을 선포하는 순간, 투표에 참여한 의원들은 만세를 부르며 환호했다. 탄핵세력은 탄핵안 가결을 "구국의 결단으로 헌정질서를 수호하고 의회주의와 민주주의의 승리를 낳았다"라고 자찬했다. 그러나 '보수적'이라는 대한변협조차도 가결 몇 시간 만에 성명을 통해 "탄핵 사유 없는 탄핵소추를 가결함으로써 헌법과 법률을 유린"했다고 비판함으로써 탄핵세력의 자가당착과 자화자찬에 찬물을 끼얹었다.

탄핵소추를 선봉에서 주도한 국회의장 박관용도 의회민주주의 수호를 위해 부끄러움을 무릅쓰고 경호권을 발동했다고 변명했다.

> 결단의 시기가 임박했음을 느꼈다. 국회의원 과반의 발의로 제출된 안건을 그냥 방기할 수도 없었다. 설령 경호권을 사용하는 부끄러운 모습이 있더라도 의회민주주의를 수호했다는 당당함을 택하기로 했다. 11시경 나는 국회사무총장을 의장실로 불렀다. "내가 사회를 볼 수 있도록 만들어주시오." 질서유지권 발동을 지시했다. 그때 야당 총무들이 와서 말했다. "단상에 있는 의원들은 우리가 끌어내릴 테니 의장님은 사회만 보시면 됩니다." 그 말을 액면 그대로 믿은 것은 아니었지만 의장석으로 가면서 나는 야당 총무들의 장담이 현실로 이루어지기를 바랐다. 그러나 내가 의장석으로 향하는 순간 단상과 단하는 그야말로 아수라장이었다. 야당 의원들 누구도 단상의 여당 의원들을 '데리고' 나갈 엄두를 내지 못했다. 경호원들이 여당 의원들을 끌어내자 격렬하게 항거하는 모습이 전후 맥락을 생략하고 이 장면만 떼어놓고 본다면 지금까지 수없이 보아왔던 '날치기 통과'의 그림과 다를 것이 없었다.[36]

아수라장 속에서 자신에 대한 탄핵소추안이 국회에서 처리되던 순간, 노무현은 경남 창원의 한 전동차 제조업체를 방문해 사원들을 격려하고 있었다. 그때 탄핵소추안 가결 소식을 전해 들은 그는 "지금 이 과정은 새로운 발전과 도약을 위한 진통이라고 생각하며 힘이 들지만 주어진 자리에서 최선을 다할 생각"이라고 했다. 오후에는 예정대로 경남 진해 해군사관학교 졸업식 및 임관식에도 참석하여 임관생도들을 격려했다. 그는 그런 경황 중에도 웃음을 잃지 않으며 "마지막일지 모르겠는데 내년에 다시 왔으면 좋겠다"라고 말해 좌중을 숙연하게 했다.

탄핵 국면에서 대통령이 조금만 '비굴'해졌다면 탄핵소추를 피할 수도 있었다. "남경필, 원희룡, 정병국 등 한나라당 소장파 의원들과 추미애, 조성준 등 민주당 의원들이 대통령의 대국민 사과 또는 사과로 간주될 수 있는 발언을 하면 표결에 참여하지 않겠다고 하자 열린우리당의 정동영 의장, 김근태 원내대표, 김원기 고문 등을 비롯한 여러 동지들은 그렇게 하는 것이 좋겠다는 뜻을 전해왔다. 하지만 그는 그렇게 할 생각이 없었다."[37]

부러질지언정 부당한 요구에 굴복할 수는 없다는 노무현의 성격이 그대로 드러난다. 그는 자신의 신념과 배치되거나 불의라고 인식하는 사안에 대해서는 어떤 어려움이나 불이익이 닥치더라도 결코 타협하거나 굴복하지 않았다. 대통령 자리에서 몰아내겠다는 탄핵소추 위협에도 그는 굽히지 않았다.

청와대 민정수석을 사임하고 카트만두 여행에 나섰다가 외신 보도를 통해 대통령 탄핵소추 소식을 듣고 급히 귀국한 문재인은 "노 대통령다운 대응이었다"라고 했다.

귀국한 지 얼마 안 돼, 대통령 기자회견이 있었다. 인터넷 기사를
보니 탄핵 반대여론이 압도적이었고, 대통령의 사과를 전제로 한 탄
핵안 철회 해법이 주장되기도 했다. 나는 그래서 야당에게 탄핵안을
처리하지 않거나 철회할 명분을 삼도록 적어도 유감을 표명하는 등
유화적이고 타협적인 기자회견이 될 줄 알았다. 그런데 아니었다.
강경하고 원칙적인 입장을 밝혀 오히려 야당이 전의를 가다듬도록
만들었다. 노 대통령다웠다. 어려운 상황 속에서 더 강인하고, 막히
면 정면 돌파하는 대통령의 기질이 그대로 드러난 기자회견이었다.
틀림없이 참모들은 타협적 기조로 가자고 건의했을 텐데, 듣지 않았
을 대통령 모습이 머릿속에서 훤히 그려졌다. 어쨌든 타협은 물 건
너갔다. 대통령은 할 말을 다 한 셈이었고, 이제 결과를 기다릴 수밖
에 없었다.[38]

각급 선거를 앞두고 역대 대통령들은 여당에 유리한 발언을 하
거나 선거용 행사를 수없이 일삼았다. 그때마다 야당이 탄핵소추
를 했다면 제대로 임기를 마친 대통령이 어디 있을까. 그런데 유독
노무현에게만 탄핵소추라는 불명예를 덧씌운 것은 노무현에 대한
정치권 주류 세력의 폄훼 의식도 작용했을 것이다.

장영수 고려대 헌법학 교수는 두 야당이 대통령 탄핵이라는 극
단적인 행동을 감행한 배경을 분석하면서 탄핵제도 자체에 대한

이해 부족에서 비롯되었을 수도 있다고 지적했다.

　　물론 민주당과 한나라당에서도 대통령에 대한 탄핵이 극약처방
이라는 점을 잘 알고 있었을 것이다. 어쩌면 이러한 초강경 수단을
끝까지 밀고 나간 데에는 이성적 판단보다 감정적 판단이 앞섰을지
도 모른다. 탄핵소추안을 발의한 후에도 야당 측에서 대통령이 사과
하면 탄핵소추를 철회할 수 있다고 말한 저변에는 그러한 감정적 판
단이 깔려 있었을 수 있다. 하지만 탄핵제도는 국가의 중대사를 결
정하는 헌법상의 제도이며 단순히 감정적 판단에 따라 소추 여부를
좌우할 수 있는 성질의 것은 아니다. 어쩌면 탄핵제도 자체에 대한
충분한 이해가 부족했기 때문에 이런 극단적 상황이 벌어졌을지도
모르는 일이다.[39]

　애초부터 무리한 탄핵을 추진한 야당은 내심 노무현이 사과하기
를 기대했다. 자신들도 탄핵까지 끌고 갈 만큼 중대한 사안이 아니
라는 걸 잘 알고 있었고, 다분히 '감정적인' 탄핵에 따른 역풍을 우
려하기도 했다. 그러나 노무현은 단호했다. '측근 비리'에 대해서는
정중하게 사과했지만 '선거법 위반'은 인정할 수 없다고 했다. 그저
위기를 모면하기 위해 '없는 잘못'을 사과한다는 것은 노무현에게
있을 수 없는 일이었다. 노무현은 국회의 권한은 인정하되, 탄핵소
추와 관련하여서는 법리적·정치적으로 다투어볼 만하다고 생각했
다.[40]

그리하여 마침내 마주 보고 달리던 두 기관차는 충돌했고, 노무현은 이날부터 대통령직 수행이 정지되었다. 고건 국무총리가 대통령 권한대행을 맡게 되어서 당장 헌정 중단 사태는 아니었으나 정치는 패닉 상태에 빠져들었다.

야당은 탄핵소추를 이유로 선거중립의무 위반, 측근비리 등 권력형 부패, 국민경제 및 국정파탄을 들었지만 장영수 교수는 다음 세 가지 이유를 들어 반박했다.

가장 먼저 배제될 수 있는 것은 국민경제 및 국정의 파탄에 대한 대통령의 책임이다. 현재의 경제적 위기상황을 과연 대통령의 책임으로 돌릴 수 있는 것인지에 대한 사실적 판단이나 경제적 위기를 맞았던 역대 대통령들과의 비교를 접어두더라도, 현재의 어려운 경제 상황이 초래된 점과 관련하여 대통령의 직무상의 위법행위가 있다고 보기는 어려울 것이기 때문이다. 더구나 국정의 파탄에 대한 책임은 이를 정치적으로 추궁할 수 있는지는 모르되, 위법행위를 전제하는 탄핵의 사유로서는 부적합하다고 평가할 수밖에 없다.

그리고 측근 비리를 탄핵소추의 사유로 삼은 점도 부적절하다. 만일 대통령이 측근의 비리와 관련하여 직접 직무상의 권력을 이용하여 지시 또는 방조했다는 사실이 밝혀진다면, 그것은 헌법 제65조의 탄핵사유에 해당될 수 있다. 하지만 현재로서는 측근들의 비리가 일부 밝혀진 가운데 수사가 진행되고 있을 뿐이고, 대통령의 직접적 개입이 밝혀진 바는 없다. 이러한 상황에서 측근들의 비리에 대해 대통령의 도의적 또는 정치적 책임을 물을 수는 있겠지만, '직무상의 위법행위'에 대한 법적 책임을 묻기는 어렵기 때문이다.

그리고 탄핵소추의 직접적 기폭제가 되었던 공직선거법상의 선거중립의무와 관련해서도 과연 그것이 탄핵사유가 될 것인가에 대해서는 의문이 크다. 그것은 두 가지 측면에서 그러하다. 첫째로 공직선거법상의 선거중립의무가 과연 대통령에 대해서 선거에 있어서 특정 정당을 편드는 모든 발언을 금지하는 것으로 해석될 수 있을 것인지에 대해서도 의문이 있으며, 둘째로 대통령의 발언이 설사 선거중립의무에 반反하는 것이라 하더라도 그것이 정말로 대통령의 파면을 정당화시킬 정도의 중대성을 갖는 것인지도 의문이다.[41]

'의회 쿠데타'에 맞선 시민의 촛불

뚜렷한 귀책사유도 없이 '감정적으로' 저질러진 대통령 탄핵이라는 헌정사상 처음 벌어진 '의회 쿠데타'[42]를 두고 국민의 비판여론이 들끓기 시작했다. 여론은 대체로 대통령이 사과했어야 했다는 점에는 찬성했으나 탄핵소추에 대해서는 부정적이었다. 탄핵 발의를 '총선을 앞둔 정략적인 대통령 흔들기'로 보는 견해도 50%가 넘었다.

'의회 쿠데타'가 자행되고 대통령의 직무가 정지되면서 이번에도 국민이 거대한 저항의 물결을 이루었다. 탄핵안이 처리되던 날 국회의사당 주변에는 시민 수천 명이 몰려들어 탄핵반대시위를 벌인 것을 시작으로 3월 13일부터 광화문과 종로에는 연일 수많은 시민이 모여 탄핵에 반대하는 촛불시위를 벌였다. 시민들은 자신들의 손으로 뽑은 대통령이 특별한 잘못도 없이 수구세력에 의해 직무가 정지되고 청와대에 유폐된 데 대해 분노를 터뜨리며 연일 서울광장을 촛불로 수놓았다.

노무현은 위기에 몰릴 때마다 국민이, 때 묻지 않은 젊은이들이 광장으로 투표장으로 몰려나와서 그를 구해줬다. 이번에도 절체절명의 위기에 빠진 노무현에게 희망과 용기를 준 것은 이름 없는 국민들이었다. 광화문과 종로 거리에는 비가 오나 바람이 부나 탄핵에 대한 항의집회가 그치지 않았다.

탄핵소추결의서가 헌법재판소에 송달된 다음 날인 3월 13일, 노무현은 고건 국무총리를 불러 국정에 차질이 없도록 대통령 권한대행으로서 최선을 다할 것을 당부한 뒤 청와대 관저에서 칩거에 들어갔다. 그리고 그날 밤부터 일주일간 깊은 잠에 빠졌다. 그 뒤에 기운을 차린 뒤에는 책을 읽고, 부속실 직원들이 퇴근하면 관저 마당으로도 나가고, 참모들과 뒷산에도 올랐다. 그렇게 63일 동안 관저를 한 번도 벗어나지 않았다.[43]

탄핵소추안을 의결한 국회는 지체 없이 탄핵소추의결서 정본을 헌법재판소에 제출하여 노무현에 대한 탄핵심판을 청구했다. 대통령 측에서는 문재인이 중심이 되어 재야 법조인들을 소송 대리인으로 선임했다. 대통령으로부터 대리인단 구성 및 법적 대응과 관련하여 전권을 위임받은 문재인은 '당시 갖출 수 있는 최고의 진영'으로 대리인단을 구성했다. 이들은 이긴다고 확신했는데, 그 이유는 명확했다. "다수당의 수적 횡포일 뿐, 법적으로는 말이 안 되는 탄핵이었다. 민의를 거스른 다수당의 쿠데타였다. 민주 헌정의 위기였다. 그런 일을 바로잡지 못하면 우리 헌정의 앞날이 암울해질 것이었다."[44]

탄핵정국은 요동쳤다. 탄핵을 주도한 야당과 족벌신문, 원외 수구세력은 총궐기하다시피 헌법재판소를 압박했다. 반대로 광화문에서는 연일 촛불시위가 벌어졌다. 심리학자 김태형은, 수구세력이 유독 노무현에게만 과민반응을 일으키고 격렬하게 공격한 데는 '피해의식'에 더해 그들이 가진 '죄의식'이 크게 작용한 것이라고 분석하고, 그 이유를 다음과 같이 설명했다.

> 한국의 수구보수세력은 정당한 방법보다는 편법과 특혜 등 부정한 방법으로 권력을 장악하고 부를 축적해왔다. 이런 어둡고 부도덕한 과거는 필연적으로 죄의식을 동반하게 된다. 죄의식을 가진 사람은 천벌과 보복에 대한 공포에서 벗어날 수 없으므로 세상에 대해 지독한 과민반응을 하게 마련이다. '도둑이 제 발 저린다'는 속담처럼, 이들은 겉으로는 떵떵거리지만 그들의 내면은 땅굴에 잔뜩 웅크리고 앉아 있는 고슴도치와 다르지 않다.
>
> 그래서 사람들은 그저 반성문이나 한 장 받으려고 하는데, 그들은 사람들이 자신을 죽이려 한다고 굳게 믿는다. 그러니 미친 듯이 공

격할 수밖에 없는 것이다. 또한 죄의식이 심한 사람은 자신의 병적인 심리와 분노감정을 엉뚱한 대상에게 투사하는데, 여기에 걸려드는 사람은 영락없이 희생양이 되고 만다.[45]

대통령을 복귀시킨 시민의 힘

그런 가운데 4월 15일에 제17대 총선이 실시됐다. 그 결과 '총선'은 탄핵세력에게 민심이 발사한 공포의 '총성'이 되었다. 국회에 부여한 탄핵소추권을 남용하여 '총선용'으로 써먹으려던 불순한 세력은 부메랑으로 돌아온 '탄핵의 총알'에 심장이 꿰뚫리는 치명상을 입었다. 반면에 2003년 11월 11일 창당하여 지방조직도 마무리하기 전에 대통령 탄핵이라는 폭풍을 맞은 채 총선을 치른 여당인 열린우리당은 원내 과반의석을 차지하는 대승을 거뒀다. 민심의 무서움을 여실히 보여준 총선이었다.

4·15 총선은 가히 민심의 혁명이었다. 민심은 불과 47석의 미니 여당이던 열린우리당에 과반이 넘는 152석을 안김으로써 '유폐된' 대통령에게 힘을 실어주었다. 총선을 앞두고 '차떼기당'이라는 오명을 뒤집어쓴 한나라당은 50석도 넘기지 못하리라던 최악의 전망을 '지역감정'에 호소하여 반전시키고 121석이나 얻었으나 제2당으로 전락했다. 민주당의 추락은 더욱 비참했다. 탄핵을 주도했던 당 대표를 비롯하여 중진들이 줄줄이 낙선한 가운데 9석을 얻는

데 그쳤다. 정당 득표율(민주당 7.1%, 민노당 13%)에서 거의 2배나 앞서 10석을 얻은 민주노동당에도 밀렸다. 대통령 탄핵에 참여했던 자민련은 지역구 4석에, 정당 득표율 2.8%라는 최악의 성적을 기록하여 정당의 존립 기반마저 무너졌다.

민의를 거스른 대가는 냉정하고 엄혹했다. 탄핵세력의 몽니와 억지 그리고 부패에 신물이 난 국민은 개혁진보세력을 화끈하게 밀어줌으로써 탄핵세력에게 강력한 경고의 메시지를 보냈다. 외신들은 일제히 한국 역사상 처음으로 자유주의자들이 과반의석을 넘어섰다고 전했다. 서중석은 수준 높은 국민의식을 보여준 선거라고 진단했다.

탄핵에 대한 비판이나 반발로 노무현이 지지한 신당에 민심이 확쏠린 현상에 대해서는 잘 알고 있겠지만, 이러한 결과가 나온 것에 대해서 노무현 중심으로 평가를 하는 것은 좀 더 생각해볼 점이 있다고 본다. 노무현이 한나라당·민주당의 탄핵 위협에 굴하지 않고, 그래서 대다수가 기대했던 것처럼 사과하지 않고 잘 버텨서 이런 결과가 나왔다는 것은 무시할 수 없는 사실이다. 다른 사람이라면 해내기 어려웠던 대단한 버티기였다. 그렇지만 그것보다 더 놀라운 것은 별것도 아닌 이유로 국민이 방금 뽑은 사람을 대통령에서 밀어내려고 하는 이런 식의 정치는 용납할 수 없다고 하는 수준 높은 국민의식을 보여줬다는 점을 아주 높이 평가해야 한다. 4·15 선거 후반에 들어서면서 경상도 지방에서는 박근혜가 선도해 분위기가 바뀜

으로써 그쪽 표가 달라지긴 했지만.[46]

군사정권이나 사이비 문민정부는 제쳐두더라도 민주정부에서 집권당이 국회 과반의석을 차지한 것은 이때가 처음이었다. 김대중 정부는 5년 내내 거대 야당의 발목잡기로 개혁과 국정운영에 큰 차질을 빚었다. 1948년 정부 수립 이후 처음으로(4월 혁명 뒤 민주당이 3분의 2 의석을 가졌으나 곧 분당) 정부와 의회 권력을 민주진영이 장악했다.

총선이 끝나고도 헌법재판소의 심리는 지지부진했다. 헌정사상 초유의 대통령 탄핵이라는 엄청난 사안을 넘겨받은 헌재로서는 보통 난제가 아닐 수 없었을 것이다. 여론의 중압도 무시하기 어려웠을 테고, 자칫 헌정 중단을 초래할 수도 있었다.

이런 위기 국면을 지켜보면서 필자는 한 신문사의 청탁으로 「국회가 탄핵을 철회해야 하는 이유」를 써서 넘겼으나 웬일인지 지면에 실리지 못한 채 묻히고 말았다. 원고의 요지는 "이번 탄핵소추는 헌법정신에 크게 위배될 뿐 아니라 최소한의 법적 요건도 갖추지 못했으며, 민의에 비추어서도 정당성을 상실한 사안이므로 (헌재의 심판을 기다릴 것이 아니라) 지금이라도 마땅히 국회에서 철회해야 한다"[47]라는 것이다.

헌재의 탄핵소추 심의가 진행되는 동안 노무현은 청와대에서 '유폐 생활'을 계속해야 했다. 달리 길이 없었다. 참모들도 처음에는 아무 보고를 하지 않다가 시간이 어느 정도 지나서야, 헌재가 탄핵소추안을 기각해 바로 업무에 복귀할 때를 대비해 국정 상황에 대해 간단한 보고서를 보내주었다고 한다.[48]

모처럼 '한가한' 시간을 갖게 된 노무현은 무엇보다 책을 많이 읽었다. 그가 이때 읽은 책은 『변화를 선택한 리더들』, 『기업이 원하는 변화의 기술』, 『변화를 두려워하면 1등은 없다』, 『블루오션 전략』, 『체인지 몬스터』, 『대한민국 개조론』 등 다양했다.[49]

노무현은 가파른 정치 인생에서 여러 차례 위기를 겪었으나 탄핵정국의 위기는 과거의 위기와 차원이 달랐다. 만약 탄핵이 확정된다면 정치 인생에 씻기 어려울 치욕이 될 터였다.

이승만은 대한민국 임시정부 의정원 탄핵으로 한 번, 4·19 혁명으로 또 한 번, 모두 두 번 쫓겨났다. 박정희는 18년 장기독재 끝에 최측근에게 피살당하고, 전두환과 노태우는 퇴임 뒤에 구속되었다. 이 같은 불행한 대한민국 정치사를 지켜보아온 노무현은 재임 중이나 퇴임 뒤에도 당당하고 떳떳하고 싶었다.

그런 중에도 대통령을 변호할 대리인단은 바쁘게 움직였다. 전체적인 진행 실무와 홍보는 대리인단 간사인 문재인이 맡아서 했다. 그리고 유현석, 한승헌, 조용환, 백승헌, 김선수 등 다른 변호사들도 다들 역할을 나누어 빈틈없이 일을 처리했다.[50]

헌재 심판을 기다리는 동안 권력에 담담하고 초연한 모습이었던 노무현은 황망한 중에도 유머를 잃지 않았다. 재판을 준비하는 대리인들과 만난 자리에서 마지막으로 대리인단에게 한 말씀 해달라고 하자 "저 대통령 다시 하게 좀 해주십시오"라고 말해 모두가 한

바탕 웃었다고 한다.[51]

탄핵소추 청원일로부터 63일이 지난 5월 14일, 탄핵소추안이 기각되었다. 헌법재판소 재판부는 "위법행위가 전혀 없지는 않지만 대통령 탄핵을 정당화할 만큼 중대한 범법 행위는 없다"라는 논거를 들어 탄핵소추안을 기각했다. 이로써 수구세력의 노무현 제거공작은 무위로 돌아갔다.

노무현은 두 달여 만에 대통령직에 복귀했다. 탄핵세력은 이미 총선에서 국민의 심판을 받은 데다 정략적 행패로 국정의 혼란을 초래했다는 비판을 면치 못하게 되었다. 5월 15일에 대통령직에 복귀한 노무현은 '대국민 담화'를 통해 "비록 탄핵에 이르는 사유가 아니었다 할지라도 정치적·도의적 책임까지 모두 벗었다고 생각하지 않으며, 특히 그중에서도 대선자금과 주변 사람들이 저지른 과오는 분명한 허물"이므로 "임기를 마치는 그날까지 그 허물을 결코 잊지 않고 마음의 부담으로 안고 가겠으며, 더 열심히 노력해서 국민에게 진 빚을 갚아나가겠다"라고 약속했다.[52]

7
때를 못 만난 '선각자' 노무현의 정치실험

대통령직을 걸고 결행한 혁신정치

5년 단임의 대통령이 개혁정책을 소신껏 펼 수 있는 절호의 시기는 집권 초기 2년이다. 그런데 거대 야당의 발목잡기와 분당 사태, 게다가 탄핵 회오리에 휘말려 그 막중한 초기 1년여의 예봉을 살리지 못했다. 수난과 곡절 끝에 기사회생한 노무현은 2005년을 맞아 진용을 새롭게 짜고 본격적인 국정개혁에 나섰다.

먼저, 국무총리에 이해찬, 통일부장관에 정동영, 보건복지부장관에 김근태, 문화관광부장관에 정동채를 임명하는 등 총선에서 과반의석을 차지한 열린우리당 중진 의원들을 요직에 기용함으로써 원활한 당정 협의를 통한 국정개혁 포석을 깔았다.

이어 국정 현안에 대한 정부 입장을 조정하는 '대통령→국무총리→책임장관'으로 이어지는 '분권형 국정운영' 방침을 정하고 효율적인 국정운영을 꾀했다. 그리고 국무총리에게 많은 권한을 주어 '책임총리제'를 이끌도록 했다. 이해찬이 그 첫 총리였다. 실제로 대통령은 총리의 제안에 의견만 제시할 뿐 반대하거나 제동을 건 적은 없었다고 한다. [1]

4대 개혁입법 좌절과 지리멸렬한 여당

여당이 총선에서 과반(299석 중 152석)을 확보한 것은 탄핵의 소용돌이에서 벗어난 노무현에게는 하늘이 준 선물이었다. 경우에 따라 몇 석 빈다 해도 민주노동당의 10석이 있으니 진보개혁세력은 안정적인 과반의석을 확보한 것이다. 이는 야당들의 분별없는 탄핵 책동을 심판한 국민이 대통령에게 국정운영과 개혁정책을 소신껏 단행하라라며 보낸 격려의 메시지였다.

열린우리당은 국회 개원 이후 이른바 '4대 개혁입법(국가보안법, 사립학교법, 과거사법, 언론관련법)'을 정하고 시급히 개폐改廢하기로 결정했다. 그런데 열린우리당 의원들은 개혁입법을 논의하는 의총에서 격렬한 분열상을 보였다. 민주당과의 분당, 신당 창당 과정에서 정체성에 문제가 있는 인사들이 상당수 참여하게 돼 이들이 대통령 탄핵의 역풍을 타고 당선되면서 열린우리당에는 정체성에서 이질적인 의원이 적지 않았다. 4대 개혁입법은 노무현뿐만 아니라 정통 야당이 오래전부터 개폐를 주장해온 과제들이었다. 독재정권에서는 말할 것도 없고, 김대중 정부에서는 국회 소수파여서 개폐가 불가능했기 때문이다.

열린우리당이 4대 개혁입법을 정치 현안으로 들고나오면서 한나라당의 거센 저항에 부딪혔다. 특히 사립학교법과 국가보안법 문제는 보수진영의 총궐기를 불러왔다. 족벌신문들은 마치 시장경제체제와 국가안보가 당장 무너지기라도 할 것처럼 수구세력을 부추겼다. 한나라당은 국가보안법 폐지를 막기 위해 국회 법제사법위원회 회의장을 10여 일간 점거하는 등 국가보안법 폐지를 저지하는 데 총력전을 펼쳤다.

오랜 진통 끝에 그해 연말 양당 원내대표의 합의에 따라 언론관련법만 간신히 통과시켰다. 이로써 국가보안법 폐지와 사학족벌이 똬리를 틀고 비리의 온상이 된 사립학교법 개정은 물 건너가고 말았다. 열린우리당의 미숙한 전략·전술도 패인으로 작용했다.

이는 노무현 정부에는 적잖은 타격이었다. 개혁입법이 초반부터 보수야당에 발목이 잡혀 끌려다니는 꼴이 되었다. 열린우리당은 국가보안법을 폐지하고 대체입법을 논의하는 과정에서부터 내부에서 적잖은 도전에 직면했다. 국회 입법 과정에서도 다수당의 역할을 제대로 수행하지 못했다. 전략 전술이나 소속 의원들의 의식에도 문제가 많았다.

보수세력의 사활이 걸린 4대 현안을 한꺼번에 이슈화하면서 기득세력의 결집을 불러오고, 이들이 한 덩어리가 되어 저지투쟁에

나서도록 하는 계기를 만들었다. 반면에 열린우리당 의원들은 김
대중 정부에 이은 6년여 동안의 '여당 체질'이 굳어져 효과적인 투
쟁력을 보여주지 못했다.

족벌신문들의 여론 왜곡과 매카시즘에도 효율적으로 대처하지
못했다. 독재정권과 사이비 문민정권 반세기 만에 처음으로 정부
권력과 의회권력을 장악한 노무현 정권의 국정개혁은 초반부터 꼬
였다. 노무현은 한국 보수세력의 거대한 힘과 이들의 반개혁성에
분개했지만, 당장 달리 돌파구를 찾기 힘들었다.

노무현은 이때 '제왕적'이니 '무소불위'니 하는 선입견과 오해에
사로잡혀 있는 '대통령 권력'의 분명한 한계를 절감했다. 전임 대통
령들이 '제왕적' 권력을 휘둘렀다면 그것은 월권이자 권력의 남용
일 터였다. 그가 퇴임 뒤 남긴 메모 「대통령에 대한 오해」에는 "권
력은 분산되어 있고 대통령은 제도에 묶여 있다"[2]라는 구절이 있
다. 그는 '대통령 권력'의 한계를 분명하게 인식했고, 헌법이 부여
한 범위를 벗어나지 않고자 최선을 다했다. 그래서 그의 정치는 더
힘겹고 고뇌는 더 깊었다. 정치인 노무현에게는 이념 이전에 가장
중요하게 여기는 덕목이 있는데, 바로 그의 '자화상'이기도 하다.

우리의 사고 틀에 대한 문제 제기부터 하나 해야겠다. 보수냐 진
보냐 지역주의냐 하는데 가장 중요한 틀이 있다. 지금 많은 사람들
이 말하고 있는 것은 정치는 믿을 수 없다, 거짓말하지 않는 지도자,
사심이 없는 지도자가 필요하다, 정치인의 도덕성이라는 것은 정직

성과 도덕성이다. 거짓말하지 말 것, 자기 욕심 때문에 공적 이익을 희생시키지 말 것, 공정무사, 그다음엔 성실할 것. 자리만 좇아다니는 것이 아니라 맡은 바 책무를 성실하게 하는 모습, 이것이 정치인의 자질에 또 중요한 거다. 이것은 진보냐 보수냐 하는 것 이전의 것이다. 역량 있고 없음, 역량의 높고 낮음, 진보와 보수 이전의 것이고 이것이 갖추어져야 할 기본이다.[3]

'신행정수도 건설'에 담긴 균형발전 의지

같은 칼이 사람을 살리는 활검活劍이 될지 사람을 죽이는 살검殺劍이 될지는 오롯이 쓰는 사람에게 달렸다. 노무현은 자신의 칼을 활검으로 선용하고자 했다. 3대 권력기관을 자율에 맡기고, 분권형 국정운영과 책임총리제를 취하여 대통령의 권력 행사를 절제했다. 그것은 헌법정신에 충실한 대통령상이기도 했다.

그러나 사자의 기운이 빠지기만을 노리는 '하이에나'들이 대통령의 이런 선의에 선의로 대응해올 리 만무했다. 살검을 휘두르는 난폭한 독재권력 밑에서는 벌벌 떨던 족벌신문과 수구세력은 때를 만난 듯 노무현에게는 사납게 덤벼들어 사사건건 물어뜯었다.

노무현은 오래전부터 국토균형발전정책을 구상해왔고, 이 정책의 핵심은 신행정수도 건설이었다. 대통령 후보 경선과 대선 당시에도 충청권에 행정수도를 건설하고 청와대와 중앙부처를 옮기겠다고 공약했다. 지나치게 비대해진 수도권의 일부 기능을 지방으로 분산시켜서 균형 있는 국가발전을 이루겠다는 뜻이 담겨 있었다. 미국처럼 경제 중심지는 뉴욕, 정치 중심지는 워싱턴 하는 식으로 권력기관이 분산된 경우를 참고했다.

정부는 4월에 신행정수도 건설 추진기획단을 출범시키고, 7월에 신행정수도특별법안을 입법예고하고, 12월 29일에 국회에서 여야 합의로 신행정수도건설특별법을 통과시켰다. 그리고 이듬해인 2004년 1월에 신행정수도건설특별법이 공포되고, 4월 17일에는 특별법 및 시행령이 발효되었다. 신행정수도 건설이 차근차근 진행되었다.

그런데 6월 2일, 이석연 변호사 등이 신행정수도건설특별법이 헌법에 위배된다는 이유로 헌법소원을 제기하고, 시행중단 가처분 신청을 냈다.

그러는 가운데 정부는 6월 8일에 신행정수도로 이전할 국가기관(청와대 등 85개)을 발표했다. 7월 5일에는 신행정수도 후보지 평가 결과 충남 연기와 공주가 1순위로 선정되었음을 공시했다. 그로부터 일주일 뒤인 7월 12일에 신행정수도건설특별법 헌법소원 및 가처분 신청이 접수되었다. 정부는 8월 11일 신행정수도 예정지를 확정·발표하는 등 사업을 실행단계에 올려놓았다.

노무현에게 2003년은 정치적으로 '액운'이 겹친 해였다. 헌법재판소 전원재판부는 10월 21일 신행정수도건설특별법에 대한 헌법소원 사건에서 위헌 결정을 내렸다.

이런 엇박자가 되풀이된 끝인 10월 21일, 헌법재판소 전원재판부는 재판관 8대 1의 의견으로 신행정수도건설특별법에 대해 위헌 결정을 내렸다. 헌재는 "대한민국의 수도가 서울이라는 사실은 관습헌법"이라는 논리를 내세웠다. 이를 둘러싸고 헌법학계는 물론 일반인들 사이에서도 '관습헌법' 논쟁이 벌어졌다.

헌재의 결정은 수도권 이전 문제를 의욕적으로 추진해온 정부는 물론 정치권을 강타하고, 충청권의 분노와 상실감은 태풍의 눈이 되었다. 노무현은 11월 18일에 신행정수도건설특별법의 위헌 결정을 수용하면서 이에 따른 후속대책위원회를 발족시켰다. 수도의 상징성을 가진 청와대를 제외한 행정부처를 옮기는 방안이 모색되고, 국회는 2005년 3월 2일에 '행정중심복합도시특별법'을 통과시켰다.

'대연정' 제안

2005년, 해가 바뀌어도 노무현에게 시련은 그치지 않았다. 열린우리당은 4월 재보궐선거에서 국회의원 등 후보를 낸 23곳 모두에서 졌다. '0 대 23'의 기록적인 패배였다. 10월 국회의원 재선거가 치러진 4곳에서 모두 패하는 수모를 당했다. 여기에 이철우(경기 포천), 김맹곤(경남 김해갑)이 '선거법 위반'으로 국회의원직 상실의 형을 받으면서 열린우리당의 국회 과반의석이 무너졌다. 이에 앞서 이

상락, 오시덕, 복기왕, 김기석이 '선거법 위반'으로 의원직을 잃고, 신중식이 탈당하면서 144석으로 줄어들었다. 제17대 국회가 개원한 지 1년도 채 안 되어 여당인 열린우리당은 원내 제1당마저 한나라당에 내주었다.

충청권 행정수도 이전의 좌절과 함께 두 차례 실시된 재·보궐선거의 참패, 이로 인한 국회 여대야소 구도의 붕괴 등 참담한 정치상황으로 노무현의 고뇌는 깊어졌다. 이런 가운데서 나온 것이 '대연정 제안'이다.

노무현은 2005년 7월 28일 KBS '국민과의 대화'에 나가서 지역주의 구도를 해소하고 대화와 타협의 정치문화를 만드는 데 필요하다면 권력의 반이 아니라 통째로 내놓을 각오가 돼 있다면서 한나라당에 대연정을 제안했다. 정계의 근저를 흔드는 폭발적인 제안이었다.

야당이나 국민은 물론 집권당에서도 경기를 일으킬 만한 역대급 발언이었다. 집권 2년여, 임기가 절반도 더 남은 대통령이 몇 가지 정치적·정책적인 전제를 내걸고 대통령 권한을 통째로 내놓을 수도 있다는 제안은 누구나 어안이 벙벙할 만큼 충격적이었다.

문재인은 "대통령의 대연정 제안이 참여정부에서 가장 아팠던 일"이라고 다음과 같이 회고했다. "지역구도 타파를 위한 선거제도 개혁이란 전제가 달려 있긴 했지만, 한나라당과 연정하고 한나라당에게 내각구성 권한을 넘겨줄 수도 있다는 대통령의 제안은 탄핵반대 촛불을 거쳐 열린우리당을 다수당으로 만들어준 우리 측

지지자들을 경악시켰다. 시민사회진영도 허탈해했다. 호남지역에서는 아예 호남에 대한 배신이라고 했다. 나를 비롯해 참모들도 반대했던 일이어서, 대통령의 진정성을 말하며 옹호하려 나섰지만 감당이 되지 않았다. 우리 스스로도 설득되지 않으니, 다른 사람을 설득할 수가 없었다. 대통령도 나중에 참여정부 기간 중의 가장 큰 실책이었다고 인정했다."[4]

그러나 대연정 제안은 노무현의 즉흥적 또는 감상적인 행위는 아니었다. 집권 얼마 후인 2003년 4월 2일 국회 시정연설에서, 특정 정당이 특정 지역에서 3분의 2 이상의 의석을 차지할 수 없도록 선거법을 개정한다면 17대 국회에서 과반수 의석을 차지하는 정당 또는 정치연합에게 내각구성 권한을 이양하겠다고 말했었다. 언론과 정치권에서 이 발언을 주목하지 않았을 뿐이다.

노무현은 대연정 제안에 앞서 7월 5일과 6일 여야 의원들에게 보낸 「대통령의 편지」를 통해 "우리 정치를 정상으로 돌려놓기 위해 진지한 토론이 필요하다"라는 소견을 제시했다. 이 편지에는 정치개혁에 대한 노무현의 철학이 고스란히 담겼다.

> 대부분의 나라들은 이런 경우 연정을 합니다. 연정을 하니까 여소야대라는 문제는 생기지 않는 것입니다. 연정은 대부분의 국가에서 이뤄지는 아주 자연스러운 일입니다. 그런데 우리나라는 연정 이야기를 꺼내면 '야합'이나 '인위적 정계개편'이라고 비난부터 하니 말을 꺼내기도 어렵습니다. 매수하고 협박하고 밀실 야합하는 공작의

시대는 이미 지나갔는데도 우리들의 생각은 옛날 그 시절에 머물러 있는 것입니다. 비정상입니다.

야당 의원들과 개별적으로 접촉하면 '공작'이 되고 야당에게 협력을 제안하면 '밀실 야합'이 되는 것이 우리 정치의 풍토입니다. 여당에게조차 단합된 지원을 얻기 위해선 선처를 구하는 길 이외에는 별다른 수단이 없습니다. 이런 대통령에게 야대 국회는 각료 해임건의안을 들이댑니다. 각료들이 흔들리고 결국 대통령의 영이 서지 않게 됩니다. 역대 정권에서 정부 관료들이 반대와 무성의로 개혁이 좌절된 것이 한두 번이 아닙니다. 대통령이 흔들리니 개혁은 지지부진할 수밖에 없습니다.

우리 정치, 토론이 필요합니다. 문제의식을 가지고 보면 고쳐야 할 곳이 한두 가지가 아니기 때문입니다. 지역 구도의 문제는 나라 발전에 큰 걸림돌입니다. 국회의원 후보 시절부터 이 문제에 정치 인생을 걸고 맞서 왔습니다. 그러나 아직 해결되지 않고 있습니다. 지역주의의 결과로서 우리 정치는 가치지향이 없는 정당구조 위에서 있습니다. 가치와 논리의 논쟁이 아니라 감정적으로 대결하는 정치가 되니 정치 이론도 발전되지 않고 대화와 타협의 문화도 설 땅이 없습니다.

투표율과 의석비율이 현저히 차이가 나는 비논리, 지역 단위로 대표를 선출하는 제도를 그대로 유지하면서 생활권이 다른 4개 군을 하나로 묶어 국회의원 1명을 뽑아놓고 이 사람을 지역대표라고 하는 비논리, 지방인구가 줄어드는 현상이 계속되면 국회에서 지방의 대표권도 줄어들 터인데 장차 국민통합에 심각한 장해 사유가 생기지 않을 것인지, 이런 문제들에 대한 논의가 너무 부족하여 나라의 장래가 걱정이 됩니다.

정치인들은 이 비정상의 구조 위에 기득권의 성을 쌓고 문제를 외면하고, 시민사회는 모든 문제를 정치인의 도덕성 문제로 단순화해놓고 혹시 이런 논의가 정치인의 밥그릇 챙기기로 흐르지 않을까 불신하여 논의를 외면하고, 학자들은 서양의 정치이론에 안주하여 한국의 정치 현실을 외면하고 있는 것은 아닌지 정말 속이 탑니다. 많은 문제들을 내놓고 토론해야 합니다. 그래야 잘못된 정치를 바로잡을 수 있습니다. 비정상을 정상으로 고칠 수 있습니다.

이런 많은 문제를 한꺼번에 다 토론에 올릴 수는 없을 것입니다. 문제의식을 가지고 당장 부닥친 문제부터 사회적 논의에 올려보자는 것입니다. 그래서 우선 여소야대 문제를 제기해본 것입니다. 그것도 하도 조심스러워서 당 지도부에만 살짝 제기해보았는데 기왕에 공개가 되었으니 공론화해보자는 것입니다. 재미 삼아 속셈을 계산하고 이해득실을 따지는 구경꾼이 아니라 민주사회의 주인으로서 책임감을 가지고 논의해보자는 것입니다.

그동안 여러 기회에 이런 문제들에 대하여 문제제기를 해보았으나 공론을 일으키는 데는 성공하지 못했습니다. 취임 후 첫 국회연설에서는 국회가 지역구도 문제의 해결에 동의한다면 대통령이 가진 권한의 절반 이상을 내놓을 용의도 있다고 밝혔습니다. 그러나 역시 아무런 호응이 없었습니다. 지금도 될 수만 있다면 그 이상의

것이라도 내놓을 만한 가치가 있다는 생각에 변함이 없습니다.[5]

　노무현은 소장 의원 시절이나 당내 경선주자 그리고 대선후보 때나 줄기차게 지역화합과 선거구 제도 개혁을 주요 공약으로 내세웠다. 대연정 제안은 그런 철학과 정책의 연장선상에서 나온 것이다.

　　4·30 재보선 참패로 지난해 총선에서 만든 여대야소 구도가 일거에 무너진 뒤 노 대통령이 '권력을 통째로 내놓을 수도 있다'며 내놓은 한나라당과의 대연정 제안은 여권을 한바탕 소용돌이로 몰아갔다. 여당 의원들은 '여당 지지율 하락의 책임은 노 대통령에게 있다' '대통령이 열린우리당을 사당私黨으로 여긴다'며 집단항명 움직임을 보이기도 했다. 당초 8월 31일 열린우리당 의원 전원이 참석한 가운데 청와대에서 열린 노 대통령과의 만찬 모임은 청와대와의 갈등을 봉합하는 자리가 될 것으로 기대했지만 대부분의 의원들은 '대통령과의 인식 차이만 확인한 자리였다'는 반응을 보였다. 청와대를 향한 여당의 불만은 10·26 재선거에서 열린우리당이 전패한 뒤 폭발했다. 노 대통령이 문희상 당시 의장을 옹호하는 발언을 하자 의원들이 '대통령이 신神이냐' '대통령은 정치에서 손을 떼라'며 즉각 반발했다. 일부에서는 대통령의 탈당 주장까지 제기했다.[6]

　세상에는 선의나 상식이 통하지 않은 경우가 많다. 정치판은 특히 심한 편이다. 그래서 '사자의 위엄과 여우의 간지'가 필요하다는 마키아벨리즘이 정치(인)의 필요악으로 통용되는지 모른다. 노무현의 선의는 '간지'로 왜곡되어 피아彼我를 가리지 않고 극심한 공격을 받았다.

사실 그가 연정을 제안한 의도는 '정략'에 있지 않고 '대화의 정치'라는 새로운 정치실험에 있었다. 이는 대화와 타협이 실종된 우리 정치 현실의 고질을 치유하기 위해서는 충분히 논의할 만한 가치가 있는 실험이었다.

> "프랑스식 동거정부, 내각제에 가까운 이원집정부제를 모색하겠다"고 한 적이 있었다. 2004년 총선에서는 우리가 패배할 가능성이 훨씬 높다고 생각했다. 그런데 어떻게 보면 오히려 더 좋은 기회일 수도 있다는 생각을 했다. 여소야대 상황에서 실권을 가진 총리와 내각을 야당에 주고 그 대신 선거구 개편을 내가 받으면 오랫동안 해결하지 못했던 정치의 구조적 문제를 해결할 수 있으므로 훨씬 큰 정치적 진보를 이룰 수 있다고 생각한 것이다. 또 지역주의 구도를 해소할 수 있는 선거구 제도도 확보하고, 동거정부를 통해 실질적 권력을 넘겨주면 협상을 통해 정치를 해나가는, '대화의 정치'라는 새로운 정치문화도 만들 수 있지 않겠는가 하는 계산까지 했다.[7]

노무현의 지역주의 구도 타파를 본질로 하는 대연정 제안은, 지역갈등 구조를 적절히 재생산 활용하면서 기득권에 안주해온 여야 정치인들에게는 필요 없을지 몰라도 국민과 국가에는 악성종양을 제거하는 수술과 같았다. 지역주의에 편승하여 저질 국회의원들이 당선되고, 이로 인해 국회가 저질성에서 벗어나지 못하는 악순환 고리를 끊자는 것이다. 노무현의 제안은 완벽하지는 않을지라도 지역갈등 해소와 후진적인 정치문화를 일거에 바꿀 수 있는 절호의 기회였다. 이것을 한나라당과 열린우리당이 한목소리가 되어 반대하고 걷어차버렸다.

한국 정치의 후진성은 당사자들인 정치인들뿐만 아니라 언론계와 학계의 수준도 크게 다르지 않았다. 대통령의 자기희생적 제안을 좀 더 본질적이고 적극적으로 이해하면서, 이를 여론화시키려는 의지보다 대통령의 일회성 '토픽 발언' 정도로 치부하고 정치권의 반향에만 비판의 초점을 맞추었다.

대연정 제안은 완전히 실패한 전략이 되고 말았다. 그렇지 않아도 불편했던 열린우리당과의 관계가 더 심하게 뒤틀렸고 대통령의 정치적 입지까지 흔들리고 말았다. 그뿐 아니라 여당의 가장 유력한 대통령후보감이라고 할 수 있는 사람이 당을 깨자고 하는 데까지 갔다. 결국 대연정 제안이 이런 행동에 간접적으로 영향을 주었으니 실로 뼈저린 실책이 아닐 수 없었다. 그렇지만 대연정을 해서라도 선거구제를 고치려고 욕심을 부렸던 이유만큼은 분명히 밝혀두고 싶다. 어떤 문제는 적절한 시점이 되어 저절로 고쳐지기도 한다. 잠시 덮어두었다가 적당한 시기에 전격적으로 해결할 수 있는 것도 있다. 하지만 누군가 그것을 사회적 의제로 만들어 공론을 일으키고 노력하지 않으면 결코 해결되지 않는 문제도 많이 있다. 선거제도가 바로 그런 경우라 하겠다.[8]

노무현은 대연정 제안을 정치적으로 '실책'이라 표현했으나, 내심 이를 실현하지 못한 것을 두고두고 후회했다. 실제로 정치의 지각변동에 버금가는 대사를 상대 정당 수뇌부와 사전 조율 없이 불시에 제안함으로써 조건반사적인 반발을 불러일으키게 한, 전략적으로 미숙한 측면도 없지 않았다. 상대가 노무현의 기대와는 전혀 다르게 반응한 것이다.

나는 상대방이 상당히 난처해할 줄 알았어요. 상대방이, 내가 그때 내다본 것은 상대방이 상당히 난처해지고 내부에서 갑론을박이 나올 수도 있다고 생각한 겁니다. 그런데 상대방은 일사불란하고 우리 쪽이 갑론을박이 돼버렸어요. 거꾸로 총알이 그냥 우리한테 날아오고, 수류탄을 적을 향해 던졌는데 데굴데굴 굴러와 막 우리 진영에서 터져버렸어요. 그래서 아주 뼈아프게 생각합니다. 앞으로 수류탄은 함부로 던지지 말아야죠.[9]

노무현의 진정성과는 상관없이 대연정 제안은 호남의 유권자들을 포함하여 지지자들로부터 다시 한번 '배신감'을 갖게 하고, 참여정부는 심한 역풍을 맞았다. 한나라당이 싫어서 노무현을 밀었는데, 싫은 한나라당과 연정을 하겠다니 배신감을 느낀다는 지지자들을 설득하기란 쉽지 않았다.

그런데 대연정을 통해 국난을 극복하고 정치안정을 이룬 나라가 있다. 폴란드와 오스트리아다. 비운의 나라 폴란드는 우리나라처럼 강대국들에 둘러싸여 여러 차례 분할되고 점령되었다. 그때마다 영토를 되찾기 위해 수백만 명의 희생자를 냈다. 폴란드는 2차 세계대전 뒤 소련 공산권에 편입되었다가 구소련의 붕괴로 해방을 맞았으나 정파 간의 대립으로 정국은 대혼란에 빠졌다. 1989년에 실시된 선거에서 바웬사가 이끄는 야당인 시민연맹이 상원을 압도적으로 석권하고 하원에서는 의석의 35%를 점유했다. 이때 여당인 통일노동당은 하원에서 절대다수인 65%의 의석을 차지했음에도 내각을 조직하면서 수상 이하 23명의 각료를 시민연맹에 넘겨주고 여당은 국방장관, 내무장관, 철도장관만 내는 대연정을 꾸려 정치혼란을 극복했다.

히틀러에 의해 독일에 합병된 오스트리아는 2차 세계대전에 휩쓸렸다가 종전과 동시에 국토가 미·소·영·불 4개국에 분할 점령되었다. 정치 지도자들은 합심하여 4개국 군대를 차례로 철수시킨 다음 1955년에 영세중립국을 선언하고, 경제발전과 정치안정을 이루었다. 정파 간의 대연정으로 얻은 결실이었다. 제1당인 사회당이 88석, 제1야당인 국민당이 77석이었는데, 이들이 대연정을 맺음으로써 절대안정 의석을 확보했다. 노사문제의 경우 그들 특유의 사회참여주의Social Partnership 원칙하에 노사합의로 모든 기업과 공장을 운영하기 때문에 노사분쟁도 사라졌다. 폴란드와 오스트리아는 우리나라처럼 동서세력의 인접지대로 세력균형이 깨질 때마다 수난을 겪는 통과지역이다. 이들 나라에서는 대연정을 통한 거국내각으로 국가 위기를 풀어나가고 있다.[10]

노무현의 구상도 이들 나라의 대연정 실험에서 출발했던 것 같다. 문재인에 따르면, 대통령이 일관되게 주장했던 것은 지역구도 타파를 위한 선거제도 개혁이었다. 그러나 정치권도 시민사회진영도 이런 노력에 귀를 기울이지 않았다.[11]

오연호는 이에 대해 "그의 대연정 시도는 패배주의와 승부사적 기질이 동전의 양면처럼 합쳐진 것 같았다. 서로 다른 두 이질적 요소의 결합이 만들어낸 대도박, 그래서 2002년 대선에서 노무현을 찍었던 그의 지지자들은 그의 시도를 쉽게 이해할 수가 없었다"[12]라고 했다.

평화·자주 외교 그리고 경제 체질 개선

노무현은 정치적 격랑 속에서도 외교와 안보 직무를 차질 없이 수행했다. 취임 이래 미·중·일·러 주변 4강국 순방 외교를 통해 북핵 문제를 집중적으로 논의했다. 2003년 1월 10일에 북한이 핵확산금지조약NPT 탈퇴를 선언하면서, 북핵 문제는 한국은 물론 국제사회의 최대 현안이 되었다. 노무현은 그해 5월 14일 워싱턴에서 부시 미국 대통령과 정상회담을 갖고 다자회담을 통한 북핵 문제의 평화적 해결에 합의했다. 그러나 미국 내 강경파들은 대북 군사력 사용 가능성을 제기하고, 북한은 이에 맞서 미국의 대북 적대정책 포기를 내세워 해결이 쉽지 않았다.

노무현이 생각하는 외교의 기본은 "동북아의 균형자로서 한반도 평화를 굳건히 지켜낸다"라는 이른바 '균형외교론'이었다. 한·미 군사동맹 체제를 굳건히 하면서도 일방적인 미국 추종 외교에서 벗어나 대중·대러·대일 관계에서 균형추 역할을 맡겠다는 외교전략이다. 한때 이로 인해 야당과 수구세력으로부터 심한 험구를 들어야 했다. 그런데도 "우리의 의지와 무관하게 동북아 분쟁에 휘말리는 일은 결코 없을 것이며 이는 어떤 경우에도 양보할 수 없는 원칙"이라고 소신을 밝혔다.

노무현은 4강 외교뿐만 아니라 세계 여러 나라 정상들과의 활발한 정상회담을 통해 북핵 문제를 비롯한 현안을 협의하고 의미 있는 성과들을 이끌어냈다. 특히 2005년 11월 18~19일 부산에서 열린 아시아태평양경제협력체APEC 정상회담은 괄목할 만한 업적으로 평가되었다. 21개국 정상을 비롯하여 그에 따른 각국 정부·민간 대표단, 취재진 등 1만여 명이 참석한 APEC 정상회담에서는 '부산선언'과 'WTO 도하개발어젠다DDA 특별성명'이 발표되고, 반테러 대책 및 대형 자연재해 등에 협력을 강화하기로 합의했다.

임기 4년 차가 되는 2006년 역시 노무현에게는 내외적으로 거센 격랑의 해가 되었다.

5월에 실시된 제4회 전국동시지방선거에서 열린우리당은 전북 지사 외에는 16개 광역단체장 선거에서 모두 패했다. 기초단체장 선거도 수도권(서울·경기·인천) 66곳을 비롯한 부산·대구·인천·광주· 대전·울산 등 6대 대도시에서 전패했다. 655명을 뽑은 광역의원 선거(지역구)에서도 수도권과 주요 도시에서 참패했다.

7월에 실시된 서울(성북을, 송파갑), 경기(부천 소사), 경남(마산갑)의 국 회의원 재보선, 10월에 치러진 국회의원 2곳과 기초단체장 9곳 재 보선에서도 모두 졌다. 역대 재보선은 집권 여당의 패배라는 징크 스가 없지는 않지만, 2006년 열린우리당에는 치욕적인 참패였다.

지방선거와 국회의원 재보선에서 열린우리당이 참패하면서 노 무현은 크나큰 정치적 부담을 안게 되었다. 집권 이후 당정 분리 체제로 당과는 일정한 거리를 유지해온 처지였지만, 선거 패배의 책임을 고스란히 떠안게 되었다. 열린우리당에서는 연말에 신당 논의가 본격화할 만큼 패배의 충격이 컸다.

노무현을 고통스럽게 한 것은 잇따른 선거 패배뿐만이 아니었 다. 북한은 2006년 10월 9일 오전 함경북도 길주군 풍계리에서 지 하 핵실험을 단행했다. 북한의 핵실험은 핵 비확산체제를 위협하 는 등 국제적으로 큰 파장을 불러일으켰다. 한국의 보수세력과 야 당은 김대중 정부의 햇볕정책과 '퍼주기'가 북핵 위협으로 되돌아 왔다며 이를 계승한 노무현 대통령의 책임론을 제기했다. 북한이 핵실험까지 감행한 것은 미국이 경수로 제공 약속을 어긴 데 따른 항의성 도발이었는데도 책임은 노무현이 떠안았다.

유엔 안보리는 10월 15일에 '안보리 결의 1718호'를 만장일치로 통과시켜 북한에 대한 제재를 강화했다. '안보리 결의 1718호'는 북한의 핵실험을 규탄하면서 동시에 유엔 회원국은 대량살상 프로그램을 지원하는 모든 품목, 물질, 장비, 상품, 기술 등과 사치품이 북한에 제공되거나 판매·이전되지 못하도록 규정하고 있다.

북한의 핵실험은 다분히 미국을 겨냥한 측면이 강했다. 조지 부시 정부의 대북 금융제재를 비롯하여 무력행사 발언 등 적대시 정책에 대한 도전으로 풀이되었다. 북한은 2005년 9월 이후 계속돼온 방코텔타아시아BDA에 대한 미국의 금융제재 해제 등을 요구하며, 2006년 7월 5일에 대포동 2호를 비롯한 총 7기의 장거리 탄도미사일을 발사했다.

이렇듯 북한의 핵실험은 미국을 겨냥하는 '변칙 외교술'이었지만, 가장 큰 부담을 안게 된 것은 노무현이었다. 금강산관광과 개성공단의 진척으로 남북 평화공존 체제를 강화·지속시켜온 참여 정부는 보수세력으로부터 극심한 공격에 시달려야 했다.

2006년 들어 상승하는 집(아파트)값 문제도 노무현의 밤잠을 빼앗아갔다. 정부는 2005년 8·31 대책을 내놓으며 집값의 안정을 기대했으나, 수도권을 중심으로 아파트값은 하늘 높은 줄 모르게 치솟았다. 한편, 지방은 보합세거나 오히려 하락한 곳이 많아 양극화 현상을 나타냈다.

정부는 부동산 규제대책으로 개발이익 환수법, 실제거래가격신고 의무화, 양도소득세 및 종합부동산세 개정, 재개발재건축조합

원입주권 주택 수 포함, 원가연동제 및 전매제한 연장, 채권 입찰제 도입, 해외부동산 취득완화, 부동산 등기부 실거래가 기재, 도시재정비촉진특별법, 거래세 인하, 재건축 초과이익 환수법 실시 등의 정책을 쏟아내면서 집값을 잡고자 노력했다.

그동안 경제는 수출이 3,000억 달러를 돌파하여 세계 11번째 수출 대국으로 성장했다. 2003년 노무현 집권 이후 수출은 해마다 10~20%에 이르는 높은 성장률을 보이면서 4년 만에 2배로 늘었다. 원화 가치 상승효과를 감안하더라도 가파른 성장세였다. 원-달러 환율은 1997년 외환위기 때 2,000원에 육박했다가 9년 만에 910원대까지 하락했는데, 2006년 한 해에만 달러 대비 7%나 절상되었다. 부분적인 악재에도 참여정부 4년 차에 이룬 수출 3,000억 달러 돌파는 국가적으로 큰 경사였다.

그뿐 아니라 참여정부 후반기(2005~2007) 경제성장률은 연평균 4~5%를 유지했으며, 소비자물가 상승률은 2%대에서 안정되었다. 대외적인 악재에도 불구하고 우리 경제는 전 분야에서 선전을 이어갔다. 그런데도 한나라당과 족벌언론을 비롯한 수구세력은 참여정부가 경제를 파탄시켰다며 여론을 호도했다. 그리고서 '죽은 경제'를 자기들이 살리겠다며 표를 달라고 했다. 그래서 태어난 것이 사이비 '경제 대통령' 이명박이다.

노무현은 북한 핵실험 후 미국 정부로부터 개성공단과 금강산 관광사업 재검토, 대량살상무기 확산 방지구상PSI 정식 참여 요청 등을 단호하게 거부했다. 그리고 북한의 핵실험에도 불구하고 남북의 군사적 균형은 깨지지 않는다고 밝혔다. 노무현은 오래전부터 우리 국력이나 국방력, 국군의 사기와 전투력으로 보아 더 이상 전시작전권을 외국군(미군)에게 위임한다는 것은 문제가 있다고 보았다.

전시작전통제권(전작권) 환수 문제는 북한 핵실험과 연계되어 참여정부를 곤경에 빠뜨렸다. 정부는 전작권 환수시기를 2012년으로 정했지만, 미국이 2009년을 전격 제안하면서 한·미 간에, 그보다 국내에서 더욱 '뜨거운 감자'가 되었다.

이 문제가 외교적으로 제기되자 역대 국방장관 13명을 비롯해 성우회(예비역 장성 모임), 한국기독교총연합회, 재향군인회, 전직 고위 외교관, 일부 전직 경찰총수 등이 환수 반대 성명에 이어 더러는 격렬한 시위를 벌였다.

노무현은 이에 불쾌감을 감추지 않았다. 특히 국방력 강화와 국가안보의 실질적 책임자 위치에 있었던 역대 국방장관과 예비역 장성들의 반대시위에는 노여움을 나타냈다. "자신들의 직무를 어떻게 수행했기에 해방 60년이 될 때까지, 그리고 언제까지 외국군에게 전작권을 맡기겠다는 말인가?"

노무현은 12월 21일 민주평화통일 자문회의 연설에서 전작권 환수에 반대하는 과거 군 수뇌부를 향해 "직무를 유기했다," "별 달고 거들먹거렸다"라며 특유의 정제되지 않은 직설을 쏟아냈다. 다른 사람은 몰라도 그들이 그렇게 할 처지가 아니라는 이유였다. 이 발언이 수구세력의 '벌통'을 건드렸고, 족벌신문들은 노골적으로 대통령을 공격했다.

한미 양국 정부는 2007년 7월 전작권 환수 이행계획 로드맵에 합의하고 새 작전계획 작성과 한·미 군사협조본부MCC 창설을 준비하기로 했다. 2010~2011년에 각종 훈련을 통해 한국군의 독자적 전쟁수행 능력을 검증하고, 2012년 4월 17일 전작권을 환수, 한미 연합사 해체와 동시에 한국군 합동군사령부 및 주한 미 통합군사령부를 창설하기로 합의한 것이다.

원래 전작권 문제는 미국 측에서 2009년으로 조기 반환을 제기해온 것을 노무현 정부가 2012년으로 연장하려 한 것인데, 미국에는 한마디도 못 하고 정부에만 비난의 화살을 퍼부었다. 오죽했으면 미국의 관리가 "크게 성장한 아이가 언제까지 유모의 치맛자락을 붙들고 있을 것인가?"라고 했을까.

그런데 이명박 정부는 출범 직후 아무런 고민도 없이 수구냉전 세력의 요구에 영합하여 전작권 환수 시기를 2017년으로 미루면서 3년 7개월이나 연장했다. 200여 개 유엔 가입국 가운데 전작권을 외국군에게 위임하는 나라는 한국이 유일하다. 6·25 전쟁 중에 이승만이 취한 조치가 60년을 이어온 것도 모자라, 국력이 북한의 50배에 이르고 국방비도 북한의 10배가 넘는 오늘날까지 '군사주권'을 계속 외국군에 맡기자고 입에 거품을 무는 형국을 어떻게 납득해야 할까.

평시작전통제권은 이미 넘겨받았으나 전시작전통제권은 여전히 반환되지 않고 있고, 언제 반환될지도 모르는 상황이다.

과거사 청산에 담긴 국민을 섬기는 마음

노무현은 반골정신叛骨精神이 강한 편이다. 살아온 과정에서 반골정신이 몸에 배었다. 그의 반골정신은 보복이나 증오심으로 향하지 않고 화해와 평화정신으로 승화되고자 했으나 잘못된 역사는 바로잡아야 한다는 신념은 확고했다. 국가폭력이나 권력에 의한 잔학행위는 용납하지 않았다.

과거사 청산 작업은 노무현의 이런 철학에서 시작되었다. 반세기 만에 수평적 정권교체가 이루어진 덕분에 김대중 정부에서는 민주화명예회복과 보상심의위원회, 제주4·3사건진상규명 및 희생자명예회복위원회 등이 구성된 데 이어 참여정부에서는 진실·화해를 위한 과거사정리위원회, 친일반민족행위진상규명위원회, 친일반민족행위자재산조사위원회 등이 구성되어 과거사 청산 작업이 진행되었다. 이들 위원회는 국회에서 법률을 제정할 때 한나라당의 완강한 저항으로 누더기 입법이 되고 활동 기간도 짧아지고 말았지만, 일제와 독재정권 치하에서 이루어진 반민족·반민주에 대한 역사 청산 작업은 미흡한 대로 수행할 수 있게 되었다.

제주4·3사건위원회는 2003년 여름 종합보고서를 발간했다. 보고서에는 대통령의 4·3 사건 유족과 제주도민들에 대한 사과 요구도 포함되었다. 2003년과 2006년에 노무현은 제주도를 방문해 미군정과 이승만 정권에서 자행한 국가폭력에 대해 국가원수로서 정중하게 사과하고 유족들을 위로했다.

노무현은 2003년 10월 31일 제주 4·3평화공원에서 4·3 사건 희생자 유족과 제주도민에게 드린 사과문을 통해 "과거 사건의 진상을 밝히고 억울한 희생자의 명예를 회복시키는 일은 비단 그 희생자와 유족만을 위한 것이 아니며, 대한민국의 건국에 기여한 분들의 충정을 소중히 여기는 동시에, 역사의 진실을 밝혀 지난날의 과오를 반성하고 진정한 화해를 이룩하여 보다 밝은 미래를 기약하자는 데 그 뜻이 있다"[13]라고 말했다.

친일반민족행위진상규명위원회는 그동안 '금기와 성역'으로 인식된 족벌신문의 전 사주를 비롯하여 대학 총장, 법조인, 문필가 등 명망가들이 포함된 친일반민족행위자 1,000여 명을 찾아내고, 작성된 보고서를 2009년 하반기에 봉하마을 노무현 대통령 묘소에 봉정했다. 친일반민족행위자재산조사위원회는 친일파 후손들이 물려받은 거액의 재산을 찾아내어 국가에서 환수하도록 했다. 그러나 노무현이 대통령직에서 퇴임한 뒤 이명박 정권의 반동적 분위기를 타고 친일파 후손들이 잇단 소송을 제기하여 개중에는 환수작업을 물거품으로 만들기도 했다.

진실과화해위원회는 항일독립운동과 한국전쟁 전후 민간인 집단학살, 독재정권에 의한 인권유린, 의문사, 보도연맹사건 등 공권력에 의해 자행된 8,000여 건에 대한 진상을 규명했다. 미처 처리하지 못한 수천 건이 남았으나 이명박 정권 등장과 위원회의 활동기간 만료로 역사의 과제로 남게 되었다.

국가가 그에 대해 잘못을 인정하고, 피해자들의 명예를 회복시켜
주고, 금전적으로 배상을 한들 그들의 빼앗긴 삶과 인생이 돌아오겠
는가. 가장 중요한 것은 잘못을 인정하는 국가의 진정성이다. 국가
가 잘못을 진심으로 사과하고 그들의 명예를 회복시켜줘야 가해자
와 피해자 사이의 진정한 화해가 가능하다. 또 그런 정리를 하고 넘
어가야 국민들 사이에서도 화해와 통합이 이뤄진다. 그 일을 위해
우리는 기구의 이름도 '진실'과 '화해'라는 양립하기 힘든 가치를 동
시에 추구하는 것을 목표로 삼았다.[14]

모든 권위적인 것들과의 결별

대선 후보 시절부터 검찰, 국가정보원, 국세청 등 국가 '권력기
관'의 개혁을 생각해온 노무현은 이를 공약으로 내걸었고, 집권 후
에는 이를 실천하고자 했다. 그러나 하나같이 쉬운 작업이 아니었
다. 지난 반세기 동안 정치권력과 유착해오면서 막강한 '마피아',
'카르텔'을 형성하고 있었기 때문이다.

노무현은 취임 이래 한 번도 국정원장을 독대하여 정보보고를
받지 않았다. 스스로 이를 거부했다. 국정원장의 보고를 받을 때는
관련 장관이나 청와대 참모를 반드시 배석시켰다. 국정원을 정치
로부터 독립시키고, 국정원의 능력을 더 키우려는 의도였다.[15]

노무현은 권력 행사를 자제함으로써 권력기관의 절제와 자율성

을 기대했다. 그러나 이것은 권력기관, 정보기관의 속성을 간과한 판단이었다. 좀 더 적극적으로 입법화와 제도화를 통해 이들 기관의 권력남용을 막았어야 했다. 검찰 개혁도 그랬다. 노무현은 검찰 조직에 대한 민주적 통제를 위해서 두 가지 제도 개혁을 추진했다. 하나는 검찰과 경찰의 수사권을 조정하여 검찰의 막강한 권력을 축소하는 일이었다. 다른 하나는 고위공직자비리수사처(공수처)를 만들어 수사권을 주는 것이었다. 검찰의 기소독점권을 조정하여, 검찰이 부당하게 기소를 유기하면 법원이 기소를 강제하도록 재정 신청을 하는 제도이다. 공수처의 수사 대상에는 검사들도 포함하도록 했다.

그러나 검찰 개혁의 법안은 국회의원들의 비협조로 물거품이 되었다. 검찰의 조직적인 로비와 한나라당의 무조건 반대, 심지어 여당 의원들의 비협조가 원인이었다. 검찰 개혁이 물거품이 되면서 오히려 대통령을 비롯한 참여정부 인사들은 이후 검찰의 집요한 공격에 시달려야 했다. '감히' 검찰을 개혁하려 한 데 대한 보복공격이라는 시각이 따랐다. 노무현은 뒷날 다음과 같이 후회했다.

정치적 독립과 정치적 중립은 다른 문제였다. 검찰 자체가 정치적으로 편향되어 있으면 정치적 독립을 보장해주어도 정치적 중립을 지키지 않는다. 정권이 바뀌자 검찰은 정치적 중립은 물론이요, 정치적 독립마저 스스로 팽개쳐버렸다. 검경 수사권 조정과 공수처 설치를 밀어붙이지 못한 것이 정말 후회스러웠다. 이러한 제도개혁을 하지 않고 검찰의 정치적 중립을 보장하려 한 것은 미련한 짓이었다. 퇴임한 후 나와 동지들이 검찰에서 당한 모욕과 박해는 그런 미련한 짓을 한 대가라고 생각한다.[16]

노무현은 검찰 개혁을 하지 못한 것을 두고 '미련한 짓'이라고 후회했지만, 수구세력의 막강한 위력을 개혁세력이 당해내기에는 역부족이었다. 그런데도 참여정부가 실행한 일련의 개혁정책은 의미 있는 성과를 거두었다. 내부 고발사이트인 위크리크스가 2011년 9월에 공개한 주한 미국대사관의 전문에 따르면 미국 정부는 참여정부를 후하게 평가했다. 이 전문에서는 "(검찰·국세청·국정원 등 3대 기관의 권력남용 관행이) 노 대통령의 집권 기간 동안 극적으로 쇠퇴했다는 점은 일치된 견해," "지역주의는 여전히 살아 있지만 영향력이 훨씬 줄어들었다," "노 대통령이 근본적으로 한국 정치를 혁신하고 사심 없이 정치개혁을 추진했다," "이는 숭고하지만 달성하기 쉽지 않은 목표였다" 등과 같이 평가했다. 이어서 "특히 많은 한국인을 불쾌하게 만드는 그의 개인적 스타일로 (목표 달성이) 어려웠다"라고 주장했다.[17]

수구세력의 끝없는 '노무현 죽이기'

노무현과 참여정부에 대한 족벌신문들의 공격은 '권력과 언론'

의 평상적 관계를 벗어난 일종의 쟁투관계였다. '노무현 공격'에는 일부 진보언론도 가세했다. 참여정부 청와대 행정관 출신의 지은이들이 쓴 『야만의 언론 노무현의 선택: 조폭언론과 맞선 노무현 투쟁기록』은 족벌신문들이 어떻게 노무현과 참여정부를 공격했는지를 속속들이 보여준다. 지은이들은 당시 청와대 홍보수석실에 근무하면서 족벌신문들의 행패를 몸으로 겪었기에 더욱 생생하게 느꼈을 것이다.

이 책에서 지은이들은 "수구기득언론의 광기와 노무현의 숙명"을 상세하게 기술하고, 족벌신문들이 온갖 '파렴치한 범죄의 기술'을 동원하여 파상공세를 펼친 '증거'를 제시한다. 기득언론은 "막말하고 조롱하기, 무조건 반대하고 흔들기, 말 비틀고 말꼬리 잡기, 사사건건 발목잡기, 황당무계한 작문하기, 뒤집어씌우고 발뺌하기, 말 바꾸고 입 씻기, 대국민 사기극, 눈 가리고 아웅 하며 부자 편들기" 같은 '화려한' 신공을 펼쳤다고 했다.[18]

KBS 〈미디어포커스〉가 서울대 언론정보연구소에 의뢰하여 1980년 전두환 정권 출범부터 2007년 1월 말까지 《한겨레》, 《동아일보》, 《조선일보》의 역대 대통령 관련 사설 1,183건을 분석했다. 《조선일보》는 전두환, 노태우, 김영삼 때까지는 대통령을 언급한 사설이 50건 미만이었지만 김대중 대통령 시절 100건을 넘어섰고 노무현 때는 276건이나 됐다. 조사 당시 노무현의 임기가 1년 남았고, 그 1년 동안에는 더욱 심했다. 전두환 임기 7년에 비해 노무현 재임 4년간 사설은 5배 이상 늘었다. 《동아일보》와 《조선일보≫는 비슷했고, 이 신문들은 노무현에게 부정 일변도의 비판을 일삼았다.

각 신문이 대통령에 대한 부정적 평가를 할 때 그 이유를 어디에 두는지 분석한 결과도 눈길을 끈다. ≪동아일보≫와 ≪조선일보≫의 경우 이전 대통령에 대해서는 거의 적용하지 않았던 이념성향과 역사관을 문제 삼아 노무현 대통령을 비판한 사설이 각각 분석대상의 27%와 24%에 달했다. 두 신문 사설에 비친 역대 대통령의 정책능력 평가는 "전두환—추진력·갈등조정능력·정책이해도 모두 높음, 노태우—여론수렴능력 좋으나 추진력 부족, 김영삼—정책이해도·갈등조정능력 긍정적, 김대중—정책몰이해 및 추진력 부족, 노무현—갈등조장 및 여론수렴 부족 그리고 정책몰이해"로 나타났다. 대통령 품성에 대해서도 "전두환—결단력, 노태우—우유부단, 김영삼—신중·책임감·겸손, 김대중—변덕·책임전가, 노무현—오만·경망·책임전가"로 평가했다.

유사한 사례로 최영재 한림대 언론정보학부 교수는 2003년 2월부터 2006년 6월까지 실린 ≪조선일보≫ 1면 기사와 사설을 분석한 바 있다. 분석 결과, 노무현에 대해 비우호적·도전적이거나 거부감을 나타낸 사설이 92%에 달했다(월간 ≪신문과 방송≫, 2007년 2월호).[19]

한국의 족벌신문들은 군사독재자보다 김대중과 노무현 대통령을 더 증오했다. 세무조사를 실시하고 자신들과의 타협을 거부했기 때문일 것이다. 이들이 추진한 진보개혁정책 때문이기도 했을 것이다. 노무현은 집권 기간 내내 족벌신문들의 공격으로 국정개혁에 어려움을 겪었고, 정상적인 국정운영에도 차질을 빚었다. 부정적인 여론조성으로 국민으로부터 멀어지기도 했다. 노무현은 이런 상황에 처해서도 "대통령의 '권력'이 아니라 시민의 '권리'만으로 이들과 싸웠다"라고 했다. 이렇듯 '대통령의 권력'은 노무현 시대에 이르러 비로소 온전히 '공기公器'로서만 쓰이게 되었다.[20]

족벌신문들은 참여정부가 개혁정책을 제시하면 그 내용과 의미를 진지하게 분석할 생각조차 하지 않은 채 온갖 험담으로 덮어놓고 공격했다. 사이비 좌파, 사이버 테러리스트, 교육 쿠데타, 세금폭탄, 세금격투, 세금테러, 가렴주구, 홍위병, 언론 증오, 후안무치, 노이동풍, 자주놀음, 건달정부, 약탈정부, 도둑정치, 파장정권, 막 나가는 정권, 정권해체……. 하루가 멀게 노골적인 비난과 악담, 증오와 저주를 마구 쏟아냈다.[21]

권력에 대한 언론의 비판기능이 잣대를 달리해서 적용되면 사이비가 된다. 독재정권에는 푸들 노릇을 해온 족벌신문들은 김대중에 이어 다시 한번 진보세력인 노무현이 대통령이 되자 아예 대놓고 대들었다. 노무현은 이런 언론에 "당신들은 선수가 아닙니다. (…) 당신들은 누구입니까? 정치권력입니까? 시장권력입니까?"라고 말하고 싶었다고 한다.[22]

노무현은 국세청에 대해서도 독립성을 보장했다. 그를 죽음으로 몰아간 덫이 되었던 측근의 세무조사가 권력핵심의 지시였는지, 국세청이 '알아서 긴' 것인지는 나중에 밝혀지고, 누가 정범이고 종범인지도 드러나겠지만, 노무현은 재임 중에 국세청을 정치의 도구로 이용하지 않았다.

그러나 국세청 역시 노무현의 '선의'와는 딴 방향으로 돌아갔다. 퇴임 뒤에 노무현을 후원했던 기업이 속속 세무조사를 당하고 풍비박산이 되었다. 나중에는 그를 죽음으로 몰아가는 '청부사' 노릇까지 했다. 노무현은 이런 현실이 아프고 슬펐다. 노무현은 "국세청과 검찰에게 당한 수모보다 더 아프고 슬픈 것은, 올바른 이상을 추구한 행위를 어리석은 짓으로 모욕하는 세태, 그런 현실을 보는 것"이라고 한탄했다.[23]

장구한 세월 동안 온갖 파렴치한 술수와 비열한 권모로 기득권을 누려온 세력에게 순결한 이상주의자 노무현은 물어뜯고 싶은 '사냥감'이었고, 조롱거리로 만들고 싶은 '돈키호테'였다. 그들은 내심 그런 노무현 앞에서 '창피하고 주눅 들었고' 그런 노무현이 두려웠다. 노무현이 추구하는 가치가 온 국민에게 '전염'되면 그들이 설 자리가 없어질 터였기 때문이다.

섣부른 한미 FTA 추진과 국정의 혼란

참여정부는 2006년 2월에 한미 자유무역협정FTA 협상 개시를 공식 선언하고, 12월까지 다섯 차례 공식 협상을 시작했다. 한미 FTA 협상에는 여당 내에서도 반대의견이 적지 않았고, 재야와 시민단체를 비롯해 농어민들의 반대가 격렬하게 전개되었다. 이와 반대로 한나라당과 족벌신문들을 비롯한 보수세력은 열렬하게 환영했다.

5년 임기 동안 한나라당과 족벌신문들이 노무현의 정책을 지지하고 나선 것은 이때가 처음이자 마지막이었다. 노무현 정부의 한미 FTA 협상은 어느 날 갑자기 시작된 것이 아니라 취임 초부터 구상했던 사안이었다. 이에 앞서 가장 버거운 상대인 미국과는 협상을 뒤로 미루고 칠레, 일본과 먼저 협상을 추진했다. 그러나 반대여론이 높거나 조건이 맞지 않아서 이들 나라와 협상을 중단하고 한미 FTA 협상을 개시하게 되었다. FTA를 추진하면서 노무현은 '농업' 분야가 가장 마음에 걸렸으나 우리 국민의 역량을 믿었다고 했다.[24]

그러나 이것은 노무현의 큰 실책이었다. 한미 FTA 협정의 긍정적인 면만 보고 부정적인 면을 놓쳤기 때문이다. 노무현은 어차피 피할 수 없는 '개방'이라면 나중에 밀려서 하는 것보다는 선제적이고 주체적으로 하는 것이 더 유리하다고 판단한 것 같다. "이 점에 관해서 많은 논란이 있었지만, 역사를 돌이켜보면 교류하지 않은 문명은 전부 쇠약하고 소멸했다. 세계의 역사, 이른바 물질적 측면의 세계 역사는 통상국가가 주도해왔다. 물질문명을 주도하는 국가가 오늘날 세계를 지배하고 있다. 물론 한국이 세계를 지배하고자 하는 것은 아니다. 그러나 지배받지 않으려면, 지배력에 대항하려면 적어도 그 정도의 실력을 갖추고 있어야 한다. 그래서 우리도 통상국가가 돼야 한다는 것이다. 선진적 통상국가가 돼야 한다는 것이다. 그래서 개방하고, FTA도 해야 한다."[25]

노무현은 이러한 '시장개방론'을 피력했다. 이명박 정부와 족벌 신문의 주장도 같다. 심지어 이명박 정부의 청와대 정무수석은 박정희와 김일성을 비교하면서까지 개방론을 폈다. 이명박 정부는 한미 FTA 홍보 광고에 노 전 대통령을 끼워 넣었다가 노무현재단으로부터 고인에 대한 모욕이라는 반발을 사기도 했다.

그런데 전문가들은 대부분 '시장개방론'의 효과가 과장되어 있다고 주장한다.

> FTA를 하면 개방경제가 되고, 안 하면 폐쇄경제가 된다는 식의 주장은 터무니없는 주장이다. 정부·여당과 보수언론들이 지금을 마치 구한말 대원군 시대나 박정희가 군사쿠데타를 하던 시대쯤으로 생각하는지 모르지만, 우리 경제는 일부 예외적인 부분을 빼면 대부분 개방이 되어 있고 관세장벽도 높지 않다. 국제교역 측면에서 보면 실질적으로 이미 문호가 다 열린 개방경제다. 한미 FTA를 체결하더라도 이미 많이 개방된 상태이기 때문에 그들이 주장하는 것처럼 엄청난 효과가 추가로 더 나타날 여지도 그리 크지 않다.[26]

이 반론에서 제기된 이른바 '개방론'의 무의미성은 노무현의 주장에도 예외 없이 적용된다. 야당과 재야, 시민단체, 경제학자 등은 한미 FTA가 단기적 실익은 크지 않으면서 장기적으로는 국익에 크게 해로울 수 있다고 비판한다. 경제주권과 사법주권까지 넘겨주게 된다고 비판한다.

퇴임한 뒤 노무현은 자신이 개설한 토론사이트 '민주주의 2.0'에 「한미 FTA를 재협상해야 한다」라는 글을 올려 자신이 추진했던 한미 FTA 협상이 국제 상황이 변했기 때문에 '재협상'해야 한다고 주장했다. 재임 중에 관철하지 못한 내용을 관철해야 한다는 점을 강조했다.

그러나 이에 대해 심상정은 노무현에게 '고해성사'를 요구하는 글을 '민주주의 2.0'에 올렸다.

> 무분별한 개방으로 벼랑 끝으로 내몰리고 경제위기로 공포에 떨고 있는 민초들이 노무현 전 대통령께 기대했던 것은 이명박 정권에 대한 재협상 '훈수'가 아니라 한미 FTA 협정 체결에 대한 '고해성사'였을 것이다. '내 재임 시 한미 FTA를 밀어붙인 것은 과오였다. 금융 세계화와 개방에 대한 나의 인식은 한계가 많았다. 국민 여러분에게 사죄드린다'는 말씀을 듣고 싶었을 것이다. 미국의 금융위기로 모든 것이 분명해진 지금, 대통령 시절 '구국의 결단'으로 밀어붙였던 한미 FTA 협정이 나라를 재앙으로 몰고 가는 길이었음을 고백하는 용기를 기대했을 것이다.[27]

이에 노무현은 심상정에게 답을 했으나 두 사람의 입장 차이는 좁혀지지 않았다. 노무현은 한미 FTA 협정은 필요하며, 고쳐야 할

부분을 고쳐야 한다고 주장하면서, 이명박 정부의 밀어붙이기식에는 반대한다고 했다. 참여정부의 보건복지부장관으로 협상단에 참여했던 유시민은 2011년에 "아직도 원망 대상이 되는 정책을 선택한 것에 대해, 오류를 말하기 이전에 미안하다, 죄송하다고 말씀드려야겠다"라고 말하고, "노무현 대통령은 돌아가시고 안 계시지만 우리가 대신 빚을 갚아야 하지 않겠느냐"라고 '사과'했다.[28]

이명박 정권의 강력한 의지에 따라 한나라당은 2011년 11월 22일에 기습적으로 국회 본회의를 열어 야당의 강력한 반발 속에 한미 FTA 비준동의안을 날치기로 통과시켰다. 야당과 시민들의 비준 무효를 요구하는 '촛불'이 뜨겁게 타올랐다. 비록 노무현이 추진했던 방향과는 크게 다르고 개악된 한미 FTA이지만, 그 '원죄'에서 벗어나기는 쉽지 않을 것이다.

군사분계선을 걸어 넘어 이룬 10·4 남북정상선언

2007년 10월 2일 오전 9시경, 노무현은 대한민국 대통령으로는 처음으로 군사분계선을 걸어서 넘어 북한 땅을 밟았다. 노무현은 노란 페인트로 표시해둔 군사분계선에서 "이번 방문의 소원인 금단의 선을 지우고 분단의 벽을 허물어 평화와 번영의 길로 가는 계기가 되도록 노력하겠다"라고 소감을 밝혔다.

남한의 정치 지도자가 군사분계선을 걸어서 넘은 것은 1948년 4

월 19일 백범 김구가 통일정부 수립을 위해 방북한 이래 59년 만의 일이었다. 김대중 전 대통령이 그보다 7년 앞서 북한을 방문할 때 는 비행기를 타고 평양 순안공항을 통해 방북했다.

노무현이 군사분계선을 넘어서자 북측에서 최승철 노동당 통일 전선부부부장, 이상관 황해북도 인민위원장, 김일근 개성시 인민 위원장 등이 대통령 일행을 정중하게 맞이했다. 대통령 일행은 승 용차로 개성–평양 도로를 달려 평양 인민문화궁전에 도착하여 김 영남 최고인민회의 상임위원장의 영접을 받고, 오전 11시 55분 평 양 4·25문화회관 광장에서 김정일 국방위원장의 영접을 받았다.

두 정상은 손을 맞잡으며 인사를 나누고, 환영식장에 나온 인파 의 환영 물결 속에 북한군의 사열을 받았다. 정상회담은 이튿날 오 전 9시 34분부터 11시 45분까지, 오후 2시 45분부터 4시 25분까지 두 차례 열렸다. 남측에서는 공식 수행원 4명, 북측에서는 김양건 통일전선부장 1명만 배석했다.

남북 정상은 10월 4일 오후 1시 백화원 영빈관에서 평화정착, 공동번영, 종전선언, 통일 등에 관한 본항 8개와 별항 2개가 담긴 「남북관계 발전과 평화번영을 위한 선언」(10·4 선언)에 합의하고 서명 했다.

10·4 선언에는 6·15 공동선언 고수와 구현, 내정 불간섭과 제도 적 정비, 서해 평화수역 전환 논의, 향후 3~4차 정상회담에서 한 반도 종전선언 추진, 서해 평화협력 특별지대 설치, 백두산~서울 직항로 개설, 이산가족 상봉 상시 진행, 국제무대에서 민족협력 강

화 등 8개 항이 담겼다.

그러나 불행히도 이명박 정권에서 '10·4 선언'은 폐기되고, 남북관계는 6·25 전쟁 이후 최악의 상황으로 되돌아갔다. '10·4 선언' 내용 중 '서해 평화수역 전환' 논의만이라도 제대로 지켜졌다면 2010년 연평도 포격 사건 같은 최악의 사태는 막을 수도 있었을 것이다.

남북정상회담에서 노무현이 공을 가장 많이 들인 부분은 '서해 평화협력특별지대'이다. 북방한계선NLL(Northern Limit Line) 문제는 경제 협력과 군사적 보장 문제의 최대 걸림돌이었다. NLL은 그 지위에 대한 남북의 주장이 서로 달라 충돌 위험이 상존하는 곳이다. 실제로 몇 차례 충돌이 일어났고 희생도 있었다. 그대로 두면 앞으로도 충돌이 일어날 수밖에 없는 위험지역이다. 목숨을 걸고 지켰다고 자랑만 할 것이 아니라 평화를 정착시킬 대안을 내야 했다. NLL 문제를 근본적으로 해결하지 못하더라도 최소한 분쟁을 막는 대책을 세워야 했다.

그래서 근본적인 문제는 뒤로 미루고 먼저 평화 정착과 경제협력 방안을 다루었다. NLL에 관계없이 필요한 협력을 하면서 이곳을 평화지대로 만들면 분쟁을 예방하고 양측 모두 이익을 얻을 수 있다는 관점에서 이리 논리를 세우고 사업 계획을 만들었다. (…) 북측을 설득하는 데도 심혈을 기울였다. 그런데도 오전에 이 문제가 풀리지 않자, 우리 측에서 오후 회담을 강력히 요청했고 결국 합의를 만들어낸 것이다. 정권이 바뀌었다고 해서 남북 모두에게 큰 이익이 되는 이 합의를 없었던 것으로 되돌린 결정은 아무리 생각해도 어리석은 일이었다.[29]

참여정부가 어렵게 타결한 10·4 선언이 이명박 정권에서 하루아침에 허물어지는 것을 노무현은 안타깝게 지켜봐야만 했다.

최악의 경제 환경을 이겨내고 잡은 '두 마리 토끼'

한나라당과 족벌신문들은 입만 열면 김대중·노무현 정부 10년을 '잃어버린 10년'이라고 매도했다. 이 용어의 '원산지'는 일본이다. 일본은 1980년대 후반 부동산 규제를 완화하고 저금리 정책을 펴는 바람에 부동산값이 폭등했다가 거품이 터지면서 10년 동안 제로성장에 머물렀다. 일본 언론이 장기불황으로 보낸 10년간의 세월을 '잃어버린 10년'이라고 표현한 것을 족벌신문들이 받아쓰기 시작하고 한나라당이 민주정부를 공격하면서 '애용'되었다.

한국의 수구세력은 일본산 용어를 즐겨 쓴다. 일본 극우세력은 난징대학살, 침략전쟁, 한국인 학살 등의 비판에 대해 '자학사관'이라는 용어로 겁박한다. 한국의 족벌신문과 수구세력은 이를 받아 친일파와 이승만·박정희 독재를 비판하면 똑같이 '자학사관'이라고 공격한다.

한나라당의 전신인 신한국당의 김영삼 정부가 국가부도 사태에 빠트린 경제를 김대중 정부가 살려내고, 노무현 정부가 이어받아 수출 3,000억 달러, 연평균 경제성장률 4.3%, 국민소득 2만 달러 달성 성장을 이뤄냈다. 그런데도 '잃어버린 10년' 타령을 멈추지 않았다.

국민생활수준 지표인 1인당 국민소득(명목 GNI)은 노무현 정부 들어서 2007년까지 큰 폭의 상승률(연평균 11.6%)을 기록해 1990년대 이후 가장 괄목할 만한 신장세를 보이고 있다. 1인당 국민소득은 노무현 정부가 출범한 2003년 외환위기 이전의 수준을 회복한 이후 상승세를 지속한 끝에 2007년에는 2만 달러를 달성할 것으로 보인다. 이는 1995년 처음으로 1만 달러를 넘어선 지 12년 만의 일이고, 외환위기를 겪은 뒤 다시 1만 달러에 진입한 지 7년 만의 일이다.[30]

노무현 집권기에 세계 경제 상황은 대단히 어려웠다. 특히 국제유가 급등이 미치는 영향은 심각했다. 2002년 유가 18달러에서 2003년 28달러일 때 노무현 정부가 출범했다. 2004년에는 50~60달러로 뛰더니, 곧 70달러까지 올라가고 환율도 따라 올랐다. 여기에 부동산값이 천정부지로 치솟아 경제의 발목을 잡았다.

국내 소비자물가 상승률은 연평균 2%대 수준으로 역대 정부와 비교하여 상대적으로 안정세를 유지하고, 경상수지는 2004년을 제외하고는 2% 수준에서 안정적 변화를 보였다. 참여정부 출범 직전 '600' 선에 머물던 종합주가지수는 꾸준히 상승세를 지속, 2005년에 '1,000'의 벽을 뚫고 상승세를 지속하더니 2007년에는 '1,600' 선까지 올랐다.

외환보유액은 김영삼 정부에서 외환위기를 겪을 때 37억 달러에 불과했는데, 김대중 정부 임기 말에 1,214억 달러로 안정되고, 노무현 정부 출범 4년 만에 2,400억 달러를 기록했다. 이로써 우리나라는 중국, 일본, 러시아, 대만과 더불어 세계 5대 외환보유국이 되었다.

국가의 외채상환능력을 나타내는 지표인 국가신용등급은 집권기간 중 세계 3대 신용평가사 중 2개 사에서 상향조정을 받았다. 스탠더드 앤드 푸어스(S&P)가 2005년 7월에 한국의 신용등급을 A⁻에서 A로 1단계 상향조정 했고, 피치도 같은 해 10월에 신용등급을 A에서 A⁺로 상향조정 했다. 외국인 직접투자액은 2002~2003년을 제외하고 연간 100억 달러를 웃돌았으며, 국가채무는 2002년에 약 133조 원에서 2007년에 약 301조 원(예산 기준)으로 증가했다. 김영삼 정부 시기 외환위기에 따른 경제 파탄을 정상으로 돌리기 위해 김대중 정부 시절 공적자금을 투여했기 때문에 국가채무는 늘어날 수밖에 없었다. 이를 두고 족벌신문들은 노무현 정부가 "빚으로 국정을 운영했다"라는 비난을 쏟아냈다. 저들은 그렇게 해서라도 수구세력의 실정을 덮고자 기를 썼다.

그 밖에도 참여정부 시절에 혁신형 중소기업이 3년 만에 2배 증가, 기술력 갖춘 지방 중소기업 대폭 증가, 농어업 경쟁력 강화, 고

용률 지속 상승, 복지서비스 확대, 소득분배 개선, 신용불량자 대폭 감소, 기초생활보호 대상 확대, 정경유착과 부패정치 척결, 전자정부 구현, 사회적 약자에 대한 제도적 지원 확충 등 '사람 사는 세상'을 만들기 위한 노력이 곳곳에서 묻어났다.

2006년 10월, 참여정부는 외무장관 반기문을 유엔사무총장으로 선출시켜 '국격'을 높였다. 노무현은 반기문이 유엔사무총장에 선출되도록 외교 역량을 총동원했다. 유엔 결의로 탄생한 대한민국이 58년 만에 유엔의 수장을 배출하기까지는 그동안 성장한 국력도 작용했겠지만, 노무현의 외교 역량이 결정적으로 작용했다.

미국의 비영리·비정치 인권단체 프리덤하우스는 한국의 자유화 정도는 1988년 이후 급격히 신장되어 일본, 대만과 더불어 아시아에서 가장 높은 1.5등급을 유지했다고 평가했다. '국경 없는 기자회(RSF)'는 세계 언론자유 지수 순위에서 한국은 세계 168개국 중 31위로 미국(53위), 일본(51위)보다 더 높으며 아시아권에서 가장 높은 언론자유를 향유한 것으로 나타났다. 족벌신문의 온갖 음해와 왜곡이 가능한 것도 언론자유를 철저하게 보장했기 때문이다.

2007년 국민이 BBK, 위장전입, 도곡동 땅 등 온갖 의혹의 먼지 구덩이 속에서도 이(명박) 대통령을 뽑아준 것은 도덕성보다는 경제 살리기에 기대를 걸었기 때문이다. 그렇게 출범한 이 정권은 4년 동안 대통령이 특별 관리한다는 52개 생필품의 소위 'MB 물가지수'는 22.6퍼센트 치솟았고, 가계소득은 거꾸로 15퍼센트 감소했다. 나랏빛은 92조 원이 늘어나 이 정권이 끝나더라도 4인 가족 한 가구당 760만 원의 세금을 더 내 갚아야 한다. '747'(연 7퍼센트 경제성장, 1인당 국민소득 4만 달러, 세계 경제규모 7위)이란 '뻥 공약'은 경제성장률 3.1퍼센트, 국민소득 2만 579달러, 경제규모 세계 15위로 정확히 반 토막이 난 성적표가 나왔다. '잃어버린 10년'이라며 손가락질했던 참여정부 5년 평균성장률인 4·3퍼센트에도 크게 못 미치는 점수다.[31]

노무현이 억울해할 만하다. 한나라당과 족벌신문으로부터 퇴임 전후에 당한 '경제를 망친 대통령(경포대)'이라는 모욕적인 언사를 들으며 온갖 비판과 조롱을 받았으니까. "한나라당에서 나를 가리켜 '경포대'라고 했다. 경제를 포기한 대통령, 알 만한 사람들이 도대체 왜 그렇게 이야기하나 화가 났지만, 정치가 원래 그런 것이고 나도 야당을 할 때 모질게 하지 않았나 생각하면서 서운함을 달랬다. 나도 예전에 사실을 잘못 알고 비판한 경우가 더러 있었다. 하지만 고의로 사실을 왜곡해서 남을 욕하지는 않았다."[32]

역대 대통령 중에서 노무현처럼 좋은 성과나 업적을 이루고도 그렇게 심한 험담과 폄훼를 받은 대통령은 없는 것 같다. 정치사회 부문은 구체적으로 계량화하기 어렵지만, 경제 부문은 통계와 수치가 있는데도 맹목적인 비난이 쏟아졌다. 시중에서는 취객이 길을 가다가 넘어지면 "노무현 탓이다"라고 한다는 말이 나돌 만큼 야당과 족벌신문의 비아냥은 극에 달했다.

한나라당과 보수신문들은 국민의 정부와 참여정부 집권기간을

'잃어버린 10년'이라고 했다. 진실이 아니다. 그 반대가 진실이다. 우리가 집권하기 전 한국경제는 엎어져 있었다. 김대중 대통령과 국민의 정부가 그 엎어진 경제를 일으켜 세웠다. 2003년과 2004년에 카드채 위기가 닥치면서 다시 휘청거렸지만 참여정부가 붙들어 똑바로 걷게 만들었다. 그 10년 동안 한국경제는 웬만한 바람이 불어도 흔들리지 않을 만큼 체력을 길렀다. 이것이 진실이다.

잘했다고 자랑할 염치는 없다. 그러나 사실은 사실대로 말하고 싶다. 참여정부는 경제 분야에서 많은 성과를 거두었다고 생각한다. 이명박 정부 출범 이후인 2009년 3월 한국은행이 발표한 통계자료에 따르면, 국민의 정부 마지막 해인 2002년 1인당 국민소득GNI은 1만 2,100달러였다. 내 임기 마지막 해인 2007년에는 2만 1,695달러가 되었다. 2003년 8·15 경축사에서 나는 '10년 안에 국민소득 2만 달러 시대에 들어갈 수 있는 토대를 임기 내에 만들겠다'고 했는데 임기 중에 그 목표가 실현되었다.[33]

이명박은 '경제 살리는 대통령'을 구호를 내걸고 당내 경선에서 박근혜 후보를 꺾고 본선에서 정동영 후보에게 500만 표 이상으로 승리했다. '경제 살리기' 신화가 국민을 집단최면에 빠트렸다. 이명박 정권 4년여 동안 양극화는 심화될 대로 심화되고 '747 공약'은 일찌감치 쓰레기통에 처박혔다. 이명박 경제의 성적표는 노무현을 '경포대'로 조롱했던 세력을 조롱받게 만들었다. 이명박 정권은 말로만 '친서민'을 내걸고 실제로는 부자 감세와 고환율 정책 등을 통해 재벌기업들의 배만 불려온 '1퍼센트를 위한 정권'이라고 평가받고 있다.

그런데도 선거 때만 되면 나머지 99%, 아니 백번 양보해서 나머지 90% 가운데 '기득권 세력과 부자들을 위한 당'에 투표하는 '그밖의' 사람들은 무슨 생각일까. 왜 매번 속고 당하면서도 '꿋꿋하게' 자기 발등을 찍을까. "우리가 남이가!"라는 철 지난 유혹에 아직도 속는다면 분명히 말해주고 싶다. "저들은 '남'을 넘어 '적'이다."

8
대통령의 귀향

고향으로 내려간 첫 퇴임 대통령

2008년 2월 24일, 노무현은 제16대 대통령 임기를 마쳤다. 그다음 날, 이명박 대통령 취임식에 참석한 뒤 곧바로 고향 봉하마을로 돌아갔다. 짧고 굴곡진 우리나라 헌정사에서 그는 퇴임 후 처음 고향으로 돌아간 대통령이었다.

박정희는 임기 중에 암살당했기에 제외하면, 이승만(고향은 황해도 평산)은 미국 하와이로 쫓겨 가고, 윤보선(충남 아산)은 서울에, 전두환(경남 합천)과 노태우(대구)는 퇴임 후에 수감생활을 하다가 출감해서는 서울에, 김영삼(경남 거제)과 김대중(전남 신안)은 각각 서울에 정착했다. 이명박은 퇴임을 앞두고 서울 논현동 사저를 쳐두고 서초구 내곡동에 국가 예산을 투입하고 부동산실명제 위반 논란을 빚으면서까지 사저 터를 매입했다가 국민의 거센 비판을 받고 취소했다. 박근혜(대구)는 헌법재판소 탄핵 결정으로 수감생활을 한 뒤에는 고향인 대구에, 문재인(경남 거제)은 경남 양산에 정착했다.

대통령들이 고향으로 돌아가는 것이 화제가 되는 이유를 영국의 ≪파이낸셜 타임스≫는 다음과 같이 설명했다. "동서고금을 막론하고 최고권력자가 일상으로 돌아가는 것은 쉽지 않다. 그들은 죽거나 혹은 퇴임 이후에도 자신의 영향력을 지속시키기 위해 다양한 노력을 보여왔다."[1]

이에 따르면, 권력자들은 자신의 존재와 영향력이 지속되기를 바라기에 퇴임한 뒤에도 권력의 상징인 수도를 떠나지 않으려 한다. 심지어 죽은 뒤에도 '지존'으로 군림하고자 한다. 그래서 생전에 자신이 묻힐 무덤이나 신전을 거창하게 만들기도 하고, 곳곳에 자신의 동상을 세우기도 한다. 중국 진시황의 병마용갱이나 이집트 파라오들의 피라미드가 대표적인 예이다. 그러나 도무지 그런 따위에는 관심이 없는 노무현은 임기가 끝나자 훌훌 털고 서울을 떠났다.

노무현이 자연인이 되어 고향으로 돌아간 것은 어떤 의미가 있을까? "노무현 대통령이 서울이 아니라 고향으로 간 것 자체가 우리나라 대통령사에서 큰 의미를 가지고 있다. 이는 지역 균형발전이라는 철학의 실천이기도 하지만 우리나라 역대 대통령 중에서는 처음이라는 사실 때문이다. 대구 경북이 고향인 전두환 대통령과 노태우 대통령은 물론 각각 경남과 전남이 고향인 김영삼 대통령과 김대중 대통령은 모두 퇴임 후에도 고향이 아니라 서울 아래서 살면서 자신의 영향력을 과시하고 있다."[2]

그렇다고 퇴임 대통령이 은거하여 아무것도 하지 않고 소일하며 지내는 것이 꼭 바람직하지만은 않다. 미국의 지미 카터는 '세계평화사절'로 활발하게 활동하고, 러시아의 고르바초프, 영국의 토니 블레어, 남아공의 넬슨 만델라, 그리고 미국의 앨 고어 부통령 등은 퇴임 뒤에 환경운동이나 민주화운동에 헌신함으로써 사회에 공헌했다.

노무현 역시 '은거'하기 위해 고향으로 내려가지는 않았다. 그는 오히려 퇴임 뒤에 하고 싶은 일도 많았고 할 일도 많았다. 그는 오래전부터 봉하마을에서 생태농업과 하천습지 복원, 숲 가꾸기 같은 일들을 하고자 구상해왔다.

도연명의 '귀거래사'와 노무현의 귀향

도연명은 〈귀거래사歸去來辭〉를 쓴 중국의 대표적인 시인이다. 학문이 높고 뜻이 고고했던 그는 부패한 공직사회에서 설 자리가 없었다. 마흔한 살 때 심양군 팽택彭澤 현령 자리를 간신히 얻었으나 그마저 석 달을 넘기지 못했다.

어느 날 심양군 장관 직속인 독우督郵(순찰관)가 순찰을 온다고 하여 현청 관리가 "필히 의관을 정제하고 맞이하시라"라고 진언했다.

도연명은 이에 오두미五斗米(월급) 때문에 허리를 굽혀 향리의 소인을 섬길쏜가"라고 하고는 〈귀거래사〉를 남기고 고향으로 돌아갔다. 이 글을 감상해보자.

돌아가리라, 전원이 황폐해지는데 어찌 돌아가지 않으리오.

스스로 마음을 육신의 노예로 삼아놓고, 어찌 근심하고 홀로 슬퍼만 하겠소.

지나간 일 돌이킬 수 없음을 깨닫고, 앞으로 일은 바르게 좇을 수 있으리.

실로 길을 잃었으나 아직 멀리 가지는 않았으니 지금이 옳고 어제가 틀렸음을 깨달았소.

배는 흔들흔들 가볍게 나아가고 바람은 한들한들 옷자락 날리는구려.

나그네에게 앞길 묻는데 새벽빛 희미함이 한스럽다오.

드디어 초라한 집 보이니 반가운 마음에 달려갔다오.

머슴아이 기쁘게 반기고 어린 자식들 문에서 기다리는구려.

뜰 안의 세 갈래 작은 길은 거칠어졌으나 소나무와 국화는 아직 그대로라오.

어린 손들 잡고 방으로 들어가니 술이 항아리에 가득하구려.

정원을 날마다 거닐어 즐거움 얻고 문은 있으나 늘 잠겨 있다오.

구름은 무심히 산봉우리에서 피어오르고 새들은 지쳐 돌아오는구려.

친척들과 정다운 이야기 기쁘고 거문고와 책 즐기며 시름 달랜다
오.

농부는 내게 봄이 왔으니 서쪽 밭에 나가 농사지으라 하는구려.

초목 깊은 골짜기를 찾기도 하고 가파른 언덕을 지나기도 하였소.

초목은 흐드러져 무성하고 샘물은 졸졸졸 흘러가는구려.[3]

대통령이었던 노무현의 귀향을 시골 현령이었던 도연명의 귀향에 비유하는 것은 적절치 않을 수도 있다. 그러나 도연명의 〈귀거래사〉는 그저 전원으로 돌아가 '은거'하자는 것이 아니라 농촌의 생태적·공동체적 가치관을 회복하자는 것이었다. 그래서 노무현의 정서와 닮았다. 노무현은 농촌의 생태적·공동체적 가치관을 살리고자 권력의 중심지를 버리고 귀향했기 때문이다.

노무현은 퇴임 뒤의 거처와 행보에 대해 고민했다. 대통령이 아닌 누구라도 직장에서 물러나거나 정년퇴직을 한 뒤의 일을 설계하고 고민하게 마련이다. 노무현은 선뜻 봉하마을로 결정하는 데 머뭇거렸다.

마음의 갈등이 없지는 않았다. 고향에서 나는 배척받았다. 한 번도 아니고 몇 번이나 정치적으로 배척받았던 곳에 돌아가야 하는가? 그런 고민이 있었다. 이제 정치를 하지 않으니까 마음 편하게 가도 되겠다는 생각이 들었지만, 다른 한편 정치를 그만두기는 했지만 이웃 사람으로서 설득할 문제는 계속 설득해야 하는 게 아닌가 하는

생각도 했다. 내가 고향에 돌아가 사는 것이 지역주의를 극복하고
국민통합을 이루는 작은 도움이라도 되기를 바라는 마음도 있었다.[4]

노무현은 여러 곳을 두고 고민하다가 결국 고향에 사저를 짓고
귀향하기로 결정했다.

농군의 꿈

사저 공사를 시작하면서부터 야당과 족벌신문의 비난이 빗발쳤
다. 노무현의 사저를 두고 진시황의 아방궁에 빗대어 '노방궁'이라
부르는가 하면 '노무현 타운'이라고 과장해 부르기도 했다. 재임 시
절의 적립금과 은행융자를 얻어 지은 소박한 사저인데도 요란스럽
게 부풀려 국민을 현혹하고 노무현을 매도했다. 언론 보도를 보고
그 '아방궁'을 구경하기 위해 현지에 갔다 온 사람들은 모두 크게
'실망'했다. 거기에 '아방궁'은커녕 '저택'도 없었기 때문이다.

사저 설계자는 2011년 3월에 사망한 건축가 정기용이다. 정기
용은 사회적 건축가이자 '공간의 시인'이라 불리는 인물이었다. 생
태적 건축·환경을 중시하면서 생명이 살아 숨 쉬는 공간을 선호했
다. 그는 재벌들의 호화주택을 설계하지 않았다.

노무현은 정기용을 처음 만나는 자리에서 "마을 공동체의 모델
이 될 베이스캠프"를 주문했다. 두 사람은 이런 이야기를 나누었

다. "사저 설계에 대한 것보다 오히려 봉하마을에 대한 계획을 함께 펼쳐나가기를 바란다는 이야기였다. 나는 먼저 왜 농촌 마을로 귀향하려는지를 물었다. 그러자 그는 아주 간단명료히 '농촌에 가서 봉사 좀 하려고요'라고 대답했다."[5]

2월 25일, 노무현은 찬바람이 휘몰아친 여의도에서 다음 대통령인 이명박의 취임식이 끝나자 곧바로 열차를 타고 봉하마을로 내려갔다. 노무현이 "야~ 기분 좋다!"라고 외치는 사이에, 함께 내려온 문재인도 속으로 "야, 나도 해방이다!"라고 외쳤다고 한다.[6]

노무현이 귀향했을 때는 사저 공사가 아직 끝나지 않은 상태였다. 노무현은 사저의 마무리 공사를 지켜보면서 가장 먼저 산업 쓰레기와 온갖 오물로 뒤범벅이 된 화포천 청소를 시작했다. 그 옛날 아내와 데이트하면서 걷곤 했던 길이라 젊은 날의 추억이 새록새록 떠올랐으리라.

날씨가 풀리면서 그동안 구상했던 농사일을 추진했다. 친환경 농법이었다. 먼저, 이웃 농민들을 설득하여 오리농법을 들여왔다. 논 2,500여 평에 오리농법을 시작하고 '봉하오리쌀'이라는 브랜드를 만들어 농가소득을 높여주기로 했다. 지켜보던 마을 주민들이 다수 참여하여 1년 뒤에는 오리농법과 우렁이농법을 쓰는 친환경 농사 면적이 10배로 늘어났다.

웰빙숲 만들기는 쉽지 않았다. 부재 산주山主들이 협조하지 않은 까닭이었다. 산 주인들은 산을 아예 사라고 했으나 산을 살 돈은 없었다. 그래서 하천 습지 화포천을 생태하천으로 복원하는 일에 매달렸다. 야산에는 장군차나무를 심어 사양길을 걷는 진영단감의 대체작물로 삼고자 했다. 봉하마을을 찾는 사람들에게도 차를 대접할 요량이었다.

노무현은 틈나는 대로 자전거 뒷자리에 손녀를 태우고 화포천 둑을 달리는 등 비교적 유적한 나날을 보내었다. 퇴임한 뒤 이 무렵이 그래도 가장 행복한 시기였다. 얼굴에 생기가 넘칠 정도였다고 한다. 노무현은 봉하마을 전체를 새롭게 개조해, 잘 사는 농촌과 살기 좋은 마을의 성공모델을 만들고 싶었다.[7]

노무현은 농촌 정착과 농군 생활에 하루가 다르게 적응해갔다. 본래가 토우인의 혈통이어서인지 그는 서민들과 쉽게 어울리고, 전임 대통령이라는 권위주의의 탈은 벗어 던졌다. 농부들과 어울려 막걸리도 마시고, 멀리서 찾아온 참여정부 시절의 측근, 각료 등 지인들과 밤늦도록 담소하며 행복한 나날을 보냈다. 대화의 주제는 주로 농촌문제와 환경문제들이었다.

무엇보다 즐거운 일은 귀여운 손녀의 재롱을 받으면서 할아버지 노릇을 하는 일이었다. 아내와 차를 마시며 추억을 반추하는 것도 생활의 기쁨이었다.

"대통령님, 보고 싶어요!"

노무현이 봉하마을에 정착하여 농군이 되면서 다소 '엉뚱한' 현상이 나타났다. 이것이 불행의 단초가 될 줄을 누가 알았겠는가.

전국 각지에서 수많은 사람이 노무현을 만나러 봉하마을로 몰려들었다. 남녀노소, 지역을 가리지 않고 평일에는 2천~3천 명, 주말에는 1만여 명이 봉하마을을 찾아왔다.

노무현은 처음에는 이런 현상을 우려했으나 얼마간 그러다 말겠지 하는 생각으로 가볍게 여기고 방문객들을 반갑게 맞았다. 그러나 그의 기대와는 다르게 봉하마을을 찾는 사람들의 수는 줄지 않고 시간이 지날수록 오히려 더 늘어났다.

어느덧 봉하마을은 가장 인기 있는 관광명소가 되었다. 여행사들은 이곳을 하루 관광 코스로 만들고, 곗돈을 모아 중국이나 동남아 여행을 계획했던 학교 동창생들은 목적지를 봉하마을로 바꾸었다. 입소문을 듣고 찾아오는 외국인들의 모습도 자주 눈에 띄었다. 젊은 부부들은 아이들 생일선물로, 중년 부부들은 결혼 기념행사로 봉하마을을 찾았다.

노무현은 하루에도 몇 차례, 공휴일에는 10여 차례나 '불려 나와' 방문객들에게 인사말을 하거나 사진 찍기 좋은 자세를 취해줬다. 여름 들어 장대비가 쏟아져도 뙤약볕이 내리쬐어도 찾는 사람이 줄기는커녕 나날이 늘어만 갔다.

외신들도 이런 모습에 놀라움을 금치 못했다. ≪뉴욕 타임스(한국판)≫는 다음과 같은 기사를 실었다. "44가구 121명이 모여 사는 작은 시골 마을에 주중에는 수천 명, 휴일에는 2만 명에 가까운 방문객이 찾는다. 자동차와 버스가 꼬리를 문다. 방문객들의 목적은 새로 전입한 노 전 대통령을 보기 위해서다. 방문객들은 새 전입자가 집 뒤로 난 언덕을 넘어 부근의 습지로 산책을 가면 같이 따라나선다. 아빠는 아이를 목말 태우고 엄마는 휴대폰으로 사진을 찍는다."[8]

몇 시간, 심지어는 반나절을 들여 봉하마을을 찾아온 방문객들이 머무는 시간은 길어야 한 시간 남짓으로, 고작 생가와 사저, 그 뒤편의 봉화산이나 정토원을 둘러보는 정도였다. '대통령'을 먼발치에서나마 볼 수 있거나 간단한 '연설'이라도 들을 수 있으면 그나마 행운이었다. 그런데도 인파가 구름처럼 몰려든 이유는 뭘까?

단지 최초로 낙향한 대통령이라는 이유만으로는 설명이 다 되지 않는다. 자신들이 지켜온 사람, 대통령이 되고서도 기득권 세력으로부터 온갖 수모를 겪은 사람, 물러난 뒤에는 자신들처럼 평범하게 살아가는 사람, '현직' 대통령과 여러 가지 대비 등이 이 땅의 보통 사람들을 봉하마을을 이끌지 않았을까.

'노무현 죽이기'에 나선 의심암귀들의 독수

봉하마을에 인파가 덮이면서 동시에 암운暗雲도 드리우기 시작했다. 첫 번째 암운은 이른바 '국가기록물 사건'이다. 노무현은 재임 기간에 대통령기록물을 국가가 관리하도록 하는 법률을 만들어 대통령기록관을 설립했다. 여기에 전자기록을 포함하여 모두 826

만여 건의 문서와 자료를 대통령기록관에 넘겨주었다.

그런데 이것이 엉뚱하게 부메랑이 되고 말았다. 역대 대통령 중 김대중이 처음으로 전자기록 3만여 건과 문서기록 15만여 건을 포함해 기록물 20만여 건을 남겼다. 18년을 집권한 박정희의 기록물은 3만 8,000여 건에 불과했고, 일부 집권자는 문서기록을 소각하거나 아예 사저로 가져갔다.

노무현은 봉하마을의 친환경사업이 어느 정도 궤도에 오르자 봉하마을과 일반 시민들이 참여할 수 있는 쌍방향 토론 사이트 '민주주의 2.0'을 개설했다. 이를 통해 그의 경험을 국민과 공유하기 위해서는 대통령기록물이 필요했다. 그런데 법적으로 대통령기록물을 열람할 권리는 있었으나 국가기록원이 자료를 열람할 수 있는 편의를 제공하지 않았다. 그래서 노무현 측은 "거의 모든 기록물이 'e-지원 시스템'이 담겨 있었기 때문에, 어쩔 수 없이 시스템 전체를 복사해 봉하로 가지고"[9] 오는 방법을 택했다.

이명박 정부는 이것을 문제 삼았다. 노무현 측이 국가의 중요한 기록물을 빼돌린 것처럼 언론을 통해 공격했다. 많은 언론은 노무현이 국가의 중요한 기밀문서를 사저로 빼내서, 이명박 대통령의 일을 방해할 수 있는 것처럼 호들갑을 떨었다. 그러더니 '국가기밀물 유출'이라고 하면서 공개적으로 반환을 요구했다.[10]

자신이 남긴 대통령 관련 기록물을 연구를 위해 활용하겠다는 것을 이명박 정부는 거부하면서, 노무현이 마치 국가기록물을 절취해간 것처럼 매도했다. 노무현은 대선 후 이명박 당선자가 청와대를 방문하여 "전직 대통령을 예우하는 문화 하나만큼은 전통을 확실히 세우겠다"라고 다짐했던 말이 불현듯 떠올라 청와대에 전화를 걸었다.

> 6월 14일 이명박 대통령에게 전화를 했다. 그는 '보도를 보고 알았다'면서 '불편이 없는 방법을 찾도록 챙겨보겠다'고 했다. 이때도 전직 대통령을 잘 모시는 문화를 만들겠다고 하면서 부속실장을 통해 연락을 주겠다고 말했다. 그런데 아무 연락이 없었다. 다시 전화를 했지만 연결시켜주지 않았다. 담당 수석이 설명할 것이라는 부속실장의 전갈이 왔다. 그렇지만 우리 측에서 여러 차례 전화를 해도 통화를 할 수 없었다. 믿을 수 없는 상황이었다. 그러는 사이 익명의 '청와대 핵심 관계자'가 언론을 통해 온갖 말을 퍼뜨렸다.[11]

현직 대통령의 말이라 믿어 의심치 않았던 노무현은 크게 실망했다. 외국에서처럼 전·현직 대통령이 스스럼없이 어울려 국사를 논하지는 못할지라도, 전화 통화까지도 단절해버리는 처사가 못내 실망스러웠다.

'e-지원 시스템' 사본은 활용해보지도 못한 채 그렇게 국가기록원 대통령기록관에 돌려주었다. 그런데 이것이 끝이 아니었다. 뉴라이트전국연합이 노무현과 참모들을 중앙지검에 고발하자, 중앙지검 첨단범죄수사부가 조사에 나섰다. 검찰은 지체 없이 압수수색 영장을 청구하여 일반자료는 물론 노무현만이 볼 수 있는 지정

기록물까지 샅샅이 뒤졌다.

당시 문재인의 말을 들어보자. "기록물 사건을 겪으면서, 임기 말에 한 건의 기록물이라도 더 이관하기 위해 전 청와대가 달라붙어 고생했던 일이 허망하게 느껴졌다. 작업을 독려하느라 직원들을 며칠 밤씩 새우게 만들었다. 그렇게 노력해서 다음 정부에 넘겨도 주고 기록원으로 이관도 했건만 치사한 방식의 정치보복 수단이 될 줄은 몰랐다."[12]

2008년 5월에 이명박 취임 50일 만에 10대 여학생들이 시작한 촛불시위는 이후 모든 국민이 자발적으로 참여하는 거대한 시민운동으로 확산했다. 시위는 미국산 쇠고기 수입을 반대하면서 시작되었으나 곧 '쇠고기'를 넘어서 정권퇴진운동으로 전개되었다.

촛불시위를 연구한 학자와 전문가들은 대부분 촛불시위를 어린 학생들로부터 시작되어 전 국민적으로 확산한 평화시위라고 분석한다. 예외라면 뉴라이트 계열의 식자들과 족벌신문들이다. 이들은 촛불시위를 좌파의 선동이라고 몰아붙였고, 이명박 정권의 핵심에서는 '봉하' 쪽에 의혹의 눈길을 보냈다.

2004년 3월에 한나라당과 민주당이 노무현 대통령을 탄핵하면서 탄핵반대 촛불시위가 요원의 불길처럼 번지고, 이것이 결국 헌법재판소가 기각 결정을 내리게 하는 요인으로도 작용했다. 그래서 '촛불'을 보고 '노무현'을 연상하게 되었는지, 아니면 차제에 '노무현'을 '촛불'에 엮어 넣으려 '기획'을 했는지는 모를 일이다.

'의심암귀疑心暗鬼'는 '의심하게 되면 없던 귀신도 생긴다'라는 뜻이다. 이는 곧, '의혹을 가지면 가질수록 불안해진다'라는 뜻이기도 하다. 사전은 '암귀'를 '어둠을 지배하는 귀신' 또는 '망상에서 오는 공포'라고 풀이한다. 이명박 정권이 촛불시위의 배후를 '노무현과 그 일당'으로 지목한 이유는 바로 이 '망상에서 오는 공포' 때문이었을 것이다.

촛불시위가 아니더라도 퇴임 뒤에 조짐이 심상치 않았다. 어려웠던 시절에 도와주었던 기업인들과 참여정부의 국무총리 주변에 권력의 독수가 얼씬거렸다. 그 모든 독수의 최종 목표는 노무현이었다. "심지어 내가 자주 가던 식당도 세무조사를 당했다. 국세청 세무조사는 여러 건의 고발과 검찰 수사로 이어졌다. 그때마다 모든 언론들이 '노 전 대통령 측근' '참여정부 고위인사'의 연루 가능성을 보도했다."[13]

미래의 민주주의 구상을 위한 '진보주의 연구'

노무현은 자율성의 보장을 위해 풀어주었던 권력기관의 칼날이 자신의 심장을 향하고, 측근 인사와 기업인들이 속속 뒷조사와 세무조사를 당하고 있어도 달리 대응할 방법이 없었다. 머리카락이 잘린 삼손 격이었다. 새삼 권력의 비열함을 느꼈다. 그리고 이때 역사의 진보에 대해 깊은 관심을 갖게 되었다.

노무현은 개혁가였지만 진보'주의자'는 아니었다. 역사의 진보

법칙을 믿으면서도 체제 내에서 개혁을 통해 진보의 가치에 이르고자 했다. 수구세력은 노무현을 좌파, 포퓰리스트, 데마고기 demagogy(민중을 선동하기 위해 정치적인 의도로 유포시키는 허위선전) 등으로 몰아세웠으나 그는 오히려 온건개혁을 추구하는 쪽이었다. 정책이나 법률안, 선거 구호 등 어디에서도 그의 과격성이나 급진성을 찾기 어렵다. 민주노동당 수준의 진보성에도 미치지 못한다. 그런데 퇴임을 앞두고 '미완의 개혁'을 돌아보면서 진보에 대해 많이 생각하게 되었고 역사에 관심이 많아졌다.

일반적으로 젊어서는 진보적이다가 나이가 들면 보수화되기 쉽다. 가족이 생기고 사회적인 지위가 높아질수록 이런 성향은 강해진다. 개중에는 급진진보에서 극우로 180도 변신하기도 한다. 전에 민중당 창당을 주도했던 급진주의자들이 변절하여 수구당으로 굴러 들어가 박힌 돌들보다 더 심한 아스팔트 극우로 변한 것은 좋은 사례다.

그런데 노무현은 그 반대였다. 퇴임한 대통령이 진보를 화두로 꺼내고 본격 연구에 나선 것은 이례적이었다. 그는 정신적으로 아직 팔팔한 '청년'이었다. "기억이 또는 감정이 늙지 않는 것처럼 팽팽한 상상력을 잃지 않는, 모든 사람들은 청년"[14]이라고 했던가.

노무현은 청년의 순수성과 시들지 않는 열정으로 '진보의 연구'에 나섰다. 정치 보복의 칼날이 번뜩이고 사방이 살얼음판 같은 상황에서 진보의 가치와 미래에 대해 깊이 생각하고 하나하나 메모를 남겼다. 전문가들과 만나 밤을 새워 토론을 벌였다. 그러던 끝

에 2008년 10월, 참여정부의 보좌진, 학자들과 '진보연구모임'을
제안하고 비공개 연구 카페를 개설했다.

진보주의 연구와 토론, 집필에는 참여정부 당시 직간접적으로
참여했던 인사들과 참여정부에 비판적인 학자들이 모두 참여했다.
주요 참여자들을 보면, 먼저 참여정부 인사로는 이정우(경북대 교수,
전 청와대 정책기획위원장), 김수현(세종대 교수, 전 청와대 사회정책비서관), 문정인
(연세대 교수, 전 대통령자문정책기획위원), 성경륭(한림대 교수, 전 청와대 정책실장),
이종석(세종연구소 수석연구위원, 전 통일부장관), 조기숙(이화여대 교수, 전 청와대
홍보수석) 등이 있고, 참여정부에 비판적이었거나 거리를 두었던 인
사로는 김기원(한국방송통신대 교수), 김호기(연세대 교수), 박명림(연세대 교
수), 이병천(강원대 교수), 한홍구(성공회대 교수), 홍종학(경원대 교수) 등이
있었다. 이들 외에도 정치, 경제, 사회 등 각 분야를 대표하는 학자
25여 명이 토론과 집필에 참여했다.

노무현은 소주제 40여 개를 직접 만들어 전문가들과 토론을 벌
이는 가운데 과거의 경험과 현실 인식을 바탕으로 "미래를 말하고
자" 했다.

이 무렵 노무현은 폴 크루그먼의『미래를 말하다』, 제러미 리프
킨의『유러피언』, 로버트 라이시의『슈퍼자본주의』, 장하준의『국가
의 역할』, 제프리 삭스의『빈곤의 종말』, 람 이매뉴얼과 브루스 리
드의『더 플랜』, 알렉스 스테픈의『월드 체인징』, 요시다 다로의『생
태도시 아바나의 탄생』 등 무거운 주제의 책을 탐독했다. 특히 크
루그먼의 저작은 교재처럼 읽고 인용했다. 노무현이 새로운 진보

를 구상하면서 이 책들은 많은 지식을 심어주고 큰 영감을 주었다.

노무현이 서거 직전까지 몰두한 주제는 '진보의 재구성'이나 '진보의 미래'였다. 퇴임 이후 봉하마을로 내려간 노무현은, 사람들이 가장 관심을 갖고 먹고사는 문제를 얘기하려면 '국민들의 행복한 삶을 위해 국가는 무엇을 해야 하는가' 고민할 수밖에 없고, 그러자면 '진보와 보수, 진보의 나라와 보수의 나라, 진보주의의 미래 같은 주제들을 공부하지 않을 수 없다'라는 결론에 이르렀다. 국가의 역할에서 시작된 노무현의 지적 탐구는 '인간이란 무엇인가'라는 철학적 주제로까지 확장돼 갔다. 노무현은 서거하기 일주일 전까지도 책과 자료를 여러 건 찾았다.[15]

노무현이 '진보주의 연구'에 몰두하고 있을 즈음 수구정권은 더욱 날카롭게 칼날을 벼리고 있었다. 목불인견의 부끄러운 21세기 한국의 '자화상'이었다. 그런 속에서도 노무현의 진보에 대한 학구열은 조금도 수그러들지 않았다. '인터넷 집단협업에 필요한 시스템'을 직접 개발하고 다듬었다.[16]

이 '미완'의 연구서는 노무현이 서거한 뒤에 『진보의 미래: 다음 세대를 위한 민주주의 교과서』(2009)라는 제목으로 간행되었다. 유고遺稿가 된 셈이다. 노무현은 지인이든 방문객이든 찾아오는 사람들과의 만남을 정중히 거절하고 연구에 더 집중했다. 이 책의 많은 분량은 이때 쓰였다고 한다. 그리고 독서와 사색과 글쓰기, '진보의 미래'에 대한 고민으로 혼자 묵묵히 현실의 고통을 이겨내고 있었다.[17]

이 책에서 노무현은 진보와 보수를 가르는 기준, 미래 세대에 대한 고민, 역사의 진보를 밀고 가는 역사의 주체로서 성숙한 시민세력의 필요성 등에 대한 이야기를 들려준다.

'취모멱자'의 보복에 나선 수구반동세력

'취모멱자吹毛覓疵'는 '머리카락을 불어가며 흉터를 찾는다'라는 뜻이다. '털을 불어가며 작은 허물이라도 찾으려 한다(吹毛而求小疵)'라고 하여 '취모구자吹毛求疵'라고도 하는 이 말은 『한비자韓非子』「대체편大體篇」과 『사기史記』「중산정왕열전中山靖王列傳」 등에 나오는 고사로, 반대 세력의 약점을 악착같이 찾아내려는 야박하고 가혹한 행동을 가리키는 말이다.

카를 마르크스는 역사는 한 번은 비극적으로 또 한 번은 희극적으로 반복된다고 말했다. 노무현과 측근들에 대한 '취모멱자'의 수사는 한국정치사의 비극적인 정치보복의 시작이었다.

1997년 8월에 김대중과 이회창이 대권의 향방을 앞두고 건곤일척의 대결을 벌일 때다. 대검찰청 공안부장과 서울지검장, 서울고검장 등을 거친 이건개 의원(자민련)이 「정치보복금지법」을 제안했다. 이 법안은 "정치적 이념, 소속 정당 및 단체 등의 차이나 특정 정당이나 단체에 대한 지지·반대 등을 이유로 부당하게 불이익을 주는 행위"를 정치보복이라고 정의했다.

이 법안에서는 '정치보복'을 "공판 청구 전에 피의 사실을 공표하면서 정보·내사·수사 단계에서 대통령, 국무총리 그리고 대통령 비서실 또는 국무총리 비서실에서 압력을 행하는 수사, 부정부패 전반에 대한 정보 파악과 부패구조 전반에 대한 충분한 심사 분석 뒤 제도 개선 등의 조치 없이 정권교체 후 1년 이내에 정치인, 정권교체 이전의 차관급 이상 공무원을 대상으로 한 수사공권력 동원"이라고 규정했다.

이회창 한나라당 총재도 2001년 1월 30일에 "나의 사전에는 정치보복은 없다.「정치보복금지법」을 만들어 이 나라에서 연속되는 정치보복의 꼬리를 끊어야 한다"라고 주장했다. 당시 한나라당이 마련한 「정치보복금지법」의 초안에는 "소속을 달리하는 정파라는 이유로 수사, 세무조사, 계좌추적 등 정치적 목적의 불이익을 주는 행위"를 정치보복으로 규정했다.[18]

그러나 두 법률안은 정치보복에 대한 명확한 법적 정의를 확정하지 못해 당내 논란만 거듭하다가 법안 제정을 포기했다. 한나라당은 기회 있을 때마다 정치보복 금지를 다짐하곤 했다. 김대중과 노무현도 선거 때에 정치보복은 입에도 올리지 않았고, 집권해서도 정치보복을 행하지 않았다. 묵은 기사를 꺼낸 것은, '정치보복 금지' 법률안을 추진한 바로 그 한나라당(국민의 힘의 전신) 정권이 '정치보복'을 자행했기 때문이다.

그가 대통령 자리에서 내려오자 권력기관은 노골적으로 이빨을 드러냈다. 이명박 정권은 감사원, 국세청, 금융감독원 등 권력기관을 총동원해 노 전 대통령 주변을 뒤졌다. 특히 검찰은 이에 '올인'했다. 대검찰청 중앙수사부와 서울지검 특수부 등 전 검찰이 총출동했다. 론스타 사건 이후 2년 만에 대검찰청 중앙수사부가 직접 칼을 빼들고 석유공사와 강원랜드 수사에 뛰어들었다. 서울지검에서 벌인 KT, KTF 비리 수사, 신성해운 로비 수사, 서울 남부지검의 프라임그룹 비자금 수사, 서울 남부지검의 애경그룹 수사, 대전지검의 UK 수사… 촛불집회가 시작되자 검찰 사정의 칼날은 더욱 매서워졌다. 하지만 의도하던 전 정권 실세 정치인의 이름은 나오지 않았다. 한 친노 인사는 '이명박 정부는 촛불집회 배후를 노무현으로 의심했다. 검찰은 노란색 옷만 봐도 하이에나 떼처럼 달려들었다'고 말했다. 노 전 대통령은 '측근이 이렇게 많은 줄 몰랐다'는 자조 섞인 말을 했다.[19]

이처럼 '본격적인 노무현 죽이기'가 시작됐다. 2008년 7월, 서울지방국세청 조사 4국이 경남 김해의 태광실업과 정산개발에 대한 세무조사에 들어가면서부터다. 이들 기업은 노무현과 오래전부터 가까운 박연차의 소유였다. 해당 지역을 관할하는 부산지방국세청을 배제하고 서울에서 원정 세무조사가 이뤄진 것부터가 다분히 '권력의지'가 작용한 '정치성'이 드러나는 대목이다. 국세청의 「조사사무처리규정」 제9조 3항은 국세청이 5년마다 하는 정기조사 외에 세무조사에 나서려면 "납세자에 대한 구체적인 탈세 제보가 있는 경우, 신고 내역에 탈루나 오류의 혐의를 인정할 만한 명백한 자료가 있는 경우" 등 몇 가지의 구체적인 근거를 갖춰야 한다. 그러나 태광실업의 세무조사는 '전제'에 대한 설명이 전혀 없었다.

2008년 7월부터 시작된 태광실업 세무조사는 의혹에 휘말렸다. 2009년 11월 박연차 게이트가 끝난 지 6개월 정도가 흘렀을 무렵, 미술품 강매 혐의로 구속 수감된 안원구 국세청 국장에 '한상률 당시 국세청장에게서 태광실업 세무조사와 관련해 직접 대통령에게 독대보고를 한다는 얘기를 들었다'며 그때까지 풍문으로만 떠돌던 의혹을 폭로한 것이다. 민주당과 참여정부 인사들은 '청와대 지시로 박연차 게이트 수사가 시작됐고, 노 전 대통령의 서거로 이어졌다'며 결국 의혹이 사실로 드러났다고 주장했다.[20]

노무현에 대해 시종 적대적이었던 ≪조선일보≫가 국세청의 태광실업 세무조사와 관련해 '범상치 않은' 기사를 실었다. 국세청장 한상률이 대통령 이명박에게 '독대' 보고했다는 요지의 기사다.

국세청은 왜 그처럼 의혹을 불러일으키면서까지 무리하게 세무조사를 진행했을까? 국세청은 현 정권 출범 초기부터 전 정권의 비자금 은닉 여부를 추적해왔으며, 이런 기획에 따라 지난 7월 박연차 회장의 기업들에 대한 세무조사에 착수했던 것으로 전해졌다. 형식은 5년마다 실시되는 정기 세무조사의 형식을 취했다. 하지만 국세청은 세무조사 관할인 부산지방국세청을 제쳐두고 서울지방국세청 조사4국 조사요원들을 경남 김해에 파견했다. 대상은 박 회장 소유인 태광실업과 정산개발 등이었다. 국세청 관계자는 '사실상 기획에 의한 특별세무조사로 봐야 한다'고 전했다. 이 과정에서 국세청은 100억 원이 넘는 뭉칫돈을 찾아냈으며, 그중 수십억 원이 박 회장 소유가 아닐 수도 있다는 정황을 발견한 것으로 알려졌다. 이에 서울지방국세청 조사4국은 박 회장을 1~2차례 소환, 차명 소유가 의심되는 수십억 원에 대해 '이들의 실제 주인은 지난 정권의 핵심 인물이 아니냐'며 강도 높게 압박했다는 것이다. 지난달 24일 끝난 1차 세무조사의 결과는 최근 한상률 청장이 이명박 대통령과 독대하는 자리에서 전달됐던 것으로 알려졌다.[21]

김태형은 수구세력의 '노무현 죽이기'는 "노무현을 파렴치범으로 몰아 그의 부활을 막으려는 의도"라고 진단한다.

권력과 돈 그리고 장수를 최고의 가치로 삼는 악인들은 한편으로는 그들에게 무한한 열등감을 느끼면서도 다른 한편으로는 "그래봐야 너희는 힘없는 거지 아니냐" 하고 애써 자위해왔다. 그러나 느닷없이 나타난 노무현이 대통령 권좌에 앉자 그들은 경악했다. 아니! 명예와 도덕성, 국민들의 존경도 부족해서 권력까지 네놈이 차지한단 말인가. 권력을 빼앗긴 기득권 세력은 국민들에게 헛바람을 집어넣을 '성공사례'를 절대로 용납할 수 없었다. 그들은 총공세를 펼쳤고 적어도 노무현이 국민들에게서 미운 오리 새끼처럼 버림받게 만들었다고 자신했다. 그런데 그런 그가 다시 국민들의 사랑과 존경을 받기 시작했으니 참으로 기가 찰 노릇이었다. 그들의 마음속에서는 도저히 주체할 수 없는 질투심이 부글부글 끓어올랐다.

정의로운 인물에 대한 대중의 사랑과 존경이 깊어지면 깊어질수록 그에 대한 악인들의 증오심과 질투심은 더욱 강력해지고 그를 죽이고 싶어 하는 광기 또한 끝없이 증폭된다. 먼 옛날 예수를 기어이 십자가에 못 박아 죽인 악인들의 심리적 메커니즘이 바로 이러하다.

노무현이 활짝 웃는 그 순간부터, 노무현이 행복한 표정을 지은 그 순간부터 그리고 그 모습을 보기 위한 순례행진이 시작된 그 순간부터 그의 부활을 막기 위한 공격은 시작되었다. 노무현의 부활을 막을 수 있는 유일한 방법은 그를 파렴치범으로 모는 것이었다. 그것만이 그 어떤 공격을 받고도 불사조처럼 되살아나는 노무현을 영원히 끝장낼 수 있었으며, 도무지 희망을 포기할 줄 모르는 민중의 끈질긴 생명력을 시들게 할 수 있었다.[22]

노무현의 고뇌는 나날이 깊어갔다. 자신과 알고 지냈던 기업인과 지인들이 모조리 검찰과 국세청의 투망질에 걸려들었기 때문이다. 2009년 1월, 깊은 슬픔에 잠긴 노무현은 측근들 앞에서 장장 여섯 시간에 걸쳐 무겁고 비통한 어조로 자신을 자책했다.

내가 대통령 때 잘했다고 생각했다. 권력을 국민에게 돌려주었고,

무엇보다 민주주의의 확실한 진전이 있었다. 한나라당이 집권해도 거대한 물줄기는 거역하지 못할 것으로 믿었다. 그런데 불과 1년 만에 역사의 시계가 거꾸로 돌아갔다. 검찰·경찰·국세청·국정원 등 권력기관이 다시 국민 위에 군림하고 있다. 민주주의가 후퇴했다. 결과적으로 나는 실패했다. 도대체 어떻게 된 것인가? [23]

노무현을 죽음으로 몰아간 단초가 된 태광실업의 세무조사가 어느 선에서 지휘가 이루어졌는지는 대단히 중요한 열쇠다. 한상률 국세청장이 태광실업 세무조사와 관련하여 이명박 대통령에게 독대보고를 한 것이나 부산지방국세청을 제쳐두고 서울지방국세청 조사4국이 직접 원정 세무조사에 나선 것부터 범상한 일이 아니었다. "정밀 세무조사는 보통 2~3주가 걸린다. 그런데 태광실업 세무조사는 2008년 7월 말에 시작해 10월까지 한 차례 이뤄졌다가 다시 11월까지 늘어났다. 뭔가 감이 잡혔다."[24]

한국 정치사는 집권자가 라이벌에게 얼마나 잔혹하게 보복했는지를 여실히 보여준다. 먼저, 이승만은 남북통일정부 수립을 염원하며 재야에서 버티는 김구가 부담스러웠다. 독립운동에 공헌한 면에서 그에게 크게 뒤지면서 항상 열패감에 시달리는가 하면, 그가 언제 마음이 바뀌어 정치 현장으로 돌아와 자신의 권력을 위협할지 전전긍긍했다. 급기야 김구는 1949년 6월 분단세력에 의해 암살되었다. 김구 암살 책임에서 이승만도 자유롭지 못하다. 측근들에게 김구의 존재에 대해 '불편한 심기'를 수시로 내보였을 뿐만 아니라 암살 배경이나 암살범 처리 과정을 살펴보면 이승만이 관련되었다는 정황을 포착할 수 있다.

1959년 7월에 '사법살인'된 조봉암은, 2대에 이어 3대 대통령 선거에서 이승만에 맞서 놀라운 득표력을 보임으로써 4대 대통령 선거를 앞둔 이승만에게는 가장 위협적인 라이벌이었다. 그는 결국 간첩 누명을 뒤집어쓰고 처형되었다.

박정희의 가장 강력한 라이벌은 김대중이었다. 박정희는 1971년 대선에서 천문학적인 물량공세와 관권동원을 통한 부정선거에도 불구하고 간신히 승리했다. 더구나 수도 서울에서는 대패해 체면을 구겼다. 이후 박정희는 '김대중 공포증'에 시달려야 했다. 그래서 유신쿠데타를 일으켜 아예 대통령직선제를 없애버렸다. 1973년 8월, 유신체제에 반대하던 김대중은 일본 도쿄에서 중앙정보부에 납치되어 태평양에 수장되기 일보 직전에 가까스로 살아났다. 박정희의 지령 없이는 있을 수 없는 일이었다.

군사쿠데타로 권력을 장악한 전두환 역시 가장 강력한 정적인 김대중을 내란음모로 몰아 사법살인을 자행하려 했으나 미국의 제동으로 뜻을 이루지 못했다.

독재정권이나 권위주의 정권에서는 최고권력자의 기침 소리나 몸짓 하나에서도 수하들은 '의지'를 꿰뚫어 행동에 나선다. 아무리 무지막지한 권력자라도 직설적으로 정적을 죽이라는 명령을 내리지는 않는다. 눈치를 주면 '아랫것'들이 알아서 처리하고, 나중에 밝혀지면 책임도 대신 짊어진다.

국세청에 이어 검찰의 노무현과 주변에 대한 '취모멱자' 식의 먼지 털기 수사가 급속히 진행되었다. 그야말로 속전속결, 전광석화, 일망타진의 수사 솜씨를 한껏 뽐냈다. 게다가 수구언론과 짝짜꿍이 되어 '카더라' 수준의 확인되지 않은 '피의 사실'을 연일 실시간으로 내보내며 '마녀사냥'을 일삼았다. 검찰의 이런 위법행위는 아무런 문제도 되지 않았다.

2008년 7월 말에 태광실업 세무조사가 시작되고 4개월가량 지나자 결과들이 속속 드러나며 후속 조치들이 취해졌다. 11월 21일 노무현 고교 동창인 정상화와 동생 정광용 체포, 11월 25일 국세청이 탈세 혐의로 박연차를 검찰에 고발, 12월 4일 노무현 형 노건평 구속, 해를 넘겨 2009년 3월 21일 이강철 전 청와대 시민사회수석비서관 구속 기소, 추부길 전 청와대 홍보기획 비서관 체포, 3월 22일 이광재 의원 재소환, 사전영장 청구, 3월 23일 박정규 전 청와대 민정수석 체포, 장인태 전 행정자치부 차관 체포, 3월 28일 서갑원 민주당 의원 소환, 4월 6일 강금원 창신섬유 회장 소환, 4월 9일 정상문 전 청와대 비서관 구속영장 청구, 4월 10일 연철호(노무현 조카사위) 체포, 4월 11일 권양숙 여사 소환조사, 4월 12일 노건호(노무현 아들) 참고인으로 소환조사, 4월 13일 연철호 2차 소환, 4월 14~17일 노건호 3~5차 소환, 4월 18일 정상문 긴급체포, 4월 22일 노무현에게 A4용지 7쪽짜리 서면질의서 발송, SBS와 KBS에서 박연차가 노무현 회갑 때 피아제 시계 2개를 2억 원에 사서 선물했다고 보도, 4월 25일 노무현 측 이메일로 검찰에 답변서 제출,

4월 26일 노무현에 검찰 출두 통보, 4월 30일 노무현 검찰 출두(13시간 만인 새벽 귀가)……

민주당은 세무조사가 이뤄지기 전인 6월 4일 '이명박 정권 정치보복 진상조사특별위원회'를 구성하고, 이명박 정권 출범 이후 이뤄진 검찰의 정치보복과 관련한 진상파악에 나섰다. 노무현 측근에 대한 정치보복성 수사도 조사 대상으로 삼았다. 그러나 용두사미였다. 이렇다 할 진상도 밝히지 못한 채 특위활동은 존재감조차도 알기 어렵게 되었다.

검찰 조사가 시작되면서 족벌신문과 이명박 측근으로 사장이 바뀐 공영방송사, 심지어 진보적인 신문들까지 가세해 '검찰 소식통'을 인용하는 방식으로 노무현과 그 주변의 '부도덕성'과 '죄상'을 연일 '특집'으로 보도했다. 심지어 "검찰 수사가 시작되자 권 여사가 (박연차 회장에게 선물로 받은) 피아제 시계를 논두렁에 내다 버렸다"라는 근거 없는 루머까지 사실인 양 보도하여 최소한의 인격까지 모독했다.

검찰의 의도적인 '언론 플레이'가 계속되고, 언론사들의 악의적인 날조 기사도 나날이 늘어났다. 검찰의 '언론 플레이'는 피의사실을 공표하지 못하도록 하는 형법과 검찰의 기본 수칙을 위배하는 행위이고, 언론의 악의적인 날조는 언론의 탈을 쓴 '언롱인言弄人'의 보복적인 기사였다.

소위 '조·중·동'을 비롯한 수구언론의 '노무현 죽이기'는 집요했다. 그가 정치를 시작한 이래 줄기차게 이어진 공격은 대통령 재임

기간을 거쳐 퇴임 이후까지 끊임없이 계속됐다. 이들 신문은 1면 머리기사로 시작해 사설까지 온통 노무현에 대한 비난과 조롱, 막말, 저주 등으로 도배하기도 했다.

퇴임한 노무현이 낙향하여 시민으로 돌아간 뒤에도 수구기득언론의 공격은 조금도 수그러들지 않았다. 민주정부 10년 동안 다져 놓은 민주·평화·통일·복지의 초석을 허물고, 그 자리를 자신들의 기득권으로 채우고자 혈안이 되었다. 김대중을 깎아내리고 노무현을 죽여야만 민주정부 10년을 '잃어버린 10년'으로 규정하고 국민을 속일 수 있기 때문이었다.

조·중·동을 비롯한 수구기득언론은 어디까지 잔인해지고 파렴치해질 수 있는지를 여실히 보여주었다. "불행히도 그들의 끔찍한 사기극은 먹혀들어서, 수구기득세력은 정권을 잡았고 노무현은 세상을 떠났다."[25]

언론이 노무현 죽이기의 공범共犯이라면 검찰은 주범主犯이었다. 물론 배후는 이명박의 청와대. 검찰은 집요했다. 검찰과 족벌신문, 이명박 측근들이 장악한 KBS와 MBC 그리고 SBS가 주거니 받거니 하면서 '노무현 죽이기'는 가파르게 막장을 향해 치달았다.

2008년 7월 국세청 세무조사에서 시작된 '박연차 게이트'가 폭발하기 시작했다. 대검 중수부는 2008년 12월 노 전 대통령의 '아버지 같은 형'을 구속했다. 검찰의 시선은 이미 노 전 대통령에게 가 있었다. 이명박 정부와 가까운 《동아일보》는 2009년 3월 19일 '노무현

전 대통령이 퇴임 후 박연차 태광실업 회장으로부터 50억 원을 받은 정황을 대검 중수부가 잡았다'고 보도했다. 홍준표 한나라당 원내대표는 '박연차 수사의 마지막은 노무현 전 대통령이 될 것'이라고 단언했다. 이인규 대검찰청 중수부장은 기자간담회에서 '잔인한 4월이 될 것'이라고 말했다.[26]

이 기사를 쓴 《시사인》의 주진우 기자는 「검찰 풀어줬다가 검찰에 물리다」라는 글에서 "노무현 전 대통령은 검찰이 독립하면 특권을 내려놓을 것이라고 기대했다. 하지만 노무현과 노무현의 꿈은 검찰에 의해 무참히 짓밟혔다"라며 안타까워했다.

노무현은 참담했다. 자신이 독립성을 위해 풀어주었던 검찰과 국세청에 의해 퇴임 1년여 만에 뇌물이나 수수해온 대통령으로 몰리게 되고, 그토록 개혁을 바랐던 족벌언론으로부터 융단폭격을 당하면서 계속 버티기가 어려워졌다.

검찰은 '언론 플레이'를 통해 노무현 일가가 "수십억 원을 챙겼다"라는 혐의를 흘렸다. 그러나 당시 노무현은 "진보주의 연구를 위해 모인 학자들에게 헤어질 때마다 '월급은 못 주어도 차비는 드릴 테니 자주 오시라'고 말했지만, 딱 한 번밖에 차비를 주지 못했을"[27] 정도로 어려운 형편이었다.

박연차 회장을 구속한 검찰은 2008년 연말부터 매일 수사 상황을 브리핑함으로써 나를 옥죄기 시작했다. 봉하에 집을 지으면서 박 회장에게 빌린 돈의 차용증, 조카사위 연철호가 관련되었다는 500만 달러, 정상문 총무비서관을 통해 집에서 받은 10만 달러 등이 차례차례 언론에 공개되었다. 박정규 민정수석, 이광재 의원이 잇달아 구속되었다. 그런 와중에 정상문 비서관이 봉하에 왔다. 보통 때와 달리 나를 먼저 보지 않고 아내와 이야기하고 있다고 했다. 예감이 좋지 않아 가보았다. 정 비서관은 돌처럼 굳은 얼굴이었다. 아내가 울고 있었다. 앞이 캄캄했다. 땅이 꺼지는 것 같았다. 어디에 썼는지 물었더니 내가 모르는 빚이 있어서 그걸 갚는 데 썼다고 했다.

무슨 빚인지는 끝내 말하지 않았다. 그때만 해도 미국에 있는 아이들에게 쓴 것인지 몰랐다. 정 비서관은 검찰에 가서 그 돈을 자기가 받아 쓴 것으로 할 작정이었다. 4월 7일 검찰이 정 비서관을 체포했다. 의혹 제기 차원을 넘어 실제 수사가 시작된 만큼 이제 사실을 밝히고 국민에게 사과해야 한다고 생각해서 홈페이지에 글을 올렸다. "지금 정상문 전 비서관이 박연차 회장으로부터 돈을 받은 혐의로 조사를 받고 있습니다. 그런데 혹시 정 비서관이 자신이 한 일로 진술하지 않았는지 걱정입니다. 그 혐의는 정 비서관의 것이 아니고 저희들의 것입니다. 저희 집에서 부탁하고 그 돈을 받아서 사용했습니다."[28]

노무현 생애에서 이즈음처럼 참담했던 시기도 없지 않았을까. 노무현은 정신적 공황 상태에 빠져들었다. 아무것도 할 수 없었다. 책을 읽을 수도 글을 쓸 수도 없었다. 틈틈이 집필 중이던 자서전도, '진보 시대의 미래'에 관한 메모나 연구도 더 이상 진행할 수가 없었다. 청렴과 도덕성을 기본 가치로 살아온 까닭에 아내와 가족에 얽힌 스캔들에는 절망할 수밖에 없었다.

> 허무감에 맞서 싸우느라 지쳐 비틀거리는 노무현에게 가족의 금품수수 사실은 도저히 감당할 수 없는 결정타가 되었다. 그것은 설사 도덕적으로, 법적으로는 아무 문제가 없더라도 일반인보다 훨씬 높고 깨끗한 양심을 갖고 있는 노무현에게는 엄청난 충격으로 다가왔을 것이다. (…) 노무현은 체질적으로 거짓말을 할 줄 모르는 사람이다. 따라서 그는 필연적으로 '몰랐다'고 솔직하게 사실을 밝힐 수밖에 없었는데, 그 때문에 그는 아내의 등 뒤에 숨는 비겁한 파렴치범으로 몰리게 되었다. 안 그래도 그는 작은형을 굳게 믿다가 혐의가 사실로 드러나는 바람에 커다란 정신적 충격을 입지 않았는가. 그는 두려움에 온몸을 떨었다. 그가 두려워한 것은 법적 체벌, 정치적 탄압 따위가 아니었다. 그런 것들은 얼마든지 이겨낼 자신이 있었다. 하지만 이제는 자신이 무슨 말을 하더라도 세상 사람들이 더 이상은 노무현을 믿어주지 않을 거라는 사실만은 너무나도 두려웠다. 그는 모든 것을 체념했다.[29]

이즈음 김대중은 이명박 정권 1년 만에 민주정부 10년 동안 이뤄놓은 모든 토대가 한꺼번에 허물어지는 참상을 지켜보면서 이를 견제하기 위한 모종의 대책을 숙의했던 것 같다. 박지원에 따르면

"(노 전 대통령이 서거하자) 김 전 대통령은 '노 전 대통령의 삶과 유업도 훌륭하지만 대한민국의 현재와 미래를 위해서도 노 전 대통령의 역할이 더욱 필요했다'고 전하면서 '그래서 김 전 대통령은 노 전 대통령 서거 당시 '내 몸의 절반이 무너져 내리는 심정' '민주화 동지로서 날개 한쪽을 잃은' 슬픔으로 애도했다."

실제로 김대중은 한명숙, 임채정, 김원기 등을 불러 모아 "80이 넘은 나도 민주주의, 서민, 중소기업, 소외계층의 위기, 남북문제 퇴행을 지적하는데 왜 가만히 있느냐"라고 행동에 나설 것을 독려했던 것으로 전해졌다. 그러나 이들이 행보에 나서지 않자 김대중은 노무현과 함께 문제를 제기하려고 마음에 두고 있었으나 급작스러운 서거를 맞아 상심도 컸다는 전언이다.[30]

시국과 관련하여 김대중은 노무현과 '문제 제기'를 모색했다는 이야기이다. 두 전직 대통령 사이에 얼마만큼 '대화'가 진척되었는지, '문제 제기'의 수준이 어느 정도였는지는 지금으로선 알 수 없다. 또 이명박 정권이 이와 관련된 첩보를 입수하고 나서 세무조사를 지시한 것인지도 의문이다.

9
"이제는 이 노무현을 버리십시오"

노무현, 마지막 인터뷰

노무현은 퇴임한 뒤 언론과 공식 인터뷰를 한 번도 하지 않았다. 신임 대통령에게 정치적 부담을 주지 않으려는 배려였다. 딱 한 번 예외가 있었다. 2008년 8월 27일, 봉하마을 사저에서 ≪서프라이즈≫ 신상철 대표가 주간지 창간을 준비하면서 한 인터뷰였다. '대통령 기록물'과 관련하여 노무현을 압박하기 시작하던 시점이었다. 그런데 ≪서프라이즈≫의 주간지 창간이 지연되면서 이 인터뷰 기사는 빛을 보지 못했다. 그러다가 ≪시사인≫이 2009년 8월 15일 창간 100호 기념 특별 기획을 준비하면서 발굴해 싣게 되면서 빛을 보았다.

이 인터뷰에서 노 전 대통령은 진보 진영과의 관계, 이라크 파병, 대연정, 한미 FTA 등 굵직한 정치적 고비에 대한 소회, 검찰에 대한 생각 등을 당당하게 밝혔다. 임기 중 아쉬웠던 점을 묻는 질문에는 한동안 말을 잇지 못하기도 했고, 참여정부 인사 솎아내기와 남북관계 경색 등 당시 현안을 두고 날 선 비판을 쏟아내기도 했다. 검찰에 대한 생각을 밝히면서, '검찰 장악을 시도했다면 나도 미래도 타살을 당했을 겁니다'라고 말하는 대목은 여러 생각을 하게 만든다.[1]

이 인터뷰를 한 지 얼마 뒤에 집권세력과 족벌언론의 광풍이 휘몰아쳤다. 이 인터뷰 기사는 인터뷰를 한 지 1년 뒤에 ≪시사인≫에 실리면서 다소 늦은 감이 있지만 당시 노무현의 심경과 검찰을 어떻게 인식하고 있었는지를 헤아릴 수 있는 좋은 자료이다.

노무현은 이 인터뷰에서 "검찰을 너무 빨리 풀어줘버린 것이 아닌가"라는 질문에 "전두환 대통령 이후 검찰을 장악했던 정권은 없었다. YS정권은 상대적으로 검찰을 많이 활용했는데 결국 검찰권에 의해서 무너졌다. 그다음 김대중 시절에도, 말하자면 정권을 도와주던 검찰이 있었겠지만 그 내부에서 끊임없이 정권을 흔들었던 검찰 또한 존재했다. 일사분란하게 검찰을 장악한다는 것은 불가능한 시대다. 언론을 때려잡기 전에는 불가능하다"라고 대답했다.

그는 이어 "언론 자유가 있는 나라에서 검찰 권력을 장악한다는 것은 불가능하다. 자꾸만 옛날 생각하고 나더러 왜 검찰을 장악하지 않느냐고 하는데, 그걸 하려 했다면 일부 검찰과 결탁하는 결과를 낳았을 것이다. 일부 정치검찰과 결탁할 수는 있지만 모든 검찰을 장악할 수는 없다. 장악되지 않는 것을 억지로 장악하고 일부 검찰과 결탁했을 때, 그건 아무것도 남는 것이 없고 결국 정치에서도 민주주의에서도 진보를 이루지 못하고, 나도 미래도 타살당하는 것이다. 난 그렇게 상황을 봤기 때문에 검찰은 자기 갈 길 가도록 그렇게 관리한 것"이라고 밝혔다.

그는 또 "참여정부 초기에 당정 분리를 너무 일찍 했던 것은 아닌가"라는 질문에 "그거는 내가 한 게 아니고, 이미 다 당정 분리가 되어 있었다. 내가 당선될 시절에 당정 분리가 거의 국민적 합의 수준까지 가 있었다. 그리고 당헌 당규에 당정 분리가 돼 있었다. 물론 나도 동의했고 존중했다. 당정 분리를 안 하겠다 하면 내가 할 수 있는 일이 뭐가 있었겠는가? 공천권 행사? 당직 임명? 당헌상 불가능하다. 그다음에 정무수석 가지고 자꾸 그러는데, 총재가 당을 지휘할 때 승지 노릇을 하는 사람이 정무수석이다. 지난 정권 시절 정무수석이란 게, '대통령의 의중이 이거요' 하고 은밀히 전하러 다니던 사람이다. 세상이 바뀌었는데 생각을 안 바꾸니까 자꾸만 정무수석 부활이라고 하는데, 그거 부활하면 당정 관계가 풀리나 어디? 본질의 문제가 따로 있는데 어떻게 당장 부활시키겠는가. 당정 협의는 장관들이 다 분야별로 하게 돼 있다. 그건 정무수석 혼자 할 수 있는 일도 아니"라고 강조했다.

그는 "(정권이 바뀌자마자) 민주주의의 큰 틀마저 위협받고 있다"라는 지적에는 다소 격앙된 어조로 (압력에 밀려) 사표를 내버린 인사들의 '무책임'을 통박했다. "문제는 국민의 수준이라기보다는 중요한 일을 맡은 사람들의 수준이다. 예를 들어, 감사원장이 사표를 내버렸지 않는가? 지켜줘야 할 사람이 안 지켜주고 사표를 내버리니까 감사원에서 정연주 씨를 두고 엉뚱한 감사 결과가 나오는 것이다. 또 KBS 이사회 이사장 자리가 무슨 보통 자리인가? 무책임하게 사표를 내고 나와버리니까 이사회가 저렇게 굴러가는 것이다. 그러니까 민주주의라는 것이 한 사람 한 사람 자기 직분에서 그 민주주의의 가치를 수호하겠다는 결의를 가지고 일을 해줘야 하는 것인데, 이번에 보니 뭐 일괄사표 내라니까 줄줄이 내버리고 그러니까 자유를 지킬 수가 없는 것이다. 권력기관에 있는 한 사람 한 사람이 다 국민이지 않은가? 두려움에 떨고 눈치 보고 꼬리 내리고 그런 거, 특별히 정치 현안에 대해서 내가 말하는 게 없다. 정치행위가 아니라 시민적 권리행사다. 내가 요즘 정치 얘기한다고 해도 현실정치에 대해선 전혀 얘기 없이 '사고의 프레임'을 얘기하지 않는가? 사고의 프레임을 제대로 잡아나가야 민주주의를 할 수 있는 시민적 역량을 갖출 수 있다. 그러나 사고의 프레임이라는 것은 추상적이고 원리적이고 딱딱하다. 그것을 구체적인 사례를 가지고 설명해나가는 것이다. 그런 점에서 나는 스스로를 교사 역할을 해야 한다고 생각한다."[2]

노무현은 이렇듯 가급적 현실정치에 대해서는 언급을 자제하면서 자신에게 주어진 일에 충실했다. 그러나 시시각각으로 조여오는 검찰의 칼날과 이성을 잃은 언론의 광풍에 겨울 벌판의 깃털 빠진 한 마리 작은 새처럼 외롭게 서게 되었다. 혁명가나 진보개혁주의자가 무도한 권력과 싸우기 위해서는 자신은 물론 가족과 측근들이 도덕적으로 완벽해야 한다. 상대는 이념적, 정책적으로는 당하기 어려우니까 아킬레스건을 겨냥한다. 자신들은 불법 비자금을 '차떼기'로 받고, 병역기피, 탈세, 부동산 투기 등 온갖 부정비리를 저질러도 별일 없었다는 듯 지나가면서 진보개혁 인사들은 먼지 하나도 태산처럼 부풀려 독화살을 쏘아댄다.

로마의 권력자 율리우스 카이사르는 "카이사르의 아내는 소문만 나돌아도 안 된다"라면서 가족 관리를 엄격하게 하고 대로마 건설에 나섰다. 김대중 정부 시절 이른바 '옷 로비'는 실패한 로비 사건이었다. 그럼에도 검찰과 족벌신문이 김대중의 도덕성을 들어 공격하고, 아들들의 비리 연루가 터지면서 '대국민 사과'를 하는 등 명예와 업적에 치명상을 입었다.

노무현은 전임 정권의 실책을 지켜보면서 주변 관리를 엄격히 하고자 했다. 그러나 그가 모르는 사이에 조그마한 구멍이 생겨 결국 '취모멱자'의 노림을 비켜 가지 못했다.

수구세력의 '마녀사냥' 그리고 연옥 같은 나날

노무현을 죽음으로 몰아가는 데는 특별한 주연과 많은 조연이 출연하고 동원되었다. 검찰에서는 연일 수사기획관이 오전과 오후에 두 차례 공식 브리핑을 하고, 그것도 모자라 중수부장이 별도로 언론을 상대로 이야기했다. 또 있다. 언론에 (익명의) '수사 관계자'가 나와서 수시로 브리핑을 했다. 친여 방송과 족벌신문에서는 연일 '소식통'을 인용한 기사를 쏟아냈다.

검찰은 의도적으로 피의사실을 공표하고 언론은 이른바 '빨대'를 인용해 익명의 수사 관계자 명의로 검찰이 브리핑하지 않은 내용까지 부풀려 보도함으로써 노무현을 파렴치범으로 몰아갔다. 김태형의 분석대로 노무현을 영원히 매장시키는 길은 도덕적 상처, 즉 파렴치범으로 낙인찍는 것뿐이었다.

한나라당 정치인들도 이를 두고 보고만 있을 리 없었다. 온갖 모욕적인 언사로 노무현을 욕보였다. 검찰 수사와 언론 보도가 정도를 잃으면서 노무현은 고심 끝에 이명박에게 청원서를 썼다. 검찰 수사팀을 교체해달라는 내용이었다. 그러나 보내지는 않았다.

> 이명박 대통령에게 청원서를 썼다. 검찰수사팀 교체를 요청했다. 전직 대통령 명예는 이미 존재하지 않았다. 나는 피의자의 권리라도 지키고 싶었다. 편지 말미에는 '제16대 대통령'을 빼고 이름만 썼다. 쓰기는 했는데 보내지는 않았다. 모양이 좋지 않고 국민들이 좋게 받아들이지도 않을 것이며 보내봐야 아무 소용도 없을 것이라며 참모들이 강력히 반대했기 때문이다.[3]

봉하마을 사저 주변에는 연일 기자 수십 명이 몰려와 곳곳에 카메라를 설치하고 감시하는 바람에 노무현은 사저에 사실상 '유폐' 상태였다. 그는 "침실과 거실 창을 카메라가 겨냥하고 있어서 창문을 열 수조차 없게 되었다. 집이 아니라 감옥이었다. 아이들도, 친척들도, 친구들도 아무도 올 수 없게 되었다. 먼 산을 볼 수도 하늘을 볼 수도 없었다"[4]라고 한탄했다.

마침내 4월 30일 노무현은 검찰에 출두했다. 최소한의 전직 대통령에 대한 예우도 갖추지 않은 출두 요구였다. 아침 8시, 노무현은 검찰청 버스를 타고 봉하 사저를 출발하여 오후 1시 20분경 서울 서초동 대검찰청사에 도착했다.

> 이게 무슨 소환할 만한 건입니까? 검사들이 와서 서면 답변을 받아 가면 되는 것이지요. 그런 것을 천 리나 되는 길을, 버스를 태워, 헬기까지 쫓아가면서 전국에 생중계하며 소환했지요. 그러니까 딱 2개의 혐의였어요. 하나는 퇴임 직전에 연철호 씨를 통해 투자받았다는 거였고, 하나는 봉하마을 내려오면서 돈을 꿨다는 거, 이렇게 두 건이에요. 이걸 전임 대통령을 그런 방식으로 불러서 조사하고 망신 줘야 될 일이냐는 생각이 들었죠.[5]

검사의 조사에는 문재인과 전해철 두 변호사가 입회했다. 이미 검찰의 서면 질의에 A4 용지 16쪽 분량의 답변서를 보냈기 때문에 똑같은 질의와 답변이 이어졌다. 검찰은 대질신문을 하겠다면서 박연차를 조사실까지 데려왔다. 노무현의 자존심을 마지막까지 짓밟으려는 속셈이었다. 노무현은 아무리 궁지에 몰렸다고 해서 자신이 어려웠던 시절에 도와주었던 사람에게 책임을 떠넘길 수는 없었다. 박연차는 정신적으로 만신창이가 될 만큼 고통을 받았고, 검찰에 구류된 신분이었다. 검찰은 노무현이 대질신문을 거부했다고 발표하고, 언론은 이를 두고 돈 받은 사실이 들통날까 두려워서 거부한 것으로 보도했다. 노무현은 정신을 가누기 어려울 만큼 참담했다.

> 건호가 관련되었다는 500만 달러, 아내가 받아 쓴 3억 원과 100만 달러, 그리고 정상문 비서관이 횡령했다는 12억 5,000만 원, 문제는 이 세 가지였다. 500만 달러는 순수한 투자 거래이며 퇴임한 후에 알고 건호가 손을 떼도록 했다는 사실을 밝혔다. 3억 원과 100만 달러에 대해서도 알게 된 경위와 사용처를 진술했다. 특수활동비 12억 5,000만 원은 내가 알지 못한 일이었다. 모두 진실 그대로 이야기했다. 검사들이 대질을 한다면서 박연차 회장을 조사실로 데리고 왔다. 그를 원망하는 마음도 없었고 비난할 수도 없었다. 100만 달러 사용처에 대해서는 추후에 내역을 제출하기로 했다.[6]

당시 검찰 조사에 입회한 문재인 변호사는 "(전직 대통령을 대하는) 이인규의 태도는 대단히 건방졌다"라고 증언했다.

검찰에 도착했다. 이인규 중수부장이 대통령을 맞이하고 차를 한

잔 내놓았다. 그는 대단히 건방졌다. 말투는 공손했지만 태도엔 오만함과 거만함이 가득 묻어 있었다. 중수과장이 조사를 시작했다. 대통령은 차분하게 최선을 다해 꼬박꼬박 답변을 했다. 대통령의 절제력이 놀라웠다. 검찰의 조사를 지켜보면 검찰이 아무 증거가 없다는 걸 거듭 확인할 수 있었다. 박연차 회장의 진술 말고는 증거가 없었다. 대통령과 박 회장 말이 서로 다른데, 박 회장 말이 진실이라고 뒷받침할 증거를 전혀 갖고 있지 않았다. 심지어 통화기록조차 없었다. 통화기록이 없다는 것은 통화한 사실이 없다는 것이었다.

대통령의 절제력은 조사가 끝난 후 박 회장을 만났을 때 더욱 놀라웠다. (…) 결국 변호인들의 거부로 대질은 하지 않고, 대질을 위해 오랫동안 기다린 그를 만나 인사라도 나누시라고 해서 이뤄진 조우다. 대통령은 따뜻하게 인사를 건넸고, 그 상황에서도 그를 위로했다. 대통령은 돌아가시기 전까지도 박 회장에 대해 원망이나 서운한 말씀을 한 번도 안 하셨다. 박 회장도 버티다가 도저히 어쩔 수 없는 궁지에 빠진 것으로 이해했다.[7]

오후 2시부터 시작된 검찰 조사는 11시 20분경 끝났다. 장장 10시간 만이었다. 노무현은 이튿날 새벽 2시경 대검찰청사를 나와서 먼동이 틀 즈음에 봉하 사저로 돌아왔다.

1980년 여름에 신군부가 쿠데타를 일으켜 정권을 찬탈한 다음 희생양으로 김대중을 구속했다. 이학봉이 보안사에서 속옷만 입힌 김대중을 심문할 때 CCTV를 통해 윗방에서 전두환 등이 지켜봤다고 한다. 검찰이 노무현을 조사할 때도 그 배후자들은 어디선가 이를 지켜보면서 쾌재를 불렀을지 모른다.

검찰 조사가 끝난 뒤에도 저주에 가까운 언론의 모욕적인 보도는 멈출 줄 몰랐다. 아니 더욱 기승을 부렸다. 이른바 '명품 시계'가 노무현 욕보이기의 소재가 되었다. "아무도 진실에 관심을 가지지 않았다. 노무현은 600만 달러 뇌물을 받은 사람으로 돼 있었다. 자기 잘못을 아내한테 떠넘긴 못난 남편이 되어 있었다. 회갑 선물로 박연차 회장이 주었다는, 내 회갑 때는 알지도 보지도 못했던 소위 '명품 시계'가 언론에 보도되었다. 나는 파렴치한 사람이 되고 말았다. 검찰 소환조사는 끝이 아니라 시작이었다. 이 모든 것이 언제 끝날지, 앞으로는 무슨 일이 더 있을지 알 수 없었다."[8]

검찰은 소환조사까지 하고도 20여 일 동안 기소를 하지 않고 머뭇거렸다. 당초 시나리오가 여기까지였는지 후속편이 더 있었는지는 알 수 없지만, 기소를 한다는 것인지 하지 않는다는 것인지 얘기도 없이 머뭇거렸다. 노무현의 변호인들은 검찰의 기소에 대비해 준비하고 있었다. 문재인은 "증거가 없어 검찰이 기소를 못 하고 있었다"라고 했다.

사법적 판단에 대해서는 자신했다. 검찰이 몰아갈 만한 것은 박연차 회장의 진술밖에 없는데, 이 박연차 회장의 진술이 검찰에 의해서 장악된 상황 속에서 나온 진술로 자유로운 분위기 속의 진술이 아니다. 게다가 서로 주장이 다를 경우에 그럼 누구 말이 더 신빙성이 있는 것인가를 다른 객관적인 정황을 가지고 판단해야 되는데, 다른 증거가 전혀 없는 상황에서 그 출발점은 '통화'뿐이므로 통화 증거가 없으면 안 되는 것이다. 그래서 검찰도 정상적인 처리를 못 한 것이다. 정상적인 처리를 하려면 대통령 소환조사는 원래 수사의 제일 마지막에 하는 거다. 그렇다면 소환조사하고 나서 보통 그다음 날쯤이면 기소를 하든지 처리해야 하는 건데 3주 이상 처리를 못 했다. 검찰 스스로 어쩔 수 없는 상황에 빠져 있었다는 것이 내 판단이다. 그러니 자꾸 언론을 통해서 압박하고 그 주변을 죄고, 심지어 뭐 아들, 딸부터 사위까지, 주변을 다 압박하고 그런 압박을 통해서 자기들의 목적을 달성하려고 그랬던 것 아닌가? [9]

검찰은 3주가 지나도록 이러지도 저러지도 못한 채 동동거리고, 무책임한 언론은 여전히 연일 미치광이처럼 날뛰었다. 수사 직후부터 검찰이 과연 노무현을 구속 수사를 할 것인지가 초미의 관심사였다. 홍만표 대검 수사기획관은 "불구속 수사가 유력하다는 건 특정 정치권이나 언론의 희망사항이다. 검찰은 외풍에 시달리지 않고 결정하겠다"라며 구속 수사가 임박한 것처럼 말하기도 했다. 그러나 검찰은 여전히 머뭇거렸다. 왜 그랬을까?

수사팀이 자기들의 주장에 빠져가지고, 현 수사팀으로서는 다르게 갈 수가 없는 상황을 스스로 만들어낸 상황이었다. 이미 수사팀이 많은 부분을 언론을 통해서 기정사실로 만들어놓았기 때문에 자기들이 보기에도 증거가 박약한데도 그렇다고 사회에 말할 수가 없는 상황이 돼버렸다. 말하자면 검찰이 스스로 만들어놓은 덫에서 빠져나올 수 없었던 상황이었다.[10]

검찰 소환조사를 받고 귀가한 이후 23일은 노무현에게는 연옥과 같은 나날이었다. 천 길 벼랑으로 추락한 심경이었다. 한 줄기 햇빛도 구원의 동아줄도 보이지 않았다. 사방에서는 하이에나 무리의 귀성鬼聲이 영혼을 찢었다.

이명박 대통령의 청와대와 검찰, 조중동을 비롯한 보수언론은 나의 실패를 진보의 실패라고 조롱했다. 노무현의 인생만이 아니라 부림 사건 변론을 맡은 이래 내가 했던 모든 것을 모욕하고 저주했다. 민주화운동과 시민운동, 그리고 대통령직 5년을 포함한 정치 20년, 그 모든 것에 침을 뱉었다. 재판이 끝날 때까지 그런 일이 끝없이 되풀이될 것이다. 그들은 나의 실패를 진보의 실패로 만들 것이다. 나는 처음부터 이것이 가장 두려웠다. 그래서 수십 년 동안 나를 도와주고 나와 함께 무엇인가를 도모했던 분들을 향해 말했다. 노무현의 실패가 진보의 실패는 아니라고. 노무현은 이미 정의니 진보니 하는 아름다운 이상과 어울리지 않는 이름이 되었다고. 노무현은 헤어날 수 없는 수렁에 빠졌으니 노무현을 버리라고.[11]

'노무현의 실패'를 '진보의 실패'라 욕보이지 마라

노무현이 가장 두려웠던 것은 검찰 수사, 구속, 가족의 안위, '폐족' 따위가 아니었다. '노무현의 실패'를 '진보의 실패'로 엮으려는 수구세력의 음모, 즉 자신으로 인하여 진보의 가치가 폄훼되고 민주진보세력이 무너지게 되는 것이 무엇보다 두려웠다. 그래서 사람들에게 노무현을 버리라면서 어느 때부터인지 '자신을 버리자'라는 생각을 갖게 되었다. 그러면서 심연과 같은 고독과 회한 속에서 지나온 길을 되돌아보고 자문했다.

> 세상을 조금이라도 바꾸었다고 믿었는데, 돌아보니 원래 있던 그대로 돌아가 있었다. 정말로 세상을 바꾸는, 사람 사는 세상을 만드는 길이 다른 데 있었던 것은 아니었을까? 대통령은 진보를 이루는데 적절한 자리가 아니었던 것이 아닐까? 그렇다면 도대체 누가, 무엇으로, 어떻게 세상을 바꾸는 것일까? [12]

프랑스 혁명기인 1794년, 수학자이자 사상가인 콩도르세는 과격파 로베스피에르 세력에 쫓겨 은신하면서 지성사에 남을 한 편의 논설 「인간 정신의 진보에 관한 역사적 개요」를 썼다. 이 글은 얼마 뒤 콩도르세가 반동세력에 체포되고 고문에 못 이겨 자살함으로써 미완의 상태로 남게 되었다. 콩도르세는 "태양이 지구상에서 자기이성自己理性 이외에는 어떠한 주인도 인정하지 않는 그런

진보주의자만을 비추는 시기가 도래할 것"이라는 대목에 방점을 찍었다.

콩도르세는 인류의 역사상 수직적인 지배질서를 최초로 수평적인 관계로 바꾸게 되는 프랑스대혁명의 정신적 지주의 한 사람으로서, 반동세력에 몰리는 절박한 상황에서도 역사의 미래에서 위안을 찾고자 이 글을 썼다. 그리고 미래의 역사는 반드시 진보의 가치가 인간 세상을 지배하게 될 것이라고 내다봤다. 콩도르세는 인류가 도달할 단계에 대한 중요한 세 가지를 요약했다. "국가들 사이의 불평등이 철폐되고, 같은 국민들 사이에 평등이 진전되고, 인류가 진정으로 완벽해지는 것"이다. 그리고 국민이 계몽되고 자유롭고 편견에서 해방되는 사회를 꿈꾸었다.

그러나 프랑스는 얼마 뒤 나폴레옹의 쿠데타와 왕정복고가 이루어지고, 혁명의 가치와 그 혁명을 주도한 사람들이 혹독한 탄압을 받게 되었다. 남의 나라 사정만은 아니다. 우리 역사에도 민중의 혁명과 항쟁 그리고 민주화 뒤에 숱한 반동이 있었다. 이런 현상은 '역사 발전의 변증법적' 과정인지, 아니면 국민 의식 수준의 한계인지 의문이다.

우리 민족은 여러 차례 진보와 개혁과 혁명의 비등점에 도달했으나, 이것이 결정적인 폭발로 이어지지 못한 역사적 한계를 갖고 있다. '혁명의 이중성'이라 할 것이다. 근현대사만 해도 그렇다. 동학혁명으로 시작하여 3·1 혁명, 8·15 해방, 4월 혁명, 10·26 사태, 광주항쟁, 6월항쟁, 촛불시위 등 때때로 혁명 또는 혁명 수준의 비등점에 이르렀다가 매번 결실을 보지 못하고 사위고 말았다.

해방 뒤 친일파들을 청산하지 못한 것은 지금까지도 민족사의 악성 종양으로 남아 있다. 4월 혁명은 이승만 독재정권을 타도한 성공한 혁명이지만, 독재정권의 뿌리를 '청산'하지는 못해 미완의 혁명이라고도 부른다. 이승만이 경무대(청와대)에서 이화장으로 쫓겨 갈 때 연도에 선 시민들이 눈물을 흘리고, 박정희의 사망으로 국장을 치를 때도 수많은 시민이 손수건을 꺼냈다. 독재정권 18년을 '청산'하지 못한 것은 물론이다.

노무현은 진보의 가치를 실현하고자 정치에 입문하고 대통령이 되었으나 켜켜이 쌓이고 덮인 수구의 장벽과 구조를 넘어서지 못했다. 자신은 퇴임 1년여 만에 저들의 덫에 걸려 절망의 늪에 빠졌다. 그는 차츰 정신적 고통으로 심약해져갔다.

> 모든 것이 내 책임이었다. 대통령을 하려고 한 것이 분수에 넘치는 욕심이었다. 세상을 조금이라도 바꾼 지도자가 되려고 한 것이 나의 역량을 넘어서는 일이었음을 뒤늦게 깨달았다. 주변 사람들이 원망스러웠지만 원망할 수가 없었다. 나는 야망이 있어서 스스로 준비하고 단련했지만, 그들은 나로 인해 아무 준비 없이 권력의 세계로 끌려 들어왔다. 내가 욕심을 부리지 않았다면 그들이 고초를 겪는 일도 없었을 것이다. 가난하고 억눌린 노동자들을 돕겠다고 소박하게 시작했던 일이 이렇게 끝나리라는 것을 꿈에라도 생각했다면, 애초 정치를 시작하지 않았을 것이다. [13]

노무현은 심한 자책으로 나날을 보냈다. 그리고 모든 책임을 자신에게 돌렸다. 악인들이 지배하는 '구조 악'의 거대한 마차 바퀴는 보지 않고, 비루한 당나귀의 '만용'만이 부풀려졌다. 연일 '검찰 소식통'은 새로운 비수를 꺼내 들고, 타락한 언론은 이를 확대하고 재생산했다. 코카서스의 바위에 묶여 산 채로 독수리에게 간을 뜯기는 프로메테우스의 아픔보다 더한 아픔이 육신은 물론 영혼을 갈가리 찢었다. 견딜 수 없는 고통이었다.

건강은 하루가 다르게 악화했다. 담배를 입에서 떼지 않을 정도로 피웠다. 심신이 쇠약해져 식사도 제대로 하지 못하고 잠을 거의 이루지 못했다. "책과 글, 담배가 대통령을 지탱해준 마지막 3락=樂"(윤태영 전 청와대 대변인)이었는데, 책 읽기도 글쓰기도 어렵게 되면서 담배만 피우게 되었다. 알베르 카뮈는 "모든 고결한 혼들은 자신의 고통을 남에게 드러내지 않는 법"이라고 했다.

참여정부에서 비서관을 지낸 김경수는 당시 노무현의 상태를 다음과 같이 말했다.

노 전 대통령이 검찰 소환조사 이후에 사실상 연금 상태에서 육체적·정신적으로 힘들어했다. 소환조사가 끝난 줄 알았는데 계속 말이 나와서 심적 고통이 너무 컸다. 실제 노 전 대통령 측은 주치의가 있는 경남 양산 부산대병원에 지난 15일 전화로 입원 여부를 타진하기도 했다. 봉하마을 사저의 비서관들이 노 전 대통령의 건강이 심상치 않음을 간파하고 병원 측과 협의 중인 와중에 이런 일이 발생한 것이다. 노 전 대통령은 서거 사흘 전쯤부터는 대부분 사저 집무실에 머무르며 홀로 시간을 보냈으며, 식사도 대부분 거르고 잠도 제대로 미루지 못했다.[14]

5월 22일, 노무현은 자신의 홈페이지에 "생각이 정리되면 직업정치는 하지 마라, 하더라도 대통령은 하지 말라는 이야기, 인생에서 실패한 이야기, 이런 이야기를 좀 해보려고 한다"라는 글을 올렸다. 그리고 사저를 찾은 측근들에게도 가끔 "정치를 하지 마라"라고 당부했다. "이명박 정부에 의해 송두리째 부정당하는 참여정부와 '노무현 정치'에 대한 분노와 회한이 담겨 있다는 분석은 그래서 나왔다."[15]

노무현은 그 절망 가운데 잠 못 이루는 나날들 어느 시점에서, 어떤 심경으로 자신을 버리기로 마음을 다졌을까.

되돌아보면 노 전 대통령의 정치역정은 자신을 비우는 '고독한 항거'의 연속이었다. 대통령 후보가 되기 이전에는 부산 국회의원 선거와 부산시장 선거에 거듭 도전했다. 언론권력 문제를 제기하며 ≪조선일보≫와 한판 싸움을 벌였다. 남들이 선뜻 따르지 못하는 고독한 싸움이었다. 그의 '내던지기'는 대통령이 되어서도 계속됐다. 대통령을 내던질 가능성을 내비치던 끝에 헌정사상 초유의 탄핵에 직면했다. 노 전 대통령이 온몸을 내던지는 승부를 거듭 시도한 것은 비주류 출신으로 정치권에 이렇다 할 세력을 확보하기 어려웠던

현실과 무관하지 않아 보인다. 자신을 벼랑 끝에서 내던지는 승부 외에 다른 방법이 없었던 것이다.[16]

"운명이다"

5월 23일, 노무현은 새벽 일찍 일어났다. 지난밤도 잠을 이루지 못한 채 뜬눈으로 지새웠다. 검찰이 이날 아내를 다시 소환한다고 통보한 터였다. 새벽 5시 21분, 여러 날 생각해왔던 말들을 컴퓨터에 짤막하게 적었다.

> 너무 많은 사람들에게 신세를 졌다.
> 나로 말미암아 여러 사람이 받은 고통이 너무 크다.
> 앞으로 받을 고통도 헤아릴 수가 없다.
> 여생도 남에게 짐이 될 일밖에 없다.
> 건강이 좋지 않아서 아무것도 할 수가 없다.
> 책을 읽을 수도 글을 쓸 수도 없다.
>
> 너무 슬퍼하지 마라.
> 삶과 죽음이 모두 자연의 한 조각 아니겠는가?
> 미안해하지 마라.
> 누구도 원망하지 마라.

운명이다.

화장해라.
그리고 집 가까운 곳에 아주 작은 비석 하나만 남겨라.
오래전 생각이다.

　유서였다. 노무현이 세상에 남기는 마지막 말이었다. 고도로 절
제된 문장 몇 개만 나열한 짤막한 글이다. 그러나 그의 깊은 고뇌
와 성찰과 배려가 모두 담겼고, 대통령을 지낸 심지 깊은 사내의
절망과 슬픔이 가득했다. 홀로 감당한 '외로움'의 무게를 읽고 사람
들은 눈물로 가슴을 적셨다. "누구도 원망하지 마라"라는 대목에서
'악인'들은 한숨을 돌렸을까?
　한 족벌신문은 그의 유서를 두고 이렇게 썼다. "'삶과 죽음이 모
두 자연의 한 조각이 아니겠는가?'의 대목은 노자의 '무위자연'의
경지에 이르고, '누구도 원망하지 마라'는 '원수를 사랑하라'는 기독
교 사상, '운명이다'는 불교의 윤회사상을 담았다. 진보민주인사들
의 불철저한 '온정주의'가 꼭 온당한 것인가는 접어두더라도 노무
현의 죽음에 임한 모습은 이미 생사은원을 초탈하고 있었다." 그를
죽음으로 내몬 죄악에 대해서는 한마디 사죄도 반성도 없었다. 그
럴듯한 말로 시선을 돌리면서도 그 와중에 "진보민주인사들의 불
철저한 '온정주의'가 꼭 온당한 것인가는 접어두더라도"라는 사족
을 넣어 은근슬쩍 그의 유지까지도 폄훼하려는 저의를 드러냈다.

노 전 대통령은 (유서를 쓰고 나서) 5시 26분 1차로 파일을 저장했고, 5시 44분 마지막으로 저장했다. 23분에 걸쳐 단 14개의 문장을 쓴 것을 볼 때 매우 고심했음을 추정할 수 있다. 그리고 바로 사저 건너편에 있는 경호동에 인터폰을 걸어 당직 경호원에게 산책을 다녀올 것임을 알렸다. 이날 당직이던 이병춘 경호과장이 서둘러 사저 정문 앞으로 나갔다.

그는 5시 50분께 사저 대문 앞에 와 있던 이 과장과 함께 산책을 시작했다. 등산복이 아닌 평상복을 입고 끈 없는 등산화를 신고 있었다. 평소 산책 때 즐기는 복장이다. 그는 별다른 이야기 없이 사저 옆 제1초소와 제3초소를 지나 봉하저수지 옆 등산로를 따라 올라갔다. 15분여 만에 부엉이바위를 통과해 5분쯤 더 올라갔다가 다시 부엉이바위 쪽으로 내려왔다.

아마도 이때 그는 부엉이바위를 뛰어내릴 곳으로 결정한 것으로 추정된다. 그는 이 과장과 함께 부엉이바위에 앉아 20여 분 동안 봉하마을을 내려다봤다. 그때 가까운 등산로에 사람이 한 명 보였다. 그는 "누구지? 기자인가"라고 이 과장에게 물었다. 이 과장이 접근을 막기 위해 그 사람 쪽으로 몸을 돌렸을 때, 그는 자리에서 일어나 한두 발자국 위치를 옮겼다. 그 순간 다시 몸을 돌린 이 과장이 본 것은 25미터 아래 허공으로 몸을 던진 대통령의 뒷모습이었다. 아침 6시 45분께였다.[17]

러시아 작가 도스토옙스키는 사형선고를 받고 나서 이 세상에서

숨 쉴 수 있는 최후의 5분이 주어지자 "2분은 동지들과 작별하는
데, 2분은 삶을 되돌아보는 데, 나머지 1분은 이 세상을 마지막으
로 한 번 보는 데 쓰고 싶었다"라고 했다. 노무현은 부엉이바위에
서 생애의 마지막이 된 20여 분 동안 무엇을 생각했을까? 남기고
온 유서의 내용을 다시 생각했을까? 김태형의 묘사대로 또다시 정
의가 패배한 역사를 슬퍼했을까?

어린 시절의 추억이 어려 있는 부엉이바위 위에 선 노무현은 저
멀리 흘러가는 구름을 무심하게 바라보았다. 문득 가난하고 힘없는
이들을 도왔다가 상처투성이의 몸으로 돌아오시던 아버지의 두루
마기에 묻어 있던 진한 선홍색 피가 눈에 아른거렸다. 막냇동생을
그렇게도 따뜻하게 품어주던 큰형이 불의한 세상을 향해 터뜨렸던
사자후가 귀에서 윙윙거렸다. 홀로 불의에 맞섰다는 죄로 평생 고개
를 숙인 채 살았던 아버지. 그 아버지의 뒤를 따랐던 큰형. 두 사람은
이곳을 떠나지 못한 채 생을 마쳤다.

아! 아버지. 당신처럼 선량하신 분이 왜 피를 흘리며 주저앉아야
만 했습니까. 아! 그렇게 오랜 세월 몸부림치며 장애물을 건너고 또
건너면서 세상과 싸웠건만 결국 나도 이곳 봉하마을을 떠나지 못하
고 이곳에 주저앉고 마는 것인가.

김구 선생이여, 선열들이여! 당신들처럼 나라와 백성을 사랑한
분들이 왜 적들의 총탄을 맞고 비명에 가셨습니까. 왜 승리하지 못
하고 패배자가 되셨습니까.

아! 수많은 애국자와 민초들이 죽음을 두려워하지 않고 피를 흘려왔건만 정의가 또 패배한단 말인가. 선한 다수는 악한 소수를 이기지 못한 채 이대로 좌절하는가. 우리의 역사가 다시 거꾸로 돌아가는 것을 두 손 놓고 보고만 있어야 하는가. 정녕 우리들의 싸움은 계란으로 바위 치기에 불과했단 말인가.

내가 할 수 있는 것은⋯.

'운명이다.'[18]

애도의 노랑 물결 "아! 바보 노무현"

'평생의 동지' 문재인은 5월 23일 오전에 노무현의 서거 소식을 공식으로 발표했다. "노무현 전 대통령께서는 오늘 오전 5시 45분께 사저에서 나와 봉화산에서 등산을 하던 중 오전 6시 40분께 바위에서 뛰어내린 것으로 보인다. 경호원 1명이 수행 중이었다. 8시 13분께 병원에 도착했으나 9시 30분께 서거하셨다. 노 전 대통령은 가족 앞으로 짧은 유서를 남겼다."[19]

노무현의 투신 서거가 확인되면서 국민은 이명박 정권과 검찰 그리고 언론의 만행에 분노했다. ≪한겨레≫는 "진정한 화해는 용서를 구하는 데서 시작해야" 한다며 그를 죽음으로 내몬 저들의 행태를 비판했다.

독일 ≪프랑크푸르트 알게마이네 차이퉁≫의 지적처럼, 노 전 대통령의 죽음은 현 정권의 '몰이사냥'을 견디지 못한 선택이었다. 촛불에 덴 정권이 그를 배후로 의심해 정치적 보복에 나섰고, 그 하수인인 검찰은 내부에서조차 범죄성립이 어려울 수 있다는 지적이 나올 정도로 무리한 수사를 강행했다. 보수언론은 여과 없이 혐의사실을 공표하며 그를 구석으로 밀어붙였다. 외국 언론의 눈에조차 노 전 대통령에 대한 그들의 태도는 증오로 비칠 정도였다. 그런데도 그들은 오늘의 비극을 낳은 자신들의 책임에 대해선 한마디도 않은 채 '근거 없이 검찰 책임론을 운위하거나 정당한 보도를 비판한 것은 잘못'이라고 주장한다.[20]

노무현의 서거 소식은 엄청난 충격과 파장을 몰고 왔다. 많은 국민은 망연했다. 전직 대통령을 죽음으로 내몬 정권의 만행에 치를 떨며 '부끄러운' 나라의 국민이라는 사실을 자책했다. 전국에서 추모의 물결이 흘러넘쳤다. 추모 촛불집회가 이어졌다. 봉하마을을 비롯하여 전국 각지에 분향소가 마련되면서 고인을 애도하는 추모 행렬이 끝도 없이 이어졌다.

시민들이 덕수궁 대한문 앞에 마련한 '시민분향소'를 경찰이 통제하면서 시민들의 거센 저항을 받았다. 시청 앞과 청계광장으로 진입하는 길목에 경찰버스 60여 대로 차벽을 설치하여 시민들이 모이는 것을 원천봉쇄했다. 2008년 4~5월 촛불시위 당시 경찰버스와 컨테이너로 이른바 '명박산성'을 쌓았던 수법 그대로였다.

노무현 서거 이후 봉하마을에는 100만 인파의 조문 행렬이 이어지고 전국적으로 500만 명이 넘는 국민이 각지의 분향소를 찾았다. 개국 이래 처음 있는 일이었다. 분향소 주변에는 노란 리본과 국화 수천, 수만 개가 쌓였다. 정치권은 사실상 기능이 정지되고, 예측 불허의 정국은 태풍전야를 방불케 했다.

장례를 국민장으로 결정하고도 정부가 마지못해 세운 서울역 분향소에는 정부, 여당 인사들만 간간이 찾아 시민분향소와 극명한 대조를 보였다. 불상사도 없지 않았다. 덕수궁 앞에 마련된 시민분향소를 극우단체가 새벽에 습격해서 마구 부쉈다. 철거 '작전'을 주도한 서정갑 국민행동본부장은 "쓰레기를 청소했을 뿐"이라는 망언을 서슴지 않았다.

민주당에서는 이명박 책임론을 제기했다. 그러나 변죽만 울린다는 비난이 따랐다. 조문객들은 대통령 이명박의 사과를 요구했다. 검찰과 족벌언론의 문책을 요구했다. 언론계 일각에서도 그간의 보도 행태를 질타하는 목소리가 잇따랐다.

전국언론노조는 5월 24일 성명을 통해 '검찰과 조중동이 앞서거니 뒤서거니 하면서 도덕적 흠집 내기에 혈안이 되었다'며 '노 전 대통령의 서거는 이명박 대통령과 검찰, 조중동이 만들어낸 정치적 타살'이라고 규정했다. 이어 '이들 세 집단은 조문이 아니라 고인은 물론 비탄에 빠진 유족에게, 충격과 슬픔에 빠진 국민에게 무릎 꿇고 사죄하라'고 촉구했다. 민주언론시민연합도 '시민들이 노 전 대통령의 서거를 놓고 이명박 정권, 검찰뿐 아니라 조중동에 대해서도 분노하고 있다'며 '자신들이 그토록 공격했던 전직 대통령이 서거한 순간까지 악의적 왜곡과 모욕주기를 중단하지 않은 행태는 심판받을 것'이라고 밝혔다.[21]

노무현의 투신 서거에 누구보다 분노하고 원통해한 사람은 김대중이었다. 그는 서거 소식을 듣고 "내 몸의 절반이 무너지는 것 같다"라는 소회를 밝히고, 28일에 분향소를 찾아 조문했다. 김대중은 "노 전 대통령이 겪은 치욕과 좌절, 슬픔을 생각하면 나라도 그런 결단을 했을 것"이라고 했다. 또 "노 전 대통령 본인과 가족 그리고 주변을 저인망 훑듯이 훑었다. 중요한 것은 노 전 대통령이 돌아가시는 날까지, 전직 대통령이 소환되고 나서 20여 일 동안 뚜렷한 증거를 대지 못하고 있다는 것"이라며 검찰의 무리한 수사를 비난했다. 김대중은 장례식 날 권양숙 여사와 유족들을 붙들고 통곡했다. 그러고는 며칠 뒤부터 병상에 눕게 되었다.

김대중은 분향소를 찾아 노 전 대통령에 대해 "죽어도 죽은 것이 아니고, 이미 많은 업적을 남겼다. 한마디로 '그런 시원한 남자는 처음 봤다. 아주 사랑한다'는 것이 국민의 심정이라고 생각한다"라고 하며 노 전 대통령의 생애를 높이 평가했다.

한편, 함세웅 신부를 비롯하여 시민·학계·종교계 인사 102명은 5월 28일에 〈현 시국에 대한 사회인사 100인 선언〉을 내고 "노 전 대통령의 비극적 죽음은 대한민국 민주주의의 현주소를 보여주고 있다"라면서 "현 정부는 책임을 지고 대국민 사과를 하라"라고 촉구했다. 이들은 또 "검찰 기획수사의 전모 공개 및 책임자 처벌, 내각 총사퇴 등 국정쇄신 청사진 제시, 검찰 발표를 확대재생산한 언론의 반성" 등 4개 항을 요구했다.

서거한 지 이레 만인 5월 29일 오전, 서울 경복궁 앞뜰에서 노무현 전 대통령 영결식이 국민장으로 엄숙히 거행되었다. 영결식은 이날 오전 5시 봉하마을에서 발인식을 치른 운구행렬이 식장으로 들어서면서 군악대의 조악 연주로 시작되었다. 장례식에는 유족을 비롯해 이명박 대통령 내외, 김영삼과 김대중 전 대통령을 비롯하여 3부 요인, 정당 대표, 참여정부 주요 인사, 주한 외교사절 등 2,500여 명이 참석했다.

공동장의위원장을 맡은 한명숙 전 총리는 조사弔詞를 통해 "다음 세상에서는 부디 대통령도 하지 마시고 '바보 노무현'으로도 살지 마시라"라면서 "더는 혼자 무거운 짐을 안고 가시는 길이 없기"를 빌었다. 이를 지켜본 국민들은 다들 눈물바람이었다.

영결식에서 김대중이 추모사를 하도록, 장례준비위원회에서 문재인이 제안하여 당사자의 수락까지 받았다. 그러나 이명박 정권의 반대로 김대중의 추모사는 무산되고 말았다. "끝내 정부가 못하게 막은 것은 김대중 대통령의 영결식 추모사였다. 내가 제안한 것이다. 모두 찬성했다. 워낙 건강이 안 좋은 상태여서 하실 수 있을까 염려하는 분위기였지만, 일단 부탁은 드려보기로 했다. 그런데 흔쾌히 수락하셨다."[22]

김대중은 현 정권의 반대로 미처 읽지 못한 추모사에서 "노무현 대통령 당신, 죽어서도 죽지 마십시오. 우리는 당신이 필요합니다. 노무현 당신이 우리 마음속에 살아서 민주주의 위기, 경제위기, 남북관계 위기, 이 3대 위기를 헤쳐 나가는 데 힘이 되어주십시오. 당신은 저승에서, 나는 이승에서 우리 모두 힘을 합쳐 민주주의를 지켜냅시다. 그래야 우리가 인생을 살았던 보람이 있지 않겠습니까. 당신같이 유쾌하고 용감하고, 그리고 탁월한 식견을 가진 그런 지도자와 한 시대를 같이 했던 것을 나는 아주 큰 보람으로 생각"한다며, 내내 슬픔을 가누지 못했다.

노무현의 서거는 국제사회에서도 큰 화제가 되어 외신은 이를 긴급뉴스로 타전했다. 오바마 미국 대통령, 고든 브라운 영국 총리, 엘리자베스 영국 여왕, 아소 다로 일본 총리, 고이즈미 준이치로 전 총리 등 외국의 주요 지도자들이 성명이나 조전을 통해 애도를 표했다.[23] 북한 당국도 조의를 표하고 조문단 파견을 바랐으나 이명박 정부의 반대로 끝내 실현되지 못했다.

해외 주요 언론들도 노 전 대통령의 서거와 추모 모습, 영결식 행사 등을 상세히 보도했다. AP통신은 서울의 거리는 "조문객으로 바다가 됐다"라고 보도하고, ≪뉴욕 타임스≫는 "한국의 온 국민이 노 전 대통령에 대한 그리움을 표출한 '슬픔의 영결식'을 치렀다"라고 보도했다. 이 밖에도 세계 주요 방송과 신문들이 영결식 소식과 추모 열기를 전하며 애도를 표했다.

영결식을 마친 장의행렬은 서울광장으로 이동하는 과정에서 수

많은 시민이 합류하여 고인을 추모하고 '악인'들을 소리 높이 비난했다. 서울광장의 노제에는 고인을 상징하는 노란색의 풍선, 손수건, 모자 등 노랑 물결 속에 40분간 노제를 치렀다. 시청 앞을 거쳐 서울역 앞까지 이어진 추모 인파는 40여만 명을 넘었다. 추모 시민들은 "노무현 대통령님!"을 목매어 외쳤다.

운구 행렬은 만장 2,000여 개를 들고 뒤따른 시민들의 배웅을 받으며 서울역까지 이동했다. 시민들이 노무현을 이대로 보낼 수 없다면서 차도를 가로막아 용산역까지 2킬로미터를 운구하는 데 3시간이 넘게 걸렸다. 운구 행렬을 따르는 시민들 중에는 권력 핵심과 정치검찰, 족벌신문을 매섭게 성토하기도 했다.

노무현의 시신은 수원 연화장에서 화장되었다. 유골함은 저녁 늦게 봉하마을로 옮겨졌고, 7월 10일 49재를 지낸 뒤 사저 옆에 국민성금으로 조성된 묘소에 안장되었다.

노무현의 파란곡절의 생애는 이렇게 한 줌 재로 변해 자신이 태어난 고향마을에 "삶과 죽음이 모두 자연의 한 조각"이라는 유서의 한 대목처럼 그렇게 자연으로 돌아갔다.

그가 영원의 안식처로 떠나던 날 한 신문은 사설로 고인을 이렇게 애도했다. "고인은 갈등과 분열로 찢겨진 시대의 희생자였다. 사사건건 보·혁의 이분법으로 재단하는 시대는 고인을 변방으로 내몰았다. '공功'은 폄훼되고, '과過'는 부풀려지기 일쑤였다. 그가 추진하려 한 각종 개혁정책은 좌파라는 올가미를 쓴 채 겉돌았다. 상고 출신의 비주류 대통령에 대한 기득권층의 멸시는 또 다른 벽이었다. 지역주의 타파에 대한 열정은 승부사 기질로, 권력기관마저 놓아줬던 탈권위주의는 비주류의 한계로, 10·4 남북합의는 좌파정책으로 매도됐다."[24]

또 한 신문 역시 사설에서 바보 노무현은 국민과 영원히 함께할 것이라며 애도했다. "그는 모든 권위를 내던지고, 정의로운 사회를 만들고자 했던 사회개혁가였다. 그는 검찰권력을 포기하고, 언론권력과 타협하지 않고, 수도권 기득권층과의 일전을 불사했다. 그런 싸움이 자신에게 불리하리라는 것을 알면서도 그것이 옳은 길이라 믿었기에 뻔히 손해 보는 줄 알면서도 바보같이 그 길을 갔다. 노 전 대통령은 이제 외롭지 않다. 봉하마을에서, 대한문 앞에서, 서울역에서, 전국 방방곡곡에서 국민들이 그를 부르는 소리가 들린다. 불같이 살다가 뜨겁게 삶을 마감한 그는 우리 모두를 바보로 만들고 떠난다. 그 소탈한 웃음을 지으며 편안히 가시기 바란다. 그는 떠나지만 '바보 노무현'은 영원히 국민과 함께할 것이다."[25]

"의로움이 더 이상 욕되어선 안 되리라!"

군사독재 시대도 아니고 명색이 민주주의 시대에 그것도 국민이 선출한 '합법적인' 정권이 순결한 영혼의 전직 대통령을 죽음으로 내몬 이 '사건'을 후세 사가들은 조선시대 개혁주도자 조광조와 허균, 정여립을 '역모'로 몰아 죽이고, 반대세력을 '폐족'시킨 갑자·기묘·을사사화의 연장선상으로 기록할 것이다. 현대에 이르러 자행된 이승만, 박정희, 전두환의 '정적 제거' 방식과는 또 다른 수법이고 양태였다.

노무현은 정치인이면서도 정치적이지 않았고, 최고 권력자가 되고서도 권력을 독점하기보다는 분권을 지향하고, 권모술수나 암투와는 거리가 먼 순결한 사람이었다. 의기가 높고 용기가 당천하여 단신으로 두터운 수구의 암초와 보수의 장벽을 뛰어넘어 대통령이 되었다.

그는 곤궁한 환경에서 태어나 변호사, 국회의원, 장관 등 세속적으로 '출세'하고도 세상을 되는 대로 살지 않고, 어떤 이상과 목표 아래 고귀한 행동원칙과 정신의 진보를 믿으면서 살았다. 스스로 영혼을 천박하게 만들고 자신을 고갈시키고 시들어버리는 속물 정치인들이 주류가 되는 정계에서 그의 존재는 남달랐고 그래서 적이 많았다. 그러나 그의 적은 대부분 사적 이해관계가 아닌 공적 公敵이었다. 그의 존재로 인해, 민주주의와 인권, 양심, 정의, 화해, 통합이 살아 있는 사람다운 세상이 실현되고, 부당하게 취득한 자신들의 기득권이 침해당한다고 믿는 세력이었다.

그는 천생이 소탈하여 권위주의를 싫어하고 온화하고 겸허한 마음과 겸양의 정신을 가졌다. 그는 정략과 위선 또는 말뿐이 아닌 진정한 서민의 대변자였고 노동자의 벗이었다. 퇴임 뒤에 '악인'들에게 몰리면서도 결코 비루하지 않았고 최소한의 존엄을 지키고자 했다. 그는 너무 빨리 '역사'가 되었지만, 역사는 그를 결코 패배자로 기록하지 않을 것이다. '폐족'된 측근들이 부활하고, 서거 3주년이 되도록 변함없이 그를 그리워하고 추모하는 수많은 국민들의 참배 순례 열기 곧 '노무현 현상'이 이를 말해준다.

일찍이 『적과 흑』의 작가 앙드레 지드가 도스토옙스키를 두고 '위인'을 말한 바가 있는데, 마치 노무현을 두고 말한 것처럼 빼닮았다. 그래서 진정한 위인상은 동서양이 다르지 않고 고금이 다르지 않음을 알 수 있다.

진정한 위인은 자유롭고 온화하고 친근하고 대중적이다. 그는 사람들이 만지거나 주무르도록 자신을 내버려 둔다. 사람들이 그를 가까이 들여다봐도 잃을 것 하나 없다. 또는 그를 알면 알수록 사람들은 그에 대해 감동하게 된다. 그는 자신보다 열등한 사람에게도 공손히 몸을 숙이며 힘들이지 않고도 자신의 본성으로 쉽게 되돌아온다. 이따금씩 그는 자신을 포기하고 등한시하며 자신의 장점을 간과하기도 한다. 하지만 그는 항상 제자리를 찾아 장점들의 가치를 드러나게 할 힘을 지니고 있다.[1]

노무현이 꿈꾸었던 '사람 사는 세상'은 거창한 유토피아가 아니었다. "우리 아이들에게 결코 불의와 타협하지 않아도 성공할 수 있다는 하나의 증거를 꼭 남기고 싶은" 그의 소박하면서도 간절한 꿈이었다. 문재인은 김제동과 한 대담에서 "사람 사는 세상은, 가난하고 배우지 못해도, 소외된 사람도 인간다운 생활을 할 수 있도록 보장해주고, 누구나 당당하게 인간적 존엄을 누릴 수 있는 세상, 공동체 안에서 자신보다 못한 사람에 대해 배려하고 연대하고 잘못된 제도를 개선하는 일들에 참여하는 세상"이라고 했다.

'노무현의 꿈'은 특별히 진보적이거나 개혁적인 사상이 아니라 민주주의 국가의 기본이자 공화제의 본령이다. 그동안 이런 가치가 무시되고 짓밟혀왔을 따름이었다. 그럼에도 공권력을 사유화한 집권세력, 다시 권력의 개가 된 검찰, 정치권력화한 족벌신문과 어용으로 떨어진 공영방송, 거기에 사이비 지식인들까지 가세한 수구기득세력이 한 덩어리가 되어 그에게 날 선 비수를 들이대고 모진 언어폭력을 난사했다. "법률이나 공권력이 일부의 사람들을 위한 것일 경우에 이 사람들을 시민이라 부를 수 없고 도당徒黨이라 불러야 한다"라는 플라톤이 통찰한 '도당'의 의미가 곱씹힌다.

대한민국은 정부 수립 이래 줄곧 독재정권 아래서 신음하다가 간난 끝에 민주정부 10년을 누린 덕분에 어느 정도 실천적 민주화가 이루어지는 듯했다. 그런데 '테르미도르의 반동Thermidorian Reaction'(프랑스대혁명 이후 권력을 잡은 로베스피에르가 반대파를 무자비하게 숙청하는 공포정치 끝에 살해당한 사건. 테르미도르는 혁명 때 제정된 프랑스 혁명력 중 10번째 달을 의미. 이 사건으로 시민혁명은 종말을 고했다)처럼 곧바로 이토록 '악랄한' 반동의 시대를 맞을 줄은 아무도 몰랐다. '국민이 사랑한 대통령'을 수구기득세력이 작당하여 '몰이사냥' 할 줄은 더욱 몰랐다.

1553년 10월 27일 스위스 제네바 샹펠 광장, 칼뱅에 맞선 '이단자' 미겔 세르베투스는 불타는 장작더미 위에서 생살이 타는 고통 가운데 그가 쓴 책들과 함께 한 줌 재로 사라졌다. 당시 제네바는 가톨릭 권력을 몰아낸 종교개혁가 칼뱅의 철권통치 아래 있었다. 가톨릭은 물론 신교 사상 중에서도 칼뱅의 생각과 다른 것은 일절 용납되지 않았다. 칼뱅과 다른 성서 해석을 책으로 낸 '죄'로 세르베투스는 화형에 처해졌다. 중세 가톨릭의 부패와 독선에 맞서 새로운 기독교를 구현한 제네바에서 종교재판과 화형이라는 비인간적인 악습이 어느새 복원된 것이다. 그리고 침묵이 흘렀다. 칼뱅은 검열과 탄압으로 지식인들의 입을 봉쇄했고, 거리의 사소한 주먹다툼을 난동으로 몰아 반대파를 붙잡아 고문하고 처형했다. 이런 시대에 세바스티안 카스텔리오는 양심의 명령에 따라 칼뱅을 비판하며 그 대가로 고통스러운 삶을 살아간 유일한 지식인이었다.

그런데 1930년대 히틀러의 파시즘이 지배하던 시기에 독일의 작가 슈테판 츠바이크가 ≪다른 의견을 가질 권리Castellio gegen Calvin oder Ein Gewissen gegen die Gewalt≫(1936, 한국어판은 안인희의 번역으로 2012년에 출간)에서 카스텔리오를 불러내어 16세기와 20세기에 일어난 두 '광기'를 대비시켰다.

광장이 마을 사람 모두 자유롭게 의견을 나누고 공동체의 미래에 대해 공통의 꿈을 빚어내는 공간일 때는 난관이 가로놓여 있을지언정 희망의 시대다. 그러나 어둠의 시대가 닥치면, 광장은 텅 빈 채 곁눈질로 서로를 흘기는 그림자 몇 개만이 잰걸음 치는 을씨년스러운 장소가 된다. 그리고 급기야 마을 사람 모두의 공포를 빨아들여 악마의 혀처럼 불을 뿜는 화형의 무대가 된다. 지난해(2008년) 촛불정국 이후 서울시청 앞 서울광장은 간혹 관제 축제의 어설픈 열기로 채워지곤 했으나, 더 이상 시민의 축제가 열리는 공간도, 공동체의 의제를 토론하는 공간도 아니었다. 광장을 둘러친 '차벽'은 기묘하게 조형화된 공포다. 그리고 그곳에서 화형식이 거행된다. 전직 대통령의 불행한 죽음을 추모하고픈 순수한 정서가 거기에서 화형당했다. 목소리를 모아 억울함을 호소하고픈 힘없는 사람들의 애통이 거기에서 불태워졌다. 누구든 자유롭게 생각하고 말할 수 있는 자유민주주의 체제가 거기에서 불살라졌다. 침묵이 찾아왔다. 악마의 혀 같은 불꽃은 '21세기의 카스텔리오'들을 부르고 있다. 중세 암흑기를 가까스로 벗어나 종교개혁을 막 이룬 시점에 세르베투스의 화형을 지켜본 '카스텔리오의 탄식'은, 어렵게 이뤄온 민주주의의 종언을 지켜보는 우리의 심정과 크게 다르지 않다.[2]

> 빛이 오고 난 뒤에도
> 우리가 한 번 더 이토록
> 어둠 속에
> 살아야 했다는 사실을
> 후세는 이해하지 못할 것이다[3]

민주주의는 '상대주의, 중립성, 관용'의 3대 가치를 근간으로 삼는다. 셋 중 하나라도 무너지면 민주주의는 절름발이가 되거나 앙상한 뼈(형식)만 남게 된다.

정권을 '탈환'하자마자 민주주의 3대 가치를 짓밟은 채 미쳐 날뛰는 수구세력의 '포로'가 된 노무현이 끝내 비루하지 않고 최소한의 존엄을 지키는 길은 안타깝게도 자신을 내던지는 길뿐이었다. 또 그 길만이 '진보 진영'을 지키는 길이라고 판단했다. 그래서 그는 현실의 자신을 버리고 영원히 사는 길로 몸을 던졌다. 그의 사후 묘역에 인분을 뿌리는 실성한 자도 있었고, 경찰청장이라는 자는 '차명계좌' 운운하며 고인을 욕보이기도 했지만, 거인巨人의 초상은 추호도 오염되지 않았다.

김대중 전 대통령이 슬퍼한 대로 "그는 없어서는 안 될 사람"인데 이미 우리 곁에 없다. 독일의 극작가 브레히트는 "없어서는 안 될 사람이 죽으면 세상 사람들은 아이에게 먹일 우유가 없는 어머니처럼 주위를 둘러볼 것"이라고 했다. 그가 가고 난 뒤, '시민의 존엄'을 빼앗겨버린 우리는 얼마나 주위를 둘러보았는가?

> 없어서는 안 될 사람이 기침을 하면
> 세 개의 제국이 흔들린다.
> 없어서는 안 될 사람이 죽으면
> 세상 사람들은 아이에게 먹일 우유가 없는
> 어머니처럼 주위를 둘러볼 것이다.
> 없어서는 안 될 사람이 죽은 지 일주일 뒤에
> 다시 돌아오면
> 이제는 제국의 어디에도 그를 위한
> 문지기 자리 하나 없을 것이다.[4]

신영복은 노무현을 통해 사람들의 회한과 각성을 보았다고 했다. "우리의 현대사에서 광주와 노무현은 시대를 가르는 아이콘이다. 누구도 광주의 비극으로부터 자유로운 사람이 없듯이 누구도 노무현의 죽음으로부터 자유로운 사람은 없다. 그 이전과 이후를 확연히 나누는 역사의 분기점이다. 500만 애도의 물결이 보여준 것은 한마디로 '회환'이고 '각성'이었다. 지켜주지 못해서 미안하다

는 회한이었고, 권력이 얼마나 비정한지 좋은 정치란 과연 어떤 것
인지를 깨닫는 통절한 '각성'이었다. 이곳(노무현 묘소)을 찾아오는 수
많은 사람들이 생환하는 것이 바로 그 회환과 각성이었다."

'역사가 된 역사가' 마르크 블로크의 평전을 쓴 올리비에 뒤물랭
은 "블로크의 죽음 앞에서 우리 모두가 느끼는 양심의 가책"을 말
하면서 "그를 기억하는 것이 곧 덕행이 되었다. 그 덕분에 양심을
회복했다"라고 했다. 우리도 마찬가지이다. "노무현을 기억하는 것
이 덕행이 되었다." 또한 "한 가장의 죽음이 흩어져 있던 자식들을
한자리에 모이게 하고 정체성을 다시 발견하게 하기도 한다. 또 한
국가 지도자의 죽음도 이와 같은 현상을 종종 일으킨다"라고 한 제
임스 에머슨의 말대로 노무현의 죽음은 흩어진 민주진보세력을 하
나로 뭉치게 했다.

김상봉 전남대 교수는 애도사에서 다음과 같이 말했다. "우리
시대가 5월 광주의 죽음에서 시작되었듯이, 모든 새로운 시대는
죽음 위에서 잉태된다. 죽지 않아야 할 사람이 죽었으니 머지않아
운명의 여신은 그 핏값을 받기 위해 우리를 찾아올 것이다. 그리고
그를 죽음으로 몰아간 자들이 그에게 적용했던 그 엄격한 도덕적
잣대로 그들을 그리고 우리를 심판할 것이다. 그 심판을 피하려면
우리 자신이 정화되어야 할 것이니, 역사는 그렇게 쇄신되는 것이
다."

히틀러에게 쫓겨 유럽 각국을 유랑하면서 저항운동을 전개한 작
가 슈테판 츠바이크가 고통을 못 이겨 자살하면서 남긴 헌사는 그

대로 노무현이 우리에게 남긴 헌사다.

> 나의 모든 친구들이
> 길고 긴 밤 뒤에 찾아오는
> 붉은 해를 볼 수 있기를,
> 그러나 무엇보다
> 참을성 없는 나는
> 당신들보다 먼저 간다네

또 20세기의 위대한 사상가인 에릭 홉스봄이 자서전 『미완의 시대』에 남긴 "세상은 저절로 좋아지지 않는다"라는 외침은 노무현이 생전에 우리에게 남긴 외침이었다. 그의 죽음을 부른 야만의 시대에 발이 묶여 있는 우리는 "아직 무기를 놓아서는 안 된다."

> 시대가 아무리 마음에 안 들더라도
> 아직은 무기를 놓지 말자.
> 사회의 불의에는 여전히 규탄하고
> 맞서 싸워야 하기 때문이다.
> 세상은 저절로 좋아지지 않는다.

유시민의 절규대로 "연민의 실타래와 분노의 불덩이를 지니고 살았던 그는, 반칙하지 않고도 승리할 수 있다는 것을 증명하고 싶어 했다. 대한민국을 그런 믿음 위에 올려놓으려고 했다. 그 믿음이 국민의 마음에 뿌리를 내리지 못하는 한, 노무현이 대통령일지라도 그 시대는 '노무현 시대'일 수 없었다. 그는 대통령으로서 다 이루지 못했던 꿈을 마저 이루기 위해 전직 대통령으로서 시민으로서 포기하지 않고 노력했다. 그런데 자신의 존재가 그 꿈을 모욕하고 짓밟는 수단이 되고 말았다. 그것을 용납할 수 없었기에 그는 생명을 버렸다. 그가 생명을 던진 그 자리에, 이제 '사람 사는 세상'의 꿈만 혼자 남았다. '사람 사는 세상'의 꿈이 그렇게 살아 있는 한, 그를 영영 떠나보내지 못할 것 같다."

또 김태형의 깨달음 그대로 "부끄럽게도 우리는 그가 떠난 후에야 알게 되었다. 먹는 걱정, 입는 걱정, 집 걱정, 병 걱정, 자식교육 걱정, 노후 걱정을 하지 않아도 되는 세상에 대한 꿈을 너무 빨리 접었다는 것을. 착하고 바르게 사는 사람이 대접받는 정의로운 세상, 사람 사는 세상에 대한 꿈을 너무 일찍 포기했다는 것을. 이제 그가 끝내 포기하지 않았던 아름다운 꿈은 우리의 몫이 되었다."

우리는 이제 "민주주의든 진보든 국민이 생각하고 행동하는 만큼만 가는 것 같다. 결국 세상을 바꾸자면 국민의 생각을 바꾸어야 한다"라는, 곧 "민주주의 최후의 보루는 시민의 조직된 힘"이라는 노무현의 유지를 받들어 이 반동의 시대를 끝장냄으로써 저세상에서나마 그의 환한 웃음을 되찾아주어야 할 것이다.

1927년 6월 2일, 중국의 사상가 왕궈웨이王國維는 악인들에게 몰려 쿤밍호昆明湖에 몸을 던지면서 "세상의 변고를 겪으면서 의로움이 더 이상 욕되어서는 안 되리라"라는 유언을 남겼다. 노무현 역시 "의로움이 더 이상 욕되지 않기"를 바라며 그 모든 '욕'을 홀로 끌어안고 자신을 버렸다.

민주주의가 회복되고 악인들이 퇴장하는 날, 러시모어 마운틴에 '큰 바위 얼굴'을 닮은 위인들을 새기듯이 우리도 노무현을 비롯하여 '큰 바위 얼굴'을 닮은 위인들을 부엉이바위에 새기면 어떨까. 그러면 우리도 "항상 큰 바위 얼굴을 보며 어느새 큰 바위 얼굴을 닮아버린 어니스트"처럼 우리도 노무현을 닮아가고 백범을 닮아가지 않을까.

젊은 나이에 지리산에서 생을 작별한 시인 고정희의 〈지울 수 없는 얼굴〉에 필자의 마음을 담아 고 노무현 대통령 영전에 바치며, 우리 모두 고인의 유지대로 "깨어 있는 시민으로 연대할 것"을 소망한다. "바보 노무현, 정치인 노무현, 대통령 노무현, 정치학자 노무현, 사상가 노무현, 인간 노무현"을 오롯이 그리는 데 미치지 못했고, 자료도 다 찾아보지 못했음을 고백한다. 후일을 기약하면서 글을 마친다.

> 냉정한 당신이라고 썼다가 지우고
> 얼음같은 당신이라고 썼다가 지우고
> 불같은 당신이라 썼다가 지우고
> 무심한 당신이라 썼다가 지우고
> 징그러운 당신이라 썼다가 지우고

아니야 부드러운 당신이라 썼다가 지우고

그윽한 당신이라 썼다가 지우고

따뜻한 당신이라 썼다가 지우고

내 영혼의 요람 같은 당신이라 썼다가 지우고

샘솟는 기쁨같은 당신이라 썼다가 지우고

아니야 아니야

사랑하고 사랑하고 사랑하는, 당신이라 썼다가

이 세상 '지울 수 없는 얼굴' 있음을 알았습니다.[5]

주(註)

프롤로그

1) 《한겨레》, 2009년 6월 2일 자.

2) 김태형, 『심리학자, 노무현과 오바마를 분석하다』, 예담, 2009, 210~211쪽.

3) W. 셰익스피어, 이태주 옮김, 「햄릿」, 『셰익스피어 4대 비극』, 범우사, 1996, 67쪽.

4) 김동주 편역, 『남아가 한번 눈물을 훔친 뜻은』, 전통문화연구회, 1997, 83쪽.

5) 『단재 신채호 전집(제5권)』, 독립기념관, 2008, 358~359쪽.

6) 슈테판 츠바이크, 장영은 · 원당희 옮김, 『톨스토이와 도스토예프스키』, 자연사랑, 2001, 186쪽.

7) 법정, 류시화 엮음, 『법정 잠언집』, 조화로운삶, 2006, 134~135쪽.

8) 김태형, 앞의 책, 10쪽.

9) 위의 책, 8쪽.

10) 오연호, 『노무현, 마지막 인터뷰』, 오마이뉴스, 2009, 47쪽.

11) 볼프 슈나이더, 박종대 옮김, 『위대한 패배자』, 을유문화사, 2006, 390쪽.

12) 노무현, 『성공과 좌절』, 학고재, 2009a, 15쪽.

13) 위의 책, 17쪽.

1. 출생과 가족 그리고 청년 시절

1) 한국어 위키백과(https://ko.wikipedia.org/wiki/노응규) 참고.

2) 노건평, 「내 동생 무현과 우리 가족사를 말한다」, 《월간중앙》, 2002년 5월호, 72쪽.

3) 노무현, 앞의 책, 2009a, 44쪽.

4) 노무현, 『운명이다』, 돌베개, 2010, 44~45쪽.

5) 김태형, 앞의 책, 61쪽.

6) 노무현, 앞의 책, 2010, 45쪽.

7) 위의 책, 44쪽.

8) 노무현, 『여보 나 좀 도와줘』, 새터, 2004, 165쪽.

9) 위의 책, 161쪽.

10) 김태형, 앞의 책, 26쪽.

11) 노무현, 앞의 책, 2004,166쪽.

12) 노건평, 앞의 글, 74쪽.

13) 위와 같음.

14) 노무현, 앞의 책, 2004, 168쪽.

15) 위와 같음.

16) 김태형, 앞의 책, 26~27쪽.

17) 노무현, 앞의 책, 2010, 46~47쪽.

18) 노무현, 앞의 책, 2009a, 48쪽.

19) 위와 같음.

20) 위의 책, 47쪽.

21) 노무현, 앞의 책, 2004, 123~124쪽.

22) 노무현, 앞의 책, 2010, 48~49쪽.

23) 김태형, 앞의 책.

24) 위의 책, 35쪽.

25) 노무현, 앞의 책, 2010, 50쪽.

26) 위와 같음.

27) 위와 같음.

28) 노건평, 앞의 글, 75쪽.

29) 노무현, 앞의 책, 2010, 53쪽.

30) 최윤재, 『한비자가 나라를 살린다』, 청년사, 2000, 209쪽.

31) 노무현, 앞의 책, 2010, 54~55쪽.

32) 노건평, 앞의 글, 75쪽.

33) 위와 같음.

34) 노무현, 앞의 책, 2004, 182쪽.

35) 위의 책, 183쪽.

36) 위와 같음.

37) 위와 같음.

38) 노무현재단 엮음, 도종환 외, 『노무현이, 없다: 다시는 못 볼 아주 작은 추억 이야기』, 학고재, 2010, 197쪽.

39) 곽병찬.

40) 위와 같음.

41) 허어영, 「노짱의 춤을 본 적이 있는가」, 도종환 외, 앞의 책, 69~70쪽.

42) 이월란, 〈곱사등이춤〉 전문, blog.daum.net/wollonlee2, 2008. 1. 2.

43) 노무현, 앞의 책, 2010, 59쪽.

44) 위의 책, 61쪽.

45) ≪고시계≫, 1975년 7월호; 유시민·진중권·홍세화 외, 『이런 바보 또 없습니다. 아! 노무현』, 책보세, 2009, 230쪽.

46) 노건평, 앞의 글, 76쪽.

47) 노무현, 앞의 책, 2009a, 134~135쪽.

48) 「당시 정황 베일 속 마을 주민 일부 '억울함' 증언」, ≪월간중앙≫, 2002년 5월호, 81쪽.

49) 유시민·진중권·홍세화 외, 앞의 책, 230~231쪽.

50) 위의 책, 231쪽.

51) 노무현, 앞의 책, 2010, 63쪽.

52) 위의 책, 2010, 65쪽.

53) 위와 같음.

54) 김태형, 앞의 책, 78~79쪽.

2. 부림 사건과 '거리의 변호사' 노무현

1) 노무현, 앞의 책, 2010, 67쪽.

2) 위와 같음.

3) 위와 같음.

4) 노무현, 앞의 책, 2009a, 135~136쪽.

5) 노무현, 앞의 책, 2010, 69쪽.

6) 위와 같음.

7) 노무현, 앞의 책, 2010, 67쪽.

8) 노무현, 앞의 책, 2009a, 136쪽.

9) 조지훈, 『지조론』, 삼중당, 1962, 24쪽.

10) 김태형, 앞의 책, 96쪽.

11) 노무현, 앞의 책, 2010, 68쪽.

12) 위와 같음.

13) 위와 같음.

14) 위의 책, 69쪽.

15) 위의 책, 71쪽.

16) (사)6월민주항쟁계승사업회, 『6월항쟁을 기록하다(1)』, 민주화운동기념사업회, 2007, 167~168쪽.

17) 노무현·유시민, 「인간 노무현, 흔들리지 않는 게임의 법칙」, 강민석 등, 『상식 혹은 희망 노무현』, 행복한 책읽기, 2002, 33~34쪽.

18) 노무현, 앞의 책, 2010, 77쪽.

19) 정혜신, 「심리학자가 본 노무현, 바보 VS 배짱 좋은 남자」, 강민석 등, 앞의 책, 92쪽.

20) 노무현, 앞의 책, 2010, 78쪽.

21) 위와 같음.

22) 정혜신, 앞의 글, 100~101쪽.

23) 위의 글, 98~99쪽.

24) 위의 글, 98쪽.

25) 노무현, 앞의 책, 2010, 79~80쪽.

26) 위의 책, 81쪽.

27) 김은숙, 「감옥 독방, 먼지와 두꺼비와 사람」, (사)6월민주항쟁계승사업회, 앞의 책, 189쪽.

28) 노무현, 앞의 책, 2010, 80쪽.

29) 위의 책, 80~82쪽.

30) 김태형, 앞의 책, 99쪽.

31) 노무현, 앞의 책, 2010, 85쪽.

32) 위의 책, 122쪽.

33) 송기인, 「그가 우리 각자인 동시에 모두이기를」, 도종환 외, 앞의 책, 116쪽.

34) 위의 책, 83쪽.

35) 정재현, 앞의 책, 192~193쪽.

36) 위와 같음.

37) 노무현, 앞의 책, 2009a, 139쪽.

38) 정재현, 앞의 책, 205~206쪽.

39) 노무현, 앞의 책, 2004, 225~226쪽.

40) 위의 책, 226쪽.

41) 작자 미상의 곡으로 1980년대 민주화 투쟁의 전장에서 〈뜨거운 눈물〉로 애창되었다.

42) 노무현, 앞의 책, 2004, 227쪽.

43) 노무현, 앞의 책, 2010, 93쪽.

44) 정재현, 앞의 책, 205~206쪽.

45) 노무현, 앞의 책, 2004, 232~233쪽.

46) 노무현, 앞의 책, 2010, 94쪽.

47) 위의 책, 95쪽.

3. 3당 야합을 거부한 '청문회 스타'

1) 노무현, 앞의 책, 2010, 96쪽.

2) 노무현, 앞의 책, 2009a, 141쪽.

3) 위의 책, 98쪽.

4) 위와 같음.

5) 위와 같음.

6) 원창희, 「붙잡지 못한 죄 어찌할까」, 도종환 외, 앞의 책, 181쪽.

7) 노무현, 앞의 책, 2010, 98쪽.

8) 위의 책, 98~100쪽.

9) 위의 책, 100쪽.

10) 김태형, 앞의 책, 131쪽.

11) 김태형, 앞의 책, 133~135쪽, 요약.

12) 헤르만 셰어, 윤진희 옮김, 『정치인을 위한 변명』, 개마고원, 2005, 242쪽.

13) 노무현, 앞의 책, 2009a, 142쪽.

14) 노무현, 앞의 책, 2010, 104쪽.

15) 노무현, 앞의 책, 2009a, 143쪽, 발췌.

16) 손혁재, 「한국정치사 속의 노무현」, 강민석 등, 앞의 책, 157쪽.

17) 노무현, 앞의 책, 2010, 105쪽.

18) 위와 같음.

19) 위의 책, 106~108쪽.

20) 위의 책, 108쪽.

21) 정혜신, 앞의 글, 100쪽.

22) 노무현, 앞의 책, 2010, 101~102쪽.

23) 위의 책, 109~110쪽.

24) 공자, 「자로편子路篇」, 『논어論語』.

25) 노무현, 앞의 책, 2010, 110쪽.

26) 위의 책, 111쪽.

27) 노건평, 앞의 글, 80쪽.

28) 노무현, 앞의 책, 2010, 112쪽.

29) 노무현 의원 사무실, 「노동부 국정감사에서 드러난 노동행정실태: '재벌공화국'의 노동통제정책들」, ≪새벽≫, 1월호(통권 제7호), 석탑출판사, 1990, 77~81쪽(발췌).

30) 노무현, 「매 맞는 노동자의 희망」, ≪노동문학≫, 3월 창간호, 실천문학사, 1989, 40~41쪽.

31) 노무현, 「중간 평가를 불신임으로」, ≪노동문학≫, 4월호, 실천문학사, 1989, 73쪽.

32) 노무현, 「두려운 것은 패배가 아니라 패배주의이다」, ≪노동문학≫, 6월호, 실천문학사, 1989, 68~69쪽.

33) 「반초전班超傳」, 범엽, 『후한서後漢書』.

34) 노무현, 앞의 책, 2010, 115~116쪽.

35) 노무현, 앞의 책, 2004, 46쪽.

36) 이용호, 『청와대 극비문서』, 경향신문사, 1995, 141~142쪽.

37) 노무현, 앞의 책, 2010, 116~117쪽.

38) 위의 책, 118~119쪽.

39) 노무현사료관 https://archives.knowhow.or.kr/memorial/all/view/148773.

40) 노무현, 앞의 책, 2010, 119쪽.

41) 최민희, 「노무현은 왜 조선일보와 싸우는가」, 강민석 등, 앞의 책, 201쪽, 재인용.

42) 위의 책, 201쪽, 재인용.

43) 노무현, 앞의 책, 2010, 121쪽.

44) 위와 같음.

45) 위의 책, 121~122쪽.

46) 최민희, 앞의 글.

47) 언론노련 특별조사반, 「노무현 의원 발언 파동 진상은 이렇다」, ≪언론노보≫ 창간호, 1989.

48) 김동민, 『노무현과 안티조선』, 시와사회, 2002, 22쪽.

49) 노무현, 앞의 책, 2010, 122~123쪽.

50) 위의 책, 123~125쪽.

51) 김태형, 앞의 책, 103~104쪽.

52) 동아일보 편집부, 『동아연감』, 동아일보사, 1993, 68쪽.

53) 《한겨레》, 2011년 8월 11일 자.

54) 노무현, 앞의 책, 2010, 128쪽.

55) 위의 책, 129쪽.

4. 아름다운 패배가 키운 '차세대 지도자'

1) 노무현, 앞의 책, 2010, 130쪽.

2) 위의 책, 134~135쪽.

3) 동아일보 편집부, 『동아연감』, 동아일보사, 1997, 109~110쪽, 요약.

4) 노무현, 앞의 책, 2010, 141~142쪽.

5) 노무현, 앞의 책, 2004, 136~137쪽.

6) 주희, 「등문공장구滕文公章句」(하), 『맹자』.

7) 노무현, 앞의 책, 2004, 95~96쪽.

8) 노무현, 앞의 책, 2010, 140~141쪽.

9) 위의 책, 145쪽.

10) 위의 책, 146쪽.

11) 위의 책, 149쪽.

12) 위와 같음.

13) 위의 책, 150쪽.

14) 주진우, 「대통령은 평생 거짓말을 몰랐다」(안희정 인터뷰), 《시사 IN》, 2009년 6월 6일 자, 38쪽.

15) 노무현, 앞의 책, 2010, 158~159쪽.

16) 노무현 사료관, '노무현 연보'. https://file3.knowhow.or.kr/rmh/chronologyList/19880101.

17) 노무현, 앞의 책, 2010, 152쪽.

18) 안대회, 「김창흡이 매긴 사람의 등급」, ≪경향신문≫, 2002년 2월 2일 자.

19) 정혜신, 앞의 책, 90쪽.

20) 위의 책, 93쪽, 재인용.

21) 위의 책, 92~93쪽.

22) 노무현, 앞의 책, 2010, 160~161쪽.

23) 최일남 편, 박석기 외 역, 『들어라 세계여 시대여』, 책세상, 1987, 330쪽.

24) 노무현 사료관, '노무현 연보'. https://file3.knowhow.or.kr/rmh/
chronologyList/19880101.

25) 정혜신, 앞의 책, 90~91쪽.

26) 진중경(陣仲庚)‧장우신(張雨新) 편저, 『인격심리학』, 요녕출판사, 1986. 여
기서는 천통성(陳洞生), 장성철 역, 『사기의 탄생 그 3천 년의 역사』, 청계, 2004,
224~225쪽 재인용.

27) 노무현, 앞의 책, 2010, 161~162쪽.

28) ≪신동아≫, 2000년 5월호, 179~187쪽, 발췌.

29) 명계남, 「노사모, 노무현을 사랑하는 사람들」, 강민석 등, 앞의 책, 343~344쪽.

30) 노무현, 앞의 책, 2010, 163쪽.

31) 위의 책, 163~164쪽.

32) 노무현, 「내가 선택한 길을 내 뜻대로 걸었다」, 강민석 등, 앞의 책, 127쪽.

33) 문재인, 『문재인의 운명』, 가교출판, 2011, 92쪽.

34) 위의 책, 94쪽.

35) 강민석 등, 앞의 책, 127쪽.

36) 노무현, 앞의 책, 2010, 167쪽.

37) 노무현, 『노무현의 리더십 이야기』, 행복한 책읽기, 2002, 14~15쪽.

38) 박광열, 「노무현의 '꿈꾸는 조직' 만들기」, 위의 책, 288쪽.

39) 위의 책, 「서문」.

40) 위의 책, 292쪽.

41) 「인사 스타일」, ≪동아일보≫, 2002년 12월 9일 자.

42) 노무현, 앞의 책, 2010, 169~170쪽.

43) 박광열, 앞의 글, 293쪽.

44) 노무현, 앞의 책, 2010, 171쪽.

45) 노무현, 앞의 책, 2004, 235~236쪽.

46) 위의 책, 117쪽

47) 위의 책, 117~118쪽.

48) 위의 책, 119쪽.

49) 위의 책, 184~185쪽.

50) 위의 책, 131~132쪽.

51) 위의 책, 139~140쪽.

52) 위의 책, 119~120쪽.

53) 위의 책, 6쪽.

54) 위의 책, 224쪽.

55) 문재인, 앞의 책, 132쪽.

56) 최일남 편, 앞의 책, 437쪽.

57) 노무현, 『노무현이 만난 링컨』, 학고재, 2001, 5쪽.

58) 위의 책, 5~6쪽.

59) 위의 책, 6쪽.

60) 위의 책, 16쪽.

61) 위의 책, 6~7쪽.

62) 위의 책, 7쪽.

63) 위의 책, 9쪽.

64) 위의 책, 10쪽.

65) 위의 책, 12쪽.

66) 위의 책, 13쪽.

67) 위의 책, 15쪽.

68) 위의 책, 16쪽.

69) 노무현, 앞의 책, 2002, 17쪽.

70) 김용구, 「사랑과 생명의 리더십, 노무현의 리더십 분석」, 위의 책, 296쪽.

71) 위의 글, 321~322쪽.

72) 유시민, 「3김 이후의 정치적 리더십과 노무현」, 노무현, 앞의 책, 2002, 322쪽.

5. 감동과 반전의 '대선 드라마'

1) ≪신동아≫, 2001년 2월호, 69쪽.

2) 김헌식, 『노무현 코드의 반란』, 월간 말, 2003, 153쪽, 재인용.

3) 노무현, 앞의 책, 2009a, 159~160쪽.

4) 천정배, 「왜 노무현인가?」, 강민석 등, 앞의 책, 12쪽.

5) 위의 글, 12~13쪽.

6) 위의 글, 14쪽.

7) 위의 글, 15쪽.

8) 노무현·유시민, 앞의 글, 44~45쪽.

9) 위의 글, 22~23쪽, 발췌.

10) 정범구, 「정범구가 만난 사람」, ≪월간 말≫, 1993년 10월호.

11) 노무현사료관, 「제16대 대통령선거 새천년민주당 후보경선 출마 기자회견문」 https://archives.knowhow.or.kr/record/all/view/21557.

12) 노무현, 앞의 책, 2010, 178~179쪽.

13) 위의 책, 179쪽.

14) 위의 책, 184쪽.

15) 김동민, 『노무현과 안티조선』, 시와사회, 2002, 25쪽.

16) 위의 책, 26쪽.

17) ≪오마이뉴스≫, 2002년 5월 4일 자.

18) 김철규, 「변화의 시작, 노풍을 어떻게 볼 것인가」, ≪월간중앙≫, 2002년 5월호, 126쪽.

19) 위의 글, 128~129쪽.

20) 노무현, 앞의 책, 2010, 191쪽.

21) 정지환, 『대통령의 씨가 어디 따로 있더이까』, 새움, 2002, 26쪽.

22) 강준만, 「월드컵 광기와 노무현 바람」.

23) 노무현, 앞의 책, 2010, 193쪽.

24) 최용식, 「노무현의 '민주당호' 좌초하고 마는가?」, ≪인물과 사상≫, 2002년 8월호, 98~99쪽.

25) ≪사회평론 길≫, 1997년 11월호, 67쪽.

26) 당시 언론보도 요약.

27) ≪월간중앙≫, 2002년 5월호, 112쪽.

28) 2002년 7월 5일 대구 강연.

29) ≪월간중앙≫, 2002년 5월호, 99쪽.

30) 김태형, 앞의 책, 182쪽.

31) 위와 같음.

32) 노무현, 앞의 책, 2010, 186~187쪽.

33) 김동욱, 『독사(讀史)』, 글항아리, 2010, 83쪽.

34) 리영희, 『대화』, 한길사, 2005, 139쪽.

35) 오제연, 「후보들의 미국 나들이, 사대인가 외교인가」, ≪내일을 여는 역사≫, 제30호(2007 겨울호), 서해문집, 2007, 발췌.

36) 위의 글, 69쪽.

37) 위의 글, 60쪽.

38) 노무현, 앞의 책, 2010, 187쪽.

39) 위의 책, 194쪽.

40) 홍덕률, 「돈과 선거」, ≪내일을 여는 역사≫, 제30호(2007 겨울호), 서해문집, 2007, 49~50쪽.

41) 노무현, 앞의 책, 2010, 197쪽.

42) 위의 책, 197~199쪽.

43) 위의 책, 200쪽.

44) 위의 책, 201쪽.

6. '바람'으로 탄생한 최초의 '시민' 대통령

1) 김태형, 앞의 책, 192쪽.

2) 오연호, 앞의 책, 236~237쪽.

3) 조현연, 「16대 대선과정 및 결과 제대로 보기」, ≪황해문화≫, 2003 봄호, 새얼문화
   재단, 2003, 121쪽.

4) 정희준, 「누가 노무현을 죽였나」, 유시민 · 진중권 · 홍세화 외, 앞의 책, 58~59쪽.

5) 2002년 12월 18일 자 일간신문 내용 발췌.

6) 오연호, 앞의 책, 144~145쪽.

7) ≪오마이뉴스≫, 2011년 9월 30일 자.

8) 정찬용, 『정찬용의 도전』, 21세기북스, 2009, 103쪽.

9) 홍윤기, 「법견, 법살 그리고 자기응징」, 유시민 · 진중권 · 홍세화 외, 앞의 책, 68~69
   쪽.

10) ≪한겨레≫ 등 일간신문, 발췌.

11) '김승교 변호사 인터뷰', ≪민족 21≫, 2003년 10월호, 102쪽.

12) 김삼웅, 『김대중 평전 2』, 시대의 창, 2010, 418쪽.

13) ≪문화일보≫, 2003년 8월 4일 자.

14) 노무현, 앞의 책, 2010, 230쪽.

15) 위의 책, 231~232쪽.

16) 위의 책, 233쪽.

17) 오연호, 앞의 책, 183쪽.

18) 위의 책, 183쪽.

19) 위의 책, 184쪽.

20) 노무현, 앞의 책, 2010, 284쪽.

21) 위의 책, 285~286쪽.

22) ≪한겨레≫, 2003년 9월 18일 자.

23) 노무현, 앞의 책, 2010, 285쪽.

24) ≪경향신문≫, 2003년 7월 22일 자.

25) 고성표, 「서갑원 육성 증언」, ≪월간중앙≫, 2004년 1월호, 139쪽.

26) 위의 글, 140쪽.

27) 오연호, 앞의 책, 71~72쪽.

28) 고성표, 앞의 글, 131쪽.

29) 노무현, 앞의 책, 2009a, 179~180쪽.

30) 노무현, 앞의 책, 2010, 233~234쪽.

31) 고성표, 앞의 글, 137쪽.

32) 노무현, 앞의 책, 2010, 234쪽.

33) 고성표, 앞의 글, 144쪽.

34) ≪한겨레≫, 2003년 7월 21일 자.

35) 이 부분, 『동아연감』, 2004년판, 691~696쪽, 인용 발췌.

36) 박관용, 『다시 탄핵이 와도 나는 의사봉을 잡겠다』, 아침나라, 2005, 32쪽.

37) 노무현, 앞의 책, 2010, 236쪽.

38) 문재인, 앞의 책, 293~294쪽.

39) 장영수, 「정치적 책임」과 '법적 책임'은 별개의 것이다」, ≪인물과 사상≫(30), 인물과
    사상사, 2004, 17쪽.

40) 노무현, 앞의 책, 2010, 236~237쪽.

41) 장영수, 앞의 글, 23~24쪽.

42) 홍윤기, 「'내'가 받은 탄핵: 의회 쿠데타 1주일의 공포와 희망」, 유시민 · 진중권 · 홍
    세화 외, 앞의 책, 39쪽.

43) 노무현, 앞의 책, 2010, 237~240쪽.

44) 문재인, 앞의 책, 295~296쪽.

45) 김태형, 앞의 책, 194~195쪽.

46) 서중석, 『대한민국 선거 이야기』, 역사비평사, 2008, 253쪽.

47) 김삼웅, 「현대사 자료철」.

닫는 글: "의로움이 더 이상 욕되어선 안 되리라!"

1) 앙드레 지드, 강민정 옮김, 『앙드레 지드, 도스토옙스키를 말하다』, 고려문화사, 2005.

2) 박용현, 「만리재에서」, ≪한겨레 21≫, 2009년 6월 12일(앞의 배경 설명 부분도 여기서 인용).

3) 카스텔리오, 『의심의 기술』; 슈테판 츠바이크, 안인희 옮김, 『다른 의견을 가질 권리』, 바오, 2012에서 재인용.

4) 베르톨트 브레히트, 〈강력한 정치가의 사망소식을 들으며〉.

5) 고정희, 〈지울 수 없는 얼굴〉, 『아름다운 사람 하나』, 푸른숲, 1996.

지은이 **김삼웅**

독립운동사 및 친일반민족사 연구가로, 현재 신흥무관학교 기념사업회 공동대표를 맡고 있다. ≪대한매일신보≫(지금의 ≪서울신문≫) 주필을 거쳐 성균관대학교에서 정치문화론을 가르쳤으며, 4년여 동안 독립기념관장을 지냈다. 민주화운동관련자 명예회복 및 보상심의위원회 위원, 전 제주 4·3사건 희생자 진상규명 및 명예회복위원회 위원, 백범학술원 운영위원 등을 역임하고 친일반민족행위진상규명위원회 위원, 친일파재산환수위원회 자문위원, 국립대한민국임시정부기념관건립위원회 위원, 3·1운동·임시정부수립100주년기념사업회 위원 등을 맡아 바른 역사 찾기에 부단히 노력하고 있다.

역사·언론 바로잡기와 민주화·통일운동에 큰 관심을 두고, 독립운동가와 민주화운동에 헌신한 인물의 평전 등 이 분야의 많은 저서를 집필했다. 주요 저서로 『한국필화사』, 『백범 김구 평전』, 『을사늑약 1905 그 끝나지 않은 백년』, 『단재 신채호 평전』, 『만해 한용운 평전』, 『안중근 평전』, 『김대중 평전』, 『안창호 평전』, 『빨치산 대장 홍범도 평전』, 『김근태 평전』, 『10대와 통하는 독립운동가 이야기』, 『몽양 여운형 평전』, 『우사 김규식 평전』, 『위당 정인보 평전』, 『보재 이상설 평전』, 『의암 손병희 평전』, 『조소앙 평전』, 『백암 박은식 평전』, 『나는 박열이다』, 『신영복 평전』, 『현민 유진오 평전』, 『외솔 최현배 평전』, 『3·1 혁명과 임시정부』, 『장일순 평전』, 『의열단, 항일의 불꽃』, 『수운 최제우 평전』, 『꺼지지 않는 오월의 불꽃: 5·18 광주혈사』, 『운암 김성숙』, 『이승만 평전』, 『김재규 장군 평전』, 『우당 이회영 평전』, 『다산 정약용 평전』, 『겨레의 노래 아리랑』, 『개화기의 선각자 서재필』 등이 있다.

노무현 평전
지울 수 없는 얼굴, 꿈을 남기고 간 대통령

1판 1쇄 인쇄   2024년 5월 17일
1판 1쇄 발행   2024년 5월 23일

지은이 김삼웅 **펴낸이** 조추자 **펴낸곳** 도서출판 두레 **등 록** 1978년 8월 17일 제1-101호
주 소 (04075)서울시 마포구 독막로 100 세방글로벌시티 603호
전 화 02)702-2119(영업), 02)703-8781(편집) **팩스** 02)715-9420
이메일 dourei@chol.com **블로그** blog.naver.com/dourei
트위터 https://twitter.com/dourei_books **인스타그램** instagram.com/dourei_pub

ISBN 978-89-7443-163-1   03990